금강학술총서 26
종교와 민족, 실크로드

이 책은 2007년 한국정부(교육과학기술부)의 재원에 의하여 한국연구재단의 지원을 받아서 간행된 출판물입니다. (NRF-2007-361-AM0046)

금/강/학/술/총/서/ 26
금강대학교 불교문화연구소

종교와 민족
실크로드

금강대학교 불교문화연구소 편

민족사

편집자 서문

역사상 가장 역동적인 동서 문화교류의 장(場)이었던 고대의 실크로드(Silk Road)가 현대 사회에서 정치·경제·사회 전반에 걸쳐 가장 이슈화하고 있는 교류의 장으로 급부상하면서 실크로드를 향한 현대 사회의 관심이 고조되고, 그에 따라 고대 실크로드에 대한 재조명 작업이 활발하게 이루어지고 있다. 그러나 고대 실크로드는 이미 붓다루트(Buddha Route) 또는 다르마로드(Dharma Road)라는 별칭을 붙일 정도로 불교와 밀접한 길이며, 그런 만큼 실크로드에 대한 불교학계의 관심은 이미 진작되어 있었다. 돈황 사본에 대한 연구 활동을 비롯해 초기 중국불교와 인도불교사의 연장선에서 접근하는 등 다양한 연구 활동을 진행하고 있다.

실크로드를 불교의 측면으로 접근했을 때, 여러 각도로 가장 활발한 연구 활동을 진행하고 있는 곳은 금강대학교 불교문화연구소 인문한국(HK) 연구사업단이라 자부할 수 있다. 불교학적 접근에서부터 사회·정치·문화적 접근까지 다양한 방법론을 통한 성과를 이루기 위해 이미 2012년 중국 섬서성(陝西省) 시안(西安)의 섬서사범대학(陝西師範大學) 중국서부변강연구원(中國西部邊疆硏究院)과 연구협약을 체결하고, 실크로드에 대한 공동조사와 연구를 진행하면서 서로의 연구 성과를 공유하였다. 금강대학교 불교문화연구소 인문한국(HK) 연구사업단과 공동체결을 맺고 있는 중국서부변강연구원은 10여 명의 교수진이 실크로드의 민족학·역사·문화는 물론, 불교를 비롯한 여러 종교 분야를 각각 연구하고 있다. 중국의 서북에서 서남 지역을 대상으로 고대에서 현대까지의 학문적 고찰을 집중적으로 진행하는 중국 내 대표적인 연구센터이다.

중국서부변강연구원과 체결 이후 1년여 동안 공동 연구를 진행하여 2014년 3월 중국 섬서사범대학에서 '종교와 역사의 교차점, 실크로드'라는 주제로 제1회 학술대회를 개최하였다. 제1회 학술대회에서는 두 편의 기조강연과 17편의 세부 주제가 발표되었다. 그리고 그 결과물이 한국에서는 금강학술총서 21 『종교와 역사의 교차점, 실크로드』로 출간되었고, 중국에서도 같은 제목으로 서부변강연구총서로 동시 출간되었다. 이를 바탕으로 관련 연구 학자군의 범위를 넓혀 좀 더 많은 학술정보를 교류하고 폭을 넓히자는 취지 아래 제2회 공동학술대회를 새로운 형식으로 개최하게 되었다.

제2회 공동학술대회는 2015년 3월, 한국·중국·일본·독일·파키스탄 등 5개국에서 관련 주제를 연구하고 있는 학자가 참여한 '종교와 민족, 실크로드'라는 대주제로 금강대학교 불교문화연구소에서 개최하였다. 학술대회에서는 주로 실크로드상에 존재했던 민족과 종교, 그리고 그 속에서 파생된 문화, 고고학적 성과와 발견된 문헌 등을 대상으로 한 연구가 발표되었다. 새로운 자료가 제공되기도 하였고 국내에서는 쉽게 접근하지 못하는 분야에 대한 소개가 이루어지는 연구 성과도 있어 실크로드에 대해 좀 더 폭넓은 접근이 이루어졌다. 또한 참여한 연구자 수가 19명에 이르기 때문에 실크로드상의 종교와 민족에 관한 내용을 총망라하는 계기가 되었다.

이 책은 제2회 학술대회에서 발표된 글을 모은 것이다. 학술대회를 기획한 입장에서 총 19편의 발표논문을 접근 방식에 따라 '실크로드와 종교', '실크로드와 민족', '실크로드와 문화', '실크로드와 고고·문헌'이라는 4개의 주제로 재편집하였다.

제1부 '실크로드와 종교'에서는 실크로드상에서 검토할 수 있는 종교에 관한 연구가 주로 이루어지고 있다. 중국서부변강연구원장인 왕신(王欣) 교수는 중국에서 불교가 완전히 정착하기까지 실크로드 내의 불교와 흐름, 그리고 중국으로 전해지는 경로를 소개하였다. 중국서부변강연구원의 한종이(韩中义) 교수는 우전(호탄, Khotan)에 불교가 전해지는 과정부터 발전사에 이르기까지 티베트 문헌과 중국 문헌을 바탕으로 소개하고 있다. 금강대학교 불교문화연구소 한지연 HK교수는 실크로드의 고대 경제권을 고려하면서 대승불교가 본격적으로 집단화되는 과정에 중국이라는 요소가 있고, 일방적인 동전(東傳)이 아닌 쌍방향 교류를 주장하였다. 중국서부변강연구원의 하바오위(哈宝玉) 교수는 중국 이슬람 경학이 실크로드를 통해 전래되어 발전하는 과정을 밝히면서 이슬람 경학에 중국의 사상 및 문화가 파고드는 과정과 결과에 관해 소개하였다. 서북대학(西北大學) 페이청궈(裴成国) 교수는 실크로드 고창에서 발견되었으나 현재 러시아에 소장되어 있는 문헌을 바탕으로 고대 발원문의 내용과 형식 등에 관해 소개하였다.

제2부 '실크로드와 민족'에서는 실크로드상의 여러 민족과 그들의 활동, 종교적 신앙 형태 등을 주로 다루고 있다. 중국서부변강연구원의 한샹(韩香) 교수는 실크로드에 존재했던 여러 민족이 당나라에 들어왔을 때의 변화 모습을 다루고 있는데, 그들의 습속과 이름과 종교적 성향 등의 변용을 상세히 소개하고 있어 실크로드 민족에 대한 이해를 한층 더 높여주고 있다. 중국서부변강연구원의 왕차오(王超) 연구원은 중국 신장성뿐 아니라 타지크스탄, 아프가니스탄, 우즈베키스탄, 인도, 이란 등에 분포되어 있는 타지크 민족이 여러 종교에 미친 영향과 그들의 신앙에 관해 소개하였다. 특히 불교, 조로아스터교, 이슬람뿐 아니라 마니교, 경교 등의 발전상과 함께 민족성을 고찰함으로써 다

각도의 접근을 시도한 논문이라 할 수 있다. 중국서부변강연구원의 류홍(刘虹) 연구원은 고대와 중세에 치우쳐 연구된 실크로드에서 벗어나 청(淸)나라 시기에 발전된 민간신앙에 대한 연구를 진행하였다. 중국서부변강연구원의 우홍린(吳洪琳) 교수는 중국 중고 시기에 '호(胡)', '이(夷)'라 일컬어지던 이민족과 중국 내의 민족 사이에서 불교가 어떻게 인식되었는지, 이에 따른 불교의 발전 양상에 관해 다루었다.

제3부 '실크로드와 문화'에서는 민족과 종교를 바탕으로 이루어진 다양한 문화에 관한 소개가 이루어지고 있다. 서북미술학원 리칭(李青) 교수는 누란에서 발견된 무덤에 대해 검토하고 있는데, 내부의 여러 유물들을 통해 실크로드상의 각 민족 문화와 중국문화와의 결합과정 등을 논하였다. 서강대 동아연구소 강희정 HK교수는 돈황을 통해 잘 알려진 비천에 관해 인도와 동남아시아 등의 여신과 비교함으로써 비천에 대한 새로운 시각을 제시함과 동시에 실크로드를 통한 문화의 세계화를 주장하였다. 파키스탄 탁실라박물관 학예관인 나시르 칸(Nasir Khan)은 현재 탁실라박물관에 전시되어 있는 유물을 비롯해 박물관에 소장된 여러 불교 유물을 소개하면서 간다라 예술의 특징과 불교 유물의 특이점을 밝혔다. 연세대학교 홍윤희 교수는 서왕모(西王母) 신화를 중심으로 실크로드의 의미를 재해석하는 차원으로서의 제이드로드(Jade Road)를 소개하면서 특히 옥교(玉敎)로까지 상정되는 최근 중국신화학에 대한 비판적 시각과 이에 대한 재해석을 시도하였다. 서북미술학원의 주진후이(朱尽晖) 교수는 산베이(陝北)에서 발견되고 있는 돌사자의 유형들을 분석하면서 그 연원과 발전상을 정리하였다. 특히 불교와 함께 전래된 사자의 이미지가 중국 내부에서 민간층까지 파고들면서 사자의 의미가 어떻게 나타나는지를 살핌으로써 특정 사물의 변용된 이미지화에 대한 과정을 흥미롭게 밝히고 있다.

제4부 '실크로드와 고고·문헌'에서는 실크로드에서 출토된 고고학적 유물과 문헌을 중심으로 한 연구 성과를 모았다. 독일 괴팅겐학술원 정진일 교수는 동투르키스탄(新疆)에서 출토된 『증일아함경』의 산스크리트 사본 단편을 소개하였다. 금강대학교 불교문화연구소 차상엽 HK교수는 『바셰(dBa' bzhed)』와 돈황 출토 펠리오 티베트사본 『호탄불교사(Li yul chos kyi lo rgyus)』를 중심으로 호탄불교에 대한 접근을 시도하였다. 이는 제1부의 한종이 교수의 연구 성과와 연동하여 볼 수 있으며, 국내에 소개되지 않은 문헌을 통해 호탄불교에 접근한 것이기 때문에 국내 호탄불교 연구를 본격화시킬 수 있는 계기를 마련해준 논문이다. 탁실라 박물관장을 역임하고 현재 파키스탄의 콰이드 아이 아잠대학에 있는 아쉬라프 칸(Ashraf Khan) 교수는 탁실라 부근에 대한 고고학적 성과를 지속적으로 이루어내고 있는 학자이다. 논문에서도 역시 최근 발굴을 진행한 바달푸르(Badalpur) 사원에서 발견된 불교 유물을 소개하고 서북인도의 사원 구조 등에 대한 논의를 진행하였다. 페샤와르대학의 나심 칸(M. Nasim Khan) 교수는 최근 발굴을 진행하고 있는 유적지에서 발견된 새로운 언어 형태를 소개하면서 9세기 이전에 간다라와 중국 간의 문화교류를 주장하면서 과거 서북인도가 중국의 영향을 받았을 가능성을 제시하였다. 일본 고마자와대학의 야마구치 히로에(山口弘江)는 일본 내부에서 이루어진 실크로드에 대한 연구 성과를 소개하였다. 특히 불교학과 관련된 실크로드 연구동향을 소개하여 세계 실크로드 연구동향까지도 가늠해볼 수 있다.

일부 연구 성과는 편집자가 나눈 주제와 부합되지 않는 것도 있다. 그러나 실크로드의 민족과 종교와 문화가 광범위하듯이 학문영역에서 접근했을 때에도 이러한 성향이 있음을 독자들이 이해해 주리라 믿는다.

이 책을 출간하기까지 1년이 넘는 시간이 소요되었다. 이미 학술대회를 통해 연구 성과가 완료되었음에도 불구하고 책을 만들어내는 데에 상당히 긴 시간이 필요했다. 연구자의 숫자도 많고 연구의 범위도 광범위하며, 각국의 언어가 한글로 번역되는 데에도 관련 전공자가 극소수이기 때문에 출간에 많은 어려움이 있었다. 그렇기 때문에 번역의 오류를 최소화하기 위해 장시간 노력했으나 출간하는 이 시점에서도 부족한 점이 많다고 느껴진다. 그러나 논문 한 편 한 편 귀중한 자료를 제공하고 실크로드에 대한 여러 관점을 시사하기 때문에 내용의 측면에서는 학계에서 소중한 자료로 이용될 수 있으리라 자부한다.

마지막으로 5개국이 참여하는 학술대회를 준비하는 데 큰 도움을 주신 금강대학교 불교문화연구소 인문한국(HK) 연구사업단의 여러 선생님들께 감사의 말씀을 전한다. 특히 본 연구소 역사문화팀 소속의 석길암 전 HK교수(현 동국대학교 경주캠퍼스 불교문화학과 교수)와 최원섭 HK교수님께 깊은 감사의 말씀을 올린다. 또한 영어논문의 번역을 맡아주신 이상민 선생과 교열을 맡아주신 본 연구소의 이영진 HK연구교수님, 학술대회 당시 통역을 맡아주셨던 고려대 정광훈 선생님, 홍성초 선생님과 금강대 박광철 선생, 동국대 곽뢰 선생, 칸 압잘 선생님께도 감사의 말씀을 올린다.

2016년 6월
저자를 대표하여
금강대학교 불교문화연구소 한지연

차례

편집자 서문 / 5

1편 실크로드와 종교 • 13

- 한(漢)·당(唐) 시기의 서역불교와 그 동전(東傳) 경로 / 왕신(王欣) …… 15
- 우전 불교사 논술 / 한종이(韩中义) …… 31
- 고대 실크로드 경제권의 변화와 대승불교의 발전 / 한지연(韓枝延) …… 61
- 실크로드와 중국 이슬람 경학 / 하바오위(哈宝玉) …… 83
- 러시아에 소장된 감씨(闞氏) 고창(高昌) 시기의 발원문 연구 / 페이청궈(裴成国) …… 95

2편 실크로드와 민족 • 109

- '고을에 들어가면 고을 풍속을 따르라'와 문화 형식의 전환: 당대 중국에 들어온 중앙·서아시아 코카서스인 종교신앙의 변화 / 한샹(韩香) …… 111
- 종교와 민족의 합류: 중앙아시아 타지크인 종교 변화와 민족 형성 연구 분석 / 왕차오(王超) …… 127

- 청대 신장 지역 한인의 민간신앙에 대한 연구와 분석 / 류홍(刘虹) …… 141
- 중고 시기의 불교와 민족 간의 경계선 / 우훙린(吴洪琳) …… 153

3편 실크로드와 문화 • 165

- 누란 벽화 무덤에 대한 재검토 / 리칭(李青) …… 167
- 압사라의 길, 비천의 문화: 실크로드를 통해 본 8세기의 세계화 / 강희정(姜嬉靜) …… 179
- 탁실라박물관의 불교 예술품 / 나시르 칸(Nasir Khan) …… 203
- 제이드로드와 중국신화학의 새로운 콘텍스트: 서왕모(西王母) 신화를 중심으로 / 홍윤희(洪允姬) …… 221
- 산베이(陕北) 돌사자와 불교문화 / 주진후이(朱尽晖) …… 249

4편 실크로드와 고고·문헌 • 257

- 동투르키스탄(新疆) 출토 증일아함 산스크리트 사본 단편 / 정진일(Jin Il Chung) …… 259
- 티베트 문헌에 기술된 호탄불교: 『바셰(dBa' bzhed)』와 둔황 출토 펠리오 티베트 사본 『호탄불교사(Li yul chos kyi lo rgyus)』를 중심으로 / 차상엽(車相燁) …… 279
- 간다라의 최신 고고학적 발견들: 파키스탄 탁실라 계곡의 바달푸르(Badalpur) 사원 사례 연구 / 아쉬라프 칸(Ashraf Khan) …… 297
- 9세기 이전 간다라와 중국의 상호 문화교류: 새로운 고고학적 근거들 / 나심 칸(M. Nasim Khan) …… 347
- 일본의 서역연구: 불교에 관련된 최근의 동향을 중심으로 / 야마구치 히로에 (山口弘江) …… 385

1편
실크로드와 종교

한(漢)·당(唐) 시기의 서역불교와 그 동전(東傳) 경로
왕신(王欣)

우전 불교사 논술
한종이(韩中义)

고대 실크로드 경제권의 변화와 대승불교의 발전
한지연(韓枝延)

실크로드와 중국 이슬람 경학
하바오위(哈宝玉)

러시아에 소장된 감씨(麴氏) 고창(高昌) 시기의 발원문 연구
페이청궈(裴成国)

한(漢)·당(唐) 시기의 서역불교와
그 동전(東傳) 경로

왕신(王欣)

1. 시공(時空) 개념의 범위

중국 역사상 각 시기마다 서역에 내포된 의미와 서역이 지칭하는 구체적 범위는 시대적 변화에 따라 변화해 왔으나, 대략 좁은 의미와 넓은 의미의 두 측면을 통해 이해할 수 있다. 일반적으로 넓은 의미의 서역은 양관(陽關)과 옥문관(玉門關) 서쪽의 유라시아 대륙을 가리킨다. 이것은 지리적 개념으로는 중원(關內) 서쪽의 광대한 지역을 가리키며, 동시에 문화와 관련된 민족적 개념으로는 한문화권 서쪽의 여러 민족과 문화 분포지역을 광범위하게 가리키기도 한다.

좁은 의미의 서역은 대략 파미르(帕米尔) 동쪽, 둔황(敦煌) 서쪽, 알타이산(阿尔泰山) 남쪽과 쿤룬산(崑崙山) 북쪽 지역을 가리키는데, 톈산(天山) 남북의 준가얼분지(准噶尔盆地)에 해당하고, 지금의 신강(新疆) 서쪽 지역이다. 넓은 의미의 서역은 일반적으로 각 시기 중앙왕조의 유효한 통치지역을 가리키는데, 서한

(西漢) 시기 서역도호부(西域都護府) 설치 이후부터 청조(淸朝) 중기에 이르러 기본적인 틀이 완성되었으나, 구체적인 범위는 각 시기에 따라 확장되거나 축소되기도 하였다. 따라서 좁은 의미의 서역은 지리적·민족적·문화적 개념일 뿐만 아니라 중원과 중앙왕조 간의 정치적 일체성을 드러내는 분명한 정치적 의미를 담고 있는 것이다.[1] 본고에서 다루고자 하는 것은 바로 좁은 의미의 서역이다.

한·당 시기의 불교가 중국으로 전파된 경로는 대략 해로와 육로 두 경로로 나눌 수 있다. 그 중 해로로 전파된 교의는 주로 소승불교의 설일체유부(說一切有部)였고, 육로로 전파된 교의는 대승불교가 주를 이루었다. 고대 불교는 육지의 실크로드를 따라 동쪽으로 전파되고 발전하는 과정에서 서역 지역은 반드시 거쳐야 하는 곳이었을 뿐만 아니라 지역문화적 특징을 띠는 서역불교

---

1 東漢 和帝(88~105년 재위) 때 쓰인 『漢書』「西域傳」에서 처음으로 '서역'의 범위를 분명히 정하였다. "서역은 孝武帝 때부터 중원과 교류하기 시작하였다. 서역은 본래 36개의 나라로 이루어져 있었으나 후에 점차 분열되어 50여 개의 나라가 되었다. 이들은 모두 匈奴의 서쪽에, 烏孫의 남쪽에 분포되어 있었다. 서역의 남북 쪽에는 큰 산이 있고, 중앙에는 강이 흐르며, 동서로 너비가 6,000여 리가 되고 남북으로 길이가 1,000여 리나 된다. 서역은 동쪽으로는 한나라와 연접하고 있어 옥문관과 양관을 요새로 삼고 있으며, 서쪽으로는 葱嶺을 경계로 하고 있다." 여기에 더해 다음과 같은 사실도 기록하고 있다. "서역의 여러 나라는 대부분 한 곳에 정착하고 사는 토착민들로, 성곽과 전답과 가축을 가지고 있었는데, 흉노와 오손과 같은 유목민들의 풍속과는 달랐다." 따라서 서한 시기의 '서역'의 범위는 타림분지에 산재해 있던 오아시스의 여러 국가들을 지칭하며, 실제로 서역도호부의 관할구역이 바로 이른바 좁은 의미로서의 서역에 해당한다. 그러나 『한서』「서역전」의 기록에서는 이곳뿐만 아니라 총령 서북쪽의 安息, 大月氏, 大夏, 康居, 大宛 및 天山 이북의 烏孫 등의 국가를 포괄하고 있으며, 일부 국가들은 "도호부에 속하지 않음"을 분명하게 표명함으로써 구별하고 있다. 이것이 넓은 의미의 '서역'이라 칭하는 범위일 것이다. 『後漢書』「西域傳」의 기록은 『한서』의 '서역'과 관련된 정의와 범위를 연장하고 있으나, 넓은 의미와 좁은 의미상의 서역을 명확하게 구분하고 있다. "서역의 여러 속국은 동서로 너비가 6,000여 리가 되었고 남북으로 길이가 1,000여 리나 되었다. 서역은 동쪽으로는 옥문관과 양관까지 이르고 서쪽으로는 총령까지 다다른다. 그 동북쪽으로는 흉노와 오손과 연접하고 있다." 여기에서의 "서역의 여러 속국"이 바로 좁은 의미의 서역이며, 분명한 정치적 함의를 띠고 있는 것이다.

도 중원불교의 흥성에 지대한 영향을 미쳤다. 한·당 시기는 불교의 서역으로의 유입 및 서역불교의 흥기와 형성과 흥성의 중요한 역사적 단계였으며 서역불교의 동쪽으로의 발전도 중원불교의 탄생에 중대한 영향을 미쳤던 시기였다. 뿐만 아니라 이 시기에는 서역불교와 중원불교가 다양한 경로를 통해 상호작용이 빈번하게 이루어졌으며, 실크로드의 동쪽 지역과 중간 지역의 불교문화를 발전시켜 역사상 절정에 다다르게 하였다.

2. 한·당 시기 서역불교의 유물

불교의 동쪽으로의 전파가 점진적 과정이라는 점에는 의심할 여지가 없으며, 서역에서도 상황은 마찬가지였다. 현재 타림(塔里木) 분지에서 발견된 초기 불교유적은 대부분 양한(兩漢) 교체기에 집중되어 있다. 이러한 사실은 서역에서의 불교의 전파가 시기적으로 대략 중원과 같은 시기에 진행되었을 가능성이 있음을 시사하며, 그 과정 또한 추상적인 교의로부터 조각상으로 형상화하였고, 더 나아가 사원을 건축하거나 석굴을 만드는 것으로까지 형상화하였음을 나타낸다.

선선(鄯善, Kroraina) 지역은 서역을 드나드는 문호로서 동쪽으로는 돈황과 연결되고 서쪽으로는 실크로드 남북 두 도로와 맞닿아 있어, 역사상 동서 문명이 한데 모이는 곳이었으며, 위진(魏晉) 시기 선선 지역에서는 국왕에서부터 백성에 이르기까지 모두 소승불교를 신봉하기도 했다. 뿐만 아니라 이 지역은 불교예술 방면으로도 간다라(Gandhara) 초기 문화의 영향을 받은 흔적이 깊이 남아 있는 곳이기도 하다.[2] 그러나 전란과 생태환경의 악화 등 요인으로 5세

---

2   沈福偉, 『中國文化交流史』(上海人民出版社, 1985), p.102 참고.

기 이후 선선 국가가 멸망하면서 그 불교도 함께 점점 사라져 갔으며, 누란(樓蘭, Loulan)과 니야(尼雅, Niya) 등의 유적지에 사막에 묻힌 대량의 사원과 불탑만이 남아 있어 과거에 불교가 번성했던 곳이었음을 짚어볼 수 있을 뿐이다.

한·당 시기의 우전국(于闐國, 현재의 화전(和田, Khotan))은 '불국(佛國)'으로 이름나 있었다. 가장 초기의 불교는 인도 서북부에서 일찍이 그리스 문화의 영향을 깊이 받았던 간다라(지금의 아프가니스탄 푸루샤푸라(Purushapura) 부근), 카슈미르(Kashmir, 계빈(罽賓)) 등의 지역을 통해서 역으로 유입되었는데, 이 불교가 가장 먼저 유입된 곳이 바로 우전이다. 지리적 요인으로 예로부터 우전국은 이러한 지역들과 밀접한 관계를 유지해 왔으며, 정치·경제·문화 등 방면에서도 비교적 많은 영향을 받았다. 카슈미르국이 처음에는 소승불교 중심이었으므로 초기의 우전불교는 소승불교 위주였던 것으로 보인다.[3] 위진(魏晉) 시기 이후로 이러한 상황은 크게 변화하였다. 대승과 소승불교의 교의가 병행하기 시작한 것이다. 적어도 5세기 초 우전국에서는 대승불교 세력이 우위를 차지하였으며 소승불교 교파가 대승불교의 다음으로 물러나게 되었다.

우전국에서는 위로는 국왕에서부터 아래로는 평민에 이르기까지 모든 사람이 불교도가 되었으며 불교는 이미 명백히 국교가 되어 있었다. 우전국 경내로부터 기원한 현존하는 불교유적에는 주로 투가(Tuga, 杜瓦) 사원유적, 카달리크(Khadalik, 喀孜勒克) 사원유적, 라와크(Rawak, 熱瓦克) 사원유적, 벨쿰(Belkum, 班勒庫木) 사원유적, 쿰라바트(Kum-rabat, 庫木拉巴特) 사원유적, 단단월리크(Dandan-uilik, 丹丹烏里克) 사원유적, 칼라둔(Kaladun, 喀拉墩) 사원유적, 도모코(Domoco, 達瑪溝) 사원유적 등이 있다.

우전국이 실크로드 남로의 불교 중심이었다면 구자국(龜玆國, 현재의 쿠차(庫

---

3 羽溪了諦, 賀昌群 譯, 『西域之佛教』(商務印書館, 1999), pp.139-140.

車, Kuchar)은 실크로드 북로에 위치하는 불교 중심지였다. 위진에서 수당(隋唐)에 이르는 기간 동안 이곳에는 사원이 즐비하였으며 승려들도 매우 많았는데, 저명한 고승 구마라집이 천축국의 불교를 서역에 유입하고 서역불교가 중원으로 동전(東傳)하는 과정에서 매우 중요한 역할을 담당하였다. 쿠차 지역에는 현재에도 키질(Kizil, 克孜爾), 쿰투라(Kumrura, 庫木吐拉), 심심(Sim-Sim, 森木塞姆), 키질 카르하(Kizil-Kargha, 克孜爾尕哈), 마자르보하(Mazarboha, 瑪札伯赫), 아크타쉬(啊克塔什), 토가라크 아킨(Toghrak-Akin, 托乎拉克埃肯), 타이타이르(Tai-Taier, 臺臺爾) 석굴군과 같은 사원유적과 석굴사원이 대량 보존되어 있다. 이외에도 보스탄 토크라크(博斯坦托格拉克), 카라수(Kara-Suu, 卡拉蘇), 운바쉬(Wenbash, 溫巴什), 일적천(一滴泉), 수바쉬(Subashi, 蘇巴什) 등의 석굴사원 유적이 있으며, 일부 석굴군 중에는 사원유적이 함께 남아 있는 경우도 있다.

이러한 방대한 규모의 불교 석굴과 사원유적들은 기본적으로 위진남북조 시기에 만들어지거나 건축된 것으로, 수대(唐代)에 이르러 절정에 이르렀다. 이는 이 시기의 실크로드 북로의 불교 중심지로서 구자국의 불교가 번성했음을 반영하는 것이기도 하다.

위진과 수당 시기의 언기(焉耆, Kharashahr)도 구자국과 마찬가지로 소승불교가 중심을 이루는 지역이었다. 언기 경내에 현존하는 불교유적이 바로 시크친(Shikchin, 七個星, 또는 밍오이(明屋, Ming-oi)라고도 한다) 사원유적, 시크친 석굴과 곽랍산(霍拉山) 사원유적 등이다.

실크로드의 남로와 북로가 교차하는 곳이었던 소륵국(疏勒國, Kashgar) 또한 불교의 중심 도시였다. 우전국이나 구자국 등과 마찬가지로 종교로서의 불교는 소륵국에서도 국왕의 신봉과 지지를 받았다. 소륵 경내에서 기원한 현존하는 불교유적으로 사이람(沙依拉木) 석굴, 삼선동(三仙洞) 석굴, 키질타그(克斯勒塔格) 사원유적, 토쿠즈 카즈나크(托庫孜卡孜那克) 사원유적, 타키야누스 샤르

(達克牙魯斯夏雷) 사원유적, 명요륵(明堯勒) 불탑유적, 툼슈크(Tum-shuk, 圖木秀克) 사원유적, 토쿠즈 사라이(Tokuz-saray, 脫庫孜薩來) 사원유적, 모르(莫爾, Mor) 불탑유적과 행원(杏園) 사원유적 등이 있다.

한·당 시기 투루판 지역의 불교는 대체로 두 단계의 발전과정을 거쳤다. 첫째는 초기 차사국(車師國, Yar-khoto) 불교, 둘째는 고창국(高昌國, Qara-hoja) 불교이다. 고창에 전파된 불교는 현지의 전통적인 한문화(漢文化)에 적응하였을 뿐만 아니라 가족이라는 역량에 힘입어 민간에서도 발전하기 시작했다. 이로 인해 "불교사원이 별처럼 늘어서 있고 승려와 감람나무가 구름처럼 퍼져 있는〔佛廟星羅, 僧欖雲布〕" 상황이 출현하게 되었으며 가족화하는 특징을 띠게 되었다. 대략적인 통계에 따르면 고창성 부근에만 "불교사원이 300여 개가 있으며 승려만도 3,000명을 넘었"다.[4]

투루판 지역에 현존하는 진(晉)·당(唐) 시기의 불교유적에는 주로 야르호토(Yar-khoto, 交河故城) 사원(불탑), 호쵸(Khocho, 高昌故城) 사원(불탑), 베제클리크(Bezeklik, 柏孜克裏克) 석굴군, 야르호(Yarkho, 雅爾湖) 석굴군, 토유크(Toyuk, 吐峪溝) 석굴군, 셍김 아기즈(Sengim-aghiz, 勝金口) 석굴, 무르투크(Murtuk, 木頭溝, 또는 바이시하르(Baixihar, 拜錫哈爾) 석굴, 칙칸(Chikkan, 七泉湖) 석굴, 소패희(蘇貝希) 석굴, 서간산(徐幹山) 석굴, 아와제(阿瓦提) 불탑, 셍김 아기즈(Sengim-aghiz, 勝金口) 사원, 셍김 아기즈 사리탑군, 아스타나(阿斯塔那) 불탑 등이 있다.

이우(伊吾, Qomul, 하미(哈密))는 동한(東漢) 이후로부터 '서역의 문호'[5]를 담당

---

4 吳震,「寺院經濟在高昌社會中的地位」,『新疆文物』, 1990年 第4期.
5 『후한서』권88(中華書局, 1965), p.2914.『隋書』「裴矩傳」에 수록된「西域圖記」서문에도 "(돈황에서 서해에 다다르는 북도·중도·남도의) 세 갈래의 길에 위치하는 국가들은 각각 저마다의 길을 가지고 있었으며, 남북으로 발달되어 있었다. 東女國, 南婆羅門國 등은 모두 도로를 따라 길이 나 있어서 어느 곳으로든지 갈 수 있었다. 이를 통해 伊吾, 高昌, 鄯善이 모두 서역의 문호였음을 알 수 있다."고 기록되어 있다.

하였으나, 끊임없는 전란 때문에 인구가 빈번하게 이동하여 한·당 시기에 이 지역에서 불교가 유행했던 정황은 문헌상의 기록으로는 분명하지 않다. 하미 지역에 현존하는 주요 불교유적으로는 카아이(卡俄爾) 불탑, 투마(托瑪) 사원, 갑랑취룡(甲郞聚龍) 사원, 백양구(白楊溝) 사원, 소천자남(小泉子南) 사원, 묘이구(廟爾溝) 사원유적 등이 있다.[6] 이러한 사원유적들은 대부분 당대(唐代) 또는 그 이후의 유적이며, 한·당 시기 이우(伊吾)의 역사를 종합해 보면 이우불교의 번성기는 분명 당나라가 이주(伊州)를 설치한 이후였을 것으로 짐작된다.

3. 서역불교의 동전 주요경로

불교가 처음에는 중앙아시아 쿠샨왕국(Kushan, 大月氏)을 통해 중국 중원으로 직접 유입되었으나, 위진 이후에 서역불교가 본격적으로 흥기하고 발전함에 따라 중원불교에 대한 영향력도 점차 커져 갔다. 진·당 시대에는 이러한 서역 오아시스의 여러 국가에 당시 불교사원(석굴)이 즐비하였고, 대승과 소승 불교의 교의가 병행하게 되었으며, 호어(胡語)와 범어(梵語)로 된 불교경전도 함께 출현하였고 각각 특색이 분명한 많은 고승들이 배출되기도 함으로써 서역불교와 불교문화가 크게 번성하게 되는 결과를 낳았다. 서역과 중원의 다양한 민족의 승려들은 불교를 통해 유대를 형성하였으며 비단길을 따라 서쪽으로 구법의 길을 떠나기도 하였고 동쪽으로 불도의 교리를 널리 전파하기도 하였으며, 더 나아가 서역에서의 동서 여러 민족문화의 전파와 교류를 촉진시키

---

6 이상과 같은 신강 경내의 현존하는 불교유적의 분포상황에 관해서는 신강위구르자치구 지방지 편찬위원회·新疆通志 文物志 편찬위원회, 『新疆通志』「文物志」(新疆人民出版社, 2007), pp.218-260을 참고.

기도 하였다. 한·당 시기 서역불교의 동전 및 중원불교와의 상호작용의 형식과 경로는 매우 다양하였는데, 대략 다음과 같은 몇 가지로 개괄해 볼 수 있다.

1) 서역 승려의 동행홍법(東行弘法)

서역 승려들의 동쪽으로의 홍법 활동은 서역불교 초기 동전의 주요 형식이자 경로였다. 그 가운데 우전국과 구자국, 고창국 승려들이 동쪽으로 홍법 활동 한 영향은 비교적 컸다. 우전국 승려들의 노력하에 대승경전『방광반야경(放光般若經)』이 "경성에서 크게 이룬 것은 사문과 거사가 일심으로 화합하여 전파했기 때문이다."[7] 하는 말도 나오게 되었다.

동쪽으로의 홍법 활동을 전개했던 구자국의 승려 가운데 성과가 가장 컸던 사람이 바로 구마라집인 것에는 재론할 여지가 없다. 그는 홍시(弘始) 3년(401년)에 요진(姚秦, 후진)에서 장안으로 왔고, 15년(413년) 원적에 들기까지 10여 년이라는 시간 동안 널리 제자를 모으고 불경을 펴냄으로써 "법고가 다시금 현세에 떨치고 법륜이 다시 하늘 북쪽에 퍼지(法鼓重震於閻浮 梵輪再轉於天北)"게 하였다. 이외에도 문헌 기록 가운데 동쪽으로 홍법활동을 전개했던 참고할 만한 구자국의 고승으로 백연(白延), 백원신(帛元信), 백법거(帛法巨) 등이 있다.[8] 그들은 중원에서 불경을 번역하거나 교감에 참여하였으며, 제자에게 불법을 전수하기도 함으로써 중원에서의 구자국 불교 전파에 기여하였다.

이들 서역 고승들은 동쪽으로 홍법 활동을 전개하면서 불경을 가지고 오거나 번역하고 또 그 뜻을 풀이하거나 계율을 분명히 하고 불도에 인도하는 등

---

7 "大行華京, 息心居士翕然傳焉." 釋僧祐, 蘇晉仁·蕭鍊子 點校, 『出三藏記集』(中華書局, 1995.), pp.265-266.
8 湯用彤, 『漢魏兩晉南北朝佛敎史』上冊 (中華書局, 1983), pp.196-197 참고.

의 방법 이외에 다른 방법을 동원하기도 했다. 이들은 초기에는 불법의 영험함을 분명하게 보이기 위해 신기하고 기이한 다양한 방법을 사용하였다.

주술을 잘 다스리면 원하는 바가 모두 영험하게 드러났다. 처음에 강동 지역에는 주술법이 없었는데 『공작왕경(孔雀王經)』을 번역해 여러 가지 신주(神呪)를 보여주었다. 또 제자 멱력(覓歷)에게 고성범패(高聲梵唄, 법회를 시작할 때 석가여래의 공덕을 찬미하는 노래)의 법을 전수하였는데, 지금까지 그 가락이 전해진다.[9]

이와 같이 중원의 전통적인 방술(方術)과 풍속을 곁붙이기도 했다. 이와 같은 신기한 방법과 수단들은 초기에 중원에서 불교를 널리 전파함에 있어서, 특히 민간에 널리 전파하는 데에 효과가 뛰어나기는 하였으나 위험 요소도 상당히 잠복되어 있었다. 북위(北魏) 태무제(太武帝)는 태평진군(太平眞君) 5년(444년)에 "사문(승려)의 무리들이 서쪽 변방오랑캐의 터무니없는 이야기를 빌어 요괴를 낳게 하였다."[10]는 이유로 불법을 없애라는 조서를 내려 역사상 중원에서 가장 처음으로 불교를 배척한 황제가 되었다.

2) 중원 승려의 서행구법(西行求法)

서역 승려들이 동쪽으로 홍법 활동을 전개하고 중원에서 불교가 광범위하게 전파됨에 따라 중원의 불교계도 점차 피동적인 수용이 아니라, 초기 서역 승려들이 불경을 번역할 때 늘 존재했던 "문장에는 뜻이 숨어 있고〔文章隱志〕",

---

9 "善持咒術, 所向皆驗. 初江東未有咒法, 密譯出孔雀王經, 明諸神咒, 又授弟子覓歷, 高聲梵唄, 傳響於今." 釋慧皎, 湯用彤 校注, 『高僧傳』(中華書局, 1992), p.30.
10 "沙門之徒, 假西戎虛誕, 生致妖孼." 『魏書』卷4下(中華書局, 1974), p.97.

"불도의 번역으로는 뜻을 다하지 못하는(譯理不盡)" 현상이 더해져, 서쪽으로 가서 참경전(眞經)을 구하는 것이 중원의 수많은 고승들의 필연적인 선택사항이 되었다.

그들의 서행구법의 초기 목적지는 바로 근접해 있는 서역 지역이었다. 예컨대 중원에서 서행구법의 최초 승려인 주사행(朱士行)은 조위(曹魏) 감로(甘露) 5년(260년)에 서쪽으로 사막을 건너 우전국에 가서 범서(梵書)로 된 정본(正本) 90장을 얻고 제자 불여단(不如檀)을 보내 낙양으로 돌아가 번역하게 하였으며, 자신도 결국 우전국에서 입적하였다.[11] 진말(晉末) 송초(宋初) 이후에 중원 승려들의 서행구법은 최고조에 달했다.

중원의 승려들은 서역으로 구법을 떠날 때 대부분 우전국이나 구자국으로 갔기 때문에 두 지역의 불교가 한족 중원에 미친 영향은 지대했다. 당연히 한편으로는 고대 남아시아가 불교의 발원지였던 것을 비추어 보면 중앙아시아의 쿠샨왕국도 당시 불교 중심지 중의 하나였다. 다른 한편으로는 불교가 동쪽으로 전파되는 과정에서 이미 다른 정도의 변화가 발생했기 때문에 원류가 다양했던 초기 한족 중원의 불교에서는 불경 번역이 어려워 뜻이 분명하지 않았고 의미도 잘못 번역된 것이 대부분이었을 뿐만 아니라 경전의 의미도 번잡하고 교의도 혼란스러웠으며 계율도 느슨해졌다. 하지만 이러한 부분들이 오히려 불교가 더욱 발전하는 계기가 되었다.

진·당 시기에는 더욱 많은 승려들이 서역으로 넘어갔고, 인도와 중앙아시아를 오가며 '참경전(眞經)'을 구함으로써 중원불교에 존재하는 문제들을 해결하게 된 것이다. 대표적인 승려가 바로 동진(東晉)의 법현(法顯)과 당 초기의 현장(玄奘)이다.

---

11 釋僧祐, 蘇晉仁・蕭鍊子 點校, 『出三藏記集』(中華書局, 1995), pp.515-516. ; 釋慧皎, 湯用彤 校注, 『高僧傳』(中華書局, 1992), pp.145-146.

3) 정치적 교류

서역 승려들의 동행구법과 중원 승려들의 서행구법 이외에도 두 지역 간의 통치자들은 각자의 정치적 목적에 따라 불교를 통해 교류하였는데, 이러한 교류는 서역불교가 동쪽으로 전파되는 주요 수단이 되었다.

동진의 미천(彌天) 석도안(釋道安) 법사가 "군주에 기대지 않았다면 법회도 열지 못했을 것이다."라고[12] 한 바 있듯이, 사실상 한(漢)·진(晉) 시기 서역의 불법이 중원에 처음 유입되고 널리 전파된 것은 정치적으로 불교를 이용하고 지지했던 통치자들의 역할이 컸다. 서역 여러 나라의 통치자들은 중원에 사신을 파견하여 조공을 바치는 과정에서 늘 불교 내용을 함께 보내곤 했다.

전진(前秦) 건원(建元) 18년(382년) 정월에 차사국의 고승 구마라발제(鳩摩羅跋提)가 차사국의 왕 미진(彌窴)을 따라 중국 장안에 이르렀을 때, 당시 호어본(胡語本) 『마하발라야바라밀경(摩訶鉢羅若波羅蜜經)』, 『아비담초(阿毗曇抄)』, 『사아함모초(四阿含暮抄)』 등의 문헌을 가져와 진헌하기도 하였다.[13] 구자국의 부사 강자후(羌子侯)가 사신의 신분으로 중원으로 갈 때 범본(梵本) 『아유월치차경(阿維越致遮經)』을 돈황에 가져온 적이 있었고,[14] 북위 문성제(文成帝) 말년(465년)에 소륵국에서는 "왕이 석가모니불의 가사 한 벌을 보내오기도"[15] 했다. 이와 유사한 기록들은 사서(史書)에 자주 보인다.

---

12 "不依國主, 則法事不立." 『四十二章經』 「序」.
13 釋僧祐, 蘇晉仁·蕭鍊子 點校, 『出三藏記集』(中華書局, 1995), p.289.
14 釋僧祐, 蘇晉仁·蕭鍊子 點校, 『出三藏記集』(中華書局, 1995), p.274.
15 "其王遣使送釋迦牟尼佛袈裟一." 『北史』 卷97(中華書局, 1974), p.3219.

4) 군사적 정벌

군사 정벌은 이 시기에 불교가 서역에서 동쪽 중원으로 전파되는 일종의 특수한 과정으로서, 실제로 정치적 교류의 연속으로 간주할 수 있다. 전형적인 예증으로 전진의 황제 부견(符堅)과 구자국의 고승 구마라집과의 일화를 들 수 있다.[16]

여광(呂光)이 구자국을 정벌하고 구마라집을 데리고 동쪽으로 돌아가 양주 涼州에 다다랐을 때 부견의 전진이 이미 패망했던 터라, 구마라집 또한 이곳에 억류되었다. 요흥(姚興, 후진)이 여씨를 대파하고 난 이후에야 구마라집을 장안으로 데리고 가 국빈으로 대우했으며, 결국 구마라집은 중원불교에 지대한 영향을 끼친 역경승이 되었다. 이러한 군사적 정벌 활동의 주요 목적은 비록 서역의 고승을 모셔오는 데 있었던 것은 아니었으나, 결과적으로는 중원으로의 서역불교 전파를 촉진시켰다고 할 수 있다.

5) 인구의 이주

"길은 사람들로 인해 넓어지고 불법은 연을 기다려 드러난다."[17]

고대 실크로드의 인구 이동 또한 불교 전파의 주요 수단이었다. 서역 선선왕국에서 불교의 갑작스러운 출현도 쿠샨왕국의 이주민과 관련이 있을 가능성이 있다.[18] 한·진 시기에 다수의 이주민들이 들어오면서 한족의 중원불교가 고창으로 유입되었고, 이곳은 점점 중원의 불교가 전파되는 서역의 중심지

---

16 釋僧祐, 蘇晉仁·蕭鍊子 點校, 『出三藏記集』(中華書局, 1995), p.532.
17 "道由人弘, 法待緣顯." 釋僧祐, 蘇晉仁·蕭鍊子 點校, 『出三藏記集』(中華書局, 1995), p.1.
18 吳焯, 『佛敎東傳與中國佛敎藝術』(浙江人民出版社, 1991), pp.254-256.

가 되었다.

이뿐만 아니라 진·당 시기에 수많은 승려들이 서쪽에서 동쪽으로 홍법 활동을 전개했던 것은 실크로드 각 지역 불교의 교류와 발전에도 크게 기여하였다. 북량(北凉) 시기 고창의 고승 도보(道普)는 "서역을 여행하여 여러 나라들을 두루 돌아다녔다. 부처님의 존영(尊影)에 공양하였으며, 부처님의 발우를 모셨고, 사탑(四塔), 보리수, 부처님의 발자취, 부처님의 형상 등을 우러러 뵙지 못한 것이 없었다. 범서에 능통하였으며 여러 나라의 언어에도 두루 통하여 이역을 유람(經遊西域 遍歷諸國 供養尊影 頂戴佛缽 四塔道樹 足跡形像 無不瞻覩 善梵書 備諸國語 遊履異域)"하였으며, 이후 남조로 유입되어 불도를 널리 전파하였다.

이를 통해 실크로드를 통한 불교의 전파 경로는 일방적으로 한쪽으로만 진행되었던 것이 아니라, 상호교류하며 영향을 주고받았던 것을 알 수 있다.

6) 상업무역

인도에서의 불교 발생과 전파 활동은 대부분 당시의 상업무역 활동과 관련이 있으며, 남아시아와 중앙아시아에서의 불교 전파 경로는 당시의 상업무역 경로와 일치한다. "상인과 불교는 서로 의지하는 관계이며 상호 영향관계에 놓여 있다. 상인은 불교의 재물에 기대고, 불교는 상인들의 전파력에 기댄다."[19]

실크로드의 개통과 무역의 흥성은 불교의 동쪽으로의 전파에 교통의 편리함과 물질적인 토대를 제공했다. 한·당 시기 서역의 여러 나라들과 중원의 무역은 대부분 '봉헌' 또는 '조공'의 명목하에 이루어졌다. 『삼국지(三國志)』의 기

---

19 季羨林,「商人與佛敎」,『第十六屆 國際歷史科學大會 中國學者論文集』(中華書局, 1985)에 게재되어있으나,『季羨林學術論著自選集』(北京師範學院出版社, 1991), p.518을 참고함.

록에 따르면 "위나라 건국 후 서역의 여러 나라가 모두 온 것은 아니지만 그 가운데 구자(龜茲)·우전(于闐)·강거(康居)·오손(烏孫)·소륵(疎勒)·월지(月氏)·선선(鄯善)·차사(車師) 등의 대국에서는 조공을 바치러 오지 않은 해가 없었으니, 그 상황이 마치 한나라의 과거 모습과 같았다."[20]고 하였다.

당 정관(貞觀) 14년(640년)에 고창을 평정한 후 "이우의 서쪽과 페르시아의 동쪽에서는 조공이 끊이지 않았고 행상들도 끊임이 없었다."[21] 서역 각지, 특히 '불국'이었던 우전국과 구자국 등의 지역으로부터 들어온 상인들은 중원에 와서 무역을 함과 동시에 부지불식간에 그들이 신봉하는 민간불교를 유입해 왔다. 이러한 민간불교의 전파는 승려들의 포교활동만큼 사람들의 관심을 받은 것은 아니지만 어느 정도 감화력을 지니고 있었다. 후대 사람들은 문헌 기록이 적다는 이유로 불교의 동쪽으로의 전파가 앞서 살펴본 다양한 경로를 통해 이루어졌다는 사실을 간과해서는 안 될 것이다.

4. 결론

불교의 동전이 점진적으로 이루어진 것은 서역 지역 내에서도 동일하다. 타림분지보다 동쪽에서 발현된 초기불교 유적의 대부분은 양한(兩漢) 시대 교류의 흔적이며 서역에 전파된 불교와 시간상 거의 일치하는 동일한 발전을 했다는 증거이기도 하다. 그 표현 형식과 과정이 불교 교리의 유입에서부터 조상의 형상화, 사원건축, 석굴개착 등에 이르기까지 동일하다.

---

20 "魏興, 西域雖不能盡至, 其大國龜茲·于闐·康居·烏孫·疎勒·月氏·鄯善·車師之屬, 無歲不奉朝貢, 略如漢氏故事."『三國志』卷30(中華書局, 1959), p.840.
21 "伊吾之右, 波斯以東, 職貢不絶, 商旅相繼."『冊府元龜』卷95.

불교의 동전과 발전은 – 실크로드 루트상에 있는 오아시스 제국들을 포함해 – 실크로드 개통과 무역에서의 흥성과 직접적인 연관이 있다. 실크로드 개통은 불교의 동전에 좋은 교통 조건을 제공하였고 막혀 있던 서역 제국 간의 정치·경제·문화 교류의 가능성을 열어주었다. 또 다른 방면에서 실크 무역은 풍요로운 경제이윤을 가져와 불교 발전에 공고한 물질적 기반을 마련해 주었다.

동한 말기 서역 오아시스 제국들의 정치적 변화는 불교가 서역에서 광범위하고도 깊이 있는 발전을 이룰 수 있는 긍정적인 사회배경으로 작용하였다. 위진 말기 선선, 우전, 소륵, 구자, 언기, 고창 등 제국의 부분적 통일과 서한 시기에 '36국'으로 일컬어지는 서역의 변화와 동한 시기의 '55국'의 분산된 변화가 있었다. 정치상의 부분적 통일이 앞서 서술한 바와 같이 서역불교 형성과 서역불교 발전에 많은 영향을 미쳤다. 서역불교의 발전은 이에 따라 새로운 단계로 진입해 고도로 발전되고 다양한 특징을 가질 수 있게 되었다.

한·당 시기 서역불교의 동전 루트는 다양해졌고 동시에 쌍방향화하였다. 그중 서역 승려의 홍법을 위한 동행루트와 중국 승려들의 구법을 위한 서행루트가 있는데, 이미 서역과 중원을 통과하는 쌍방향의 정치왕래와 무역왕래 등의 길이 열려 있어 영향을 미친 것이다. 이외에도 서역불교 동전의 총체적 형세 아래, 위진 시기 중원의 인구는 서역으로 대량 이동하였고(고창 지구 등) 한나라 땅의 불교가 서역으로 유입되는 등 서역불교의 다양화가 더욱 풍부하게 이루어졌다. 이러한 과정을 거쳐 서역불교와 중원불교가 유기적 융합으로 하나가 되었다. 이러한 다양화와 쌍방향 전파경로 등의 과정을 거쳐 한·당 시기 중원과 서역불교는 각각 최고조에 달했던 것이다.

영문초록

Buddhism in Western Regions during Han and Tang Dynasty : Its Eastward Paths

In the period between Han and Tang dynasty, the Buddhism in Western Regions had gradually come into being and developed, which was also the main historical stage for its spreading eastward, because of the officially opening of the Silk Road and the partial political uniform in Western Regions. There have being several Buddhist centers with diverse characteristics in Western Regions. There are several paths for the Buddhism in Western Regions to spread eastward. The first path is that the monks from the Western Regions went to inland of China to propagate the Buddhist teachings. The second path is that the monks from inland went to Western Regions to seek Dharma. The third path is the political communication between the inland and Western Regions. The fourth path is the military expedition by the inland regime to Western Region. The fifth path is the population migration between the inland and Western Region. The sixth path is the commercial trade between the inland and Western Region. Through the above multiple and bidirectional paths, the Buddhism in Western Region had a profound effect on the development of Buddhist culture inland.

우전불교사 논술

한종이(韩中乂)

1. 우전 불교의 전래

우전은 서역에서 가장 이른 시기에 불교가 도입된 지역 중 한 곳이다. 하지만 정확한 전파 시기에 대해서는 아직 확정된 결론이 없다.

티베트 문헌과 한문 문헌과 고고학 자료에 따르면 기원전 약 1세기에 불교가 전파되었다고 한다. 티베트 문헌인『우전국수기(于闐國授記)』에는 우전왕 지유(地乳, Sa-nu)가 19세에 이국(李國, 즉 우전)을 세웠고 그가 제1대 왕으로 즉위할 때가 부처님이 열반한 지 234년 되는 해였다고 한다. 우전국이 건국한 지 165년이 되었을 때, 보승생(普勝生, Vijaya sambhava)이 제3대 왕에 즉위한 지 5년째인데 불교는 이국에서 번성하기 시작했다.[1] 이 시기는 부처의 열반을 기원전 486년으로 보는 것에 근거해 보면 기원전 77년(486-234-165=77)이 된다. 하지만 어떤 고고학자들은 이에 다른 견해를 갖고 있다. 서양학자들은 고고학 자

---

1 王尧陈践,『敦煌吐蕃文书选』(四川民族出版社), p.147.

료에 근거하여 기원후 1세기가 되어서야 우전에 불교가 전래되었다고 주장한다. 이 시기와 티베트 자료에 기재된 시기와는 2세기 정도 차이가 있다. 그러나 현존하는 한문 역사자료에 근거해 기원전 1세기라고 주장하는 것이 과학적이라 하겠다.

일부 사서에 기록된 것에 따르면 불교가 이 지역에 전래되자마자 광범위하고 심오하게 발전한 것은 아니었다.『후한서』「반초전(班超傳)」에는 한 명제 영평 16년(기원후 73년)에 반초가 우전에 갔을 때 "그곳의 풍속은 미신을 믿었다"고 기재했다.[2] 반초가 이 지역에 왔을 때 이 나라 무당은 반초가 탄 말로 신에게 제사를 올리려고 했다. 이는 이 지역 지배층이 원시종교를 신앙하여 무당이 조정을 좌지우지하고 있었음을 말해준다. 화전(和田) 뤄푸현(洛浦縣) 산푸라(山普拉) 고묘군에서 발굴된 1호 무덤과 16호 무덤 옆에는 머리에 깃털을 꽂은 백마 한 필이 각각 묻혀 있어[3] 무술과 관련이 있었음을 짐작할 수 있다. 화전 지역에서 고고학자들은 전국시대부터 삼국시대 사이의 무덤에서 불교유물을 거의 발견하지 못했다. 이는 역사 기재와 학자들의 연구가 거의 일치함을 말하는 것으로 불교가 이 지역에서는 아직 시작 단계였음을 말한다.

저명한 학자 시슈칭(史樹靑)은 화전 지역에 위치한 니야(尼雅) 유적지를 연구한 뒤 "신강 남부의 일부 고대 유적지에서 불교 예술품이 상당량 출토되었는데 유독 니야 유적지에만 적다. 유적지 중부에서는 흙으로 쌓은 불탑만 발견되었는데 오늘날 위구르족들이 '포대'라고 부르는 이 불탑은 사실 불교 승려들의 무덤이다. 이로 미루어 보아 동한(東漢) 삼국 시기에 이 지역 일부 사람들이 불교를 신앙했음을 알 수 있다."[4]고 결론을 지었다. 따라서 우전은 니야 지

---

2 『后汉书』「班超传」(标点本, 中华书局)
3 李吟屏, 『佛国于阗』(新疆人民出版社), p.53.
4 穆舜英 等编, 『新疆考古三十年』(新疆人民出版社), p.63.

역보다 불교가 훨씬 일찍 전래되었음도 알 수 있다.

우전으로 전파된 불교는 그 매력을 과시하였다. 주로 사회 하층계급에 속하는 소수의 사람들이 신앙하기 시작하여 점차 강대한 세력으로 발전하여 나중에는 상층계급도 받아들였다.

2. 우전의 불교 발전

우전불교의 발전은 위진남북조 시기와 수·당 시기, 두 개의 큰 시기를 거쳐 전개된다.

1) 위진남북조 시기

위진남북조 시기에 우전은 이미 동서 상업과 문화교류의 주요 지역이었다. 당시 서역으로 통하는 길은 세 갈래가 있었는데 우전은 남로에 위치해 있었다. 역사서의 기록에 따르면 다음과 같다.

> 남도에서 서쪽으로 가면 차지국(且志國, 且末國)·소완국(小宛國)·정절국(精絶國)·누란국(樓蘭國)이 있는데 모두 선선(鄯善)에 속하였고, 융로국(戎盧國)·우미국(扜彌國)·거륵국(渠勒國)·(혈산국(穴山國)·피산국(皮山國))은 모두 우전에 속하였다.5

이런 우월한 지리조건이 배경으로 작용하여 우전과 중원 간의 상업과 정치

---

5 『三國志』「魏略西戎传」卷30(中华书局).

교류를 강화시켰을 뿐만 아니라 문화, 특히 두 지역 간 불교문화 교류가 이루어질 수 있었다. 상당수의 우전 승려들이 중원에 불교를 전파하였고, 중원의 구법자들도 우전에 와서 불교를 배웠다.

최초로 우전에 와서 구법한 사람은 조위(曹魏)시대 주사행(朱士行)이라 알려져 있다. 당시 주사행은 『도행경』을 강의하면서 "문장이 은밀하고 여러 모로 충분하지 못함"을 느끼고 더 완벽함을 목표로 260년 "옹주에서 떠나 서쪽으로 사막을 건넜다." 우전에 도착하여 불법을 20여 년 배우고 범서 정본 90장의 경전을 얻었다. 282년 "제자 불여단에게 범본을 가지고 낙양으로 가게 했다."[6] 당시 우전은 소승불교를 신앙했으며 주사행이 대승불교를 공부하는 것에 대해 극구 방해를 했고 대승불교가 중원으로 옮겨지는 것도 저지하려 했다. 주사행은 결국 죽음으로 대승경전을 취하였다. 이는 당시 양파 간의 모순이 매우 치열했음을 말해주며 경전을 구하는 사람도 이런 교파 간의 싸움을 피할 수 없음을 말해준다. 이러한 투쟁에서 우리는 소승불교가 우전에서 상층 통치자들의 지지를 얻고 있다고는 하지만 대승불교의 강대한 공세가 커지면서 소승불교가 점점 몰락해 감을 확인할 수 있다.

서한 말기부터 위진까지 우전 통치자들의 지휘하에 불교는 부단히 발전하였고 대대적인 불교사원 건립이 있었으며 이에 따라 사원경제도 발전하였다. 경제적 위치에 차이가 생기면서 사원 내부는 분화가 생겨 부익부 빈익빈을 초래했다. 오늘날 출토된 구로(佉盧) 문서에서는 당시 승려들의 계급분화 정황을 아래와 같이 반영하고 있다

타티가(Tatiga, 耽提伽)라는 승려는 승려 승개(僧凱)에게서 바다라(婆多羅)라는 승려를 데려온 적이 있다. 그는 바다라와 함께 달도성(達都城)에 와서 스라스카

---

6 慧皎, 汤用彤 校注, 『高僧傳』 卷4(中华书局), p.145.

(Sraskha, 色羅達)라는 노예를 주고 협의를 달성하기를, "스라스카는 타티가와 바다라가 돌아올 때까지 승개 밑에서 일해야 한다."고 하였다.[7]

이 문서는 당시 승려들이 노예를 데리고 있음을 알려주며, 승려들은 노동하지 않고 안일한 생활을 하고 있음을 말해주고 있다. 또 다른 문서(152호)에도 이렇게 적고 있다.

법애(法愛)라는 승려가 사진(沙津) 위야(韋耶)라는 마을에 살고 있었는데 이곳은 바로 혜선저달여(慧善抵達汝)가 머물 때, 선장(善將)으로 하여금 사문을 붙잡던 곳으로 사문들은 마시적격야(摩施迪格耶) 부인과 모특격야(牟特格耶)의 노예로 살았다. 그의 집은 이미 우리한테 팔았으므로 이 승려는 지금부터 그쪽에 속한다.

이 계약은 집을 팔 때 그 집에서 불교를 믿으며 일하던 노복들도 재산처럼 새 주인한테 팔려 감을 말하는 것으로 당시 사회 하층에 있던 승려들의 지위가 얼마나 낮았는지를 보여주고 있다.

주사행이 우전에 와서 구법을 시작한 뒤 내륙지역으로부터 우전에 와 구법하는 사람들이 적지 않았는데, 이 사람들은 그 당시 우전불교의 상황도 기록하였다. 339년 법현(法顯), 혜생(慧生), 도정(道整), 혜응(慧應), 혜외(慧嵬) 등은 같이 장안에서 출발하여 천축으로 구법을 떠나는 길에 우전을 지나면서 이렇게 기록하였다.

한 달 닷새 만에 우전에 도착해 보니 이 나라는 풍요롭고 안락하며 백성들은

---

[7] 王广智 译, 『新疆出土佉卢文残卷译文集』(中国科学院 新疆民族研究所 油印本, 后文只写编号, 不注出处), p.127.

불법을 신앙하고 법사를 주고받으며 풍성한 나날을 보내고 있었다. 수만 명의 승려들이 대승학파에 속하는데 모두가 모여서 함께 음식을 먹었다. 백성들은 흩어져 생활하였다. 집집마다 문전에 작은 탑을 세우는데 제일 작은 탑도 두 장(丈)쯤 되었으며, 나처럼 외지에서 오는 승려들의 거처로 삼았다. 국왕은 구마제(瞿摩帝)라는 대승 사원에 법현 등 승려들을 모셨다. 삼천 명의 승려들이 종이 울리면 위엄 있고 질서정연하게 앉아서 조용히 식사를 하는데 서로 소리를 내지 말고 손짓으로 해야 한다.[8]

그리고 우전 사람들이 행상절(行像節)을 지내는 광경도 "4월 1일부터 도시는 길거리와 골목을 청소하고 성문에 대형 위막을 치는 등 모두 숙연하게 장식하였다. 왕과 부인, 채녀(궁녀)들도 같이 했다."[9]고 기록하였다.

행상은 구마제사에서부터 시작하여 "도성 밖 3~4리에서 사륜상 수레를 만드는데 높이는 석 장(丈) 남짓 되고 궁전 모양에 칠보를 입히고 명주를 드리우고 기와를 덮고 상을 수레 중간에 세우며 두 보살이 양쪽에서 모시고 모든 천인이 시중을 들게 한다. 모두 금과 은과 옥돌로 조각하고 허공에 걸려 있었다." 불상이 도성 밖 2백여 보까지 도착했을 때 국왕은 왕관을 벗고 새 옷으로 갈아입고 "맨발에 꽃을 들고 옆으로부터 도성을 나와 불상을 맞이하면서 머리를 부처님 발에 대는 예를 갖추고 꽃을 뿌리고 향을 피웠다." 이는 불상에 대한 경의를 표하는 것이다. 불상이 성문을 지날 때 "성루에 있는 부인과 채녀들이 뿌리는 꽃이 흩날려 내린다. 이와 같이 장엄한 공양물들과 각양각색의 수레가 있다. 하나의 승가람이 하루의 행상을 진행한다."[10] 여기에서 말하는 행

---

8 法显, 『佛国记注释』(长春出版社), p.8, p.10, p.11 등에서 균일하게 보인다.
9 法显, 『佛国记注释』(长春出版社), p.8, p.10, p.11.
10 法显, 『佛国记注释』(长春出版社), p.8, p.10, p.11.

상은 주로 우전의 14개 큰 사원에서 진행한다. 행상절은 4월 1일에 시작하여 14일에 끝나는데, 행상절이 끝나면 왕과 왕후는 궁중으로 돌아간다. 이 행사는 중국 내지의 불교도들도 지내는데 시기는 음력 4월 8일이다. 법현의 이 행사에 대한 생동한 묘사는 우전에서 위로는 국왕으로부터 아래로는 일반 백성들까지 행상을 매우 중요시했음을 설명하는 것이다.

법현은 구마제사원 외에 14개 대사찰이 있음을 "그 나라에는 작은 불교사원을 제외하고 큰 사원만도 14개나 있다."고 하였다. 법현은 우전 왕신사(王新寺)에 대해 특별하게 서술하였다.

도성 서쪽 7~8리 되는 곳에 왕신사라는 사원이 있는데 80년간 세 명의 왕을 거쳐 지어졌다. 높이는 25장(丈)이고 조각과 장식이 아름답게 금은으로 개금되고 여러 가지 보물로 만들어졌다. 탑 뒤쪽에는 불당이 있고 묘하게 장엄된 기둥과 대들보, 창문과 들창은 모두 금박이 되어 있고, 승려들의 방도 위엄이 있으며 화려하게 장식되어 있어 이루 말할 수 없었다. 동쪽의 6개국 왕들이 준 값비싼 물건들은 모두 공양물로 올려져 있고 사람이 쓰는 것은 적었다.

기록에 근거해 계산해 보면 이 사찰은 319년에 지어졌다. 이는 당시 통치자들이 사찰 하나를 짓기 위해 80년이란 시간을 들였고 그 화려한 정도가 이루 말할 수 없었음을 말해주고 있다. 이는 주변국에도 비교적 큰 영향을 주었고 주변의 소국들은 모두 공양을 바쳤다.

법현은 자신이 직접 겪은 경험으로 우전의 불교 정황을 상세히 기술한 첫 번째 인물이다. 기록을 통해 다음과 같은 사실을 알 수 있다. 첫 번째, 이 시기 우전이 소승불교에서 대승불교로 전환했음을 알 수 있다. 두 번째, 불교가 이미 생활의 여러 측면에 영향을 주고 있었고 백성들과 국왕 모두 중시하고 있었다. 세 번째, 사원경제가 상당히 발달했고 통치자들의 지지를 받고 있었으며 많은 토지와 금은보화 등 재물을 하사받았다. 네 번째, 불교문화의 중심 지위가 더욱 발전해 공고해졌을 뿐만 아니라 중국 내지와 더 밀접해졌다는 것을 알 수 있다. 법현이 중원으로 돌아올 때 가지고 온 불경은 구마라집의 도움을 받으며 우전 사문 지승(智勝)이 『오분율』 등을 역경하였다.[11]

5세기 우전불교는 한층 더 중원의 추앙을 받았다. 전진 홍시 6년(404)에 지맹이 사문 15명과 함께 인도로 구법하러 가던 길에 우전을 지나면서 우전 승려들의 환영을 받았다. 그들은 법현보다 5년 후에 우전에 갔다.[12] 이때 불교는 법현이 기록한 것과 대체적으로 비슷했는데 대·소승 불교의 구별이 명확했다. 티베트 문헌 『우전교법사(于闐敎法史)』에는 다음과 같이 기록되어 있다.

대승과 소승 양파 간에 견해가 달랐다. 비구와 비구니의 2부대중 중에서, 대승파는 유식사와 중관사의 선정을 인정하고 소승 사람은 사성제를 인정하였다. 비구와 비구니의 2부대중과 비교하여 우바새 우바이의 신앙을 보면 대승과 소승은 각각 얼마나 되는가? 대승불교를 믿는 사람은 말 몸의 털만큼이지만 소승불교를 믿는 사람은 말 귀의 털만큼뿐이다. 사람 수의 많고 적음이 이와 같았다.[13]

19세기 고고학은 그 당시에 『법구경』이 유행했다는 것을 발견했는데 이는 소승 계통의 경전이다. 이로부터 대·소승 간의 대립이 분명하고 대승불교가 이미 주도적인 자리를 차지했으며 소승불교가 약세에 몰려 있음을 알 수 있다.

---

11 『高僧傳』 卷3, p.96.
12 『高僧傳』 卷3, p.125.
13 『燉煌吐蕃文书选』, p.151.

일찍이 동진 때 사문 지법령(支法領)이 우전에 와서 『화엄경』의 앞부분 3만 게를 얻었으나 번역을 하지 못했다." 418년에 유명한 인도 승려 각현(覺賢)에게 청하여 번역하였다. 이는 대승불교가 오랜 기간 우전에 영향을 끼쳤음을 말한다.

5세기 중엽에 법용(法勇)과 승맹(僧猛)도 구법을 위해 우전에 갔다. 475년에 남조 송나라의 승려 법헌(法獻)이 서역으로 구법하러 가는 길에 예예(芮芮)를 지나면서 "우전에 들러 총령을 지나려 했으나 길이 끊겨 우전에서 돌아왔다."[14] 하였다. 그는 우전에서 『묘법연화경』「제바달다품」과 『관세음참회제죄주경』 각 한 권, 그리고 불아(佛牙) 1구, 사리(舍利) 15과를 갖고 왔다. 이 불아는 불가의 보물로 현재 북경 서산 영광사(靈光寺)에 보존되어 있다. 이런 경전들의 성격을 보았을 때, 우전불교가 중원의 불교와 거의 다를 바가 없음을 알 수 있고 당시 우전에서 불교를 믿는 것이 매우 돈독했음을 알 수 있다. 『남제서(南齊書)』「예예전(芮芮傳)」에서는 "익주자사(益州刺史) 유전(劉悛)이 강경현사(江景玄使) 정령(丁零)을 파견하였는데, 이들은 도중에 선선과 우전을 지났다. 선선은 정령에 패하여 백성들은 흩어졌고 우전은 불법을 더 믿게 되었다."[15] 『남제서』「무제기(武帝記)」의 기록에 따르면 유전이 익주자사로 있던 시기는 491년이다. 495년에 중원은 우전을 점령하였는데, 중원에서는 우전불교에 익숙할 뿐더러 왕래도 빈번했음을 알 수 있다. 남조 양나라 승우(445~518)의 『출삼장기집』에는 아래와 같이 기재되어 있다.

하서(河西)의 사문 석담학(釋曇學)과 위덕(威德) 등 여덟 승려가 불경을 얻으러 떠났는데 때마침 우전의 큰 절에서 반차우슬(般遮于瑟) 대회를 보게 되었다. 반

---

14 『高僧传』卷13, p.488.
15 『南齊書』「芮芮虏傳」卷59, p.1023.

차우슬이란 번역하면 5년마다 거행되는 모든 사람이 모이는 대회라는 말이다. 삼장의 모든 학자들이 각자 법보를 널리 알리고 경과 율을 강설하면서 자기의 교파에 따라 가르친다. 담학 등 여덟 승려는 여러 차례 나누어 들었으며 호어(胡語)를 학습하여 힘을 다해 한어로 번역하였고 각자가 보고 들은 것들을 기록하였다. 고창에 돌아와서 한 부의 경서로 편찬한 후, 사막을 지나 양주로 보냈다. 당시 석혜랑(釋慧朗)이라는 하서의 유명한 승려가 있었는데 학식 있고 방등을 지니고 있었다. 그는 이 경전이 비유(譬喻)에 기원을 두고 있는데 비유(譬喻)는 선과 악을 함께 밝혀 놓아서 선과 악이 서로 바뀌면 현명함과 어리석음이 나뉜다고 여기고 있었다. 전 세대에서 전해내려온 경전 중에 많은 것이 비유에 속하기 때문에 이 경전을 『현우경』이라고 이름을 바꾸었다.[16]

이 경전들은 우전에서 뜻을 얻어 쓰여진 것이다. 당시 5년에 한 번씩 우전의 큰 절에 모여서 강경활동을 하였는데, 우전 전체가 불법을 선양했음을 알 수 있다.

북위(北魏)는 386년에 건국되었다. 척발도(拓跋燾) 재위(424~452) 시에 북위는 북방을 통일하고 서역에 사절을 파견했다. 그때부터 우전은 북위에 속했는데 당시 북방에서는 불교가 급속히 발전하여 많은 불경이 한문으로 번역되었고 웅대한 사원을 짓고 있었으며 많은 승려들을 양성하였다. 물론 우전도 예외가 아니었다. 518년에 동호태후(東胡太后)가 숭립사(崇立寺) 혜생(惠生)을 서천에 파견하여 경전을 구하게 했는데 당시 돈황 사람 송운(宋云)도 동행했다. 송운은 『행기(行記)』에서 당시 우전 지역 차말성(且末城) 불교에 대해 다음과 같이 기록하였다.

---

16 僧佑, 『出三藏記集』(大正藏 55, p.67)

"성 안에는 호인(胡人)의 모습을 한 불보살 도상이 있는데 노인이 이르기를, 이는 여광(呂光) 시대에 호인이 만든 것이라고 하였다." 성 서쪽 1,297리 떨어진 한마성(捍摩城)에 큰 절이 있는데 "3백여 명의 승려들이 있다."[17] 또 "금상 한 구가 있었는데 높이가 6장(丈)이고 외관이 뛰어나며 상호는 밝고 자연스러운데, 얼굴은 동쪽을 향한다. 장로들이 전하기를, 이 불상은 남쪽에서 날아왔다고 한다." "우전국왕은 친히 예배하고 불상을 실어날랐다. 야숙(夜宿)하던 중에 홀연히 사라져 사람을 시켜 찾았으나 못 찾고 되돌아와서 탑을 세우고 사백여 호를 봉하여 제사를 지냈다. … 그 후 장륙상(丈六像)으로 조성한 불상과 불탑이 무려 수천 기에 이른다. 채색깃발 또한 수만 개 걸었는데 절반 이상이 위나라의 것이었다. 깃발에 새긴 예서는 대부분 태화 19년(495), 명경 2년(502), 연창 2년(513)이고 유일하게 요진 시기의 것도 있다."[18]

우전에서 멀지 않은 작은 성에 3백 명에 이르는 승려가 있었고 불탑을 공양하는 데에 400호가 참여했으며 6장 높이의 불상을 세울 수 있는 재력이 있었다. 이로 인해 중원의 승려들이 행하는 아침 예불이 우전불교에까지 영향을 미쳤다. 송운은 "죽은 자는 불태우고 뼈를 수습하여 매장하며 부도(浮圖)를 올린다."고 기록하였다. 이것은 불교적 의식에 우전 지역 풍속을 가미한 장례문화이다. 국왕도 불법을 지키나 국왕의 경우는 화장을 하지 않고 관장을 하며 "묘비를 세워 기념"한다. 이는 조상 숭배의 원시적 흔적으로 볼 수 있으나 기본적으로 우전불교는 일반 생활에까지 깊이 파고 들어 있었다.

우전은 앞에서 말한 행상절(行像節) 외에 욕불절(浴佛節)도 지낸다. 현재의

---

17 沙畹, 冯承钧 译, 『宋云行记笺注』, 『西域南海史地参证译丛』 第2卷(商务印书馆, 1995), pp.13-14 참고.
18 『西域南海史地参证译丛』, p.15.

구로문(511호)에 당시 욕불절의 내용이 기술되어 있다.

누구든 가가락달마(加迦諾達摩) 욕불의식에 참가한 자는 눈이 맑아지고 손발의 피부가 부드러워지며 용모가 아름다워진다. 농종이나 옴이 자라지 않고 몸이 하얗고 향긋해진다. 또한 눈이 커지고 맑아지며 손발 피부가 금색을 띠며 용모가 빛나면서 속세에서 해탈하게 된다. 욕불의식 중 공양은 가장 아름다운 헌례이다. 욕불에서 행해지는 각 행위 가운데서도 공양과 봉행은 실제 행동의 표지이다. 영예는 인류에게 선을 베풀기를 즐기고 진실로 인류를 계시하는 부처님과 여러 불교 신도의 것이다. … 모든 불회에 모여 가모달가(迦姆達卡) 욕불에서 목욕하고 있는, 선사(先師)를 존경하고 사랑하는 승려들로 하여금 현재의 직책에 충실하고 마음이 순결하며 증오에서 벗어나게 하옵소서. 이번의 욕불을 통하여 물건을 바쳐 더러움을 씻으려는 자와 기름을 불신에 발라 불신을 세척한 자들로 하여금 모두 악념과 죄악에서 벗어나게 하옵소서. … 세상이 늘 의복이 풍요롭고 식량이 풍족하기를 바라며, 제석천께서 비와 물을 보태어 주시기를 바라옵니다. 오곡이 풍만하고 왕도가 창성하기를 바라며 불법 아래 영생하기를 바라옵니다.

이 욕불절의 격앙된 연설사는 욕불절의 중요성뿐만 아니라 불교의 기본 교의도 설명했기 때문에 이는 불교가 이미 우전인의 생활 곳곳에 침투되었음을 말한다. 『북사(北史)』에는 우전이 "모두가 불법을 중시하고, 사탑에 승려가 많으며 왕이 불법을 충실히 믿어 재일(齋日)마다 음식을 절제하는 현상을 볼 수 있었다."[19]고 적혀 있다. 동시에 중원에 대한 영향이 컸다. 탕용통(汤用彤)은 "서역 각 나라 중 섬빈(剡宾)·우전(于闐)·자(玆)의 3국은 교통의 요지로 각기 다

---

19 『北史』「芮芮传」.

른 성격의 불교를 전달하여 우리나라에 크나큰 영향을 미쳤다."20고 밝혔다.

위진남북조 이래 우전에서는 소승불교에서 대승불교로의 전환이 일어났다. 특히 대승불교의 흥기는 우전 내의 사상계뿐만 아니라 중국 내륙에도 중요한 작용을 하였다. 중국 내륙의 초기 불교는 어려움이 많았을 뿐만 아니라 교파의 교의도 불안정하였다. 때문에 우전 등 서역에서 끊임없이 불교경전들을 끌어들였는데, 이는 중국 내륙의 불교가 성숙해지는 데에 큰 역할을 하였다.

최초에 주사행의 제자인 불여단(弗如檀)이 90장, 60만여 자로 이루어진 『방광반야(放光般若)』의 범본을 낙양으로 보낸 후에 우전 승려 무차라(無叉羅)가 한문으로 번역하였다. 286년 우전 승려 기다라(祇多羅)가 『반야경』의 범본을 중국 내륙에 가져갔다. 『현우경(賢愚經)』과 『대품경(大品經)』도 우전으로부터 내륙에 전해진 것이었다. 양(梁) 무제(武帝)가 『대품반야경』 서(序)에서 말하였다.

이 경은 불교가 전해진 지 258년이 된 위나라 감로 5년(260) 우전으로부터 전해진 것이다. 축숙란(竺叔蘭)을 시작으로 두루 도리가 넘치고, 구마라집이 나무의 감천수 역할을 하였다. 3번의 번역과 5번의 수정을 거쳤으니 상세하다 할 수 있다.21

이 경전이 내륙에 끼친 영향을 알 수 있다.

『방광반야경』, 『광찬경』, 『대품경』 등이 중원에서 흥하면서부터 반야학이 크게 발전하였다. 석도안(釋道安)을 수장으로 하는 이 학파는 '육가칠종(六家七宗) 애연십이(愛延十二)'라는 종파를 형성하여 당시에 큰 영향력을 끼쳤다. 우전이

---

20 汤用彤, 『魏晉南北朝佛教史』 上册(中华书局), p.269.
21 转引自, 『魏晉南北朝佛教史』 上册, p.175.

중국 내륙의 반야학에 큰 영향을 미쳤을 뿐만 아니라 후대 화엄종 형성에도 영향을 미쳤는데 우전 승려 지법령(支法領)이 『화엄경』을 관내에 가지고 왔다. 동진(東晉) 안제(安帝) 때 사마덕(司馬德)이 418년에 불타발타라(覺賢) 등 백여 명의 승려 집단을 조직하여 이 경전을 번역하고 중원에 전파하게 하였다. 때문에 우전불교의 발전은 위진남북조 시기로부터 시작되었으며 이는 중국 내륙의 여러 종파에 일정한 영향을 끼쳤다.

2) 우전불교의 전성기 ― 수·당 시기

수나라 건립과 중원의 재통일은 문화 발전에 유리한 조건을 마련하였으나 시간은 비교적 짧았다. 우전불교에 관한 기록이 남북조 시기와 거의 비슷하다. 『수서(隋書)』의 기재에 의하면 다음과 같다.

민간에서는 불교를 신봉하며 승니도 많고, 왕은 매번 재계를 올린다. 성의 남쪽 50리 되는 곳에 찬마사(贊摩寺)라는 곳이 있는데, 이것은 나한비구 비로전이 만든 것이라고 말하며, 돌 위에는 벽지불의 발자국 흔적이 남아 있다. 우전의 서쪽 500리 되는 곳에 비마사(比摩寺)가 있는데, 이곳은 노자가 오랑캐들을 감화시키고 성불한 곳이라 말한다.[22]

이 기록은 아주 간단하고 사서를 베낀 혐의가 있기는 하지만 그나마 당시 우전불교에 관해 간략하게 반영하였다. 609년 수 양제는 서역에 출병하여 우전을 정복하고 수나라에 귀속시킴으로써 우전과 중국 내륙 간의 문화교류를 공고히 하였다.

---

22 『隋唐』「西域传」卷83, p.1853.

당나라 시대에 들어서 우전 불교에 대한 기록이 자세하여 많은 부분을 알 수 있다. 당 현장이 처음으로 우전을 지날 때 다음과 같은 기록을 남겼다.

구사다나국(瞿薩旦那國)은 주위가 4천여 리이다. 모래와 돌이 태반이고 토양이 있는 곳은 드물다. 그곳은 곡작에 알맞아서 갖가지 과일이 많다. … 이 나라의 습속으로서는 음악을 존중하고 가무를 즐긴다. … 입는 모양도 예절이 있고 관습에 기율이 있다. 문자와 법칙은 인도에 따르고 있으나 자체와 필세를 조금 고쳐 변화를 보이고 말은 다른 나라와 차이가 있다. 불도를 존중하며 가람은 1백여 군데이고 승도는 5천여 명이며 모두 대승의 가르침을 배운다.[23]

『대자은사삼장법사전』에도 비슷한 기록이 있었는데, "불법을 중시하고 가람이 100개에 달하며 승려가 오천여 명이며 대다수가 대승법교를 배운다."[24]고 하였다. 우전은 사람이 적고 땅이 넓지는 않지만 5천여 명의 승려에 사원이 100여 개, 그리고 비로절나(毗虜折那) 가람, 적실릉가산(翟室綾伽山) 가람, 지가바시나(地加婆侍那) 가람, 발가이성(勃伽夷城) 가람, 사마야(婆摩若) 승가람, 마사(麻射) 승가람 등 유명한 사원들이 있었다. 현재 고고학자들이 발견한 사원은 더욱 많은데 이는 당시 불교의 융성함을 설명해 주고 있다.

발달한 불교는 경전의 전파에 유리한 조건을 마련하였다. 당나라 때 우전에서 사용된 경전으로는 『금광명경(金光明經)』, 『승가타경(僧伽咤經)』, 『불본말찬(佛本末贊)』, 『보찬행두경(普贊行頭經)』, 『금강경(金剛經)』, 『무량수경(無量壽經)』, 『대반야경(大般若經)』, 『묘문경(妙門經)』, 『관자재보살찬(觀自在菩薩贊)』, 『법화경(法華經)』, 『출생무변문다라니경(出生無邊門陀羅尼經)』, 『발다라연기(跋陀羅緣起)』,

---

23 玄奘, 季羨林 校注, 『大唐西域記校注』(中华书局)
24 慧立, 『大慈恩寺三藏法师传』(中华书局), p.120.

『화엄경(華嚴經)』등이 있었다.

서역불교의 중심에 있었던 우전은 당 현장부터 사서에 기재된 구법 승려만 17명이고 사서에 기록되지 않은 사람은 더욱 많았을 것으로 추정된다. 우전 승려들도 중국 내륙으로 불법을 전파하였다. 가차난타(家叉難陀), 지엄(智嚴), 천지(天智) 등[25]은 적지 않은 경전을 번역하였고 당나라 승려와 백성들의 환영을 받았다.

당나라 중기 이후, 서역 내에서 토번 세력이 강해져 당나라와 안서(安西)의 4진(鎭)을 놓고 다투었다. 하지만 우전은 여전히 당나라의 지배를 받았고 더욱 주목할 점은 당시 당나라의 안서도호가 설치되어 있었으며, 우전의 장례와 사원 건립을 당에서 후견하고 있었다.『보변지장반야바라밀다심경(普遍智藏般若波羅蜜多心經)』'기(記)'의 내용을 살펴보자.

삼장 달마전열라(達摩戰涅羅) 스님은 번역하면 법월(法月)이다. … 우전의 금륜사(金輪寺)에 머물렀다. … 그때 병이 점점 침범하여 약도 듣지 않아 천화하였다. 춘추는 91세, 법랍은 72세였으며, 천보(天寶) 2년(742) 계미(癸未) 11월 23일 이 사원에서 입적하였다. 이 때에 본 도(道)의 절도부사대부(節度副使大夫)가 장례를 관할하였다.[26]

이때 당나라가 건립한 사원으로는 개원사(開元寺), 미륵사(彌勒寺) 등으로 대부분은 한인(漢人)이 주지를 맡았다.

혜초(慧超)가 천축에 경전을 구하러 갈 때 우전을 지나면서 다음과 같이 기록하였다.

---

25 赞宁,『宋高僧传』(中华书局) 卷2, p.31. ; 卷3, p.41. ; 卷2, p.33.
26 大正藏55, p.878.

안서에서 남쪽으로 2천 리를 지나 우전국에 달하였다. 역시 한인의 통치하에 있었다. 사원과 승려가 많고 대승법을 따르며 육식을 하지 않는다. 여기서 동으로는 당나라의 경계이니 말하지 않아도 모두가 알 수 있다.[27]

그는 또 우전에 있는 한인이 지은 사원에 대해서도 기록하였다.

우전에 한인 사원이 있는데 이름은 용흥사(龍興寺)이고 한인 스님이 한 명 있는데 이름은 □□이며 사원의 주지였다. 이 스님은 하북(河北)의 기주(冀州) 사람이다.

혜초가 기록한 것으로 볼 때 이 사원의 승려들이 중원에서 불경을 구하러 온 사람들을 따뜻하고 친절하게 맞이한 것으로 보인다. 학자들의 연구에 따르면 혜초는 개원(開元) 1년(723)에 천축국을 떠나 4년 뒤 안서에 도착하였고 그가 기록한 우전불교는 당시의 상황을 잘 반영하였다.

혜초 이후에 중국 내륙에서 서천(西天)으로 불경을 구하러 간 스님으로는 저명한 석오공(釋悟空)이 있다. 그는 먼저 타라국(陀羅國)에 관리로 파견(751년)되었으나 병으로 그 지역에 머물렀다. 757년에 삭발하고 스님이 된 후 그는 북인도에서 『십지』, 『회향론』, 『십력』 삼부경과 불치사리 등을 가져왔다. 우전을 지날 때 우전왕 위지요(尉遲曜)와 진수사(鎭守使) 정로(鄭璩)의 만류로 반 년을 머물면서 불법을 강설하였다. 그 후 북정(北庭) 용흥사에서 우전 승려 시라달마(尸羅達摩)와 같이 『십지』와 『회향론』을 번역하여 789년에 번역본을 장안으로 가지고 왔다.

---

27 慧超, 张毅笺 释, 『使五天竺国传笺释』(中华书局), p.167.

토번세력이 강해짐에 따라 당나라는 우전에 대한 통치를 한동안 포기했다. 그러나 우전 이씨 왕조와 토번의 전쟁은 날이 갈수록 격렬해졌으며 이는 종교에도 어느 정도 반영이 되었다. 당나라 때 『우전교법사』의 기록에 따르면 다음과 같다.

우전의 성교(聖敎)가 사라질 때 상위 4개 도시의 비구들이 모두 우전에 모였다. 이때 우전 사람들은 악마에게 유혹되어 성교를 믿지 않고 비구를 공경하지 않으며 심지어 그들을 모욕하고 그들의 재물을 강탈했다. 3보의 재물과 비구의 양식, 사원의 토지, 노예, 가축 등을 모조리 빼앗아 비구들은 더 이상 우전에서 지낼 수 없게 되었다. 이런 상황에서 비구들은 할 수 없이 난마사묘(難瑪寺廟)에 집결하여, 우전은 이미 불법이 사라졌으니 어디로 가면 좋을지를 상의하였다. 이때 토번의 찬보(贊普)가 성교를 믿고 스님을 존중하고 공양을 크게 베풀었기에 일제히 토번으로 가는 것에 동의하였다.[28]

토번의 승려들과 토번을 바라보던 승려들은 투쟁에서 실패하였고 할 수 없이 토번이 실제로 통제하고 있는 지역으로 거주지를 옮겨야 했다.

당나라 말기는 중원이 혼란스러워 서역을 지배할 겨를이 없었다. 한문 사서 대부분은 우전에 대한 기록이 없고, 조각 문서와 티베트 사서에만 기재되어 있는데 이를 통해서만 당시 우전불교의 상황을 알 수 있다. 1908년 4월과 1913년 11월, 스타인이 화전(和田)의 마자타그에서 대량의 티베트 사본을 발견하였는데 그중 M·Tagh.b.1.0092호의 사본 정면에 우전에서 발생한 도난사건을 거론하였다. 사본의 일곱 번째 줄에는 "… 그리하여 도난을 당했고, 사티

---

28 『宋高僧传』 卷3, p.46.

(薩提) 교구에까지 미쳤다…, … 타락(朶洛)지구."²⁹라고 적었다. 당시 우전불교가 많은 교구(教區)로 나뉘어 있었고 교구마다 전문적인 스님이 관리하고 있었음을 알 수 있다. 사본에서 언급한 사티 교구는 여러 교구 중의 하나였다. 영국 고 장문학자 토마스의 연구에 의하면 Tsama는 '하교구(下教區)'라는 뜻으로 Tsarmavjo는 '하교구우주(下教區宇宙)'의 약칭이었다.³⁰

티베트판 『우전국수기』에서는 9세기 말 우전의 불교사원은 400여 곳에 달하고 불탑은 5,000여 구로 사원만도 당나라 초기 사원 숫자의 4배를 초과하였다고 한다. 이로 보아 정치적으로 우전은 비록 토번의 통제를 받지만 종교에 한해서는 강경한 정책을 실행하지 않았으며 아울러 한(漢), 토번, 그리고 우전인이 함께 사원을 맡는 국면이 형성되었다. 동시에 토번인과 우전인과 한인이 함께 대량의 불경을 번역하였다. 하지만 우전에서의 불교 쇠퇴 현상은 이미 뚜렷이 진행되었다. 많은 사원이 폐지되어 승려들이 공양을 받지 못했고 사회에는 세속화(世俗化) 현상이 나타났다.

당나라 전반에 걸쳐 우전불교는 흥성에서 쇠퇴에 이르렀다. 이 전환기에 사원경제의 발전은 불교의 흥성에 직접적인 영향을 미쳤다. 불교전성기에 사원경제가 아주 발달하였는데 이는 불교 흥성의 상징이다. 부유한 경제가 뒷받침되고 신도도 여러 등급으로 나뉘었다. 우선은 일반 신도와 보통 스님, 다음은 고위 승려와 통치자이다. 고위 승려에는 장로, 주지, 교구장, 유나가 포함되었다.³¹ 그들과 세속의 통치자는 밀접한 관계가 있으며 그들에 의거해 생활하였다. 통치자는 또한 사원의 보호자이자 사원경제를 지탱하였다. 20세기 초에 발견된 문서에 의하면 당나라 때의 우전 사원은 대량의 논밭과 점포와 과수

---

29 『敦煌吐蕃文书选』, p.152.
30 「和田出土有关于闐王藏文写卷研究」, 『西域研究』 1993年 第4期.
31 托马斯, 『于闐藏文写卷与简牍』, p.239-240.

원을 가지고 있었고 사원의 재산은 모두 통치자로부터 받은 것이었다. 이러한 경제력을 갖추었기에 사원 승려, 특히 고위 승려들은 노동할 필요가 없이 사람을 구하여 삯일을 시켰다. 당시의 장부책에는 이렇게 적혀 있다.

> 10월 26일 … 주겸(奏傔)에게 술을 먹임.
> 10월 29일, 백이십 원 지출. 주방일꾼 □□□ 등에게 우물을 파게 한 값으로 술을 사서 먹임; 백이십 전 지출. 홍전 당장인(堂匠人) 사통 등에게 수고비로 술을 먹임.
> 11월 1일, 백 전 지출. 산속에 수거(水渠)를 파 백성들이 사용하도록 하다.
> 11월 27일, 술 한 석에 삼백칠십오 전을 빌려 영진에게 대접하다.[32]

이 장부책에서는 주겸, 우물파기, 관공서 장인, 수로 청소하기, 영진, 손님을 접대하는 일 등을 언급하였는데 이런 일이 있을 때마다 사원에서는 술을 사 먹였다. 물론 승려들은 술을 마시지 않았다. 이로부터 승려들은 노동에 직접 참가하지 않지만 사원의 경제 관리에 참여하였다. 지위의 높고 낮음에 따라 각자의 소임이 달랐다. 이러한 내용은 화전 단단월릭에서 발견된 호국사(護國寺)의 계약 문서 기록에서 찾아볼 수 있다.

> 호국사 □□□ 대스님의 외간방문, 과일 □□□ 등. 옛 가족을 살피고 논밭 세 척을 한 사람을 시켜 관리하게 하고 나머지 사람들은 다른 일을 한다. 27일에 붙임. 도유나 승 혜달, 상좌승 혜구, 사주승 혜운.

---

32 谢重光,「晋—唐僧官制度考略」,『世界宗教研究』1986 第3期.

이 문서에서 호국사는 '도유나', '상좌', '사주'가 관리한다고 명백히 설명해 주었다. 그리고 그들은 연합 명의로 공지, 즉 '첩(帖)', '외순(外巡)' 등을 내어 사원의 '가족'에게 필요한 임무를 내렸다. 상급 주관의 의도에 따라 일하거나 혹은 단기적인 일군으로 남았다. 이로써 사원경제의 관리는 상당히 엄밀하고 내부에 부동한 등급이 있었음을 알 수 있다. 이런 관리방식은 사원경제의 정상적인 운영에 중요한 작용을 했다. 위의 문서에서 알 수 있는 것과 같이 사원은 고정되지 않은 일꾼을 고용하며 그들 대부분은 일반 신도들로서 사원과는 예속관계이며 지위도 높고 늘 사원의 초대를 받았다. 다음은 단기 일꾼인데 그들은 일하는 날짜에 따라 3~5일 혹은 10~15일간 고용되었다. 또 다음은 세공(歲工)인데 3~5년 혹은 평생 고용되어 사원을 청소하고 꽃을 가꾸고 과원을 지키고 가축을 기르는 일들을 하였다. 사원의 일꾼들이 재정을 확충한 후 사원은 정부에 납세를 하였는데 이 또한 사원경제가 부유했음을 나타낸다. 이 부분의 지출이 적지 않았는데 출토된 문서에 다음과 같이 기록되어 있다.

> 10월 29일, 천칠백삼십 전 지출. 시장의 도반발요락(涂半勃曜諾)의 가족이 미납한 세금과 풀 두 묶음의 값.; 이백 전 지출. 같은 가도의 토반가니파(吐半可你婆) 가족의 세금과 풀 두 묶음의 값.
> 12월 1일, 오백오십 전 지출. 시장 안인 가도의 토반사밀(吐半虵蜜)의 가족이 미납한 세금 값.
> (차년) 정월 22일, 팔백 전 지출. 서하 발저야향(勃宁野鄕)의 궐미공토반살동(厥彌拱吐半薩董)의 빚.[33]

---

33 均转引,「唐代于闐的社会经济研究」一文, 『新疆社会科学』, 1989, 第6期.

이상의 세금은 도합 3,280전으로서 '충방가족(充放家人)'과 풀 사료 값 등이었다. 여기서 말하는 '충방가족'은 본인이 납세를 하지 않고, 현지 주민들이 사원에게 팔려가서 노예로 되어 내는 세금도 아니었다.[34] 이외에도 독촉세, 비단세와 벼슬아치를 만드는 세금 등이 있다. 이런 세금의 액수도 적지 않았는데 번번이 천 전 이상에 달하였다. 사원은 각종 세금을 바치는데 사원 일상용도를 제외하고도 남은 재정이 넉넉했다. 그래서 나머지 돈으로 고리대를 놓아 이익을 얻었다. 불교의 규정에 의하면 부당한 이익을 거둬서는 안 된다고 했지만 우전 승려들은 이 점을 중요치 않게 여겼다. 호국사의 한 고리대 문서에는 아래와 같은 내용이 있다.

건중 3년 7월 20일, 마령지(馬令瘛)라는 청년이 급히 돈이 필요하여 호국사 스님 건영(虔英)에게서 돈 천 전을 빌렸다. 매월 초 백 전의 이자를 바쳐야 하고 만약 건영이 돈이 필요하다면 마령지는 본금과 이자를 바로 돌려줘야 한다. 만약 갚지 못할 경우 건영은 마령지의 소 등 가축을 빚값으로 쳐서 가져갈 수 있다. 그래도 부족하면 더 이상 추가하지 않는다. 빌린 자가 신용을 져버릴까봐 사적인 계약을 맺는다. 계약은 두 부를 작성하고 지장을 찍는다.
재물주
빌린 자 마령지, 나이 스물
빌린 자 모친 범이낭, 나이 오십
빌린 자 동생 마이낭, 나이 열둘[35]

이 계약은 호국사 승려와 현지주민 마령지가 맺은 계약이다. 계약 조건은

---

34 상동.
35 상동.

매우 까다로웠고 원금과 이자를 갚지 못하면 소와 양을 압수한다. 이런 계약은 우전 사원에서는 흔히 볼 수 있는 현상으로서 실은 사원과 승려들이 노골적으로 현지 백성들을 착취함으로써 위선이 이익 흑심에 가려졌다. 이런 착취제도는 사원으로 하여금 대량의 재물을 끌어모음으로써 경제력을 강화하였다. 따라서 통치자에게 바치는 물건과 재물도 더욱 많았다. 이런 악순환이 고급 승려로 하여금 금전의 노예, 권리의 죄수가 되게 하였다. 또한 이러한 경제쟁탈이 승려의 세속화로 이어졌고 나아가서 이 같은 경제적 배경이 원인이 되어 불교가 이 지역에서 쇠퇴하게 되었다. 이런 배경은 많은 사회문제를 초래하였는 바 예를 들면 승려의 흥교와 백성들의 관계 악화, 승려들이 이익만 추구하고 종교를 수련하지 않으며 계율이 느슨해지고 도덕수준이 낮아져 세속의 생활을 추구하는 등이었다.

상술한 바와 같이 당나라 때 우전불교는 아래와 같은 특징이 있다.

첫째, 불교가 발달하여 타클라마칸 남부에서 불교 중심국이었다. 사원이 많았고 불탑이 많이 세워져 있었으며 신도가 많았다. 신앙이 깊었고 불법을 학습하는 풍토가 있었으며 사람들의 정신생활에 영향을 미쳤다. 『구당서』에서는 "좋은 일은 신에게 부탁하고 불교를 숭상하였다."[36]고 하고 『신당서』에서는 "사람들은 재치가 있고 꾀가 많으며 말을 할 때는 과장을 잘 하고 현신(祆神)과 불법을 즐겨 숭상한다. 그러나 표면상으로는 공손하며 서로 대면할 때는 모두 무릎을 꿇는다."[37]라고 당시 불교의 실제적 상황을 알렸다.

둘째, 교파가 적었고 대승불교를 위주로 하고 소승불교를 겸했다. 따라서 대승경전이 많았으며. 토번의 통치를 받았지만 티베트불교는 현지의 불교를 대체하지 못했다.

---

36 『旧唐书』「于闐传」校点本.
37 『新唐书』「于闐传」校点本.

셋째, 사원경제가 발달하여 사회에 광범위한 영향을 미쳤다. 경제 지위가 다름으로써 불교 내에도 분화가 생겼으며 소수의 고급승려들은 갈수록 부유해지고 대다수의 승려들은 더욱더 가난해졌으며 심지어 사원노예로 혹은 귀족의 노예로까지 되었다.

넷째, 우전불교의 중심적 위치는 중국 내륙과의 교류를 강화하였다. 많은 중국 내륙의 승려들이 방문 혹은 학문을 구하러 현지에 왔고 우전 지역의 불법을 중원 지역에 전파하였다. 이런 교류는 두 지방의 문화적 교류를 강화하였다.

다섯째, 우전불교가 최고조에 달했을 때 동시에 쇠락이 일어났다. 이는 우전불교가 빠르게 쇠퇴하는 데 씨앗을 뿌려주었다.

여섯째, 이상의 다섯 가지로 볼 때 불교는 당나라 시기 우전의 주류문화였다. 동시에 내외 양면의 역량이 약화되어 쇠퇴기에 들어섰으며 멸망에까지 이르렀다.

3. 우전불교의 쇠망

오대(五代) 이후 우전의 불교는 표면상 큰 변화가 없었다. 940년 후진(後晉) 고거해(高居海)는 우전에 관해 "세속에서는 귀신을 섬기고 불교를 좋아하였다. 성천(聖天)이 머무는 곳에 자색 옷을 입은 승려 50인이 모셨다."고 적고 있다. 우전왕 이성천(李聖天)은 자색(紫色) 가사를 승려들에게 선사하고 승려들에게 자기 주위에 둘러서게 하였다. 승려들의 지위를 엿볼 수 있다. 『구오대사(舊五代史)』와 『신오대사(新五代史)』에도 우전불교에 대한 기록이 비슷하다. 불교가 사회적으로 특수한 작용을 지님으로써 승려들의 지위도 훨씬 높았으며 그들은 종종 사절의 신분으로 사주(沙洲), 요(遼), 금(金), 북송(北宋) 등에 출사하였다. 925년 이성천은 사절단을 돈황에 파견하였는데 모두 불교신자들이었으며 돈황 122개 사원에 대량의 재물을 헌납하였다. 또 기금하여 불탑을 짓고 불상을 장식하였다. 961년 이성천은 공규일(貢圭一)을 파견하여 "옥으로 우리를 삼고, 옥으로 베개를 만들었다." 4년 후 "감주 회골가한과 우전국, 과주, 사주 모두 사신을 파견해 공물을 바쳤다. 우전 사문 도원(道圓)이 20여 년간 서역을 돌았는데 이때 우전 조공사에게 패엽경과 사리를 주었다." 여기에서 등장하는 조공사절이 바로 우전 승려 선민(善民)과 선덕(善德)이다. 969년 선명은 북송에 와서 '소대사(昭大師)'라는 존경을 받았다. 20세기 초에 발견된 돈황 문서도 당시 우전 승려들의 빈번한 외교활동을 반영하였다. 『상우전왕정서(上于闐王庭書)』는 당시 우전왕이 승려 Prranasu와 Ana Dai-sai를 하서에 출사시켜 받은 보고서이다. 보고서의 마지막에 "다음 우리 사주는 또 감주에 왔으며 그들은 이미 감주에서 한이 하나라에 파견한 일곱 명의 사절(여섯 명의 세속과 한 명의 승려)을 끌어들였다."고 적혀 있었다. 당시 나라와 나라 간에 승려를 사절로 파견하는 것은 아주 보편적인 현상이었다.

이성천 통치 후기 및 그 아들 시대에 우전국은 동서 양면의 공격을 받았다. 동쪽의 감주는 우전의 통치를 부단히 위협하였으며 심지어 우전의 문화까지 위협하였다. 이는 「감주커한과 우전왕서」에 기록돼 있으나 지면 관계로 생략한다.

황성장(黃盛章)의 텍스트 연구에 따르면 이 편지는 993년에 쓴 것이다. 북송 태종 순화 4년과 맞물린다. 문서에 의하면 두 나라는 절교한 지 10년이 된다. 이로부터 곧 983년임을 알 수 있다. 이때가 바로 웨치다모 재위 시기이다. 문서에는 '금한(金汗)'- 웨치쉬라라고 적혀 있다. 금한 계승자 통치 시기에 감주에서 불교신자를 우전에 파견하여 완곡하게 우전 통치자에 대하여 불만을 표하였다. 이 역시 두 나라의 관계를 반영한 것이다. 우전은 사주와의 관계가 감주와의 관계보다 더 밀접하였으며 딸을 사주 조씨에게 시집보냈다. 전체적으로 하서 통치자들은 겉으로는 왕래가 잦으나 실제로는 우전을 극력 통제하였다. 그 외에도 고창의 회골왕조(回鶻王朝)도 우전에 위협이 되었다.

하지만 우전을 진정 멸망에 몰아넣은 것은 서부의 커라한 정권이다. 쑤투커 부꺼라한의 아들 시대에 우전에 전쟁을 걸어 왔으며 부꺼라한의 손자 아리 알스란한이 우전과의 전쟁에서 숨졌다. 971년 우전국은 송나라에 승리를 알림과 동시에 승려 길상(吉祥)을 파견하여 국서를 보내왔다. "소륵국을 격파하고 춤추는 코끼리 한 마리를 얻어 바치고자 하오니 허락하소서."라는 국서를 보냈다. 위양도(魏良弢)는 소륵국을 격파했다는 것은 믿을 수 없고 커라(喀喇)왕조를 물리치고 우전에 침입한 군대일 것으로 보고 있다. 하지만 화전문서 「우전왕 웨치쉬라와 사주대왕 조원충서」의 기재에 따르면 969년 7월 우전군대는 췌사(소륵)를 점령하고 "Tazik Fsuhitn의 보물, 아내, 코끼리, 말 등 그리고 부하들의 재물"을 강탈하였다. 이듬해 우전왕은 당지 주민들은 도망가고 8년 동안 췌사를 차지하고 있었다고 사주 조씨에게 알렸다. 즉 963년이다. 이 한문 역사자료는 10년의 차이가 나는 것으로 보아 같은 전쟁이 아닐 것이다. 이슬람 역사자료에도 이는 언급되지 않고 있다. 12세기 초, 옥소보 카얼한이 이슬람의 지지 아래에 반격하였다.

에본 아시얼의 『전사(全史)』에는 "카얼한은 평생 공정하고 선량하며 여러 차례 성전을 이끌었으며 화전도 정복시켰다"고 하였다. 학자들의 연구에 의하면 1012년 이슬람군이 우전왕성을 공략하였으며 왕은 전사하였다. 1013년 카얼한은 우전을 완전히 통제하였고 이로부터 우전은 이슬람에 귀속되었다. 11세기 말에 이르러 우전은 완전히 이슬람화되었다.

4. 소결

　불교가 우전에 전파되어 쇠망할 때까지 약 1200년의 과정을 걸쳤다. 우전에서의 불교 발전은 신강불교 발전의 미니어처이다. 본문은 많은 노력을 기울였으나 여러 가지 면에서 부족한 점이 많음을 알리며 독자들의 지적을 부탁드리는 바이다.

영문초록

On reviewing briefly the history of Buddhism in Khotan

Khotan as one of historical centers, is located in the southern Silk Road of Xiyu (now Xin jiang). It is that here has become a polis (city-state) early in West Han China (209BCE~9CE), one of the mightiest powers in Chinese history, influenced on the far west, including in Khotan. As its unique geographical position, strong kingdom, prosperous commerce, it made Khotan promote communication with various areas, especially with hinterland of China. So silk, silkworms and so on, transported from China, vice versa from Khotan introducing arts of music, painting. The most cultural exchange, however, was that Buddhism transmitted from here to China, impacting nearly for two thousand years. Therefore, we discuss the issue, which is useful for Chinese Buddhism from broad all scope. This essay is focused on Buddhist history of Khotan, constituting in three parts: firstly, author concern about the beginning Buddhism at Khotan importing from now Kashmir, Afghanistan, Pakistan et cetera in first century BCE; secondly, it is debated on development of Buddhism here from 3th to 9th century CE, particularly in 7th~8th century being the golden age, as like Tang China (618~907), one of the most impression dynasties for Chinese memoirs; thirdly, the paper is observed the decay of Buddhism in this area, because of interior and exterior elements, the former is the Kingdom of Khotan happen to chaos, the latter is Kharakhids (10th~13th century), a strong Islamic power, established by the ancient Uyghurs, appear in the west of the Kingdom, clashing between them by religious war for long period, falling the Kingdom of Khotan in the end, here is become to Islamize, and then maintain today.

고대 실크로드 경제권의 변화와
대승불교의 발전

한지연(韓枝延)

1. 시작하며

  오늘날 실크로드(Silk Road)의 개념은 과거에 비해 상당 부분 확대되어 정치·경제권까지 포괄하는 교류의 장으로 이해되기도 한다.[1] 이는 과거부터 현재까지 실크로드가 '국가 간의 연결고리'라는 의미가 강하게 작용하고 있기 때문일 것이다. 그 연결고리 속에는 크게 문명 교류가 내재되어 있고, 이를 다시 세분화해 보면 역사적 배경, 민족의 교류, 정신 및 물질적 교류 등이 언급될 수 있다. 즉, '국가 간의 연결고리'를 뜻하고 있는 실크로드이기 때문에 실크로드와 관련해서는 학문적 분야가 다양화될 수 있는 가능성 또한 지니고 있다.[2]

---

1 周偉州, 「실크로드와 새로운 '실크로드 경제지대'의 구축」(금강대학교 불교문화연구소 편, 『종교와 역사의 교차점, 실크로드』, 서울: 민족사, 2014) pp.39-44.
2 정수일은 실크로드학이라는 개념에 관해 "씰크로드라는 환지구적 통로를 통해 진행된 문명의 교류상을 인문·사회학적 방법으로 연구하는 학문이다"라고 그의 책에서 밝히고 있다.(『씰크로드학』, 서울: 창작과 비평사, 2001, p.17) 이와 같이 학문적 접근이 다양화될 수 있다

이처럼 다방면에서 다양화와 세분화의 가능성을 지니고 있는 실크로드에 대해 본고에서는, 첫째 시기적으로 '고대'로 한정하고, 둘째 지역적으로 현대적 의미의 실크로드가 아니라 과거 중국-유럽 간 실크를 비롯한 문물의 교역을 둘러싸고 이루어진 '서역'으로 한정하고, 중국과 간다라를 포함하고 양자 간의 교역을 매개하는 지역으로서의 동일 경제무역권에 해당하는 지역에 한정지어 '대승불교'에 관한 일면을 살펴보고자 한다.

사실 대승불교의 기원, 발생 시기와 장소, 주도세력에 대한 연구는 20세기 초부터 지금까지 활발하게 이루어지고 있다. 그러나 한 가지 문제가 풀리면 다른 문제가 암초로 작용해 다시금 제자리걸음을 하게 하는 것이 바로 대승불교 기원과 관련된 문제이다. 논자는 이 문제에 직접 맞닥뜨리는 것보다 우회하여 조금씩 다가가기 위해 고대 실크로드, 즉 불교 전파의 중심에 서 있는 시간과 장소에서 어떠한 일이 벌어졌는지, 그것들이 대승불교와 어떤 연관성이 있는가에 관해 우선 접근하고자 한다. 2014년에 이에 대한 첫 번째 시도를 하였고[3], 그에 이어서 본 논문은 고대 서역의 경제상과 더불어 그 경제상과 대승불교의 관계를 이해해 보고자 작성되었다. 사상사의 관점에서 접근되었던 대승불교에 관해 다른 시각에서 조명해 보고자 시도하는 논문이기 때문에 다소 거칠게 전개되는 면도 없지 않을 것이다. 그러나 향후 대승불교의 발전 배경과 과정을 규명하기 위한 연구이기 때문에 시론적으로 작성된 논문임을 밝혀 두는 바이다.

는 점 역시 실크로드가 지니고 있는 의미에서 크게 벗어나지 않는다고 할 수 있다.
3 2014년 일중한 삼국학술대회에서 「서역에서 소승교단과 대승교단이 대립했는가?」라는 논문을 통해 대소승의 구분이 없던 시기로부터 대승이 본격화되는 과정에서 수많은 요인들 가운데 특히 중국으로부터의 필요성에 의해 광범위한 서역에서 대승화가 진행되었을 가능성을 제시한 바 있다. 런민대학 불교와종교학 이론연구소·도요대학 동양학연구소·금강대학교 불교문화연구소 편, 『동아시아불교에서 대립과 논쟁』(서울: 여래, 2015), pp.23-55 참조.

2. 전파 초기 승려의 활동

본고에서 경제 문제에 초점을 맞추어 논지를 풀어나가는 이유는 인도에서 불교가 발생했을 당시의 사회를 염두에 두기 때문이다. 당시 인도사회 역시 농업사회보다는 교류가 활발했던 상업사회 또는 무역사회였다. 초기불교(혹은 원시불교)와 부파불교가 성행하던 시기는 상업사회의 구조와 맞물려 있고, 오히려 농업사회로 전환되는 시기에는 인도 내부에서 불교보다는 힌두교가 득세하는 상황을 확인할 수 있다. 따라서 이 장에서는 불교 전파의 문제와 경제, 특히 교역을 매개로 그 주변에서 불교의 성격이 전환되는 문제와 그 이유를 살펴보도록 한다.

1) 중국 초기 입국 승려의 활동

중국 초기불교는 중국에서 불교경전의 번역이 시작되고 승려들의 활동이 시작되는 시기의 불교를 의미한다. 물론 중국불교사에 있어서 그 이전 시대에 이미 중국인이 불교를 알고 있었을 것이라는 근거는 수없이 제시되어 왔다.[4] 그러나 불교가 알려진 것과 정식으로 중국 초기불교라 지칭하는 것은 그 의미가 다를 것이다. 특히 불교사상이 담겨 있는 경전이 전해지고 번역되기 시작했다는 것은 중국 측의 요청이 있었든, 혹은 전법승(傳法僧)에 의한 일방적 활동에 의한 것이든 중국 내에서 불교 활동이 시작되었던 것으로 풀이할 수 있다. 이러한 중요성 때문에 중국 초기에 활동했던 전법승들에 관해서는 여러

---

[4] 원전을 제외하고 湯用彤, 『漢魏兩晉南北朝佛敎史』(上海, 1938), 鎌田茂雄, 장휘옥 역, 『中國佛敎史』(서울: 장승, 1992), 에릭 쥐르허, 최연식 역, 『불교의 중국정복』(서울: CIR, 2010) 등에서 중국 초기불교 및 전래 시점에 관해 상세히 논하고 있다.

저술과 논문에서 수차례 다루었다. 본고 역시 이 문제를 언급하지 않을 수가 없는데, 주로 대승경전의 유포와 관련된 사항들과 전법승들의 출신국을 위주로 다루고자 한다.

여느 논문에서 언급하듯이 안세고(安世高)와 지루가참(支婁迦讖)을 시작으로 살펴보도록 한다. 안식국(安息國, 파르티아) 출신의 안세고는 안현(安玄), 엄불조(嚴佛調)와 함께 낙양(洛陽)에서 활동하였다. 안세고가 중국에 들어오기 전, 안식국과 중국과의 관계는 이미 87년부터 한나라와 사신 및 조공을 바치는 관계가 형성되어 있었다. 『후한서(後漢書)』「서역전」에서는 장화(章和) 원년(87) 사신을 보내 사자와 부발을 헌납했다는 내용, 화제(和帝) 영원(永元) 9년(97)에는 도호 반초가 감영을 대진에 사신으로 보냈는데 안식국에 속한 조지국(條支國)에 이르게 되었다는 내용, 그리고 영원 13년(101) 안식왕 만굴(滿屈)이 다시 사자와 조지국의 대조(大鳥)를 헌납했다는 내용을 기록하고 있다.[5] 이러한 기록에 의거해서 볼 때, 왕자 출신이고 동시에 조국에서 피신했어야 하는 안세고는 불교를 등에 업고 중국으로 향하는 것이 그 당시 정황상 당연한 일이었을지도 모른다.

안세고가 낙양에서 여산(廬山)·예장(豫章)을 거쳐 광주(廣州)에 도달하기 전까지[6] 중국 내에서 번역한 경전은 『안반수의경(安般守意經)』, 『음지입경(陰持入經)』, 『십이문경(十二門經)』, 『백육십품경(百六十品經)』 등으로 기록되어 있다.[7] 이들 문헌은 수식관(數息觀)을 비롯한 소승불교의 수행법을 전하는 경전들이다.

---

5 『後漢書』「西域傳」제78 "章帝章和元年, 遣使獻師子, 符拔 … 和帝永元九年, 都護班超遣甘英使大秦, 抵條支 … 十三年, 安息王滿屈復獻師子及條支大鳥."
6 이 부분에 관해 에릭 쥐르허는 聖人 傳說의 영역에 속하는 것으로 보아야 한다고 주장하고 있다(앞의 책, p.59). 또한 湯用彤 역시 『선험기』에서 그 내용을 마구잡이로 취한 것이라 보고 있다(앞의 책, p.83).
7 慧皎, 『高僧傳』권1(大正藏50, p.3); 僧祐, 『出三藏記集』권6(大正藏 55, p.44).

이와 관련해 도안(道安)은 오로지 선관에만 힘썼다[8]고 기록하고 있으며, 훗날 이러한 안세고를 계승한 이가 강거(康居) 출신의 선조를 두고 있는 강승회(康僧會)이다. 강승회가 안세고를 스승으로 삼고 있는 모습을 『안반수의경』「서」에서 확인할 수 있는데[9], 이에 대해 탕용동은 안세고에서 강승회에 이르기까지 '양생성신(養生成神)'의 도교적 관념에 접합된 불교의 계승이라 보고 있다.[10] 이에 반해 후에 기술할 지루가참과 지겸 계통의 대승불교 교학과 중국의 현학적 관념과의 관계성을 '신여도합(神與道合)'이라 규명하고 있다.[11]

이에 의거해 본다면 소승불교 계통이라 할 수 있는 안세고와 대승불교 계통의 지루가참이 한나라 시대, 중국에서 역경(譯經)을 하였고 이들은 각기 다른 성격의 불교사상의 시발자(始發者)가 되는 셈이다. 안세고가 소승불교를 전한 인물이라는 사실은 당시 안식국에 대승불교의 유행이 이루어지지 않았을 것이라 추정할 수 있는 근거 중의 하나로 활용할 수 있다. 그리고 안세고와 함께 활동했던 안현은 중국 내부에서 불교에 귀의한 엄불조와 함께 보살의 행적에 대한 요약집이라 할 수 있는 『법경경(法鏡經)』을 번역했다. 경전의 내용으로 보면 순수하게 대승에 속한다 할 수 있다. 그러나 이후 지루가참이 사용했던 보살(菩薩), 마하연(摩訶衍) 등의 대승과 관련된 용어가 전혀 사용되지 않았던 점을 확인할 수 있다. 이는 탕용동이 주장하는 "소승불교 계열을 전했던 안세고"라는 점에서 더 나아가 당시 안식국에서는 소승불교 일색이었거나 대소승이 공존하고 있으나 대승의 의미 혹은 대승이라는 자각이 전혀 이루어지지 않았음을 미루어 짐작해볼 수 있는 부분이다.

---

8 道安, 『出三藏記集』 권6(大正藏 55, p.44c) "其所敷宣專務禪觀."
9 道安, 『出三藏記集』 권6 「안반수의경서」 제2(大正藏 55, p.43bc).
10 湯用彤, 앞의 책, pp.139-144.
11 湯用彤, 위의 책, pp.144-150.

그렇다면 안세고와 동시대에 중국에서 역경활동을 펼친 지루가참에 대해 간략하게 살펴보자. 월지국(月支國) 출신의 지루가참은 안세고보다 20여 년 늦은 168~188년 사이에 중국에 들어와 활동한 승려이다. 지루가참이 중국에 들어온 시점인 후한 말에 월지국과 직접적인 교류가 있었던 것은 아닌 것 같다. 『후한서』에는 안식국이 세 차례 사신과 조공을 보내온 기록이 있음에 비해 월지국에 대해서는 간략한 정보만 기재되어 있다. 이는 직접적인 교류보다는 간접적인 교류, 즉 서역에서의 조우(遭遇)를 뜻하는 것이다. 이러한 배경 속에서 지루가참이 중국에서 번역한 경전은 주로 대승불교 경전으로 분류되는 『도행반야경(道行般若經)』,『수능엄삼매경(首楞嚴三昧經)』등이다.

지루가참이 번역한 경전은 안세고와는 달리 확연히 드러나는 대승계 경전들이다. 뿐만 아니라 역경 당시 『도행반야경』에서 대승 및 소승에 대한 용어를 사용하고 있지는 않지만, 마하연과 보살이라는 용어를 사용하고 있다는 점도 눈여겨보아야 할 대목이다. 이는 곧 월지국에서 불교사상을 학습할 당시 대승에 대한 인지가 있었고, 이를 번역 용어에 담아내고 있는 것으로 풀이할 수 있다. 이를 통해 당시 월지국에서는 소수의 집단을 이루고 있을지라도 대승불교의 움직임이 존재했음을 알 수 있다.

안세고와 지루가참의 활동으로 미루어 짐작할 수 있는 것은, 2세기 무렵 월지국 내에서는 이미 대승불교 경전이 유포되어 사상적 기반이 싹트고 있었고, 반면 월지국보다 서쪽에 위치했던 안식국은 소승불교 일색이었거나 또는 대승에 대한 기반이 거의 없었다는 점이다. 이는 대승불교의 흥기 발원지를 찾아 나아가는 데 있어 인도 이서(以西) 지역은 일단 배제시킬 수 있는 하나의 근거로 삼을 수 있다. 특히 간다라 지역에서 발견되고 있는 그리스 혹은 페르시아의 문화가 불교문화 속에 융합되어 있는 것에 대해 일부에서는 대승불교 사상 속에 서방의 종교문화가 융합되었을 가능성을 제시하기도 한다. 그러나 앞의 분석을 고려할 때 적어도 월지국 혹은 인도 내륙 지역에서 대승불교가 발원하고, 그 이후 안식국을 비롯한 서방의 종교문화가 영향을 준 것으로 보인다. 따라서 본고에서는 안식국이 불교에 대한 영향력을 발휘하게 된 것은 기원전 1세기부터 기원후 3세기까지 로마, 페르시아, 월지, 소그드, 중국에 이르는 경제 주역의 역할을 하고 있었던 사실을 감안하여, 월지에서 기원한 대승불교의 영향을 역(逆)으로 받는 동시에 월지로의 문화적 재결합을 이루던 것으로 추정해본다.

2) 중국불교의 본격화와 승려들의 활동

앞서 안세고와 지루가참의 활동으로 인해 중국 내부에서도 소승과 대승으로 나뉘는 일군의 학파가 형성되었을 것이라는 점을 미루어 짐작해 보았다. 이 가운데서도 지루가참의 대승불교사상은 특히 현학적 분위기를 형성시키면서 불교에 대한 사상적 이해를 본격적으로 모색하는 현상으로 이어진다. 이후 대승불교에 대한 심오한 이해를 도모하는 시도가 여러 방면에서 나타난다. 중국 승려의 구법행(求法行)을 비롯해 동일 경전에 대해 재번역을 시도하기도 하는 등 다각도로 대승불교에 대한 이해를 도모하는 시도가 지속적으로 나타난다. 이 가운데에서도 본고에서 초점을 두는 것은 전법승 혹은 중국 내 승려들이 중국에서 활동한 이후 본국으로 귀국하여 어떤 활동을 하고, 어떤 경전을 입수하여 본인 혹은 제자들에게 전하고자 했는가에 관해서이다.

경전을 입수하기 위해 구법행을 결정한 중국 최초의 승려인 주사행(朱士行)이다. 그는 우전국(于闐國)으로 향했는데, 『고승전』을 비롯한 많은 기록에서 『반야경(般若經)』을 바로 우전국에서 입수한 것으로 기재되어 있다. 이때 우전국에서는 소승불교도들에 의해 반발이 일어났고, 이에 주사행은 불 속에 경전을 던져 손상되지 않음을 보이며 대승불교의 위상을 보여주는 대목이 함께 기록되어 있다. 이와 관련해 당시 우전국의 불교 성향이 소승불교에 치중되어 있다고 평가하고 있다는 의견과[12] 중국 불교 성인 전설에서 자주 보이고 있는 패턴의 하나로 볼 수 있다는 의견[13]이 있다. 에릭 쥐르허의 의견에도 타당성이 있어 보이기는 하나 그가 언급하는 성인 전설의 또 다른 예 - 주로 불 속에서 안전하게 보존된 대승불교 경전 - 들은 스스로 밝히고 있듯이[14] 『법원주림(法苑珠林)』에 기재되어 있는 내용들이다. 당대(唐代)의 작품인 『법원주림』의 예를 초기불교 전적과 비교하는 것은 큰 의미가 없어 보인다. 이미 사상적으로 안정세를 취하고 있는 시기이면서 동시에 소승불교가 완전히 배제된 상태에서 대승불교에 기초한 종파가 형성되어 있던 시기의 기록으로 초기불교의 단면을 추정하는 것은 이치에 맞지 않기 때문이다. 따라서 주사행이 구법했을 당시, 즉 3세기에 해당되는 시기의 우전국은 소승불교 속에 대승불교가 싹트고 있었을 가능성을 제시하고 있다고 볼 수 있겠다.

우전국의 불교 성향에 관해 주사행을 통해 엿볼 수 있었다면, 3세기에서 4세기에 이르는 시기에 서역을 비롯해 서북인도의 불교를 엿볼 수 있는 것은 축법호(竺法護)를 통해서 가능하다 할 것이다. 축법호가 수많은 대승경전을 장안에서 번역했다는 점은 많은 사료를 비롯해 중국불교와 관련된 여러 서적 및 논문에서 소개되었기 때문에 이와 관련된 것을 굳이 따로 말할 필요는 없다. 그런데 대승경전을 번역할 때, 축법호 역장(譯場)에는 구자국, 월지국, 우전국, 소그드 출신의 인물들이 주로 포진되어 있었다는 점[15]이 흥미롭다. 앞서 안세

---

12 羽溪了諦, 『西域支(之)佛敎』(上海, 1933), p.212. ; 한지연, 『서역불교교류사』(서울: 해조음, 2011), p.136-137.
13 에릭 쥐르허, 앞의 책, pp.102-103.
14 에릭 쥐르허, 위의 책, p.102와 미주 195-197번 참조.
15 『高僧傳』, 『出三藏記集』, 『大唐內典錄』 등에서 확인할 수 있으며, 에릭 쥐르허 위의 책

고를 언급할 때 필자는 월지와 대승불교의 밀접한 관련성을 밝히면서 동시에 안식국에 대승불교가 존재했을 가능성이 희박함을 언급하였다. 이는 축법호의 활동 시기인 3세기 후반에도 역시 그러한 조류가 있었음을 감지할 수 있다. 물론 중국과의 거리상 안식국이 월지국보다 더 서쪽에 위치하여 전법승의 숫자가 적었다는 점도 무시할 수 없다. 그러나 초기 전법승부터 고역(古譯)이 이루어지는 시기까지 대승불교 경전이 모두 월지국 이동(以東) 지역과 관련되어 있다는 것은 필자의 앞선 주장에 뒷받침이 될 수 있을 것이다.

이 외에도 전법승의 신분으로 중국 내에서 활동하다가 다시 본국으로 돌아가 특정 경전을 구해 상인 혹은 다른 전법승에게 전하는 행위의 예도 찾아볼 수 있다. 계빈국(罽賓國) 출신인 불타야사(佛陀耶舍)는 '붉은 코밑 수염의 비바사(毘婆沙)'[16]라고 칭할 정도로 비바사에 능통한 인물이다. 이러한 불타야사는 구마라집(鳩摩羅什)과 동시대에 중국에서 활동하였다. 그는 홍시(弘始) 12년(410)을 기점으로 활동하다가 다시 계빈국으로 돌아가 대승경전에 속하는 『허공장경(虛空藏經)』을 구해 상인 편에 자신이 활동하던 양주(凉州) 지역의 승려들에게 전하였다.[17] 대비바사로도 칭송되던 불타야사가 본국으로 돌아가 구한 경전이 대승경전이라는 점은 중국 내에서 활동하던 약 3년여의 기간 동안 구마라집과의 교류를 감안하더라도 대승불교의 필요성을 인지했을 것이라는 추정이 가능하다. 다시 말해서 중국 내부에서 대승경전의 번역이 활발하게 이루어지는 모습과 더불어 중국에서 요구하는 것의 중심에 바로 대승불교가 있다는 점을 인식했다는 것이다. 서역 각국을 돌며 고승의 반열에 들었던 불타

에서도 밝히고 있으며 특히 제2장 각주 241번에서 인도인은 竺力, 쿠차인은 帛元信, 帛法巨, 월지인은 支法寶, 우전인은 기타미트라(祇多羅), 소그드인은 康殊라고 밝히고 있다(앞의 책, p.151).

16 慧皎, 『高僧傳』 권2(大正藏50, p.334b) "時人號曰赤髭毘婆沙."
17 慧皎, 『高僧傳』 권2(大正藏50, p.334b) "至罽賓得虛空藏經一卷 寄賈客傳與凉州諸僧."

야사가 계빈국에 중국 내 대승불교에 대한 선호를 알리고, 이것이 사회·경제적 측면에서 중국의 영향을 받고 있던 계빈국 내에서 대승불교의 발전을 촉진시키는 역할로 작용되었을 것이라 생각된다.

이와 같이 지루가참으로부터 시작해 주사행, 축법호의 활동은 중국 내부에 대승불교에 대한 반향을 불러왔다. 소승불교에 대한 소개가 있었음에도 불구하고 뒤늦게 소개된 대승불교에 대한 중국 내 열망은 곧바로 승려들의 활동으로 이어졌다. 구법승을 비롯해 전법승의 신분에서 다시 귀국한 승려들의 경전 입수 목록들에서 확인할 수 있듯이 주로 대승불교 경전에 치우쳐 있다. 특히 본국으로 돌아간 승려들이 중국에서 선호하는 불교, 즉 대승불교에 대한 열의를 소개함으로써 월지를 비롯한 서역 각국의 불교 성향이 대승불교로 전환되는 계기를 마련해 주었을 가능성이 크다.

사상적 전환의 계기는 순수하게 특정 사상에 대한 선호, 신앙적 측면 등을 통해 이루어질 수 있다. 그러나 이 같은 종교문화적 측면의 원인이 아닌 앞서 밝힌 바와 같이 당시 경제상과 연관지어 고찰해 보고자 한다. 왜냐하면 지금까지 중국 초기불교에서 중심축 역할을 했던 승려들의 활동이 대승불교와 밀접한 연관을 짓고 있으며, 특히 활동 시기와 그들의 활동 지역이 당시 실질적인 중국의 경제권역에 속해 있을 가능성이 높기 때문에 이와 같은 연관성을 시도해 보고자 한다. 따라서 다음 장에서는 기원전부터 불교 전파 시기와 이후의 경제상황을 알아보고자 당시 통용되던 '화폐'에 집중하여 그 흐름을 보고자 한다.

3. 고대 실크로드 경제권 변화

앞서 불교가 중국으로 전해지는 초기 상황에 관해 주로 승려들의 활동을 살펴보고 이를 토대로 전파 초기부터 중국에서 대승불교가 성행할 수 있는 가능성이 내재되어 있는 요인들을 간략하게 살펴보았다. 이 장에서는 대승불교 성행의 요인을 중국에서 찾고, 이러한 현상들이 전파의 역방향으로 영향을 줄 수 있는가라는 문제의 가능성을 주로 당시의 '경제상' 곧 경제권의 문제를 중심으로 살펴보고자 한다. 고대 실크로드, 즉 서역의 경제상을 보는 데 있어 주요하게 작용하는 것은 크게 두 가지로 나누어 볼 수 있다. 첫째는 중국 경제권에 통합되기 이전, 인도 왕조의 영향권 내에 존재하면서 이루어진 무역·경제권으로서의 서역 제국, 둘째는 동일 시기에 중국과 이루어지는 정치·경제 연관선상에서 이해할 수 있는 경제권의 형성이다. 이 장에서는 이 두 가지 문제를 대승불교가 흥기하는 시점이라 추정하는 기원전후의 상황에 초점을 맞추어 집중적으로 살펴보고자 한다.

1) 서방문화권 속의 서역

윌 듀런트(Will Durant)의 주장처럼 금속을 대신하는 대용(代用) 통화가 국가가 보증하는 통화로 바뀐 것은 상업로를 마련해 주고 동시에 문학과 예술 분야에 재정을 제공해 주었다.[18] 여기서 다루고 있는 서역 역시도 이러한 무역로로 활용되었던 배경을 이해한다면, 중국으로의 불교 전파 과정에서 일어났던 여러 문제를 풀어나가는 데 하나의 단서로 활용할 수 있을 것이다.

---

18 윌 듀런트, 왕수민·한상석 옮김, 『문명이야기-동양문명』(서울: 민음사, 2011), p.476-478.

앞서 제시한 '서역의 인도 영향권 시기와 관련된 문제'는 해명하기에 자료가 상당히 부족하다. 인도사가 정립되지 않은 상황에서 인도와 서역과의 관계성을 정립시킨다는 것은 어려운 문제이다. 때문에 여기서는 대략 두 가지 정도의 공통된 근거를 통해 인도와 서역 간 일정 기간 동안 이루어졌던 경제적 교류관계를 살펴본다. 첫 번째는 청동기·철기 문명의 전파 문제이고, 두 번째는 화폐 사용의 문제이다.

첫 번째에서 살펴볼 청동기문명의 전파 문제이다. 청동기문명 전파의 기간은 상당히 길고 광범위하다. 그럼에도 이 문제를 언급하는 것은 기원전 시기의 전파 방향을 논하고자 하기 때문이다. 메소포타미아 지역의 청동기 야금술은 기원전 4000~3500년 무렵에 이루어졌다. 그리고 이 기술은 약 500~100년 격차를 두고 이집트 지역으로, 여기서 다시 200여 년 후에 인도로 전해졌다. 이후 중앙아시아를 거쳐 중국으로 전해진 것으로 보이는데, 중국 삼성퇴(三星[星]堆) 청동기문화가 기원전 2000년 경에 성립된 것이다.[19]

청동기문화뿐만 아니라 철기문화 역시 서방에서 동방[20]으로 전파가 이루어진 흔적이 있다. 현재 신강성 지역에서 출토되고 있는 철제 물품은 기원전 1200년 무렵으로 추정하고 있는데 중국 국경 내의 다른 어떤 지역보다 빠른 것이었다.[21] 또한 민족성에 관해 살펴보면 누란 지역에서 발견된 미라인 '누란미녀'[22]가 동양인보다 서양인의 외모를 지녔을 것으로 추정하고 있다. 그녀가

---

19 김채수, 『알타이문명론』(서울: 박이정, 2013) pp.81-90.
20 여기서 말하는 동방의 의미는 고대 그리스와 로마 지역에서 봤을 때 '해가 뜨는 지역'인 에게해 동쪽에 위치한 아나톨리아지방 以東을 말한다. 즉, 그리스·로마를 출발해 중국에 이르는 전역을 말한다.
21 제임스 A. 밀워드, 김찬영·이광태 옮김, 『신장의 역사-유라시아의 교차로』(서울: 사계절, 2013), p.52 재인용.
22 기원전 1800년~1000년 사이의 미라로 추정하고 있으며, 현재 누란박물관에 안치, 전시되어 있다.

소장하고 있던 것은 밀알이 담긴 주머니인데 당시 중국에서 경작되던 것이 아니라는 점을 감안해 보면, 서방에서 들어온 이주민일 것이라 볼 수 있다. 이뿐만 아니라 신강성 지역에서 출토된 여러 직조물 역시도 서방으로부터 유입된 흔적으로 보고 있다.[23]

이와 같이 문화 전파의 경로 가운데서 확인되는 것은 기원전 오랜 기간 동안 주로 서방에서 동방으로 문물과 문화가 유입되었다는 것이다. 이는 곧 기원전 시기 서역의 민족·문물·문화는 멀리는 그리스·로마, 가까이는 인도(서북인도를 포함)의 영향권에 놓여 있었다는 것으로 해석할 수 있다. 석기·청동기·철기 시대의 서역은 분명 서방의 영향권 하에 놓여 있었다는 점은 분명하다. 그렇다면 불교, 특히 대승불교가 흥기하는 시점이라 할 수 있는 기원전후 서역의 경제 상황은 어떠했을까?

아프가니스탄 카불의 북쪽에 위치한 차리카르 근방의 베그람(Begram) 지역에서는 1800여 개의 고대 화폐가 발견되었다. 화폐는 박트리아 그리스 출신 왕이 사용하던 것부터 카니슈카를 필두로 한 쿠샨왕조의 것 등 기원전부터 이 지역 일대에서 유통되던 것들이었다. 이는 공식적으로 발견된 것이고, 비공식적인 루트를 통해 발견될 수 있는 것은 3만 개 이상이라 한다.[24]

그런데 쿠샨왕조 영역이었던 베그람에서 출토된 것과 동일한 화폐가 아프가니스탄 및 파키스탄 일대에서 출토되고 있다. 그리고 이와 동일한 화폐가 서역에서도 발견되고 있다.

선선(鄯善)에서는 쿠샨왕조 시대, 특히 쿠줄라-카드피세스(Kujula-Kadphises) 대부터 사용했던 화폐가 발견되었다. 이를 통해 고부국(高附國, 현재의 아프가니스탄 카불 지역)과 선선 지역이 정치·경제적으로 밀접한 연관성이 있었음을 알

23　제임스 A. 밀워드, 앞의 책, p.55.
24　이주형, 『아프가니스탄, 잃어버린 문명』(서울: 사회평론, 2004), pp.92-93.

수 있다.25 또한 1세기 무렵의 것으로 추정하는 우전국 출토 화폐도 존재한다. 시노-카로슈티(Sino-Kharosthi)라 명명한 이 화폐는 쿠샨왕조의 비마-카드피세스(Vima-Kadphises)가 로마의 화폐인 아우레우스(Aureus) 금화의 중량표준인 8g짜리 금화와 동일한 중량으로 제작한 것이다.26 '동일한 중량'이 갖는 의미는 크다. 당시 금, 은, 동, 철기 등의 금속의 중량으로 물품의 가격을 대신했던 사회에서 화폐로 전환되면서 금속중량이 화폐중량으로 대치된 것이다. 다시 말해서 로마와 쿠샨, 그리고 서역에 위치한 우전국에서 동일한 중량의 화폐를 사용하고 있었다는 점은 곧 하나의 통일된 화폐기준이 세워져 있었다는 것이다.

시노-카로슈티가 로마와 쿠샨의 동일 경제권에 있었다는 것이 중량으로 입증되는 것에 비해 또 하나 특이할 만한 점은 여기에 새겨져 있는 언어의 문제이다. 화폐의 한쪽 면에는 말의 도안과 카로슈티 문자로 새겨진 왕의 이름이, 다른 한쪽 면에는 한자로 '입사수(卄四銖)' 혹은 '육수(六銖)'라는 글자가 새겨져 있다. 다음에 상세한 내용이 전개되겠지만, 기원전 1세기부터 이미 중국 한나라는 서역과의 전쟁을 통해 화폐개혁을 단행했고 삼수전, 사수전, 오수전 등의 화폐를 유통시킨 것으로 추정된다. 시노-카로슈티가 적어도 기원후 1세기 이후에 사용된 화폐라면 그 이전부터 유통되었던 중국 화폐의 형식을 일부 도입한 것이다. 이는 중량면에 있어서는 서방으로부터 들어오는 물품 대가를 치르기 편리한 반면, 중국과 무역에 있어 기존 중국 화폐의 기준을 적용시킨 흔적이라 할 수 있다.

즉, 서역에서는 이미 쿠샨의 화폐와 중국의 화폐가 통용되고 있었고, 로마·쿠샨 화폐와 동일하되 중국의 도량형을 도입해 그 값어치를 산정한 것이

---

25 長澤和俊, 『樓蘭王國史の硏究』(東京: 雄山閣出版株式會社, 平成8년), pp.111-113.
26 오다니 나카오, 민혜홍 옮김, 『大月支』(서울: 아이필드, 2008), p.48. ; 미야지 아키라, 김향숙·고정은 역, 『인도미술사』(서울: 다할미디어, 2006), pp.116-117.

다. 시노-카로슈티가 금 혹은 은으로 주조되었기 때문에 중국의 동과 주석을 섞어 만든 화폐를 동일하게 취급할 수 없었기 때문이다. 예를 들면 반량(半兩)이 대략 19g이고 반량과 동일한 도량형이 사수(四銖)이다. 따라서 시노-카로슈티에 새겨진 '입사수'는 대략 120g이며 '육수'는 26g에 해당된다. 아마도 입사수의 경우 금화에, 육수의 경우는 은화에 새겨진 것으로 추정되는데 당시 중국 화폐 단위에 입사수나 육수가 없는 것으로 보아 금화 시노-카로슈티는 오수전 5개에 해당되는 것으로 계산했을 것이다.

이와 같이 서역에서 통용되던 화폐가 서방을 기준으로 하면서 중국 화폐 단위까지 고려하였다면, 기원전후 서역은 명실상부한 무역의 중심지였다고 할 수 있을 것이다. 또한 기원전후의 시기에 서북인도와 서역이 동일한 경제권 영역이었거나 또는 동일선상의 무역로로 이해할 수 있다. 물론 쿠샨왕조 이전에 통용되던 크로이소스(기원전 570~546년)에서 발행한 금화 및 은화 등이 인도의 모헨조다로에서 발견되고 있기 때문에 서방에서 동방으로의 무역로가 이미 확보되어 있었음은 짐작할 수 있다.

2) 서역의 중국 영역화

서역의 경제상에 관해 두 번째 제시했던 중국과의 연관성 문제를 논의해 보자. 지금까지는 '중국의 서역경영권'에 대한 목적, 과정, 결과를 단순히 서쪽으로 진출하고자 하는 시대적 요청에 의해 이루어진 것으로 판단되는 경우가 대부분이었다. 그러나 여기서 그치지 않고 그 과정에서 일어난 여러 정황들이 던져주는 시사점을 다시금 고찰할 필요가 있다. 사서에서 언급하고 있는 중국의 서역진출 문제에 대해 단순히 '목적과 결과'로서 중국이 서역경영권 쟁취함으로써 얻어지는 '이득의 문제'로 치부하는 경우가 많았다. 그리고 그 과정에서 이루어지는 물질 및 문화의 흡수를 단순한 교류의 산물이라고 결과론적으로 이야기하는 경우가 대부분이었다. 그렇다면 교류의 산물이 탄생될 때까지 어떤 과정이 있었을까? 그 과정이 교류의 산물과 어떤 밀접한 연관관계가 있을까? 이러한 문제를 해결하기 위해 논자는 사서류에 기록되어 있는 다음의 두 가지 문제를 논해 보고자 한다. 첫 번째는 중국의 화폐개혁 및 관제개혁의 시점과 원인이며, 두 번째는 중국 내륙민의 서북 지역으로의 이민(移民)현상이다.

진(秦)과 한(漢) 시대, 특히 한나라 시대에는 화폐개혁이 끊임없이 이루어진다. 화폐로 사용되던 것은 주로 금(金), 전(錢), 포(布), 백(帛)이었는데,[27] 여기서 특히 전(錢)에 해당되는 것을 보면 오수전(五銖錢)이 주조될 때까지 대략 4~5차례 화폐개혁이 단행되었다.[28] 마지막에 등장하는 오수전의 경우는 상당히 광범위한 지역에서 유통되었다는 것이 다방면에서 확인되는데, 이러한 화폐개혁의 이면에는 바로 흉노와의 관계와 서역으로의 진출이 원인 혹은 결과로 작용하는 것을 볼 수 있다. 그 과정을 확인하면 다음과 같다.

진대(秦代)에 사용했던 화폐인 반량전(半兩錢)[29]을 협전(莢錢)[30]으로 전환한

---

27 『漢書』 권24下, 「食貨志」 제4下. "凡貨, 金錢布帛之用"
28 秦~漢 初에는 半兩錢, 漢 初에는 진대에 사용하던 반량전이 무겁다는 이유로 漢興(楡莢錢 혹은 五分錢이라고도 함)으로 개혁·제작되었고, 효문제 5년(기원전 175) 협전은 四銖錢(半兩이라고도 하나 한초에 사용하던 반량전과는 다르다)과 皮幣(흰사슴 가죽으로 주조된 화폐, 실제 사용되지는 않고 황실에서 보관용으로 이용했던 것으로 보여진다)로 교체되었다. 이후 원수 5년(기원전 118) 三銖錢에서 오수전으로 화폐개혁을 했다는 『漢書』 권6 「武帝紀」의 내용으로 미루어 사수전에서 삼수전으로 한 차례 바뀌었음을 짐작해볼 수 있다. 기원전 118년 오수전과 白金을 함께 사용했다는 『한서』의 기록 등, 100년이 안 되는 짧은 시기 동안 사서 기록상에 나타나는 것만 무려 5차례에 걸쳐 화폐개혁이 이루어졌다.
29 『漢書』 권24下, 「食貨志」 제4下에서는 "秦兼天下, 幣爲二等, 黃金以溢爲名, 上幣, 銅錢質如周錢, 文曰半兩, 重如其文"이라 하였는데, 원형에 반량이라는 글자가 표면에 새겨져 있다.
30 위의 책, "漢興, 以爲秦錢重難用, 更令民鑄莢錢."

것은 단순히 사용자의 편의 문제가 대두되었기 때문인 것으로 추정된다. 반량전의 경우 지름이 1촌 2푼(약 2.8cm), 무게가 12수(7.9g)이기 때문에 느릅나무 열매와 비슷한 모양이고 무게를 3수(銖)로 줄임으로써 『한서』에서 말하고 있는 "무게로 인해 사용이 어려운" 문제를 해결하고 있다. 그러나 주조에 있어 은과 주석을 섞거나 혹은 동(銅)으로 만드는 방식을 채택하고 있다. 이에 많은 관리와 백성이 백금과 동전을 몰래 만드는 도주(盜鑄)를 행하거나,[31] 혹은 삼수전(三銖錢)을 갈아서 새롭게 주조[32]하는 등 그 폐해가 심각했다. 그런데 이러한 폐해가 일어나게 된 배경에는 한대(漢代) 흉노 혹은 서역 정벌을 위해 출정을 하는 것과 연관성이 있는 것으로 해석할 수 있는 부분들이 보인다. 『한서(漢書)』 「식화지(食貨志)」의 내용에 따르면,

그 이듬해(원수 4년, 기원전 119) (한은) 대장군(위청[衛靑])과 표기장군(곽거병)이 많은 군대를 이끌고 나가 흉노를 공격하였다. 50만금을 상으로 내렸으나 한의 죽은 군마가 10여만 필이었고, 전조와 거갑의 비용은 여기에 포함되지 않았다. 이때 재용이 부족해 전사들은 자주 봉록을 받지 못했다. 담당 관원이 삼수전은 가벼워 간사(奸詐)한 짓을 쉽게 하게 된다고 말했고, 이듬해 여러 군국이 오수전을 주조하되, 동전의 뒷면에도 주곽을 만들어 간사한 무리들이 갈아 부스러기를 얻지 못하게 하자고 다시 청하였다.[33]

---

31 『史記』 권30, 「平準書」 제8. "盜鑄者金錢罪皆死, 而吏民之盜鑄白金者不可勝數"
32 『漢書』 권24下, 「食貨志」 제4下. "有司言三銖錢輕, 輕錢易作姦詐, 乃更請郡國鑄五銖錢, 周郭其質"과 "肉好皆有周郭"의 내용으로 다음과 같은 사실을 짐작할 수 있다. 둥근 동전에 그 안을 네모 구멍으로 주조하여 둥근 면을 현대의 동전과 같이 도톰하게 만든 것을 '주곽'이라 하고, 네모 구멍을 '孔' 혹은 '好'라 하고 삼수전의 둥근 면과 안의 네모 구멍 모두 테두리를 도톰하게 만들어 당시에 동전을 갈아 은이나 동, 주석 성분을 얻는 행위를 원천적으로 봉쇄하기 위해 노력했음을 알 수 있다.
33 위의 책, "其明年, 大將軍, 票騎大出擊胡, 賞賜五十萬金, 軍馬死者十餘萬匹, 轉漕車甲

위의 내용에서 '간사한 짓'이란 동전을 동과 주석으로 주전해야 하는데 납과 철을 혼합시키는 행위를 하거나 또는 동전을 깎아내어 부스러기로 새롭게 동전을 주조한다는 의미를 갖고 있다.[34] 이와 같이 '간사한 짓'이 행해지는 이면에는 당시 유통되고 있던 화폐가 부족한 현상이 있었고, 여기서 더 거슬러 올라가 보면 한나라의 정복전쟁이 그 원인으로 작용하고 있음을 확인할 수 있다. 즉, 정복전쟁의 결과로 50만금의 상금이 내려지기는 하나 전조(轉漕)와 거갑(車甲)의 비용이 포함되지 않았기 때문에 조정 측에서 이에 대한 충당금을 마련해야 했거나 또는 전조와 거갑의 비용을 받아야 하는 측에서 '간사한 짓'을 벌임으로써 충당했을 가능성이 있다. 어느 쪽이 '간사한 짓'을 벌였는지 여부가 중요하다기보다 전쟁으로 인한 화폐의 활발한 유통이 결국 화폐개혁의 바람을 불어넣은 것이다.

북방 혹은 서북 방면에서 활동하던 흉노와의 전쟁은 비단 화폐개혁으로 끝난 것이 아니다. 논자가 앞서 두 번째로 제시한 문제인데, 바로 관제 개편과 이민정책을 통해 관민과 평민 모두를 서북 방면으로 이주시키는 모습을 확인할 수 있다. 한나라 때 전쟁으로 인한 관제 개편을 정리하면 다음과 같다.

① 한나라 효문제(孝文帝) 시기, 흉노가 북방 지역을 침입해 노략질했기 때문에 이 지역에 주둔하는 군사의 숫자가 늘고, 변경에서 생산되는 곡식은 병사가 먹기에도 부족했다. 따라서 곡식을 헌납할 수 있거나 변방까지 곡식을 운송해 납부할 수 있는 백성을 모집해 대서장(大庶長)의 작위까지 이를 수 있도록 하였다.[35]

之費不與焉. 是時財匱, 戰士頗不得祿矣. 有司言三銖錢輕, 輕錢易作姦詐, 乃更請郡國鑄五銖錢, 周郭其質, 令不可得摩取"

34 앞의 책, "法使天下公得顧租鑄銅錫為錢, 敢雜以鉛鐵為它巧者, 其罪黥. 然鑄錢之情, 非殽雜為巧, 則不可得贏, 而殽之甚微, 為利甚厚…曩禁鑄錢, 死罪積下, 今公鑄錢, 黥罪積下"

35 『史記』 권30, 「平準書」 제8. "匈奴數侵盜北邊, 屯戍者多, 邊粟不足給食當食者. 於是募

② 기원전 124년 흉노의 우현왕(右賢王)을 공격한 출장 결과, 한의 병사는 20여만 근에 해당하는 황금액(黃金額)을, 포로로 잡힌 흉노인 수만 명에게도 모두 후한 상을 내림으로써 점차 공을 세운 전사에게 내릴 상이 없었다. 이에 물질적 상을 대신하여 작위를 수여했는데 군공이 큰 자는 후(侯), 경(卿), 대부(大夫)를 봉하고, 군공이 적은 자는 낭(郞), 리(吏)가 되어 관리 제도가 복잡다단해지고 관직체계가 문란해졌다.[36]

앞서 화폐개혁의 문제에서 드러나는 것과 같이 전란 이후 보상되어야 할 상금(화폐)의 부족 문제는 관직 개편으로 이어지고 있다. 즉, 상금이 부여되지 못하는 경제상황으로 인해 발생할 수 있는 군사들의 불만을 관직을 부여함으로써 정치적으로 일어날 수 있는 불안감을 해소시키고자 했던 것이다. 이뿐만이 아니라 전란 혹은 중국 내부의 자연재해로 인해 발생된 피해자들을 '이민'이라는 정책을 통해 서역 경영권 확보의 준비를 서서히 진행하였다. 자연재해로 인한 대표적인 예는 산동(山東) 지역에 수재가 발생하자 빈민을 삭방(朔方) 이남의 신진중(新秦中) 지역으로 이주시킨 기록을 들 수 있다.[37] 산동 주민을 이민시키는 작업을 시작하였으나 그 이듬해(기원전 112) 남월(南越)이 반기를, 서강(西羌)[38]이 변경을 침범해 만행을 부리자 이에 대한 대응책으로 이민을 본격화시켰다. 그 결과가 바로 장액(張掖)과 주천군(酒泉君[郡])이 설치된 것이다. 장액과 주천 설치 외에도 삭방(朔方), 서하(西河), 하서(河西) 등지에 둔전(屯

民能輸及轉粟於邊者拜爵, 爵得至大庶長" 이때 '대서장'은 『한서』 권19上 「百官公卿表」에 따르면 한 대의 총 20등급의 배위 가운데 제18번째 등급에 해당되는 지위이다.
36 『史記』 권30, 「平準書」 제8. "其後四年, 而漢遣大將將六將軍, 軍十餘萬, 擊右賢王 … 軍功多用越等, 大者封侯, 卿大夫, 小者郎吏. 吏道雜而多端, 則官職耗廢."
37 『漢書』 권24下, 「食貨志」 제4下. "山東被水災, 民多飢乏, 於是天子遣使虛郡國倉廩以振貧. 猶不足, 又募豪人相假貸. 尚不能相救, 乃徙貧民於關以西, 及充朔方以南新秦中."
38 청해를 중심으로 중국 서북 변경 일대에 거주했던 유목민족.

田)을 경작하였다.³⁹ 한나라 시대의 이러한 행보는 결과적으로 침략을 통해 얻은 정복지에 군사를 주둔시키고, 늘어난 관료를 해당 지역에 배치하고, 관내의 주민들을 이민시키는 등의 정책을 통해 중국식의 정치·경제·문화를 정착시킬 수 있었다고 볼 수 있다.

기원전의 상황을 두 가지 문제로 풀어본 것은 불교가 전파될 무렵, 이미 중국이 서역에 대한 경영권을 확보했다는 것을 밝히고자 한 것이다. 물론 서역에서 통용된 화폐의 경우 혼용된 사례가 있을 뿐만 아니라, 앞서 살펴본 바와 같이 중국 화폐 통용 시기에도 인도 화폐의 공존기간이 상당히 길다. 그러나 본고에서 보고자 하는 것은 기원전후로 불교가 중국에 전파되었다는 가정 하에, 어떤 경제구조 속에서 불교가 전파되었는가라는 그 배경의 문제에 초점을 두고 있다. 다시 말해서 대·소승의 구분이 생기기 이전에 불교가 전파되었고 점차 대승을 추구하는 중국 사회가 인도 및 서역에 경제적인 영향력을 발휘하고 이에 따라 불교 역시 중국인이 '원하는' 방향으로 전환되었을 가능성을 조심스럽게 추정할 수 있을 것이다.

4. 결어

케네스 첸은 그의 책에서 "기원후 1세기 초 불교가 도입되었을 때 이미 높은 수준의 문명을 지니고 있었던 중국인들은 이 새로운 종교에 완전히 빠져들지는 않았다"고 주장하고 있다.⁴⁰ 그럼에도 안세고에 의해 소개된 소승불교는

---

39 『漢書』 권6, 「紀」 제6. "置五屬國以處之, 以其地爲武威, 酒泉郡."
40 K.S. 케네스 첸, 장은화 역, 『중국인의 삶과 불교의 변용(Chinese Transformation of Buddhism)』 (서울: 씨아이알, 2011), p.4.

도교 개념의 '수행'적 의미로서 잠시 받아들여질 뿐 학파로서 존재할 수 없었고, 4세기까지 소승불교의 논서가 소개된 적이 없었다. 따라서 케네스 첸이 언급한 '새로운 종교'란 대승불교에 한정지을 수 있을 것이다.

대승불교 속에 잠재되어 있는 변화의 가능성은 중국 사회에 맞추어갈 수 있는 '변용(變容)'으로 이어지게 되었다. 그리고 이러한 새로운 종교에 대한 사상적 확대 열망은 중국에 불교를 전해준 전법승과 그들의 사상전환, 더 나아가 귀국 후의 활동이 서역 및 서북인도 각국의 불교에 전환점을 마련해 주는 계기로 작용한 것으로 볼 수 있을 것이다. 대승불교는 분명 서북인도 혹은 인도 내부에서 흥기했을 것이며 그러한 요소들이 곳곳에 존재하고 있다. 그러나 흥기한 대승불교가 소승교단 우세 지역에서 주체적이고 확고한 입지를 다지기에는 어려웠기 때문에 소승교단 내부에서 함께 공존하며 스스로가 '대승'이라는 뚜렷한 의식이 있었는지에 대해서는 미지수이다. 이러한 대승불교가 발전하여 동아시아 전역에 지속적으로 영향을 줄 수 있었던 원동력으로 작용한 것이 바로 '중국'이라는 요소가 아닐까 한다.

주지하다시피 중국 내부에서는 여러 요인들로 인해 대승불교에 대한 열망이 일어났다. 그리고 이러한 분위기는 동일 경제권에 속해 있던 서북인도에서 서역 각국에 이르기까지 그 영향권 내에서 동일하게 변화되었을 가능성을 배제시킬 수 없을 것이다. 현대에도 세계 경제 및 무역의 흐름에서 주도권을 쥔 국가는 자연스럽게 문화적 영향도 더불어 끼치는 모습을 확인할 수 있다. 이 같은 현상은 불교가 동아시아로 전파될 당시에도 존재했을 것이고 실크로드 상의 정치·경제권에 큰 흐름을 주도하고 있던 중국의 불교에 대한 인식 혹은 선호는 전파 주체국에도 전해졌을 것이다.

대승불교의 흥기에도 많은 의문이 존재하는 상황에서 발전의 문제를 다루는 일은 쉽지 않다. 때문에 사회·경제적 측면에서부터 시작하여 사상·문화적 측면까지 다루는 장기적 연구의 첫 발걸음을 떼어 보고자 본 논문을 시도하였다. 따라서 부족한 점이 상당히 많은 논문이지만, 연구의 시작이라는 점에 의의를 두고자 한다.

실크로드와 중국 이슬람 경학

하바오위(哈宝玉)

1. 경학의 탄생 및 사상

이슬람교는 7세기에 탄생하여 이의 교리를 담은 경전『꾸란』의 학습, 선전과 연구에 따라 전개되어, 8세기 중엽에서 12세기 중엽까지 전성기에 달하여 많은 경주(經注)학자, 성훈(聖訓)학자, 교의(敎義)학자, 교법(敎法)학자 등이 나타났다. 이슬람교는 세계 각지로 전파되고 발전하면서 이슬람 경학의 전승과 발전이 이루어졌다.

무엇이 '경(經)'인가? 세계 각지의 대종교는 '경'에 대한 이해와 해석이 동일하지 않지만 각자가 원시경전을 자체의 '경'으로 삼는다는 점은 동일하다. 불교의 대장경, 유교의 오경, 기독교의 성경과 유태교의 히브리어성경 등을 그 예로 들 수 있다. 이슬람교를 놓고 볼 때, '경'은『꾸란』과 성훈(聖訓)을 지칭한다. '경'이 '경'으로 불리는 것은 이것이 창도하는 가치관 때문이다. '경'은 '경학'의 원천이다. 이슬람 '경학'이라고 하면 '경'에 관한 학문을 가리키며, 곧『꾸란』

과 성훈을 연구하는 학문이며 '경'에 언급되는 각 학문의 연구와 해석도 필요하므로 이에는 '경'의 언어학, 해석학, 교의학, 교법학, 철학, 논리학, 교육학과 역사학이 포함되어 있다.

이슬람 전통 경학은 일종의 경전학이고 일종의 신앙학이며 일종의 해석학이고 일종의 경세학(經世學)이다.

경전학이라 함은 전통 경학이 『꾸란』과 성훈을 둘러싸고 전개되었기 때문이다. 경훈(經訓)은 이슬람 전통사상과 학술의 원천이다. 후세 학자들은 경훈을 빌어 자체의 사상 혹은 학술 견해를 내고 각 시대마다 끊임없이 해석되어, 대량의 저술을 탄생시킴으로써 학술 사상의 보고(寶庫)를 이루었다.

신앙학 측면에서 볼 때 이슬람교는 『꾸란』의 이론과 사상의 지도 아래 '알라 유일신' 신앙이며, 무함마드가 알라의 사자(使者)임을 신앙하는 전제 아래 수교행도(守敎行道), 수신치세(修身治世)하는 영구불변의 상리(常理)와 상도(常道)가 바로 무함마드의 독특한 신앙이다.

해석학이라 함은 경훈(經訓) 의리(義理)에 대한 해석 서술 및 각종 관련 지식이다. 무함마드는 경학사에서 숭고한 위치를 차지하고 있으며, 『꾸란』에 대한 '술이부작(述而不作)'의 소심한 태도는 후에 학자들이 경전을 해석하는 길과 방법을 결정하였다. 경전의 해석은 경전 본래의 뜻에 대한 정확한 이해로서, 이 부분에서 무함마드의 제자이든 후의 학자이든 모두들 학술에 대한 추구가 다르며, 각기 다른 시대에 채용한 사상방법이 다르게 전개되었다. 해석학은 경학의 발전에 중요한 역할을 주도하였으나, 해석이 달라 일정한 제한과 부족함이 있다.

경세학이라는 주요한 표현은 경훈으로 대중을 교화하고, 경훈으로 삼강오륜의 논리를 규범화하고, 경훈으로써 사회를 다스리고, 경훈으로 안온함을 관리하여, 천하를 안정되게 다스리고 있다.

상기 서술한 네 가지 특징을 지니고 있는 전통적인 경학은 개인, 사회, 시대를 초월하는 보편성을 지니고 있어, 이는 경학 이후의 발전을 위해 기본적인 기준과 노력의 방향을 제시하고 있는 것이다.

무함마드와 4대 하리발 및 역대 이슬람 학자들을 이어,『꾸란』과 성훈에 대한 해석, 번역, 변명, 논증으로 누적된 해석과 이해규범으로 이루어진, 긴 세월이 지나도 쇠퇴되지 않는 학술적 전통이 바로 이슬람 '경학 전통'이다. 경학 전통은 이후의 발전에 있어서 혁신을 가져왔지만, 경훈이 견지하고 있고 표명하고 있으며 전파되어야 하는 가치와 의외와 사상에는 아무런 변화가 없었다. 그러므로 '경학'과 '경학 전통'이 표명하는 사상은 경학과 그 전통에 관련된 '가치'와 '의의'의 사상으로서 경학교육의 역사를 이루었다. 아무런 의심없이 중국 이슬람 경학 교육은 이 종지를 이어받았지만, 이 종지의 전제 아래에서 중국 이슬람 경학 교육학자는 자체 내에서 선택한 과목과 교재에 대하여 특색을 지닌 경의 해석과 사상 전승을 전개하여 각 학문에서 언급되는 내용 중에서 충분히 구현하고 있다.

2. 중국 이슬람 경학의 내용

7세기 중엽, 이슬람교는 비단길을 따라 아랍, 페르시아 및 중부 아시아 등지에서 중국으로 진입되어 중국 각지에 널리 전파되었다. 전파와 발전에 따라 경학의 전승과 발전도 함께 이루어졌다. 다만 전파 초기인 당송 시기에 교리는 구두를 통해 전파되었고 원나라 때에 경전 저작에 대한 연구 단계에 진입하였다. 명청 시기의 이슬람 경학은 이전 시대까지 이루어졌던 연구의 누적을 통해 크게 발전하였다. 이전 시기의 바탕이 없었다면 명청 시기에 큰 성과를 이룰 수 없었다. 때문에 명청 시기에는 언어, 경훈, 교의, 교법, 철학 등에 대한 연구를 비롯해 심지어 중국 이슬람 경학 교육이 고조되었다. 최초 전파 시기든 발전 시기든, 기본 전적은 『꾸란』과 성훈을 기본으로 하고 있다. 중국 이슬람 경학 범위 이외의 것은 이슬람교 전통 경학의 사상을 견지하고 자체의 실제적인 혁신과 발전을 결부하는데, 중국 이슬람교는 이런 문화의 계승자이자 전파자이다.

상기에서 서술한 바와 같이, 중국 이슬람 경학 교육은 원천에서 놓고 볼 때 아랍, 페르시아와 중부 아시아의 각 지역에서 일어나 경주학, 성훈학, 교의학, 교법학, 철학(수피즘)과 언어학 등이 연구 범위에 포함된다. 각 학문의 범위는 아래와 같다.

1) 경주학(經注學)

경주학은 『꾸란』에 대해 생겨난 시대 배경, 원문 독법, 말 뜻, 어구 수식과 어법, 경 안에 담긴 교의, 교법 율례, 역사 사건, 우화이야기 등의 내용들을 해석하는 독립적인 학문이다. 초기에 구두로 전파되는 형식의 경주는 나중에 『꾸란』에 대하여 설명하는 독립적인 학문이 되었다. 경주학 저작이 중국에 진입된 시기는 대략 14세기 전후로 추정된다. 유행된 『꾸란』 주석서는 『잘랄라인(Jalalayn, 哲拉萊尼)』, 『가주이(嘎藏)』와 『후세인(侯賽因)』 등이 있는데, 이들은 중국 이슬람 경학 교육에 광범위하게 퍼져 운용되었다.

2) 성훈학(聖訓學)

명청 때 중국 이슬람 경학 교학에 채용된 주요 성훈 교재는 두 개이다. 하나는 『호탁포(虎托布)』이다. 원래 아랍어인데 후에 페르시아어로 번역되었다. 다른 하나는 페르시아어 『아일백구(艾尔白欧)』이다. 이외에 성훈학 중에 영향력이 있는 것은 수니파 6부의 성훈집으로서 중국 이슬람교도에 대하여 영향력을 지니고 있으며, 더욱이 『부카라 성훈실록』과 『이슬람교 성훈실록』으로 발전되었다. 이를 통해 알 수 있듯이 실크로드에서 중부아시아 이슬람 학자와 이들의 저술은 중국 이슬람 경학교육에 역할을 하면서 영향을 미쳤다.[1]

3) 교의학(敎義學)

이슬람 교의학은 역대 경학가들이 경훈과 교의 문제를 둘러싸고 토론을 거쳐 형성된 이론학설로서, 약 8세기부터 사변적인 교의학의 상징이 되었다. 중부 아시아와 아랍의 지리적 관계로 최초 각 교의학파, 특히 아이부 하나피(Hanafiyya)의 교학 전통은 쿠파(Kūfa), 바스라(Basra) 등지에서 빠르게 실크로드의 주요 도시 – 동부 쿠라산(Khurāsān) 지역의 주잔(Juzjān), 투카리스탄(Tukharistān), 발키(Balkhi), 부카라(Bukhāra), 사마르칸트(Samarqand)와 아무르강 북쪽(Tansoxania)의 광범위한 지역 – 로 확산되었다. 특히 마투리디(Maturidi) 교의학파는 중부 아시아에서 빛을 발하면서 중부 아시아 이슬람 교의학이 5~6세기 동안 흥성하였다. 마투리디의 『인일론(認一論, al-Tawhid)』은 중국 이슬람 경학에 커다란 영향을 미치고 있다. 실제로 중국 이슬람 경학 교육에서 일반적으로 사용하는 교의학 과목은 마투리디 반세기 후, 사마르칸트 나사피 출신의 저명한 교의학자 아지즈 무함마디 나사피('Azīz ibn-Muhammad-i Naasafi, 1069 혹은 1070~1142)가 지은 『나사피 신앙(al-'Aqā'id al-Nasafiyya)』이다. 이것은 12세기는 물론 이후의 마투리

---

1 이 책의 소개와 내용에 대해서는 马坚 译, 『教典诠释』, 中国伊斯兰教协会, 1988 참조.

디 교의학파의 중요한 경전 저작 중의 하나로 손꼽히기는 하지만, 언제 중국 경학 교육의 교의학 저작이 되었는지는 증명할 수 없다.[2]

4) 교법학(敎法學)

하나피(Hanafi) 교법학파는 중부 아시아 이슬람 경학의 절반을 차지하고 있어 영향력이 매우 크다. 후에 중부 아시아 이슬람교도들이 실크로드를 따라 중국에 전파되었다. 하나피 교법학파를 놓고 볼 때, 14세기 중부 아시아 이슬람학자 푸얼하딩·사리야터·마이하뭐더는 교법명작 『해달예』에서 선택하여 『위가예』를 만들었다. 『위가예』가 중국에 들어오면서 경학교육이 상당히 중요시되어 "명나라 말기 이후 경학교육과 교법 연구 중에 『위가예』는 학술계와 중국 일반적인 이슬람교도의 주목을 받는 교법 저작이다. 중국 이슬람교 학자는 『위가예』에 대하여 기초적인 해석을 진행하여, 이 과정이 지속한 시간이 매우 길다.

5) 철학(수피즘)

이슬람교 수피즘은 아랍 이슬람문화의 전성기에 시작되어 10세기 이상 발전하면서 이슬람교 내부에서 역사가 길다.

아랍 페르시아의 영향을 받아 수피즘 사상을 갖춘 철학자가 계속 중국에 들어와 중국 이슬람 경학 교육에 널리 활약하였다. 실크로드를 통해 전파된 중부 아시아 수피즘 교단은 중국문화와 서로 융합하고 상호 교류하는 과정에

---

2 拙著, 『伊斯兰教法 : 经典传统与现代诠释』(中国社会科学出版社, 2011), p.291.

서 유교와 불교와 도교의 특색을 지닌 '문환(門宦)'제도가 형성되었다.

6) 언어학

전통적인 경학 교육에 사용하는 언어는 주로 아랍어와 페르시아어이며, 이외 돌궐 언어도 포함되어 있다.

위에서 서술한 각 분야와 관련된 전적은 경학 교육 중의 주요한 교재와 참고 저작으로서, 경학 교육과정의 전부를 포함할 수 없지만, 한 가지 분명한 것은 이런 과목과 교재가 기본적으로 중국 이슬람 경학 교육의 주요 내용을 포함하고 있다는 것이다. 따라서 중국 이슬람 경학 교육은 계승, 격의, 겸용과 전통적인 경학 혁신의 특징을 구비하고 있다.

3. 중국 이슬람 경학의 기본특징

이슬람 경학이 중국 전통문화와의 상호 충돌, 상호 참고, 상호교류와 상호 영향 과정 중에 이루어진 중국 이슬람 경학 교육은 독특한 특징을 드러내고 있다. 구체적으로는 아래와 같은 내용들이 포함되어 있다.

1) 중국 이슬람 경학은 국경, 문화, 문명을 뛰어넘고 있다. 앞서 서술한 바와 같이 이슬람교는 실크로드를 따라 아랍, 페르시아, 중부 아시아 등 지역에서 중국으로 전이되었다. 역사의 흐름 속에서 중국 이슬람 경학에는 아랍문화, 페르시아 문화와 중부아시아 문화의 정수가 내재되어 있고, 중화문화의

정수도 포함되어 있다. 국가와 국가 사이, 문화와 문화 사이, 문명과 문명 사이의 교량을 이루어 '문화사자'와 '문명사자'가 되었다.

2) 중국 이슬람 경학은 다종언어의 학습과 운용을 중요시하고 있다. 주로 사용하는 언어는 아랍언어, 페르시아어와 돌궐어이다. 만약 세계 어계의 차원에서 놓고 볼 때, 이는 세계 9대 어계 중의 한장어계, 섬함어계, 인도유럽어계와 알타이어계를 차지하고 있다.

3) 중국 이슬람 경학은 다양한 분야를 포함하고 있다. 앞에서 서술과 같이, 중국 이슬람 경학 교육의 분야는 종교교육뿐만 아니라, 언어, 역사, 법률, 철학, 논리의 내용이 포함되어 있다. 때문에 순수한 종교 교의·교리에 제한되어 있지 않고, 외국 언어, 문화, 교육, 역사, 철학, 법률 도덕 등도 포함되어 있다.

4) 중국 이슬람 경학은 선명한 지역적 특색을 지니고 있다. 경학 교육은 전파 및 발전 과정에서 명나라 말기 청나라 초기에 지역을 중심으로 한 경학의 학파가 형성되어 자체의 특성과 각자의 풍격을 지니고 있다. 첫 번째는 호등주(胡登洲), 풍양오(馮養吾), 장소산(張少山)을 대표로 한 섬서학파이다. 두 번째는 상지미(常志美)와 이연령(李延齡)을 대표로 한 산동학파이다. 세 번째는 저명한 경사(經師) 마복초(馬復初)와 마연원(馬聯元)을 대표로 한 운남학파이다. 네 번째는 늦게 나타난 금릉(金陵, 난징)의 왕대여(王岱輿), 오준계(伍遵契), 유지(劉智)를 대표로 한 금릉학파이다. 다섯 번째는 중부아시아 인근의 신강 지역에서 중부아시아 이슬람 경학의 영향을 받고 또한 지역의 특수성으로 인해 중부아시아 하나피 전통을 중시하는 신강학파이다.

5) 중국 이슬람 경학은 강한 민족 특색을 지니고 있다. 이슬람 경학은 탄생부터 세계 각지로 전파되는 가운데 경훈전통을 계승하였지만, 각각의 발전상에는 서로 다른 특징을 드러내고 있다. 서부 아시아와 북부 아프리카가 서로 다르고, 중부 아시아와 동남 아시아도 차이가 있으며, 유럽과 아시아도 구별점이 있어 각 소재지의 문화전통과 민족전통을 떼어서 발전할 수 없다는 점을 알 수 있다. 중국 이슬람교 경학 교육은 민족적으로 놓고 볼 때 크게 두 계통으로 나누어지는데 하나는 한어계 민족이고 다른 하나는 돌궐어계의 민족이다. 때문에 중국 이슬람 경학 교육의 민족 특색이 아주 뚜렷한 것이다.

6) 중국 이슬람 경학은 수중치화(守中致和), 겸용병포(兼容幷包)의 사상을 창도하고 있다. 첫 번째, 중국 이슬람 경학 교육은 외부의 이슬람교 전적에 대하여 정확하고 합리적이고 적합한 선택을 진행하였다. 두 번째, 경학학자는 이런 전적에 대해 공정하고 조화로운 사상을 전파하여 중국 이슬람 경학 교육은 이슬람 사상을 이어받으면서도, 중국의 현실과 부합된다. 세 번째 경학전당의 한어 저술가들은 유가의 유익한 사상을 참고로, 정확하게 이슬람교의 주요 사상을 서술하고 선전하였다.

7) 중국 이슬람 경학은 다른 사람들의 장점을 널리 받아들이고, 넓은 마음으로 이치를 결부하여 상호 추진하고 있다. 중국 이슬람 경학 교육은 지와 행을 함께 진행하는 덕육 교육을 동시에 하여 이슬람과 유가 두 가지 사상을 유기적으로 결부하여, 선명한 유가의 특색을 지니며, 이슬람교는 중국 사회 내에서의 본토화를 추진하여, 자체의 생존 공간과 발전 공간을 가지게 되었다.

8) 중국 이슬람 경학은 현저한 교파 특색을 지니고 있다. 중국 이슬람 경학

사를 되돌아보면, 최초에는 고전의 경훈에 담긴 가르침을 준수하여, 최초의 교육에서도 기본적으로 '꺼디무(格迪目)파'를 따랐다. 그러나 수피즘이 들어옴에 따라, 특히 청 말에 '문환제도'가 형성되면서, 전통적인 경학 교육 중에 수피즘 저작 이외에도 수피즘 사상을 지닌 경주의 참고 저작이 늘어났다. 신수피즘인 서도당(西道堂)은 경학 한어 번역가 출신의 저술을 중시하였다. 후에 생긴 이허와니(伊赫瓦尼)파와 사래피(賽萊菲)파는 주요 경훈과 교법 학습과 선전을 중시한다.

9) 중국 이슬람 경학은 창조와 혁신 정신을 지니고 있다. 하나는 경학 교육의 생성과정과 경학 교육 자체가 구비한 특색이 이를 설명하고 있다. 두 번째는 경학 교육을 하는 경사는 이슬람 언어와 페르시아 언어 및 한어 병음을 사용하여, '소경(小經)'을 발명, 창조하였다. 세 번째는 경학 교육 중에 독특한 '경당 어투'를 형성하였다.

10) 중국 이슬람 경학은 인재를 중시하고, 인재를 존중한다. 오랜 시간의 경학교육 중, 중국 이슬람 경학은 중국을 위해 '사교(四敎)'를 통달하고, 아랍언어를 겸비하고, 중국과 아랍 그리고 중국과 페르시아 관계 교량을 위한 문화, 교육, 외교 등의 모든 분야에서 활약하고 있는 문화사자들을 교육 및 배양하였다.

4. 결어

이슬람 경학이 아랍, 페르시아와 중부아시아에서 발전하고 중국에 도입된 후 중국 이슬람 경학 학자들이 경당에서 선택한 과목은 기본적으로 이슬람 세계에서 유행하던 경전저작을 사용했지만 대표적 사상은 중화공정의 사상을 지니고 있다. 더욱 중요한 것은 이런 경전 교의·교법과 철학 저술에서 대표적 사상과 중국 전통문화 중의 경세이론, 중용사상과 일치하기 때문에 특이한 양상을 낳았다. 우리는 중국 이슬람 경학교육학자의 혜안과 학식 및 이들의 드넓은 마음에 감탄하지 않을 수 없다. 만약 이들의 깊은 학식이 없다면, 드넓은 이슬람 전적 중에서 수많은 명작들을 선택할 수 없다. 만약 이들의 시각이 드넓은 세계로 향하지 않았다면, 이들은 절대로 광범위한 경계선과 다채로운 세계의 영양분을 얻을 수 없었을 것이다. 만약 이들이 개방적인 태도를 지니지 않았다면 이들은 해외의 전적을 중국에 추천할 수 없었다. 이러한 노력이 없었다면 중국 이슬람 경학은 지금까지도 발전하기 힘들었을 것이다. 이는 향후의 한문번역가들이 이슬람 경학 원래의 사상을 양호하게 중국 유가 사상과 결부하여, '이유전경(以儒詮經)'의 학풍과 사상을 이루게 하였다.

오늘날, 우리는 역사상 이슬람 문명이 동서문명 교류에서 지대한 공헌을 이룬 것에 주목함과 동시에 이슬람 경학의 전통적인 사상을 견지하고, 혁신과 발전을 통한 중국 이슬람 경학 교육의 연구는 이슬람 세계와 중국 교류 및 거래를 증강시켰다. 이는 오늘날 이슬람 문화와 중국 문화의 교류에 대하여 추진과 본보기로 삼는 데 중요한 의의를 지니고 있다.

러시아에 소장된
감씨(闞氏) 고창(高昌) 시기의 발원문 연구

페이청궈(裵成国)

1.

투루판 지역은 한나라 시대 실크로드 개통 후부터 동서양의 교통허브가 되었다. 불교는 한나라 때부터 중국에 전해졌고 그 중에서 중요한 경로 중의 하나는 바로 서역으로 전해들어온 것이다. 비록 서역에서 불교를 전파할 때 반드시 경유해야 하는 지역이지만 일부 학자들은 투루판 지역의 불교는 특수성을 띠고 있다고 여긴다. 구자 지역의 불교는 인도에서 전해 들어와서 인도불교에 속하지만 고창 지역의 불교는 중국을 건너 들어와 중국불교에 속한다. 불교가 고창 지역에 들어온 것은 아마도 삼국 이후 동진 이전인 서진 50여 년 사이이다.[1] 현재까지 투루판 지역에서 출토된 최초 연대를 기재한 불경은 서진 원강(元康) 6년(296) 축법호(竺法護)가 번역한 『제불요집경(諸佛要集經)』이다.

---

1 重松俊章, 「佛教史上の高昌國」 下, 『密教』 第4卷 第3號(1914), pp.91-92.

동진 16국 시대에 정토신앙이 발흥하기 시작했고 점차적으로 여러 가지 종파가 형성되었다. 미륵신앙은 동진의 석도안(釋道安)의 선도를 통해서 중원에서 알려지기 시작했고 더 나아가 고창 지역에 전파된 시기는 대략 남북조 초기이다.[2] 미륵종파는 미륵정토를 신앙으로 삼는다. 미륵의 성씨는 마이트레야(Maitreya)이고 자씨(慈氏)라고 번역한다. 전해진 바에 의하면 미륵은 남천축의 브라만 출신이라고 한다. 미륵의 일생은 상생과 하생으로 나누어져 있어 미륵신앙도 상생신앙과 하생신앙으로 나눌 수 있다. 상생신앙이란 미륵이 보살의 신분으로 도솔천에 올라간다는 신앙이다. 신도들은 사후에 도솔천궁에 올라가서 윤회를 벗어나 영원히 환생하지 않는다. 하생신앙은 미륵이 부처의 신분으로 하생하여 전륜성왕이 살고 있는 국토의 화림원에 있는 용화수(龍華樹) 아래에서 정각을 이루고 설법한다는 신앙이다. 전해진 바에 따르면 미륵은 도솔천궁에서 56억 7천만 년을 지내고 다시 하생하여 석가모니 자리를 물려받고 세 번 설법한다고 한다. 첫째는 96억 명, 둘째는 94억 명, 셋째는 92억 명이 한꺼번에 '아라한과'를 얻는다. 이 미래 세상은 수해, 화재, 전쟁, 배고픔 등 재앙이 없이 사람들이 8만4천 살까지 살 수 있고 아주 평화롭고 행복한 세상이다. 신도들이 도솔천궁에 가지 못하더라도 이 미래 세상에서 근심 걱정 없이 오래 오래 잘 산다고 한다. 미륵신앙 중에서 가장 중요한 경전이어서 흔히 '미륵3부경'이라고 부르는 경전은 북량의 저거경성이 번역한『불설관미륵보살상생도솔천경(佛說觀彌勒菩薩上生兜率天經)』(1권), 서진의 축법호와 후진의 구마라집이 번역한『불설미륵하생경(佛說彌勒下生經)』(1권), 구마라집이 번역한『불설미륵대성불경(佛說彌勒大成佛經)』(1권)[3]이다.

---

2 王素, 「高昌至西州时期的弥勒信仰」, 台北 『中国佛学』 第1卷 第1期(创刊号).

3 이상 미륵정토신앙의 개괄은 任继愈 主編, 『中国佛教史』 第3冊(中国社会科学出版社, 1988), pp.589-605, 王素, 「高昌至西州时期的弥勒信仰」 참조.

고창 지역의 미륵신앙에 관하여는 이미 연구가 있다. 두두성(杜斗城)은 「양왕대저거안주조사공덕비(凉王大且渠安周造寺功德碑)」에 미륵신앙이 포함되어 있고 또한 북량은 중국 최초의 미륵신앙 유행지이기도 하므로 고창 지역의 미륵신앙은 바로 북량에서 전해 들어왔다고 밝혔다.[4] 왕소(王素)도 고창 지역의 미륵신앙은 북량에서 전해 들어왔다고 주장하며 고창 고성의 폐사지에서 출토된 대량(大凉) 승평(承平) 3년(445)에 세워진 「양왕대저거안주조사공덕비」에 세 번이나 '미륵보살'과 '도솔'을 언급했으므로 그 당시에 지은 사찰은 바로 미륵상생신앙 사찰인 것을 알 수 있다. 국씨(麴氏) 고창국 시대(502~640)에 들어와서 국보무(麴寶茂, 고창국 군주)가 건창 원년(555) 12월 23일조에 새긴 「절충장군신흥령국빈조사보시기(折沖將軍新興令麴斌芝造寺布施記)」와 뒷면에 새긴 국건고(麴乾固, 고창국 군주)의 연창 15년(575) 「영삭장군관조랑중국빈지조사명(寧朔將軍縮曹郎中麴斌芝造寺銘)」, 그리고 기타 불경의 서문을 보고 왕소는 당시에 유행한 정토신앙은 여러 종파가 있으며 하나의 사찰에 한 종파만 숭배하는 것이 아니었다고 하면서 당시 고창국은 '미륵'과 '미타'의 신앙이 공존하는 상황으로 보인다고 밝혔다. 고창 지역의 미륵하생신앙과 관련하여, 왕소는 고창 지역에 있는 미륵하생신앙은 북량 시기로부터 시작한 것으로 보았다. 축법호가 번역한 미륵하생신앙 경전(『불설미륵보살하생경』과 『불설미륵성불경』)은 이미 고창지대에 전파되어 있었을 가능성이 있지만 고창군(高昌郡) 시대(327~442)나 고창국(高昌國) 시대(443~640)는 문헌이 적어서 미륵하생신앙에 관한 자료를 찾아볼 수 없었다. 당 서주(西州) 시기에 들어와서 함형 3년(672) 4월 25일조에 『신부위아공록재생공덕소(新婦爲阿公錄在生功德疏)』[5]에서 미륵하생신앙을 숭배

---

4 杜斗城, 「试论北凉佛教对高昌的影响」, 『西域研究』, 1991年 第4期, pp.82-86. ; 姚崇新, 「北凉王族与高昌佛教」, 『新疆師范大学学报』 1996年 第1期. ; 收入作者, 『中古艺术宗教与西域历史论稿』(商务印书馆, 2011), pp.170-171.

5 唐长孺 主编, 『吐鲁番出土文书』 3(文物出版社, 1996), pp.334-340.

하는 사찰이 존재한다는 것을 명확히 기록하고 있다.⁶

남북조 때에 중원 지역 미륵신앙의 전체적인 추세는 흥성에서 쇠퇴로 바뀌어 점차 광의로부터 협의로 변하는 추세였다. 투루판 지역의 상황은 수집된 자료의 부족함으로 인해 많은 상황은 명확하게 알 수 없다. 예를 들어, 중요한 중간과정인 고창군 이후 국씨 고창국에 이전에 있는 감씨(闞氏) 고창국 시대의 상황은 하나도 알 수 없다. 연구의 발전은 새로운 자료의 발견을 기다려야 한다.

2.

19세기 말기로부터 투루판 지역의 고분과 석굴, 고도(古都)의 유적에서 많은 종이문서가 끊임없이 출토되었고, 20세기 상반기에 출토된 많은 출토물들은 오늘날 영국, 독일, 러시아, 일본 등 국가의 박물관이나 연구기관에 분리 소장되어 대부분 간행하여 공포되고 있다. 필자는 러시아 소장 서역문서 중에서 감씨 고창시대 정토신앙의 발원문 하나를 찾았는데 우리가 존혀 모르고 있던 이 시기의 정토신앙 연구에 중요한 새 자료를 제공하였다. 이에 이 논문을 쓰니 부족한 부분은 전문가의 지도와 가르침을 청한다.

필자는 이 문서의 제목을 「감씨 고창 영강 연간(466~485) 좌조흥등 발원문(闞氏高昌永康年間左祖興等發願文)」(이하 「발원문」이라고 함)이라고 한다. 2009년 일본 도쿄 국립박물관과 러시아과학원 동방학연구소가 공동으로 개최한 "실크로드 문자 탐색 : 러시아 탐험대에서 수집한 문물"이란 전시회에서 진열되었고,⁷ 동시에 1818년에 창립된 아시아박물관을 기념하기 위하여 2008년에 러

---

6 王素, 「高昌至西州時期的彌勒信仰」, 台北『中國佛學』第1卷 第1期(創刊號).
7 京都國立博物館, 『シルクロード 文字を辿って : ロシア探檢隊收集の文物』(2009), pp.53-54.

시아 국립 에르미타쥬(Hermitage) 박물관과 러시아과학원 동방학연구소에서 발행한 『천불동 : 실크로드상의 러시아 탐험대, 아시아박물관 창건 190주년을 기념하여』[8]라는 도록에 실려 있다. 2009년 7월 14일부터 9월 6일까지 도쿄 국립박물관에서 전시한 문물은 대부분 불교경전이고 한자, 서하 문자, 사카어, 회홀어, 토하리어 등 언어로 된 원전이 약 150건이었다. 에르미타쥬 박물관이 소장하고 있는 한 건을 제외하고 나머지 문헌은 모두 상트페테르부르크에 있는 러시아과학원 동방학연구소에 소장되어 있다. 필자가 연구하는 문서번호는 SI-3119/1, SI-3119/2이며 동방학연구소에 소장되어 있다. 하지만 러시아과학원 동방학연구소 상트페테르부르크 지점, 러시아 과학출반사 동방문학부, 상하이 고적출판사가 공동 출간한 『러시아 소장 돈황문헌』[9]에는 없다. 『실크로드 문자 탐색: 러시아 탐험대에서 수집한 문물』 전시도록은 출토 장소에 따라 4장으로 나누는데 본 「발원문」은 제2장 「쿠차, 하라사어, 투루판」에 실려 있다. 일본판 전시도록에는 도쿄 국립박물관의 아카오 히데요시(赤尾榮慶), 도쿄대학의 다카다 도키오(高田時雄) 등이 적은 해제가 있다.

도판으로 보면, 「발원문」은 먹색이고 원래 접합하여 있던 2면을 나누어 a와 b의 두 부분으로 되어 있다. a부분은 완전하고 사이즈는 24.0×38.0cm, b부분은 파손되어 사이즈는 23.2×28.1cm이다.

우선 문서의 내용은 아래와 같다.

1. 夫佛道虛凝, 妙在化表,
2. 因通塞之運, 則有隱顯

---

8 *Пещеры Тысячи Будд Российские Зкспедиципии на Шелковом Пути к 190-Летию Азиатскто Музея*(St. Petersburg, the State Hermitage Publishers, 2008), p.249.
9 上海古籍出版社, 1992.

3. 之殊, 顯則法輪旋朗, 默則

4. 滅迹匪端. 大誓動修, 光昧

5. 俱益, 是以雙樹之會, 度者

6. 若塵. 清信士左祖興等幷

7. 共生處末世, 不睹佛典, 故

8. 共相合, 率施立課, 會讀

9. 經道, 月月不廢, 加立限在

10. 左, 列名在右, 以此功福, 生生

11. 所往嚴净佛土, 上生天上,

12. 五事備足, 下生世間, 具從

13. 報果, 董身除欲, 塵穢

14. 永盡, 登智慧臺, 體菩

15. 提業.

16. 清信士左祖興　　清信[10]惠姜

17. 清信士韓禮宗　　清信女明琿

18. 清信士員樂孫　　清信女□□

19. 清信士劉受子　　清信女□□

20. 清信士蕫子興　　□[

21. 清信士王去□[

22. 清信士[

(나머지는 결락)

---

10 여기에 '女' 자가 빠졌다.

「발원문」을 발굴한 지점은 정확히 알 수가 없고 「발원문」 도판의 다음 페이지에 간행 배포의 내용을 적은 문서가 「정구배전부(丁口配田簿, 사람과 호구에 따라 토지를 배분한 기록부)」, 「잡사(雜寫, 난잡하게 쓰여 있는 문자)」, 「관문서잔편(官文書殘片, 관부 문서 일부 자료)」의 세 부분으로 구분되어 있는데, 해제를 집필한 다카다 도키오와 츠지 마사히로(辻正博)는 내용에 근거하여 이 문서가 투루판 지역에서 나온 것이라고 추측하였다. 그러나 「발원문」에 해제를 적은 아카오 히데요시는 해제에서 문서의 발굴 위치를 언급하지 않는데 아마도 발굴 위치를 확정할 수 없었기 때문일 것이다. 문서의 연대는 상단 오른쪽의 문서정보 소개에 "8~9세기"라고 표시되어 있어 당나라 시대의 산물로 확인할 수 있는데 이 추측 또한 아카오 히데요시[11]에게서 나온 것 같다. 해제는 다음과 같다.

이 「발원문」은 좌조흥(左祖興)을 중심으로 한 불교신도들이 매월 모여서 법회를 열 때 작성한 발원문이고 일부분밖에 없다. 비록 두 부분으로 나누어져 있지만 이어진 내용이다. 내용으로 보면 총 세 부분이 있다. 첫 부분에 불교의 심원함을 소개하고 다음 부분에는 자기의 선행을 소개하며 마지막 부분은 회향문이다. 청신사는 우바새, 즉 재가의 남성신도를 가리키고, 청신녀는 우바이, 즉 재가의 여성신도를 가리킨다. 「발원문」 제1행의 '묘(妙)' 자 뒤에 있는 '재(在)' 자 등 흔히 보는 글자체가 아닌 것이 보인다.

아카오 히데요시가 「발원문」의 중요한 특징을 정확히 밝혔다. 이것이 또한 문서를 작성한 시기와 출토 장소를 확인할 수 있게 하는 방법일 수도 있다. 한 지역의 같은 시대에도 작자의 고유한 글자체나 스타일이 조금 차이가 있을 수

---

11 전시도록에 첨부된 일본어와 영문 전시품 목록에는 이 문서의 연대가 '8~9세기'라고 표시되어 있다.

있지만 전체적으로 봤을 때 그 당시에 유행하는 글자체의 영향으로 글자의 구조와 글씨체가 크게 차이나지 않을 것으로 여긴다. 글씨 스타일 면에서, 「발원문」은 1997년에 양해(洋海) 1호 묘지에서 발굴된 감씨 고창시대 문서의 스타일과 같다. 특히 '영(永)', '허(虛)', '좌(左)', '흥(興)' 등의 글자는 매우 전형적이다. 그리고 마지막 부분에 나오는 '류수자(劉受子)'와 '순자흥(蕁子興)'의 두 이름은 양해 1호 묘지에서 발굴된 「감씨 고창 영강 연간(466~485) 공물차역장(供物差役帳)」[12]에도 나온다. 이 외에도 「발원문」에 나오는 '좌조흥(左祖興)'이 「공물차역장」의 제17건 제12행 '□조흥'일 수 있으며 두 사람이 동일한 사람일 가능성이 크다. 여기에서 「발원문」 스타일이 양해 1호 묘지와 비슷할 뿐만 아니라 동시에 적어도 두 사람의 이름이 「감씨 고창 연간 공물차역장」에 나오는 것을 보면, 「발원문」의 출토 장소는 투루판인 것을 확정할 수 있고 감씨 고창시대의 문서이며 연대도 영강 연간일 수 있다.

러시아과학원 동방학연구소에 소장되어 있는 「발원문」이 『러시아 소장 돈황문헌』에 실리지 않은 이유는 아직 알 수 없다. 원본은 1909년~1910년 사이에 우루무치를 담당하던 러시아 주(駐) 신장위구르자치구 총영사관 총영사 크롯코브(Н. Н. Кротков)가 수집한 것으로 보인다.[13]

이 문서의 성격을 설명하기로 한다. 각종 종교 활동에서 사용되는 발원문과 사경의 제기(題記)는 둔황 투루판 문서 중 적지 않은 수량이 남아 있다.[14] 황

---

12 榮新江·李肖·孟宪实 主编, 『新获吐鲁番出土文献』(中华书局, 2008), pp.129-145. '류수자(劉受子)'는 이 「공물차역장」 제26 문서 조각에서 볼 수 있음. '순자흥(蕁興)'은 제4와 제22 문서 조각에서 볼 수 있음. 이 「공물차역장」에 대해서는 裴成国, 「吐鲁番新出一組闕氏高昌时期供物,差役帳」, 沈卫荣 主编, 『西域历史语言研究集刊』 제2輯(科学出版社, 2009), pp.79-110. 참조.
13 张惠明, 「俄国艾米塔什博物馆的吐鲁番收藏品」, 『敦煌吐鲁番研究』 第10卷(上海古籍出版社, 2007), p.223, 주2.
14 돈황 발원문을 집중적으로 수록한 저작은 黄征, 吴伟 校注, 『敦煌愿文集』, 岳麓书社,

정(黃征)은 돈황 발원문에 대하여 "기복이나 재앙을 쫓아내거나 찬송하는 뜻을 전하는 글들은 다 발원문에 속한다."거나 "발원문은 신도들이 부처, 보살, 신선, 천제(하느님)들에게 자기의 마음속의 소망을 토로하는 것이다."[15]라고 정의하여 불교에 제한하지 않고 상당히 넓은 개념으로 본다. 이 외에도 '발원문'이라고 명명한 문서들이 있다. 예를 들어 P.3183 「천태지자대사발원문(天台智者大師發願文)」은 "제자 아무개가 오늘 경을 읽고 염불한 온갖 공덕을 사은(四恩) 삼유(三有)의 법계중생에게 되돌려 무상보리로 회향하나이다."로 시작하고 '원(願)' 자를 머리에 붙여 차례대로 여러 가지 발원을 표현한다. 또 S.5699호 '발원문'의 전체 내용을 예로 들면, "삼계에 존귀하시고 시방에 무량하신 부처님께 머리를 조아리며 제가 이제 이『금강경』을 수지하기를 발원하나이다. 위로는 네 가지 은혜를 갚고 아래로는 삼악도의 고통을 구제하리니 보고 듣는 이는 누구나 보리심을 내어 이 몸이 다할 때는 모두 함께 극락에 태어날지이다."라고 하고 다음에『금강반야바라밀경』이 있다. 두 문서는 모두 독경 염불이나 경전을 수지한 공덕을 부처님에게 발원한다. 첫 번째는 이름이 「발원문」인 문서이고 두 번째에는 '발원한다'는 말이 포함되어 있어, 경전을 수지하겠다는 이런 발원문은 불사에 쓰이는 '재문(齋文)'과는 전혀 다른 것이어서 따로 분류해야 한다고 생각한다.[16] 우리가 연구하고 있는 문서로 되돌아오면, 내용상 시주와 독경 등의 공덕을 언급하고 재회(齋會)를 언급하지 않는다. 구조상 일부 학자들이 말하는 '재문'과 다르고 내용으로 보아도 앞에서 예를 들었던 두 개의 '발원문'과 비슷하다. 문서는 사경의 제기(題記)는 아니고 자체의 제목이 없

1995. ; 돈황 투루판 사경 제기를 집중적으로 수록한 저작은 池田溫 編,『中國古代写本识语集录』, 大藏出版株式会社, 1990.
15 黃征,「敦煌愿文研究述要」,『艺术百家』2009年 第2期, p.4, p.7.
16 郝春文,「关于敦煌写本斋文的几个问题」,『首都师范大学学报』1996年 第2期, pp.68-69.

으므로 이러한 상황에서 이 문서를 '발원문'으로 확정해도 비교적 정확하다고 생각한다.

3.

「발원문」의 구조가 세 부분임은 앞에서 이미 설명하였다. 그 중에 정성스럽게 독경한 공덕으로 왕생하겠다고 발원하는 정토는 어떠한 정토신앙인지 확인해야 할 문제이다.

「발원문」의 회향문 부분은 "이 공덕과 복덕으로 세세생생 엄정(嚴淨)한 불국토에 왕생하리니 천상에 상생하면 다섯 가지가 갖추어지고 세간에 하생하면 온갖 과보를 갖추리라.(以此功福 生生所往嚴淨佛土 上生天上 五事備足 下生世間 具從報果)"이다. 여기에서 '엄정'은 장엄하고 청정하다는 뜻인데 광의적인 표현이어서 이것으로 어떤 정토인지 판단할 수는 없다.[17] "세간에 하생하면 온갖 과보를 갖추리라"는 좀 더 명확한 표현이어서 '하생신앙'의 내용을 분명히 밝혔다. 따라서 이 「발원문」이 미륵 정토하생신앙을 포함한다고 판단할 수 있다. 「발원문」에서 미륵 정토신앙을 표시하는 단어는 이것뿐만이 아니다. "그러므로 쌍수(雙樹) 법회에서 구제받을 자가 먼지와 같다.(是以雙樹之會 度者若塵)"는 미륵이 하생하여 용화수 아래에서 성불하고 세 번 법회를 열어 중생을 제도하여 한꺼번에 '아라한과'를 얻음을 가리킨다. 뒤의 "온갖 과보를 갖추리라."

---

17 투루판에 지금까지 보존된 최초의 불경 사본은 축법호가 서진 원강 6년(296)에 번역한 『제불요집경』이다. 영희 원년(290)에 축법호가 번역한 『문수사리문불토엄정경』 역시 투루판 지역에 전해졌을 가능성이 있다. 그 외에 『대반야바라밀다경』 중 초회 제72 「엄정불토품」은 당 현장이 번역하였으므로 지금 논의하는 「발원문」보다 시대가 많이 늦다.

가 '아라한과'를 가리킨다. 그러나 '용화(龍華)의 법회 세 번'은 용화수 아래에서 있는 것이고, 「발원문」에서 말하는 '쌍수'는 보통 석가가 열반한 사라쌍수를 가리키는 것이어서, 여기의 '쌍수 법회'는 『불설미륵하생경』의 내용과 다른데 발원자가 헷갈렸거나 작성자가 잘못 쓴 것으로 보인다. 앞의 내용을 종합하여 보면, 이 「발원문」은 바로 감씨 고창국 시대에 유행했으나 그동안 전혀 모르고 있던 고창의 미륵정토신앙을 반영하는 것이다. 특히 「발원문」은 투루판 지역에서 최초로 미륵하생신앙을 보여주는 아주 진귀한 자료이다.

「발원문」에서 "이 공덕과 복덕으로 세세생생 엄정(嚴淨)한 불국토에 왕생하리니" 뒤의 "천상에 상생하면"이라는 구절은 약간의 설명이 필요하다. '천상'은 천상계이지만 아직 삼계육도에 속하므로 천인들에게도 윤회의 고통이 있다. 당시 고창국 미륵정토의 신도들도 그것을 정확히 알고 있었을까? 우리는 알 수 없다. 다만 "천상에 상생하면"이 "세세생생 왕생하"는 "엄정(嚴淨)한 불국토"의 뒤에 바로 붙어 있는 것을 보면 신도들이 '천상'은 이미 윤회하는 고통에서 벗어났다고 믿고 있는 것을 알 수 있다. 그들이 말한 '천상'은 실제로 육도를 넘어서 있는 곳이고 그것이야말로 불국정토라고 생각한다.[18]

이전에 학계에서 이미 북량 정권과 고창불교 간의 관계에 대한 연구가 있었다. 북량 왕족이 사원을 짓고, 불경을 번역하고, 불경을 작성하고, 탑을 짓는 등 여러 가지 방면에서 고창불교의 발전을 추진했다고 본다.[19] 앞에서도 말했듯이 왕소(王素)는 「양왕대저거안주조사공덕비(凉王大且渠安周造寺功德碑)」에서 언급한 '미륵보살'과 '도솔'에 의하여 그 지역의 미륵신앙은 북량에서 들어왔다

---

18 이런 상황은 5~6세기 중원 북방 민중들의 불교신앙과 비슷한 점이 많다. 侯旭東, 『五六世紀北方民众佛教信仰 : 以造像记为中心的考察』, 中国社会科学出版社, 1998 참조.

19 姚崇新, 「北凉王族与高昌佛教」, 『中古艺术宗教与西域历史论稿』(商务印书馆, 2011), pp.165-182. ; 「且渠安周碑'与高昌大凉政权」, 『燕京学报』 新5期(北京大学出版社, 1998), pp.65-92.

고 생각한다. 「발원문」 두 번째 부분의 "말세에 살고 있다.(生處末世)"가 북량의 하서 지역과 고창 간에 불교사상을 교류했다는 정보를 제공한다. 「발원문」의 "말세에 살고 있다"는 북량의 담무참(曇無讖) 이후 유행한 말법사상을 가리킨다. '말세'가 바로 '말법시대'이다. 북량 시기에 고승 담무참이 말법설을 내놓기 시작하여, 불교는 정법(正法) 오백 년, 상법(像法) 천 년, 말법(末法) 만 년으로 나뉜다고 했는데, 이것이 중국불교 역사상 최초로 나타난 말법사상이다. 북량의 불교신도들은 434년이 말법시대에 들어서는 시기라고 믿었다.[20] 말세사상은 북량의 석탑에도 많이 보인다. 예를 들어, 연화 3년(434)의 어느 발원문에는 "복이 없어서 말법에 살고 있다.(自惟薄福 生值末法)"[21]고 하였으며, 또 태연 2년(436)의 탑 발원문에도 "복이 없어서 말세에 살고 있다.(自惟薄福 生值末世)"고 하여 당시에 '말법'을 '말세'라고 한 것을 알 수 있다. 그리고 「발원문」의 "말세에 살고 있다.(生處末世)" 다음의 "경전을 보지 못한다.(不睹佛典)"는 말도 '말세'가 '말법시대'임을 알 수 있다. 「발원문」 첫째 부분에서도 불도가 숨거나 나타나는 구별이 있음을 말하는데 이것 역시 정법과 말법의 시기가 다름을 가리킨다. 「발원문」의 '말세' 사상은 북량에서 전해져 감씨 고창시대까지 전파된 것이다.

4.

크롯코브가 1909년부터 1910년 사이에 수집하여 러시아과학원 동방학연구소가 소장한 이 「발원문」에는 연대가 기재되지 않았고 자세한 출토 장소도

---

20 殷光明, 「试论末法思想与北凉佛教及其影响」, 『敦煌研究』 1998年 第2期.
21 殷光明, 「北凉石塔述论」, 『敦煌学辑刊』 1998年 第1期, p.98.

없다. 다행히 백 년을 넘어 도쿄 국립박물관에서 열린 전시회에서 세상에 알려지게 되었다. 2008년에 간행된『새로 발견된 투루판 출토문헌(新获吐鲁番出土文献)』에 실린 문서「감씨 고창 시기 공물차역장(麴氏高昌時期供物差役帳)」과「발원문」을 비교하여 글씨 스타일도 비슷하고 몇 명의 사람 이름도 동일하니「발원문」의 출토 시기와 장소를 확인하였다. 감씨 고창 시기에 나온 이「발원문」은 당시 보통 민중들이 말세시대에 살고 있다고 믿고 정성스럽게 독경을 통해서 극락왕생하여 도솔천궁에 가고 미륵이 하생하여 부처가 될 때 '아라한과'를 얻는다고 믿었다. 이「발원문」을 통해서 미륵상생과 하생신앙이 감씨 고창국 시대에 함께 유행하고 있었음을 알 수 있으며 그때의 정토신앙은 협의적인 미륵정토신앙을 가리킨다. 이 새로운 자료를 통해 이전 연구에는 없던 공백을 채웠다.

영문초록

A Preliminary Study of a Buddhist Vow of Kan Clan's Gaochang Kingdom Preserved in Russia

In this paper, the author studies a manuscript from Chinese West Region, which is now preserved in the Institute of Oriental Manuscripts of the Russian Academy of Science and was first published in one exhibition catalogue printed by Kyoto National Museum in 2009. According to the calligraphy and the same names appeared in the other manuscripts, the author concludes that the manuscript was originally from Turfan and dates the era of Yong Kang (466-485) of Gaochang kingdom under the Kan clan. The manuscript is denominated a Buddhist vow by Zuo Zuxin etc. during the era of Yong Kang of Kan clan's Gaochang kingdom on the basis of study of its content. The manuscript reflects the popularity of Maitreya belief at that time, and a belief of descent of Maitreya embodied in the manuscript has never been revealed in the other contemporaneous documents. The vow shows that the Pure Land belief of that time was still in a narrow sense, namely Maitreya's Pure Land belief. These new information has increased our knowledge in this field.

2편
실크로드와 민족

'고을에 들어가면 고을 풍속을 따르라'와 문화 형식의 전환:
당대 중국에 들어온 중앙·서아시아 코카서스인 종교신앙의 변화
한샹(韩香)

종교와 민족의 합류: 중앙아시아 타지크인 종교 변화와 민족 형성 연구 분석
왕차오(王超)

청대 신장 지역 한인의 민간신앙에 대한 연구와 분석
류훙(刘虹)

중고 시기의 불교와 민족 간의 경계선
우훙린(吴洪琳)

'고을에 들어가면 고을 풍속을 따르라'와 문화 형식의 전환: 당대 중국에 들어온 중앙·서아시아 코카서스인 종교신앙의 변화

한샹(韩香)

1.

중국과 서양의 교통이 활짝 열리며 상당한 중앙·서아시아의 코카서스인이 실크로드를 따라 중국에 들어왔다.[1] 그 중에는 관리, 사자(使者), 승려 등과 많은 상인들이 있었다. 그들은 중국에 들어오면서 그들의 문화도 전파했다. 당대의 장안, 낙양 등지에서의 '호화(胡化)' 풍조는 이와 큰 관계를 가지고 있다. 그 중에서도 종교생활은 그들 문화의 중요한 구성 부분이며 중국에 들어온 후에도 그들의 종교신앙을 지니고 왔다.

중앙·서아시아 코카서스인은 중국과 서양을 연결하는 교통의 중요한 길에 위치하여 여러 가지 문명이 모이는 중심이기도 하였다. 따라서 그 신앙 또한 다양하다. 그러나 중세시대 그들은 당나라인들이 소위 삼이교(三夷敎)라고 칭

---

[1] 여기에서 언급한 중앙·서아시아의 호인(胡人)들은 주로 소그드인(粟特人), 페르시아인(波斯人), 토화라인(吐火罗人), 심지어는 더 멀리 떨어진 비잔틴(拂菻) 등지의 사람도 포함되어 있다.

했던 조로아스터교, 경교, 마니교 등을 신앙하였다. 당대에 이들이 대량으로 중국에 들어오며 몇몇 종교도 중원에 등장하였고, 발전 및 유행하였다. 동시에 당대 통치자의 진보적이고 관대한 종교정책에 의존하여 삼이교 신도들은 장안, 낙양 등지에 사당과 사찰을 세우고 경전을 번역할 수 있었다. 그러나 강대한 유교 전통의 기초를 구비한 중국문화 앞에서 이들이 숭배하는 삼이교 등 신앙이 어떤 발전을 가져올지 혹은 이들의 삼이교 신앙이 어디까지 갈 수 있을지 의문을 갖는 이도 있다.

총체적으로 보면, 당대 중국에 들어온 중앙·서아시아의 삼이교 신도는 종교·신앙 방면에서 한화(漢化) 추세를 보이고 있는데 두 가지 측면으로 정리할 수 있다. 첫 번째는 많은 중앙·서아시아의 조로아스터교 신도, 경교 신도, 마니교 신도 등이 중국에 들어온 지 오래되어 현지의 풍습에 적응되어 생활습속 상 한화되기 시작하였다. 이와 동시에 경전 번역상, 이 시기에 출현한 한역본 경교·마니교 문헌은 주위 한족의 습속에 적응하였다. 두 번째는 중앙·서아시아 삼이교 신도의 다른 한화 추세는 많은 중앙·서아시아인은 종종 여러 가지 원인으로 인하여 중국화된 불교로 신앙을 개변하면서 더욱 더 한화되었다. 아래와 같이 구분하여 서술을 추가한다.

2. 고을에 가면 고을 풍속을 따르라: 풍속의 한화 및 경전의 한역본

당대에 중국에 들어온 중앙·서아시아의 삼이교 신도는 주로 소그드인, 페르시아인이며 일부의 토하라인, 시리아인 등도 포함된다. 이들은 관리, 사자, 볼모, 상인, 예술인, 전교사 등 각종 신분으로 중국에 왔다. 그들은 서양의 물질문명을 전파했을 뿐만 아니라 이들의 정신적 지주, 즉 종교신앙도 중국으로 가지고 왔다. 이것이 바로 중세시대 특히 당대에서 유행했던 조로아스터교, 경교, 마니교이다. 당 무종의 회창법난 이전, 당 왕조는 삼이교 정책에 대하여 기본적으로 관대하였다. 즉, 종교활동을 간섭하지 않고 사찰설립을 허용하며 동시에 경전번역 활동도 진행할 수 있었다. 그러나 중국에 들어온 지 오래되어서인지 혹은 장사의 수요 때문인지 혹은 전도의 편리 때문인지 혹은 통치자의 지지를 받고 싶어하는 원인인지는 명확하지 않지만 여러 가지 방면에서 현지의 습속에 따라 변화하는 것을 피할 수 없었다. 그 표현 중의 하나는 생활습속 등의 한화이며 두 번째는 경전의 중국어 번역본 출현이다.

중앙·서아시아 각국에서 중국으로 들어온 사람들 중 대부분은 조로아스터교 신도이며 경교·마니교 신도 등도 있었다. 따라서 당대 장안, 낙양 등지에 천사(祆祠, 조로아스터교 사당), 경교사(景敎寺, 대진사), 마니사(摩尼寺) 등이 설립되어 있다. 이들은 중국에 들어온 지 오래되어 점차 중국 습속을 따르고 있었다. 조로아스터교는 일명 배화교라고 하며 중국인은 조로아스터교라는 명칭보다 배화교라는 명칭을 더 많이 사용한다. 비록 이 종교는 예전의 고대 페르시아 및 사산왕조 페르시아의 국교였지만 그 후에는 중앙아시아 넓은 지역에서 유행하였다. 중세시대 중국에 들어온 중앙·서아시아 코카서스인의 신앙 주력군은 대부분 소그드인이었으며 실크로드 각 거점에서 이들의 흔적을 찾아볼 수 있다. 장안, 낙양 및 돈황, 양주를 포함한 서역 각 지역 등에도 이들이 배화교 사당을 건립한 기록이 있다. 조로아스터교 신도는 페르시아, 중앙아시아 본토에서 화장을 유행시켜 사람이 죽으면 화장 후 남은 골회를 일종의 특수 용기, 즉 '성골옹(盛骨瓮)'에 담아두는 것이 성행하였다. 따라서 중앙아시아 소그드, 화랄자모, 칠하 유역 등지에서는 장사 치른 사망자(배화교 신도)를 화장한 후 남은 해골이 담겨 있는 작은 관이 대량 발견되었다. 즉 성골옹이다. 오늘의 중국 신강 카라샤르, 지무싸얼 등지에서도 칠하 유역에서 발견된 유사한 성골옹을 발견하였다.² 그러나 이들은 중국에 들어온 후에는 더욱 한족의 습속을 사용하여 토장, 즉 관재를 사용하고 묘지를 세웠다. 예를 들어 서안에서 출토된 「미살보묘지(米薩寶墓志)」의 묘지문에는 "미살보는 미국인(米國人)이며 천보(天寶) 원년(724) 장안현(長安縣) 숭화리(崇化里)에서 사망하였다."고 하였다. 살보는 당 정부에서 승인한 배화교를 관리하는 하나의 관직이었다. 향달(向達)은 미살보는 아마도 장안에 살던 배화교 신도일 것이라고 추측하였다.³ 미살보는 천보 원년에 사망하였는데, 장안에 온 지 오래되어 사망 후 묘지를 세운 것이다.

    서안에서 발견된 묘지 중 조로아스터교에 속하는 것은 1956년 서안 조원 서쪽에서 출토된 「안만통묘지(安萬通墓志)」이다. 묘지에는 안만통(安萬通)의 고조 안단(安但)은 "서역 안식국 사람이다. … 대위 초에 … 사신으로 입조(入朝) … 마하살보까지 이르다.[西域安息國人 … 大魏初 … 奉使入朝 … 位至摩訶薩寶]"⁴라고 기재되어 있다. 안만통의 고조 안단은 '봉사입조(奉使入朝)'하였기에 특별히 예우를 받아 관직이 3품 고관에 상당하는 마하살보(摩訶薩寶)에 이르렀다. '마하(摩訶)'라는 단어는 중앙아시아에서 광범위하게 사용되었는데, 어떤 소그드인들은 이것으로 아들의 이름을 짓는 데 사용하기도 하였으며, '마하(莫賀)'라고 번역할 때도 있다. 마하살보(摩訶薩寶)의 직위는 살보(薩寶)보다 높아야 한다.⁵ 이 배경을 고려하고 안만통의 생전 거주지가 장안 보녕방(普寧坊)인 것을 보충하며 또한 당대는 보녕방에 조로아스터교 사당이 설립되어 있는 것을 보면 안만통도 조로아스터교 신도일 가능성이 크다. 그러나 그의 묘지명의 정황을 보면 한문화의 영향을 이미 깊게 받은 것으로 보인다.

---

2 姜伯勤, 『中国祆教艺术史研究』(生活·读书·新知三联书店, 2004), pp.185-194.
3 向达, 『唐代长安与西域文明』(河北教育出版社, 2001), p.30.
4 「安万通墓志」, 『全唐文补遗』 第2輯(三秦出版社, 1995), p.129.
5 罗丰, 『固原南郊隋唐墓地』(文物出版社, 1996), pp.187-189.

페르시아인 중에도 배화교 신도가 많이 있다. 예를 들어 1955년 서안 토문촌(土門村)에서 「당소량처마씨묘지(唐蘇涼妻馬氏墓誌)」가 발견되었다. 이 묘지에는 한문과 페르시아의 파흘라비어가 함께 있어서 중국과 외국의 학자들이 묘지에 대하여 고증 및 해석을 진행하였다. 파흘라비어 중 축도사는 "이는 돌아가신 왕족과 출신이 소량[가족]의 좌신책군기병장(고대의 관직)의 마씨를 위함이다. 야즈다기르드 240년에 … 그의 [거주]지는 아후라 마즈다 및 천사들은 …에서, 천당 극히 아름다운 세계이니 마땅히 평안하기를 [원한다]"고 하였는데, 이 뜻은 "그에게 축원한다. 마씨의 귀속처와 배화교의 주신 아후라 마즈다 및 천사들이 함께 있는 그 아름다운 천당"으로, 여기에서 볼 수 있는 바와 같이 이 부부는 배화교의 신도일 것이다.[6] 묘지에서 소량 일가는 당 함통(咸通) 연간(860~873)에도 페르시아 조로아스터의 전통을 보유하고 있는 것을 볼 수 있다. 예를 들어 아후라 마즈다신을 신봉한다든가 파흘라비어 및 야즈다기르드를 사용하여 연대를 기재하였다. 그러나 다른 방면으로 보면 소량 가족은 장안에서 몇 대에 걸쳐 군직을 역임하여 한문 묘지 부분에는 한문 표준 연대를 사용하기도 하였다. 예를 들면 마씨(馬氏)는 "기사년생, 26세, 함통 15년 갑오 2월 신묘 28일 정신시 사망(己巳年生 年廿六 于咸通十五年甲午□二月卯建廿八日丁申時身亡)"이라고 하였고 파흘라비어 묘지에는 당 '함통'의 연월과 이란 달력을 병용하였으므로 그들이 어느 정도의 한화 과정에 있었음이 설명된다.

장안의 경교 신도의 상황은 최근 몇 년의 고고 발견과 함께 어느 정도 알려져 있다. 정관(貞觀) 12년(638) 경교는 중앙아시아를 경유하여 중국 내륙에 전파되었다. 출토된 당 덕종(德宗) 건중(建中) 2년(781)에 세운 「대진경교유행중국비(大秦景敎流行中國碑)」의 기재에 의하면, 정관 12년 "대진국 대덕 올로펜은 멀리에서 경전과 불상을 가져와서 … 그래서 신도들이 경성의 의녕방에 대진사

---

6 刘迎胜,「唐苏谅妻马氏汉巴列维文墓志再研究」,『考古学报』, 1990年 第3期.

를 건설하였으며 21인의 출가를 허락받았다. 각 주에 경교 사찰을 건설하고 드디어 올로펜을 진국대법주로 받들었다."7고 하였다. 대진사(大秦寺)는 경교 사찰인데 일명 페르시아 사찰로 불렸다.『장안지(長安志)』에는 "(의녕방) 거리 동북의 페르시아 사찰"이라고 적고 아래에 주(注)로 "정관 12년 태종이 대진국 서역 승려 아로스를 위하여 세움"8이라고 하였다. 이 서역 승려가 바로 아로스 즉 올로펜이다. 또한 해당 비석의 서술에 의하면, 태종 이후부터 비석을 세운 덕종 시대까지 무측천을 제외한 최고 통치자들은 거의 경교에 대한 호감을 표시하였다. 경교 신도 또한 한인을 상대로 공개적으로 전도를 한 적도 있다. 중국 내륙으로 온 경교 신도 중 다수는 페르시아인이며「대진경교유행중국비」에서 언급한 경교 대덕 승려 가브리엘 및 이 비석을 적은 경정(景淨) 등도 이슬람 혈통의 페르시아인 승려이다.

　　최근 영신강(榮新江)은 1980년 서안 서북 국가 면제조공장 4공장의 직공자 제학교 운동장에서 출토된 '서국 페르시아인' 이소(李素, 인명)와 그의 아내 비실(卑失)씨의 묘지에 대하여 깊이 연구를 진행하고 이소의 가족은 당조에 입사한 페르시아 경교 가족일 것이라고 제시하였다. 이소의 여섯 아이 이름에는 모두 '경(景)' 자가 있어 주목할 만하다. 예를 들어 이경선(李景銑), 이경복(李景伏), 이경량(李景亮) 등이다. 하지만 '경' 자는 경교 신도에게서 가장 흔히 볼 수 있는 글자이다. 이소(李素)는 사천대(司天台, 고대 관상대)에 임직하여 『율사사문경(律斯四門經)』 등 천문학 경전 번역을 주관하였다. 이 경은 돈황에서 발견된 경교 사본 두루마리 『존경(尊經)』에서 나열한 경교 경전 목록에서 볼 수 있다. 이러한 경교 경전은 대진사의 경교(景敎) 고승인 경정(景淨)이 건중(建中)과 정원(貞元) 연간에 번역하였으며, 때마침 이소가『율사사문경』번역을 주관한

7　路远,『景教及景教碑』(西安出版社, 2009), pp.322-323.
8　宋敏求, 毕沅 校正,『长安志』(一) 卷10(台湾 成文出版社有限公司, 中華民國五十九年), p.245.

것과 동일한 시기이다. 따라서 이소가 모든 아이의 이름에 '경' 자를 넣은 것은 이 가족이 경교와 특별한 관계임을 암시하는 것이다. 이를 설명할 수 있는 또 하나의 이유는 이소의 자(字)인 '문정(文貞)'이『경교비(景敎碑)』측면에 시리아 문과 한문을 병기한 승려 명단의 좌측 제3란에 '루카(luka, 路加) / 문정(文貞)'이 라고 쓰여 있다는 점이다.9 이소 가족이 페르시아 경교 신도인 것은 의심할 여지가 없다. 그러나 묘지문 가운데 이소의 모든 자식들이 장안 지역과 하내도(河內道, 황하 이북 지역)에 임직하였으며, 그의 다섯 번째 자식은 향공명경(鄕貢明經, 고향에서 고시 급제후의 관직) 하였으며, 여섯 번째 자식은 태묘태랑(太廟太郎, 황제의 선조를 공봉하는 곳의 관직)이었던 것을 볼 수 있으므로, 이소 가족이 기본적으로 한화되었음을 볼 수 있다.

장안의 마니교도와 관련한 상황이 비석이나 묘지에서 발견된 것은 없다. 마니교는 페르시아인 마니에 의해 3세기에 창립되었으며, 주로 조로아스터교와 기독교 그리고 바빌론의 고대 종교 및 불교 등의 교의사상을 흡수하여 형성된 종교로, 그 가르침은 광명과 암흑, 선과 악의 대립을 주장하는 철저한 이원론이다. 마니가 교를 설립한 지 얼마 되지 않아 사산조 페르시아 통치자의 철저한 금지를 받아 교주인 마니는 사형에 처해졌으며, 신도들은 사방으로 도망갔다. 많은 사람들은 동쪽으로 도망쳐 많은 나라가 있는 중앙아시아에 지역에 이르렀는데, 마니교도의 영향 아래 현지의 신도가 나날이 증가하면서 이 지역이 마니교 동방 전교의 중심지가 되었다. 이 교는 조로아스터교와 경교의 장점을 합쳤기 때문에 중국에 들어온 후에 적지 않은 한인들이 신봉하였다. 당대 중후기 회홀(回鶻) 지역에서 크게 성행하여 국교가 된 적도 있었다. '안사의 난' 이후, 회홀의 세력을 빌어 장안 등의 지역에 사찰을 건설하였다.『불조

---

9 榮新江,「一个入仕唐朝的波斯景敎家族」,『伊朗学在中国论集』第二集(北京大学出版社, 1988), pp.88-89.

통기(佛祖統紀)』에는 대종 3년(768) 정월에 "회흘의 마니교 신봉자들이 대운광명사(大雲光明寺)를 건설할 것을 명령하였다", 대력 6년(771) "회흘이 형(荊, 현 형주), 양(楊, 현 양주), 홍(洪, 현 남창), 월(越, 현 소흥) 등지에 대운광명사를 설치할 것을 청하였다."고 기록하고 있다.10 『책부원구(冊府元龜)』에는 헌종 원화 2년(807) 정월 "회흘의 사자(使者)가 하남부와 태원부에 마니사 3곳을 건설할 것을 청하였다. 허용한다."고 기록되어 있다.11 전파가 확대되었고, 따라서 한화(漢化)되는 속도도 더욱 빨라졌다.

경전 번역으로 보면, 당대(唐代)에 한역된 경교 문헌과 마니교 문헌이 나타난다. 배화교는 비교적 보수적이고 폐쇄성이 강하므로 보통 주동적으로 전도하지 않았다. 따라서 중국에 들어온 후 경전의 번역 또한 말할 나위가 못되었다. 현재까지도 중국 경내에서는 한문으로 번역된 배화교 원시경전을 발견하지 못하였다. 이와 달리 적지 않은 중앙·서아시아의 경교 신도, 마니교 신도들은 중국에 들어온 후에 경전번역을 시작하였으며, 한인들이 경교와 마니교를 신앙함에 따라 한문으로 된 경교 경전과 마니교 경전이 나타났다.

경교는 동쪽으로 전파되는 과정에서 이란 및 중앙아시아 문화의 영향을 피할 수 없었다. 이 교의 경전은 시리아어를 사용하였지만, 고대 고창(高昌) 지역(현 투루판)에는 시리아어도 있고 파흘라비어도 있으며, 소그드어와 돌궐어로 된 복음서와 교론(敎論) 등이 발견되었다. 이 교가 중국에 전파된 후에는 한문의 경교경전도 있었다. 전술한 「경교비」의 기록에 따르면 정관 12년 "대진국 대덕 올로펜이 멀리에서 경전과 불상을 가져와서 상경하여 바쳤다"고 하였는데, 이미 한문으로 번역한 경전이었다.12 펠리오(P. Pelliot)가 돈황에서 가져간

---

10 释志磐, 『佛祖统纪』 卷41(大正藏49, p.378, p.474).
11 『册府元龟』 卷999, 『外臣部·请求』(中华书局, 1960), p.11724.
12 林悟殊, 『唐代景教再研究』(中国社会科学出版社, 2003), p.97.

문서 중에 한문 경교 초본이 있었는데, 『경교삼위몽도찬(景教三威蒙度讚)』, 『존경(尊經)』 등이다. 그 중 『경교삼위몽도찬』은 일부는 기도용의 찬미시 등이며, 『존경』은 이름 있는 경교 승려 경정이 번역한 30여 종의 경서의 명칭을 열거하고 있다. 학자들은 『존경』은 직접 한문을 사용하여 편찬하고 서사한 경전으로 비교적 강렬하게 불교화된 색채를 보인다고 여기고 있다.[13] 그리고 청말(清末)의 이성탁(李盛鐸)이 수장하고, 후에 일본으로 흘러들어간 『지현안락경(志玄安樂經)』, 『대진경교선원본경(大秦景教宣元本經)』 등도 비교적 대표적인 한문 경교 문헌이다. 그러나 이러한 경전들은 어느 정도 본토화된 것이다. 예를 들면 『지현안락경』의 필법과 내용은 불교 정토종의 색채로 충만하고, 『대진경교선원본경』의 견사조구(遣詞造句, 적당한 단어를 골라 문장을 만든다) 수법은 『도경(道經)』과 비슷하여, 이것은 중국에 있는 경교 전도사가 중국 신도를 대상으로 하여 직접 한문을 사용하여 편찬한 경전이다.[14] 이러한 한문 경전의 출현은 경교의 전파성과 현지의 습속에 따르는 특징을 설명한다.

마니교도 이와 같다. 학자 임오수(林悟殊)는 중앙아시아 지역에서 마니교의 신봉자는 소그드인뿐만 아니라 현지의 기타 여러 민족도 있었다고 생각한다. 투루판 지역에서 발견된 대량의 마니교 조각은 주로 고대 돌궐어와 세 가지 잘 알려진 중세 이란어인 중세 페르시아어, 파흘라비어, 소그드어로 쓰여졌다.[15] 물론 한문 마니교 경전도 발견되었다. 20세기 초 돈황 장경동에서 『마니교잔경(摩尼教殘經)』, 『마니광불교법의략(摩尼光佛教法儀略)』, 『마니교하부찬(摩尼教下部讚)』 등 세 부의 한문 마니교 사경을 발견하였다. 북경도서관에 수장된 『마니교잔경』은 현존하는 최초의 한역본 마니교 경전으로 대략 무후(武后)시

---

13 林悟殊, 『唐代景教再研究』, pp.136-137.
14 林悟殊, 『唐代景教再研究』, p.99, pp.175-185.
15 林悟殊, 『摩尼教及其東漸』(中华书局, 1987), pp.2-3.

대에 번역되었으며, 이 중에는 불교용어가 가득하다.16 또 다른 마니교 잔경인 『마니광불교법의략』 상하편은 각각 스타인과 펠리오가 가져갔으며, 런던 대영도서관과 프랑스국립도서관에 수장되어 있다. 학자들의 연구에 따르면, 개원 19년(731) 당나라 경성에 주재하였던 마니 전교사가 칙령을 받들어 저작한 일종의 해석 문서이다. 임오수는 이에 대한 외국학자의 연구 성과를 활용하여 다음과 같이 설명한다.

『의략』에 사용된 일부 음역(音譯) 단어는 대부분 중앙아시아 언어에서 유래한 것이며, 마니교가 동전(東傳)과 함께 이 교단의 불교적 색채는 더욱 더 짙어지고 불교화되었다. 예를 들어 교주인 마니는 마니광불로 불리고, 마니와 불타 그리고 노자를 합하여 일체화하여 세 성인을 동일시하였고, 그 내용과 글 솜씨는 대부분 불교에 의탁한 것이었다.17

『마니교하부찬』은 스타인이 취득하여 런던 대영박물관에 수장된 것으로, 마니교 신도들이 종교의식을 거행할 때 사용하는 찬미시이다. 이 경전은 마니교의 많은 신에게 불호(佛號)를 붙이고 있다.18 이와 같이 중국에서 발견한 한문 마니교 문서는 마니교 전파 과정에서 중국의 전통문화와 중국화된 불교의 영향을 더욱 많이 받았다는 것을 보여준다. 이것은 중앙·서아시아 마니교 신도들이 현지의 습속을 따랐음을 보여주는 것이기도 하다.

---

16 林悟殊, 『摩尼教及其东渐』, pp.191-205.
17 林悟殊, 『摩尼教及其东渐』, pp.65-72, pp.183-189.
18 林悟殊, 『摩尼教及其东渐』, pp.208-216.

3. 문화형식의 전형: 신앙의 전환

당대 중국에 들어온 중앙·서아시아 코카서스인의 종교 신앙 측면에서의 또 다른 한화(漢化) 추세는 바로 많은 사람들이 이미 중국화된 불교로 신앙을 바꾼 것이다. 당시 당대(唐代) 사회의 주류 신앙이었던 불교는 민중생활에 큰 영향을 미쳤다. 당대 대부분의 황제는 불교를 존숭하였기에 꽤 높은 지위를 부여하였다. 어떤 제왕은 확고하게 부처를 섬겼으며, 무후(武后) 또한 정권을 잡기 위하여 불교를 빌어 여론을 만들었다. 예를 들어 불교 경전『대운경(大雲經)』중의 여자의 몸으로 수기를 받아 전륜성왕이 되거나 성불할 수 있다는 교의를 이용하여, 여자의 몸으로 천하를 다스릴 수 있다는 정치적 선전을 만들어내었고,[19] 또 "불교는 도교의 위에 있고, 비구와 비구니는 도사와 여관(女冠, 여도사)의 위에 있다."[20]고 칙령을 내렸다. 이러한 배경은 중국에 들어온 외래 이민에게 영향을 미칠 수밖에 없었다.

투루판에서 출토된 문서의 기록에 따르면, 당대의 서주(西州) 고창현(高昌縣) 숭화향(崇化鄉)에 소무구성(昭武九姓) 출신인 소그드인 촌락이 존재하였는데, 천사(祆祠)에도 기록되어 있다.[21] 투루판 문서 가운데에는 이름있는 '강사(康寺)'라는 가사(家寺)가 있는데, 소그드인 명문대가에서 설립한 가사(家寺)였다. 강(康)씨 중에도 일찍부터 실력 있는 가족이 소그드인의 배화교를 포기하고 불교에 귀의하였음을 보여준다. 국가도서관 선본부(善本部)에 수장된, 1912년 오타니 탐험대가 투루판 고성에서 얻은「무주강거사사경공덕비(武周康居士寫經功能碑)」의 탁본을 보면, 이 강(康) 거사는 본래 서역 소무구성(昭武九姓)인

---

19 陈寅恪,「武曌与佛教」,『金明馆丛稿二编』(生活·读书·新知三联书店, 2001), p.164.
20 『旧唐书』卷6,「则天皇帝本纪」, p.121.
21 姜伯勤,『敦煌吐鲁番文书与丝绸之路』(文物出版社, 1994), pp.154-173.

강국(康國)의 귀족이어서 이것 역시 무주(武周) 시기 투루판 소그드인의 불교신앙 상황을 설명해 주고 있다.22

내륙에 들어온 중앙·서아시아 코카서스인이 불교를 신앙하는 상황은 자주 볼 수 있다. 예를 들어, 서안에서 출토된 「안보묘지(安菩墓志)」에 기록되어 있는 안보(安菩)는 자(字)는 살(薩)이고, 안국(安國)의 대수령이며, 안보 본인은 당(唐)의 정원장군(定遠將軍)이었으며, 육호주(六胡州, 현 내몽고 오르도스 서부 지역)의 대수령이었다. 본인은 인덕 원년(664) 장안 금성방(金城坊)의 사저에서 사망하였다.23 안보는 중앙아시아 안국(安國)인, 곧 소그드인임이 분명하다. 그러나 그의 아들인 금장(金藏), 금강(金剛)이라는 이름은 불교 색채를 보이고 있어서, 장안에 들어온 이 가족이 이미 불교를 신앙하였다는 것을 보여준다.24

중당(中唐) 이후 이러한 상황은 더욱 뚜렷해졌다. 낙양에서 출토된 개원(開元) 28년(740)의 「강정란묘지(康庭蘭墓志)」에는 강정란이 "만년이 되어 선종(禪宗)에 깊이 빠져서 자기의 모든 재산을 보시하고 지혜로써 법의 요체를 궁구하였다."25고 기록하여, 강정란이 만년에 불교 중의 선종에 깊은 흥취가 생긴 것을 알 수 있다. 묘지문의 기록에 따르면, 강정란의 증조할아버지 강닉(康匿)은 당나라 유격장군(遊擊將軍)이고, 할아버지는 당나라 귀덕장군(歸德將軍)이며, 부친인 번타(煩陀)는 당나라 운휘장군(云麾將軍)이며 상주국(上柱國)이자 숙위궐정(宿衛闕庭)이었다. 강정란의 일가가 중국에 들어온 것은 비교적 이른 시기였는데, 그의 이름은 전형적인 한족 이름이지만 그의 증조나 부친의 이름

---

22 荣新江, 「吐鲁番出土'武周康居士写经功德记碑'校考 : 兼谈胡人对武周政权之态度」, 『中古中国与外来文明』, p.219.
23 「安菩墓志」, 『全唐文补遗』 第4辑(三秦出版社, 1997), pp.402-403.
24 荣新江·张志清 主编, 『从撒马尔干到长安 : 粟特人在中国的文化遗迹』, p.139.
25 「康庭兰墓志」, 『全唐文补遗』 第4辑, p.438.

은 중앙아시아 소그드인 이름의 일부 특징을 가지고 있다.[26] 강정란은 소그드인의 후예였지만 만년에는 선종을 신앙하였으므로 그 한화(漢化)의 정도가 비교적 깊었음을 보여준다. 그리고 서안에서 출토된「석숭준묘지(石崇俊墓志)」에는 그의 증조는 사자(使者)의 신분으로 서역에서 왔으며, 그의 할아버지는 '본국대수령(本國大首領) 산장군(散將軍)'이라 하였고, 석숭준의 가족은 중앙아시아 소무구성(昭武九姓)의 석국(石國)에서 왔음을 알 수 있다. 묘지에는 석숭준이 "이후 불교에 기울어졌고, 인연법을 극히 존숭하였다. 진승(眞乘)을 전독하여 그 가르침에 부합하였다."[27]고 기록하고 있어서 그가 불교에 조예가 깊었음을 알 수 있다. 본인은 정원 13년(791) 군현리(群賢里)의 사저에서 사망하였다. 그 조부의 전형적인 소그드 풍격의 이름으로부터 그의 조부 세대는 본래 자기 민족의 배화교를 신앙했음을 알 수 있다. 그도 처음에는 배화교를 신앙하였지만, "이후에 불교에 기울어졌다"는 것에서, 후에 불교에 귀의하였음을 명백하게 알 수 있다.[28]

중당(中唐) 이후에 이런 국면이 일어난 주요 원인은 '안사의 난' 이후, 중앙·서아시아의 코카서스인이 돌아갈 길이 끊어지면서, 많은 코카서스인들이 중국에서 뿌리가 깊고 사회적으로 비교적 유행했던 불교에 신앙적으로 전향하였기 때문이다. 『대정신수대장경』권52 「사전부」 4에 수록된 『대종조증사공대변정엄지삼장화상표제집(代宗朝贈司空大辨正嚴智三藏和上表制集)』권2에는 대력 2년(767) 10월 13일의 「청강탄일도승오인제(請降誕日度僧五人制)」가 기록되어 있는데, 여기에 머리를 깎은 다섯 명의 스님이 있다. 행자 필수(畢數)는 나이 55세로 호적이 없으며 법명을 혜달이라 칭하였고 장엄사에 거주하였다. 행자

26　荣新江·张志清 主编,『从撒马尔干到长安 : 粟特人在中国的文化遺迹』, p.145.
27　「石崇俊墓志」,『全唐文补遗』第4辑, p.472.
28　荣新江·张志清 主编,『从撒马尔干到长安 : 粟特人在中国的文化遺迹』, p.165.

필월(畢越)은 나이 43세이고 호적이 없으며 법명은 혜일이라 청하였고 장엄사에 거주하였다. 그리고 행자 강수(康守)는 나이 43세로 호적이 없으며 법명은 혜관이라 청하였고 동경 … 노사나원에 거주했다. 동자 석혜찬(石惠贊)은 나이 12세로 호적은 없으며 법명은 혜광이라 청하였고 서명사에 거주하였다. 동자 라전(羅詮)은 나이 15세로 호적이 없으며 법명은 혜준이라 청하였고 서명사에 거주하였다. 같은 권에는 대력 3년(768) 10월 13일「청강탄일도삼승제(請降誕日度三僧制)」가 기록되어 있다. 내용은 머리를 깎은 스님이 셋 있는데, 나문성(羅文成)은 나이 30세로 호적은 토하리스탄이며 법명은 혜홍이고 서명사에 거주하였다. 나복마(羅伏磨)는 나이 45세로 … 법명은 혜성이고 화도사에 거주했다. 동자(사내아이) 조마카(曹摩訶)는 나이 … 천복사에 거주했다.[29]

이름으로 보면 이들은 중앙·서아시아의 여러 나라 사람들이고 소그드인, 토하리인 등도 포함되어 장안의 사찰에서 머리를 깎고 출가하였다. 이 사건은 대력 연간(766~779) '안사의 난' 이후 토번국이 하서로(河西路, 현 감숙성의 여러 지역)를 점령했을 때였으며, 중앙아시아 여러 나라 사람들이 고향과의 연락이 중단되면서 많은 사람은 불교의 제자가 되었다. 그 중 적지 않은 사람은 배화교 신도에서 온 것이며, 조마카(曹摩訶) 등 이름 자체가 배화교의 색채를 가지고 있다. 이로부터 불교가 배화교에 미치는 영향력을 알 수 있으며 한화(漢化)의 추세도 알 수 있다.

코카서스인이 거주하는 하서 지역(현 감숙의 주천 등지)도 마찬가지다. 이 시절의 하서 지역은 토번국, 회흘 지역이 번갈아 점령하면서 적지 않은 코카서스인의 촌락이 분리되고 흩어져서 한족에 동화되었으며, 불교의 하서 지역에 대한 영향이 대단하였기 때문에 중앙·서아시아의 배화교 신도들이 불교의 제자로 전환한 것이 적지 않았다. 돈황 막고굴에는 당말(唐末)에서 오대(五代)의

---

29 大正藏52, pp.831-836.

시기에 소그드들이 공양한 제기(題記)가 적지 않으며, 스타인과 펠리오 등이 탈취한 돈황 문서의 명적(名籍), 변첩(辨牒), 사경(寫經)의 시주한 기록 중에도 소그드인 이름이 허다한데,30 사회변혁 및 심후한 불교문화가 코카서스인들에게 미친 영향을 알 수 있다. 진국찬(陳國燦)이 "종교신앙 및 민족의 특징은, 일단 분리되면 민족의 구성원에게 새로운 활력과 발전을 가져다준다."31고 말한 것과 같다. 당대 중후기 이후 장안, 하서 등지의 코카서스인과 배화교가 분리되어 이 지역의 코카서스인의 후예들과 한족과의 융합의 발걸음을 가속하게 했다. 중당 이후는 중국에 들어온 중앙·서아시아의 코카서스인의 문화 형식의 전환시기라고 말할 수밖에 없다.

앞의 내용을 종합하면 당대 중국에 들어온 이민자 중 중앙·서아시아의 코카서스인은 특수한 집단이라고 말할 수 있다. 그들은 실크로드 각 지역에서 활약했을 뿐만 아니라 동서양의 물질문명을 소통하고 전파하였으며, 그들의 특수한 종교신앙은 당대의 문명에 색채를 더하였다. 당대 통치자의 관대하고 진보적인 정책에 의존하여 그들이 신봉하는 조로아스터교, 경교, 마니교는 당대의 사회에서 자기의 신앙 공간을 찾았다. 그러나 우리는 앞의 논의에서 볼 수 있는 바와 같이 당대 사회에서 형성된 강대한 유교문화 앞에서, 그들이 자신의 신앙을 장기적으로 유지할 수 없었고, 생존과 발전을 위해서든지 혹은 전도의 편리를 위해서든지, 현지의 문화 습속을 받아들이지 않을 수 없었으며, 이미 중국화된 불교를 뒤쫓아 한 걸음 한 걸음 한화(漢化)의 길을 걸었다. 특히 중당(中唐) 이후 사회의 대변화와 변혁 그리고 가혹한 생존 환경은 이들의 신앙 방면의 문화형식의 전환을 재촉했으며, 중국화된 불교로 신앙을 바꾸

---

30 郑炳林,「唐五代敦煌的粟特人与佛教」,『敦煌归义军史专题研究』(兰州大学, 1997), pp.433-465.
31 陈国灿,「魏晋至隋唐河西人的聚居与火祆教」,『西北民族研究』, 1988年 第1期.

면서 한 걸음 더 한화(漢化)되었다. 이는 당시 이민한 중앙·서아시아 코카서스인의 총체적인 발전 추세라고 말할 수 있다.

종교와 민족의 합류: 중앙아시아 타지크인 종교 변화와 민족 형성 연구 분석

왕차오(王超)

1.

　타지크족은 중앙아시아 지구 및 주변 몇 개 나라에 분포되어 보편적으로 이슬람교를 신앙한다. 중국 신강 경내의 타지크인을 제외하고 타지크스탄, 아프가니스탄, 우즈베크스탄, 인도, 이란 등의 나라에 모두 타지크인이 있다. 현재 인구는 1500만 명이다. 타지크족은 평원 타지크인과 고산 타지크인으로 나뉜다. 중앙아시아 문화 중심 지역에 거주하는 사마르칸트, 부하라, 헤라트, 카불, 곽점, 후라산(Khurasan) 등의 지역인은 평원 타지크인이다. 파미르고원, 힌두쿠시 산 일대 거주인은 고산 타지크인다. 중국의 타지크족은 대부분 신강위구르 자치구, 카스 지구, 타스쿠얼간타지크자치현에 거주한다.[1] 타지크족 조상은 불교, 조로아스터교, 이슬람교 등 '국교'의 종교신앙을 거쳤으며 마니교, 기독교(경교) 등의 역사의 영향도 거쳤다. 체제상 국교의 특징이 나타난다는

---

1 『塔吉克族简史』, p.19.

점이 종교의 전파 과정 및 전파 과정에서의 정치 추진력을 나타내고 있으며 타지크족의 전체 신앙의 추세도 반영하고 있다.

2. 원시 신 숭배와 조로아스터교를 위주로 한 신앙

"타지크는 동이란 부족에 속하며 기원전 천 년 이전에 동이란의 여러 부락과 부족이 이미 중앙아시아에서 다음과 같이 분포하였다. 정착 부족은 주로 아무다리야 강 양 쪽에 분포하였다. 박트리아인은 아무다리야 강 상류에 분포하였고 소그드인은 아무다리야 강 중류에 분포하였다. 화레즘 샤 인은 아무다리야 하구와 아랄해 지역에 분포하였다. 오아시스에 정착한 주민과 서로 관련을 맺으면서, 종족적으로 오아시스 주민과 동족인 새인, 즉 마사개달 인은 계속 유목 생활을 하였다."[2] 중국 타지크족은 중국 서부 경계선인 파미르 고원에 위치하여 동 파미르와 서 파미르로 나뉜다. 타지크인 선조는 새인, 소그드인 등으로서 "새인은 지신, 천신과 태양신을 숭배한다. 그들이 보기로는 지신은 어머니 여신이다. 그들은 검을 상징으로 하는 전쟁의 신도 숭배한다."[3]

"기원전 6세기부터 4세기까지 중앙아시아는 페르시아 국왕 키로스가 건설한 페르시아 아케메네스 제국에 속했다. 당시 소그드인의 종교는 주로 조로아스터교로서 그외 일부 씨족제도에서 답습받은 기타 숭배도 존재하였다."[4] 페르시아 제국이 중앙아시아를 통치함으로써 페르시아 국교인 조로아스터교가 박트리아, 소그드와 화레즘 샤에서 전파되기 시작하였다.

---

2 『中亚塔吉克史』, p.21.
3 『中亚塔吉克史』, p.20.
4 『中亚塔吉克史』, p.39.

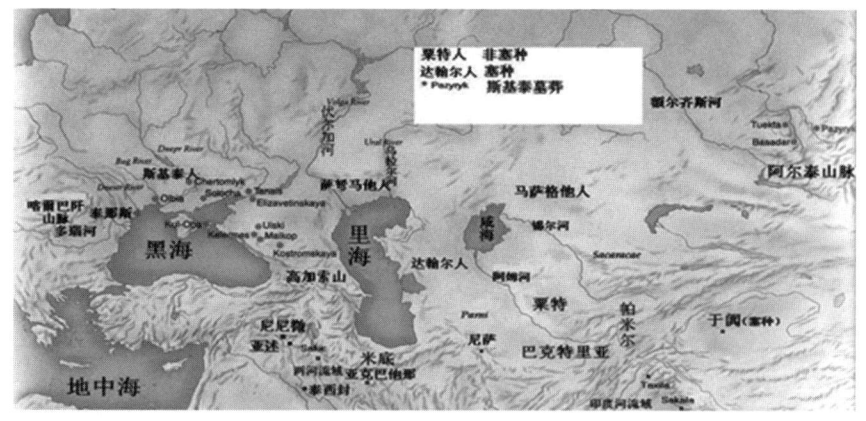

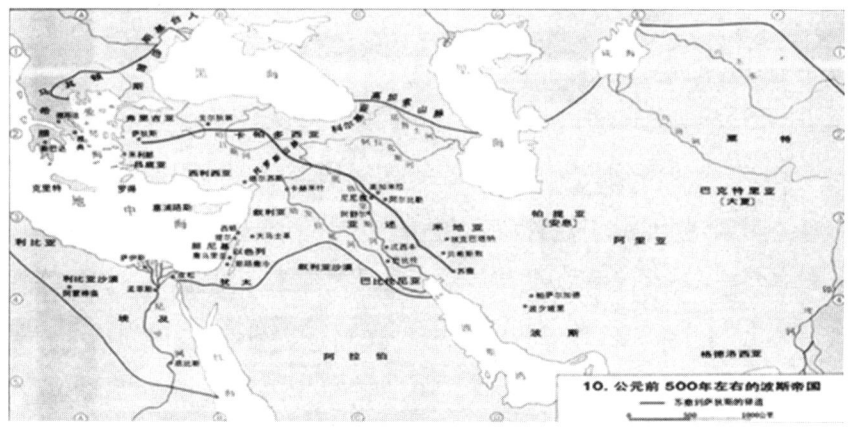

페르시아 제국이 그리스-페르시아 전쟁에서 실패함에 따라 중앙아시아 지구는 알렉산더 마케도니아 왕조의 통치에 속하게 되었으며 그리스화의 영향이 시작됨으로써 조로아스터교의 영향을 약화시키려 시도하였다. "기원전 329년부터 기원전 323년까지 그리스 알렉산더 마케도니아가 박트리아 통치 시기에 조로아스터교는 심한 타격을 받았지만 여전히 굳센 민족 신앙으로 보존되어 왔다."[5]

---

5 高永久, 「西域祆敎考述」, 『西域硏究』 1995年 第4期.

알렉산더가 죽은 후 제국은 마케도니아, 애급과 시리아(셀레우코스 왕조) 3개 독립 국가로 나뉘어졌다. 기원전 1세기에 셀레우코스 왕조가 와해되었다. 기원전 250년에 파르티아(중국은 "안식"이라 칭함) 왕조가 흥기하였다. 파르티아 왕국은 현지 태양신인 미트라와 왕조 창립자인 아사시스를 숭배하는 외에 그리스의 제사장, 조로아스터교와 좀 늦게 나타난 기독교도 여기에서 전파되기 시작하였다. 이러한 모든 신앙에서도 조로아스터교의 세력은 기원 1세기 중엽부터 강대해지기 시작하였다. "페르시아의 조로아스터교는 비록 그리스화 시기에 거의 멸망하게 되었지만 파르티아 왕조 말기에 다시 회복하게 되었다."[6]

파르티아와 동시에 동부 박트리아 지구는 기원전 250년에 셀레우코스 왕조에서 벗어나 그리스-박트리아 왕국을 건립하였다. 대략 기원전 155년에 그리스-박트리아 왕국이 분열하여 그리스-박트리아와 그리스-인도왕국을 형성하였다.

---

6 林悟殊,「火祆教始通中国的再认识」,『世界宗教研究』1987年 第4期.

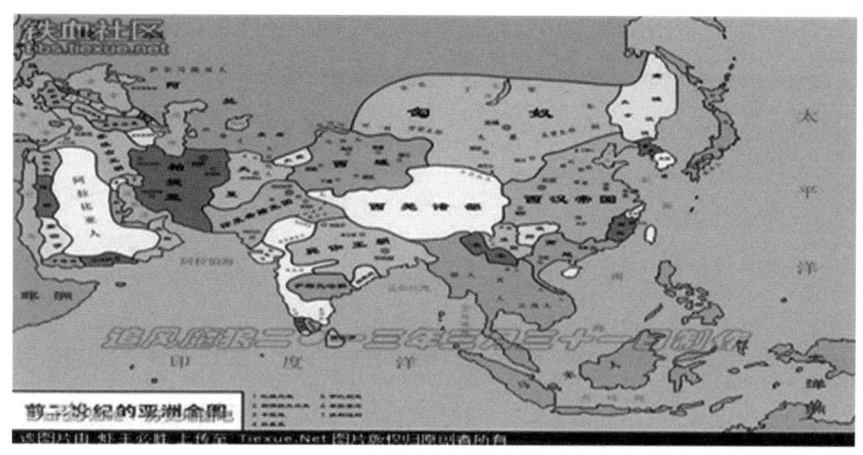

　박트리아는 그리스와 인도와 문화적으로 광범히 연결되어 종교의 전파에서 나타났다. 불교는 그 시기에 중앙아시아에 전해졌다. 그러나 조로아스터교는 여전히 대다수 주민이 신봉하였다. 조로아스터교의 사당 외에 불교 사당도 나타나기 시작하였다. 생각해 보면, 박트리아 지구에 그리스 신전도 있다는 것은 그리스-마케도니아 정복자가 이 지역에서 그리스의 종교 신앙을 확립하려 시도하였지만 결국 그리스인의 종교 신앙은 현지에서 보급되지 않았기 때문이다.[7] 그리스의 영향력은 동부 박트리아에서 더욱 오래 유지된 것으로 보이나 그것은 동시에 신규 유목 세력이 동부에서 발전함으로써 동부 불교의 발전을 위한 조건을 제공하여 준 셈이다.

3. 불교 전파와 조로아스터교 지속 전파

　불교는 기원전 6세기부터 기원전 4세기 인도아대륙의 열국시대에 생겼다.

---

7 『中亚塔吉克史』, p.65, p.68.

그 창립인은 석가모니이다. 기원전 334년에 마케도니아 왕 알렉산더가 페르시아를 정복하고 세력이 인더스강 서부에 달하였으며 지중해, 소아시아와 남아시아의 통로를 관통하였다. 인도는 이로부터 지중해 연안의 서양 문화와 직접적인 대규모 교류가 있게 되었다. 기원전 273년까지 인도 마우리아 왕조 제3세 국왕 아소카 시대에 불교는 전례없는 발전을 이루었다. 그는 불교를 대대적으로 선양하였으며 기원전 253년에 화씨성에서 불교역사상 제3차 결집을 소집하여 고승을 조직하여 불경을 편찬하고 사리탑, 사원과 사당 등을 건설하였다. 동시에 아소카는 스님팀을 파견하여 국내 및 외국에서 선교하였다. 불교 문헌 기록에 따르면 당시 파견한 스님팀은 도합 9차례나 된다. 외국에 간 지역은 서아시아(당시 그리스인이 통치하던 셀레우코스 왕국)를 포함한다.[8] 그리스 통치 시기의 접촉 및 마우리아 왕조 시기의 발전을 거쳐 내외 2가지 힘의 작용 하에서 그후 쿠샨 왕조 국왕이 대대적으로 불교를 제창하게 만들어 불교문화가 중앙아시아 지구에서 번영하게 되었으며 중국까지 전해오게 되었다.

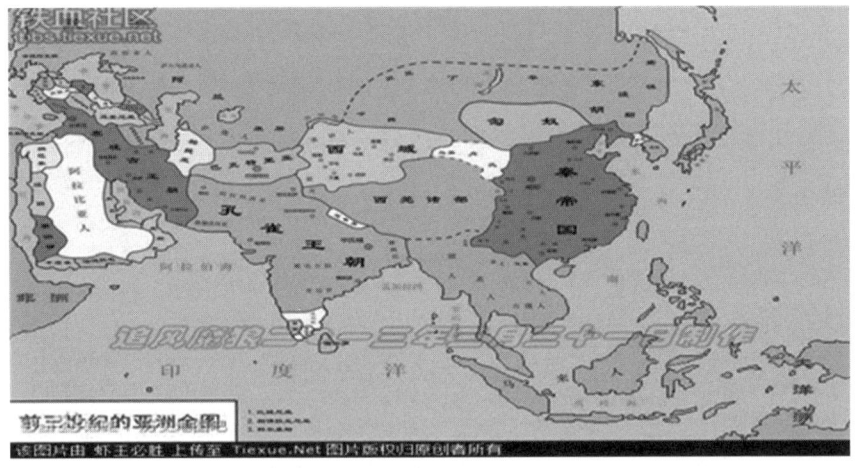

---

8 韩玉玲,「佛教的起源与传播」,『山东教育学院学报』, 1997年 第1期.

기원전 2세기 중기 토하리인이 그리스-마케도니아의 통치를 뒤엎었다. 그 국가 이름은 쿠슈인 혹은 쿠샨인의 왕국이었다.

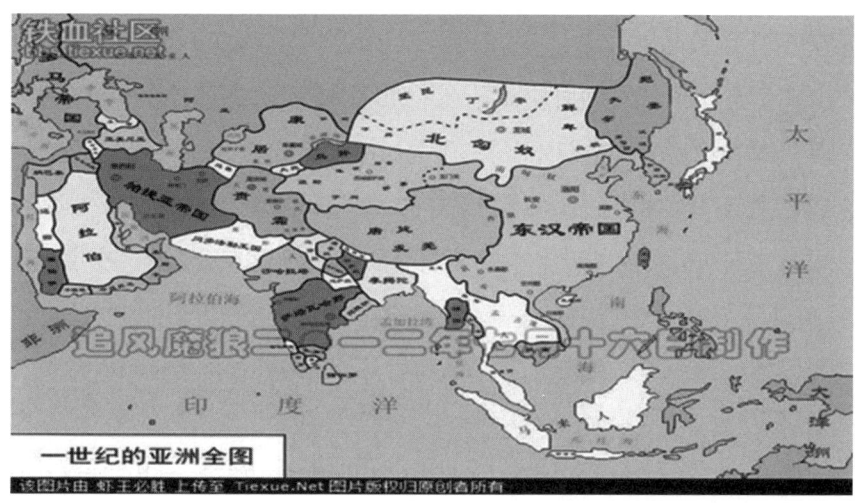

대쿠샨왕국의 영토에도 각종 다양한 종교신앙이 존재하였다. 당시 주조한 화폐에는 각종 신상이 새겨졌다. 그중 조로아스터교 여러 신상, 불상, 그리스의 신 헬리오스와 셀레네(태양신과 달신)상, 인도의 신상(수소를 거느린 시바)이다. 대쿠샨 시대에 불교는 중앙아시아에서 인도와 연결이 밀접한 지구 특히 박트리아에서 신속히 보급되었다. 2세기 초에 카니슈카가 제창하여 박트리아에서 1개 대불교 사원을 건설하였다. 이 사원은 불교를 전파하는 데 상당히 중요한 역할을 하였다. 카니슈카는 불교 결집(약 기원 100년 전후)의 소집인으로 인정되었으며 이 결집은 북방 불교 교의를 형성하는 데 중대한 의의가 있다. 불교는 테얼미즈(『대당서역기』에서 탄밀이라 한 곳, 지금 우즈베키스탄 남쪽 수르한다리야 아무다리야강 하구 부근)지구에서 광범히 전파되었다. … 박트리아와 다른 것은 소그드와 화레즘 샤는 여전히 계속 삭교에서 세력을 차지하고 있었다. … 동시에 불교

는 중앙아시아 민족을 빌어 중국에 전파되었다.[9] 그러나 비록 "대쿠샨 제국의 영향은 북쪽으로 화레즘 샤와 소그드에 전파되었지만 이러한 지구는 종래로 진정한 의미에서 쿠샨의 통치하에 처하지 않았으며 또한 쿠샨 시기의 불교 흔적도 얼마 볼 수 없다."[10]

3세기 쿠샨 왕국이 쇠퇴하였다. 페르시아 사산왕조가 흥기하여 쿠샨제국 서부 영토를 점령하였으며 사산왕조의 통치는 조로아스터교 제사장의 밀접한 합작하에 역사 무대에 등장하게 되었다. 조로아스터교는 국교가 되어 재차 흥성하기 시작하였으며 제국의 신민에 영향을 주었다. 조로아스터교가 흥성하여 따라서 전체 중앙아시아 지구로 발전하게 되었다. 5세기에 사산왕조의 공격하에서 조로아스터교는 소그드에서 광범히 전파되었으며 우세 지위를 차지하였다.

5세기에 사산 왕조의 공격으로 인하여 쿠샨 왕국의 범위는 이미 대대적으로 축소되었다. 이때 이 나라는 또 유목부락의 타격을 받았다. 이런 유목부락은 로마 역사자료에서 백흉노라고 불리며 중국 역사자료에서는 폐달족이라고 불린다. 6세기 초 폐달은 동쪽으로 그 강역을 와키, 부하라, 소그드, 카슈미르, 간다라까지 확장하였으며 또한 폐달인의 영토가 되었다. 폐달인은 또한 유연 부락의 손에서 투르키스탄의 동부 즉 카스가얼 지구를 빼앗았다.[11]

---

9 『中亚塔吉克史』, p.85.
10 R.E.埃墨利克, 「中亚的佛教」, 殷晴 译, 『宗教百科全书』 第2卷, 『西域研究』 1992年 第2期.
11 『中亚塔吉克史』, pp.99-100.

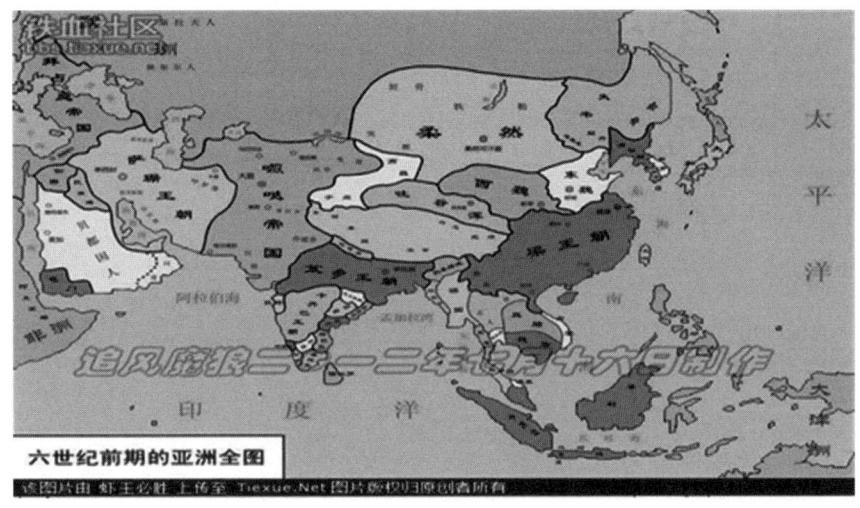

　6세기인 540년, 폐달인은 유목 투르키인의 공격을 받았으며 563~567년에 투르키인은 폐달인을 격파하고 폐달인의 중앙아시아 영향을 정리하였다. 국가 정권도 투르키칸국의 손에 들어왔다. 그때부터 동이란 부족은 투르키부락과 융합하기 시작하였다. 이때의 토하리스탄은 24개 소규모적인 반 독립 영토로 분리되었다.

　소그드는 투르키칸국의 최고 통치하에서 계속 여러 개 소왕국의 특수연맹을 유지하였다. 화레즘 샤는 독립을 유지하였다. 조로아스터교는 소그드에서 거대한 우세를 차지하였다. 이때 토하리 지구 동쪽은 파미르 주변과 접하였기에 불교는 여전히 전성하였으며 카반다국 불교 문화도 매우 발달하였다. 그러나 서부 화레즘 샤는 페르시아 사산왕조 통치하의 조로아스터교 위주가 되었다. 소그드는 그 중간에 처하여 양자의 인접지역이 되었다.

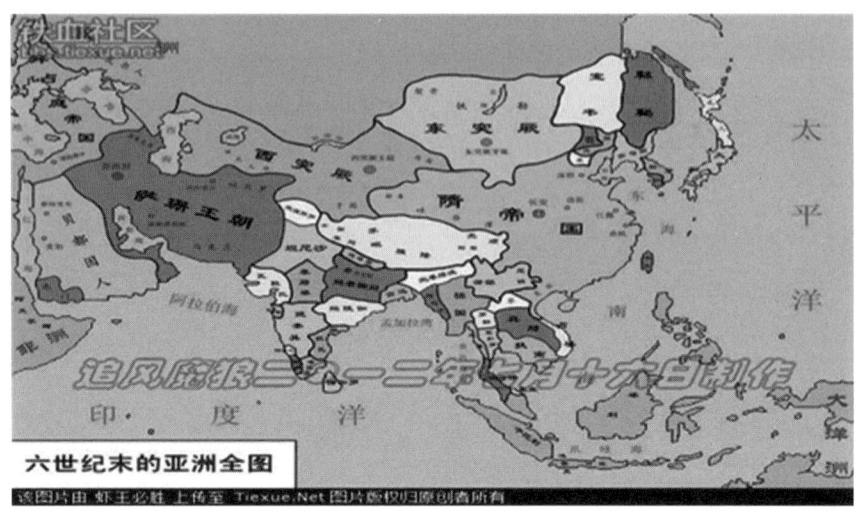

이 시기에 불교의 발전으로 인하여 제국이 동서 2가지 문화 진지로 갈라졌으며 서쪽은 사산왕조의 통치하에서 계속 조로아스터교의 영향을 받았고 동쪽은 인도 불교의 영향하에서 박트리아 지구를 불교화하였다. 그러나 중간에 있는 소그드는 두 가지 종교 영향의 합류지에 있고 소그드 상인의 유동을 통하여 조로아스터교와 불교가 모두 동방에 전파되었다. 그러나 동부 변두리에 있는 카반다는 불교로 국가를 세웠지만 그전에도 조로아스터교의 신앙을 받았을까? 만약 카반다가 확실히 타지크 선조라면 그들도 조로아스터교의 과정을 겪어야 하며 박트리아든지 그 동쪽 인접 및 전체 중국 신강이 모두 조로아스터교의 유전을 받아야 하기 때문이다.[12] 또한 타지크인의 종교 신앙 발전 4개 단계 구분에 따르면 "그는 원시종교, 조로아스터교, 불교, 이슬람교 등 단계를 거쳐야 한다." 또한 카반다 왕이 말하기를 그들의 남성 선조는 태양신이라고 한다. 이것은 그들이 워낙 조로아스터교를 신앙하고 후에 불교를 국교

---

12 『塔族简史』, p.124.

로 하였지만 여전히 조로아스터교 신령을 믿는 것과 관계 있다.[13] 다시 말하면 파미르의 타지크와 중앙아시아의 타지크인은 공동의 신앙 변화 과정을 거쳤기 때문이다. 이 변화는 전에 서술한 쿠샨왕조와 관계가 있으며 투르키칸국 시기까지 연속되었다. 그러나 페달이 종교에서의 영향은 매우 작다.

4. 이슬람교의 동진과 전파

7세기 상반기에 이슬람교는 아라비아제국의 흥기와 함께 아라비아 반도에서 흥기하였다. 그후 페르시아 사산왕조 및 중앙아시아 지구 작은 국가를 소멸하고 이 지구의 통일을 실현하였으며 동시에 여기에서 이슬람교를 전파하기 시작하였다. "8세기 초에 아라비아 후라산 총독 굴지파는 중앙아시아를 정복하고 현지 주민을 강박하여 원 조로아스터교와 불교를 포기하고 이슬람교를 믿게 하였다."[14] 714년 아라비아인은 중앙아시아에 대한 점령을 완성하였으며 아라비아의 하리발은 이슬람교를 보급하기 시작하였다. "751년 다순사 전역후 아라비아인이 중앙아시아 하중 지구에서 통치지위를 차지하였고 이슬람교가 중앙아시아에서의 전파도 발전을 가져왔으며 점차 투르키인에게 전파되었다."[15]

"8세기 후반기부터 9세기 초까지 이슬람교는 점차 중앙아시아 현지 주민이 신봉하는 종교가 되었다. 부하라, 사마르칸트와 호레즘 샤는 중앙아시아 광대 지구의 이슬람교 문화중심이 되었으며 전체 하중 지구는 이슬람 세계 일

---

13 『塔族简史』, p.44.
14 张文德, 「关于中亚伊斯兰教的历史分期」, 『贵州师范大学学报』 1994年 第1期.
15 张文德, 「关于中亚伊斯兰教的历史分期」, 『贵州师范大学学报』 1994年 第1期.

부가 되었다."16

9세기 후반기 사만 가족의 대표가 하중 지구를 관리하였다. 사만 왕조의 건립자인 사만은 9세기 초에 배화교를 포기하고 이슬람교에 가입하였다. 사파르 왕조 시 사만 왕조의 이스마일은 사파르 정권을 끝내고 이란 동부와 북부 많은 지구와 후라산 지구의 통치자가 되었다.17 "동이란족이 건립한 하나의 이슬람 왕조로서 사만 왕조는 동쪽과 북쪽 투르키인이 거주하는 지역에 대하여 적극적으로 이슬람교를 전파하였다."18 "바로 사만 왕조 통치가 있었기에 엄격하고 정통적인 이슬람교 수니파가 하중 지구에서 안정적으로 건립되었다. 사만 왕조의 통치하에서 법률, 질서 및 재산권은 모두 유력한 보호를 받았으며 이슬람교 법관과 종교 수령도 매우 높은 신망을 갖게 되었다."19

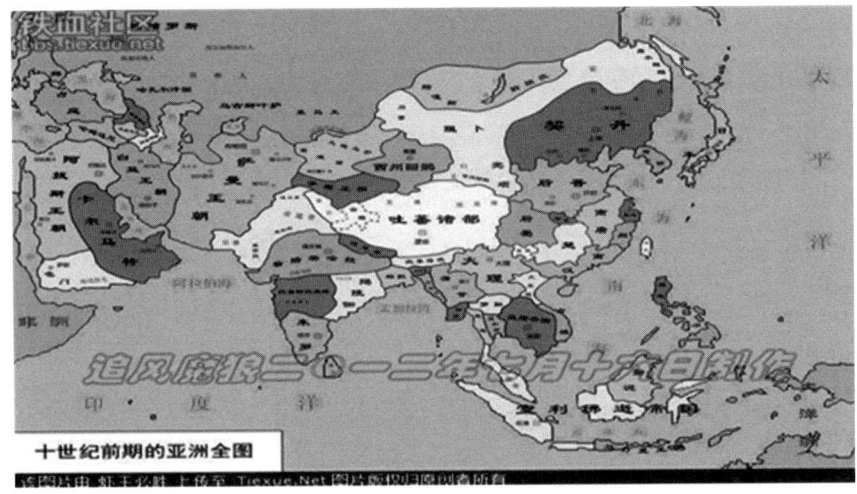

16 常玢,「伊斯兰教在中亚的传播与发展」,『东欧中亚研究』2001年 第1期.
17 『中亚塔吉克史』, p.159.
18 王治来, 丁笃本『中亚国际关系史』(湖南出版社, 1997), p.50.
19 加文汉布里,『中亚史纲要』(商务印书馆, 1994), p.101.

10세기에 이슬람교 종교계는 사만 왕조에서 매우 큰 작용을 일으켰다. 하중 지구는 기본적으로 하니비파라고 하는 이슬람교 교파를 보급하였다. 종교계의 수령 우스토덕 즉 그후의 샤이크-우르-이스라모(이슬람교 공작)는 사만왕조 국가에서 중대한 영향을 갖고 있었다. 최고 이슬람교 종교계의 대표와 가장 정권에 접근한 사람들은 종종 완전히 어느 국가의 과세든지 면제하는 토지 점유자였다. 이렇게 이슬람교 종교계 실력 기초를 구성한 '와크프 땅'은 영원히 각종 종교기구와 청진사(이슬람교의 사원)에 무료 사용하게 하는 상황이었다.[20] 수피교파는 처음에 호라산에서 후에 하중지구와 토하라스탄에서 광범히 전파되었다. 동시에 카얼마특파(이스마일파)도 중국 타지크 지구에 전해졌다.

5. 맺음말

중앙아시아 타지크인 선조는 끊임없는 융합발전을 거쳐 점차 타지크인 민족을 형성하였으며 또한 종교 변화의 역사과정에서 민족 일체화 과정을 실현하였다. 초기에 타지크 선민은 조로아스터교의 지속적인 영향을 받았으며 페르시아 제국과 페르시아 사산왕조 두 시기에 국교의 지위로 보급되었다. 그러나 불교는 쿠샨정권 시기에 대대적으로 보급되었으며 동부에서 영향을 형성하였다. 이슬람교가 전파되어 조로아스터교와 불교가 중아시아에서의 영향을 대체하게 되어서야 타지크인은 공동 신앙의 기초 및 사만왕조의 정권 체제 하에서 민족 형성의 과정을 완성하였다. 7~11세기까지 이슬람교는 중앙아시아 타지크인에서의 전파를 완료하였다. 사만왕조 시기는 타지크족이 형성되

---

20 『中亚塔吉克史』, p.175.

는 시기로서 초기 종교 변화와 민족화 과정을 거쳐 타지크는 선민 단계로부터 민족 형성의 과정을 완료하였다. 동시에 타지크인의 종교 신앙의 변화도 이로부터 고정되었다. 비록 초기 종교 변화의 과정은 정치 변화를 주요 추진력으로 하였지만 이것은 다양한 정치역량과 문화요소가 그에 영향을 준 결과이다. 그러나 그 민족이 형성된 후 그후의 여러 개 왕조의 통치하에서 그 종교 신앙은 신규 개변을 일으키지 않았다. 민족과 종교가 하나의 공동체로 결합하게 될 때 종교의 변화는 더욱 큰 힘이 있어야만 민족과 종교 공통의 한계를 개변하여 변화를 일으킬 수 있다. 타지크족 종교 변화의 역사와 민족 형성의 과정은 서로 호응하는 것으로서 그후 민족문화의 형식으로 계승받아 고정되기 시작하였다. 그중 정치역량이 추진작용을 일으켜 종교와 민족의 합류 결과를 촉진하였다.

청대 신장 지역 한인의 민간신앙에 대한 연구와 분석

류홍(刘虹)

1. 서언

　　신장은 독특한 생태환경, 지리조건과 역사를 배경으로 하기 때문에 예로부터 여러 종교신앙이 공존하는 지역이다. 상고시대부터 근대까지, 자연숭배, 샤머니즘, 불교, 조로아스터교, 마니교, 네스토리우스교, 도교, 이슬람교, 기독교 등의 종교 모두 한때 신장에서 성행하였다. 신장에서 성행하였던 종교를 종합적으로 볼때 각 종교는 성행 시기, 지역 분포가 모두 다르고 각 민족 사회에서의 지위와 영향도 모두 다르다. 신장 지역 여러 종교의 공존 구조 역시 각 역사 시기에 따라 그 특징도 모두 다르다. 이는 사회 역사의 발전변화와 밀접한 관계가 있다. 당시 사회의 정치, 경제발전의 제약을 받으며 신장 지역 각 민족 발전의 역사와 밀접하게 관련되어 있다.

　　청조가 신장을 통일한 후, 특히 신장이 성(省)으로 발전한 뒤, 근대 신장에는 기본적으로 다민족 분포구조가 형성되었고 종교신앙은 줄곧 다양화를 나타냈다. 종교신앙은 각 민족 문화예술의 주요 표현형식이고 또 각 민족 사상 문화교류의 중요한 내용이다. 따라서 학계에서는 근대 이래 신장 지구 각 민족의 종교신앙에 대한 연구에 줄곧 관심을 가져왔고 이슬람교, 서장불교, 기독교, 천주교, 정교 등에 대한 연구 결과도 끊임없이 산출하였다. 중국 내의 한인이 신장에 들어와 변방에 주둔하고 개간을 시작하면서 지역성 특징을 가진 각종 민간신앙도 따라서 점차 한인 거주지역에 전파, 발전되었다. 따라서 이 곳에서 생활하고 있던 기타 민족에게도 일정 정도의 영향을 미쳤으며 근대 신장 지역의 여러 종교가 공존하는 구조에서 빼놓을 수 없는 중요한 부분이 되었다. 또한 근대 신장 지역의 다원적 민족문화 구조의 형성과정에서도 긍정적인 요인으로 작용하였다.

본고는 청대 신장 지역의 한인이 신봉했던 민간신앙을 연구대상으로, 민간신앙의 신기(神祇) 및 분포를 정리하여 당시 신앙생활상을 복원시키고 민간신앙의 특징을 연구분석하며, 더 나아가 그 시기 신장 지역의 한인이 신봉했던 민간신앙의 합당한 응집기능을 제시하였다. 이상 내용에 대한 연구 및 토론을 통하여 사람들의 인식 속에 신장 지구의 다양한 종교신앙의 공존 구조 형성에 대한 내용을 심화시키고 중화민족의 다원일체 문화구조에 관한 이론을 한층 더 보완할 것이다.

2. 청대 신장 지역 한인 민간신앙의 신기유형 및 지역분포

신기는 한인 민간신앙의 가장 직접적인 외적 상징이다. 신기유형을 분석하면 이 시기 신장 지역의 한인이 신봉하는 민간신앙의 내용을 알 수 있다. 그리고 신기의 지역분포를 조사하면 이 시기 한인이 신봉하는 민간신앙의 전파 유역을 탐구할 수 있다.

　청대 신장 지역의 한인이 신봉하는 민간신앙은 중원 지역 한인의 다신숭배 특징을 답습하였다. 자연신(풍신·화신·뇌신·전신 등), 시조신(옥황상제·복희·신농·헌원 등), 우상신(관우·공자 등), 업종수호신(곡신·토지신·창고신 등), 생활수호신(삼신할머니 등), 도시수호신(성황 등)은 모두 이들의 숭배를 받는다. 건륭(乾隆) 연간부터 청나라 조정이 신장에 사당을 널리 건설했을 뿐 아니라 한인 백성도 자금을 모아 절을 세우고 신을 모셨다. 건륭 41년에 쓰여진 『이강회람』은 이리(伊犁) 지역 사당과 신기에 대해 상세한 내용을 다음과 같이 기록하고 있다.

　팔납묘(八臘廟)는 혜원성(惠遠城) 보영대청(步營大廳) 옆에 있는데, 동쪽으로 학방(學房)을 두고 남쪽으로 정전(正殿) 세 칸을 향하고 있으며 뒤에 주지 방 두 칸이 있다. … 신위는 여덟 개 있으나 소상(塑像)은 없다. 서쪽에 유맹장군묘(劉猛將軍廟)가 있는데 규모는 팔납묘와 다름없다. … 화신묘(火神廟)는 혜원성 북쪽에 있는데, 정전 세 칸이 순서에 따라 중간은 화신(火神), 동방은 마명왕(馬明王), 서방은 재물신을 모시며, 모두 좌상 3구, 서 있는 장수상과 동자상이 각 6구이다. 서쪽의 회랑은 동서 각 세 칸으로 이루어져 있고 대문과 주지 방이 각 세 칸 있다. 문밖에는 사자가 두 마리 있으며 건너편에 계미년 5월에 건축한 대(臺)가 있다. 후전(後殿)도 세 칸 있고 유교, 불교, 도교의 상이 있는데 이를 삼청전(三淸殿)이라고 부른다. 옆에는 주지방이 각 두 칸인데 이 역시 계미년에 시민들이 건축한 것이다. 성황묘(城隍廟)는 북문 내외의 서쪽에 위치하는데 정전이 있고 각 세 칸으로 이루어진 두 회랑의 구조이며 중앙에 신상 한 구와 귀반상(鬼叛像) 5구가 있다. 을미년에 건축된 배전(配殿)은 동서 각 두 칸으로 이루어져 있으며, 그 앞에는 을미년 가을에 건축된 망하루(望河樓) 한 칸이 있는데 수로를 볼 수 있을 정도로 넓다. 편액에 '하늘의 은덕이 이강에 내렸다(澤

被伊江'고 하였으며, 주련에 "근원은 사기(沙氣)까지 거슬러 오르며 모든 집들의 우물을 윤택하게 하고, 곤륜의 성숙(星宿) 강에서부터 흘러내려 만 리를 퍼지며 편안하게 한다(源溯流沙氣 潤萬家烟井 澤通星宿波 恬萬里帆穡)"고 하였다. 모두 이(伊) 장군 늑노(勒圖)가 관할하여 격(格) 봉액(琫額)이 협조하게 하여 지은 것이다. 풍신묘(風神廟)는 혜원성 서문 밖에 있다. 대문이 한 칸이고, 정전 세 칸에는 풍백신(風伯神)을 함께 모시며, 동서 배전이 각 두 칸이다. 이것도 을미년 가을에 건축한 것이다. 자손성모묘(子孫聖母廟)는 장군서(將軍署) 대문 안에 있는데, 주지 방이 두 칸이고, 중문 안에 정전이 세 칸이며, 존상은 계사년에 만들었다. 혜녕성(惠寧城) 관제전(關帝殿)은 북문 안에 있는데, 대문이 세 칸이고, 정전이 다섯 칸이다. 앞에는 관음각(觀音閣)이 두 칸이고 왼쪽은 산신이며 오른쪽은 토지묘가 각 두 칸 있으며, 문 안에 비각 두 개가 있고, 전각 뒤에 동서로 주지방 각 세 칸이 있는데, 모두 신묘년에 세운 것이다. 수정성(綏定城)에는 관제묘가 두 개 있다. 하나는 북문 안에 있는데, 정전이 세 칸이고, 뒤의 관음각은 세 칸이며, 두 회랑이 각 두 칸이고, 모두 존상이 있다. 다른 하나는 둥문 밖에 있는데, 정전이 세 칸이고, 두 회랑이 각 한 칸이다. 역시 존상이 있는데 규모는 작다. 노군묘(老君廟)는 공아이박(空俄爾博), 즉 석탄산에 있다. 신사년에 석탄 갱도 앞에 세우고 석탄을 캘 때 신의 힘을 빌었다.[1]

여기에는 건륭 연간 이리 지구의 한인이 신봉하는 신기유형이 기재되었다. 그 중 팔사묘, 화신묘, 유맹장군묘, 삼청전, 성황묘, 화신묘, 풍신묘, 관제묘, 자손성모묘, 관음각, 노군묘 등이 포함된다. 그중 관제묘는 한 곳에만 있는 것이 아니다. 청대 신장 지역 다신숭배의 번성광경을 쉽게 짐작할 수 있다.

---

1 格琫額, 「伊江汇览·坛庙」, 吳丰培 整理, 中国社会科学院中国边疆史地研究中心 主編, 『清代新疆稀见史料汇辑』(全国图书馆微缩文献复制中心, 1990), pp.22-25.

청대 신장 지역 한인이 신봉하는 민간신앙의 지역분포는 한인 거주지분포와 거의 일치한다. 건륭·가경·도광·함풍 시기에 한족 관병, 개간 군민, 상인, 죄수 등은 대부분 신장 동쪽과 북쪽의 이리, 타청, 디화, 푸캉, 치타이, 창지, 쑤이라이, 쿠어카라우쑤, 징허, 하미, 전시 등 지역에 분포되어 있으며 한인의 민간신앙도 상술한 지역에 집중적으로 분포되어 있다. 동치 연간의 신장 변란으로 신장의 농경지는 대대적으로 파괴되었고 신장의 한족 인구도 급속히 줄었으며 한인의 사당들도 대부분 전쟁으로 인해 파괴되었다. 1876년 청조 정부는 신장을 수복한 후 파괴된 사당들을 복원하였다. 특히 1884년 신장이 성으로 발전한 뒤, 거주지가 확대되고 민족 격리정책이 점차 폐지되면서 한인 신앙의 지역분포도 원래의 신장 동쪽과 북쪽에서 신장 남쪽의 원쑤, 바이청, 카라샤르, 수러, 우스직예청, 허톈, 사처, 푸리, 바추, 잉지사 등 지역으로 전파되었다. 필자는 『신장도지』, 『신장향토지고』 등 문헌자료에 의거하여 청대 신장 지역 한인 신앙의 유형과 지역분포를 아래와 같이 통계하였다.

청대 신장 지역 한인 신앙의 유형과 분포[2]

지역	장소	신기 명칭
신장북부와 동부지구	혜원성	관제묘, 공자묘, 문창궁, 팔사묘, 유맹장군묘, 사당, 절효사, 풍신묘, 화신묘, 용왕묘, 사직단, 선농단, 성황묘, 자손성모묘, 낭낭묘, 만수궁.
	쑤이딩현	관제묘(두 채), 김충개공사, 만수궁, 성황묘
	닝위안성	무묘, 유맹장군묘, 성황묘
	디화성	관제묘(네 채), 문창묘, 삼관묘, 라진인묘, 약왕묘, 문양사, 유양근사, 평양사, 도근숙사, 경건위장군사, 김충개사, 소충사, 풍신묘, 뇌신묘, 전신묘, 용왕묘, 화신묘, 옥황각, 만수궁, 성황묘, 괴성각, 낭낭묘, 선녀묘
	궁닝성	관제묘(여섯 채), 문묘, 문창궁, 재신묘, 충왕묘, 팔사묘, 라진인묘, 소군사, 만수궁, 성황묘, 낭낭묘, 삼황묘, 옥황묘, 오성묘
	고성	문묘, 관제묘(두 채), 양왕묘, 삼청묘, 재신묘, 노반묘, 삼관묘, 여조묘, 선고묘, 장군묘, 삼충사(평서, 보항, 혜경), 유씨절효방, 초조사, 화신묘, 용왕묘, 산신묘, 수신묘, 석인자묘, 태양묘, 토지묘, 마왕묘, 우왕궁, 성황묘, 만수궁, 옥황각, 낭낭묘

2 도표 자료 출처는 『新疆图志』, 『新疆乡土志稿』.

지역	장소	신기 명칭
신장북부와 동부지구	푸캉현	관제묘(두 채), 무묘, 무성궁, 문창궁, 삼관전, 재신묘(네 채), 장군묘, 용왕궁, 토지사, 삼황전, 삼관전, 옥황각, 성황묘, 낭낭묘
	전시청	관성제군묘(두 채), 문묘, 문창궁(두 채), 삼관묘, 재신묘, 손빈묘, 선고묘, 약왕묘, 충왕묘, 아오신묘, 노반묘, 초조묘, 소무묘, 좌문양공사, 소충사, 뇌조묘, 풍신묘, 토신사, 마왕묘, 우왕궁, 양회, 태회, 성황묘, 삼관묘, 낭낭묘, 만수궁, 루조묘, 감주묘, 남산묘, 해신사, 남원자묘, 화장자묘, 대흑구묘, 사산자묘, 류구묘, 두거묘, 이거묘, 삼거묘, 양주묘, 진주묘, 노북묘, 동관대묘, 용군낭낭묘.
	창지현	관제묘, 문묘, 문창궁, 재신묘, 아오신묘, 용왕묘, 선농단, 토지묘, 아오신묘, 우왕궁, 성황묘, 오성묘, 삼성묘, 낭낭묘
신장북부와 동부지구	쑤이라이현	문묘, 무묘, 무성궁, 관제묘, 유맹장군묘, 소충사, 화신묘, 토지묘, 마왕묘, 옥황각, 낭낭묘, 성황묘, 오성궁, 괴성루
	하미직예청	문묘, 관제묘, 문창묘, 좌문양공사, 용왕묘, 화조묘, 만수궁, 성황묘, 낭낭사.
	쿠어카라우쑤직예청	문묘, 무묘(네 채), 문창각, 방신묘, 소충사, 용왕묘, 화신묘, 사직단, 성황묘
	탑성직예청	관제묘(두 채), 방신묘, 소충사, 산신묘, 만수궁, 성황묘, 낭낭묘
	징허직예청	문묘, 무묘(세 채), 문창궁, 약왕묘, 유맹장군묘, 재신묘, 소군사, 용신묘, 마왕묘, 성황묘, 만수궁, 낭낭묘(두 채)
신장남부 지구	원쑤현	문묘, 무묘, 유맹장군묘, 방신사, 용신사, 사직단, 성황묘, 만수궁
	바이청현	문무묘, 방신사, 소군사, 용왕묘, 사직신기단, 만수궁, 성황묘
	옌치부	문묘, 무묘, 유맹장군묘, 용신사, 사직단, 만수궁, 성황묘
	우스직예청	문묘, 관제묘, 방신묘, 소군사, 충의사, 유양근사, 용신사, 만수궁
	소륵서	문묘, 무묘, 방신묘, 유양근사, 충의사, 용신묘, 성황묘
	사처성	무묘, 방신묘, 소군사, 화신묘, 용신사, 만수궁, 성황묘
	푸치청	무묘, 풍신묘, 용신사, 성황묘
	바추주	문무묘, 소충사, 용신사, 화신묘, 성황묘
	허톈주	문무묘, 소군사, 유맹장군묘, 용신사, 사직단
	잉지사성	관성묘, 방신묘, 좌공사, 용왕묘, 만수궁, 성황묘

3. 청대 신장 지역 한인 민간신앙의 특징

1) 청대 신장 지역 한인 민간신앙의 민족성과 전승성

청대 신장 지역 한인 신앙의 전파는 중원 지구 한인의 이민과 밀접한 관계가 있다. 신장의 민간신앙은 중원지구 한인의 종교신앙 풍습과 한족 민간신앙의 보편적 특징을 계승하였다. 예를 들면, 신장 지역 한인의 신앙은 중원에서처럼 다신숭배라는 최대특징을 갖고 있다. 그리고 한인의 민간신앙은 유가사상의 영향을 크게 받았다. 유가사상은 중화민족 전통문화의 핵심이고 '부모에게 효도함', '웃어른을 존중함'은 시종일관 사상문화, 윤리도덕에서 지배적 위치를 차지한다. 또한 한인의 민간신앙은 뚜렷한 공리성과 실용성을 구비한다. 한인은 보통 무슨 일이 있을 때에만 신령을 찾고 신을 모시는 형식은 예절의 구속을 받지 않기에 비교적 자유롭다. 이상 한인 신앙의 공동 특징은 신장 지역 한인 민간신앙의 민족성과 전승성을 구현한다.

2) 청대 신장 지역 한인 민간신앙의 적응성과 창조성

한인 민간신앙은 신장의 독특한 자연지리적 조건과 다원문화 배경 속에서 싹이 트고 적응하고 발전하여 그 특유의 적응성과 창조성이 점차 형성되었다. 민간신앙이 중원과 매우 다른 자연지리적 조건하에서, 그리고 다원 문화 배경 속에서 새로운 사회에 적응하기 위해 자아변혁을 하였다는 점에서 그 적응성과 창조성이 나타난다.

풍신은 중원 지구의 한인 신앙 중 각별히 중시받는 자연신이 아니다. 오로지 풍신만을 숭배하는 신기는 드물다. 하지만 혜원, 디화, 전시, 푸리에는 풍신묘가 하나씩 세워져 있다. 이것은 모래바람이 잦은 신장의 자연조건과 밀접한 관계가 있다.

새로운 자연환경에 적응하기 위해 풍신이 만들어졌고, 또 왕소군, 좌종당, 유진낭 등 인물들은 신장 문화와 민족관계의 발전에 커다란 공헌이 있어 신장 지역의 한인이 각별히 숭배하는 우상신으로 되었다. 궁닝, 징허, 바이청, 사처, 허톈에 소군사가 각각 하나씩 세워져 있고 디화, 하미, 전시에 좌문양공사가 하나씩 세워져 있다. 그리고 디화, 우스, 소륵에 유양근사가 하나씩 세워져 있고 그 중 디화에는 평양사와 도근숙사도 있다.

신장 지역의 한인들이 관우를 숭배하는 마음은 내지의 한인들보다 더욱 경건하다. 이 또한 심오한 역사배경이 있다. 봉건사회 의식에 속하는 종교신앙은 봉건 통치계급의 이익을 위해 복무한다. 신장을 수복하는 시기, 전사들의 사기를 북돋기 위해 청조 정부는 관제묘의 건설에 각별한 신경을 썼다. 관제는 '군신', '무성' 등 신성한 이미지로 신장에서 전쟁을 치르고 있는 병사들에게 많은 숭배를 받았다. 또한 청대의 정부 기재에 따르면 신령이 여러 번 나타났었다고 한다. 이에 집을 멀리 떠나 전쟁터로 나가는 병사들은 정성스레 관제를 모셨고 관제에게 자신의 평안을 빌었다. '군신,' '충의' 등 의미를 가진 공관은 신장 지역 한인사회에서 민심을 모으고 안전감을 가져다주는 긍정적인 작용을 하였다.

청조 말기 신장에는 방신묘라는 또 하나의 독특한 신기가 있었다.『온수현지(溫宿縣志)』에는 "방신사(方神祠)는 현치성 바깥 동남방에 있다. 방신(方神)에 대한 것을 간략히 보면, 예전에 화전직예주(和闐直隸州)의 유목식남(劉牧式南)이 도광(道光) 연간에 수좌(戌座)의 유묵(遺墨)을 얻은 적이 있는데 그 글에 '신의 성은 황씨이고 자(字)는 정상(定湘)이다. 호남(湖南) 장사현(長沙縣)의 입음사(笠音寺) 옆에 있는 속제옥(粟堤屋) 마을에서 가경(嘉慶) 6년(1801) 5월 초엿샛

날 유시(酉時)에 태어났다.'고 적혀 있다."³고 하였다.『배성현향토지(拜城縣鄕土土志)』에 "또 방신사가 있다. 그 신의 성은 황씨이고 자는 정상이다. 도광 6년 (1826)에 카스가얼을 지킬 때 장기르(張格爾)의 난이 일어났는데 홍수가 난 마을에 둑을 쌓고 용감하게 물에 뛰어들어 많은 사람을 구했다고 하여 신이 되었다. 민간에 질병, 고난, 기원이 있을 때 다 들어준다. '방신'이라는 말은 '내방연사(來方漣祀)'라는 시에서 따온 말이다."라고 하였다.⁴ 학자 진국광은 청조 말기 신장 방신에 관한 자료를 통하여 방신은 실제적으로 존재하는 사람이라고 생각하였다. 방신은 후난에서 태어나 도광 초년에 감숙으로 보내져 군대에 들어갔고 그 후에는 카스가얼을 지키는 보통 병사였다. 조국의 통일을 수호하는 전투에서 헌신적으로 몸을 던져 당지의 한인들은 그를 신마냥 숭배하였다.⁵ 이런 숭배는 그의 정직한 품성과 나라를 위해 한 몸을 바친 장거에 대한 칭송일 뿐만 아니라 역사상 변방을 지키며 장렬히 희생된 모든 전사들에 대한 애도의 마음도 내포되어 있다. 이런 애도와 숭배는 사람들로 하여금 점차 그를 '사방지신'으로 불렀다. 이민들은 이토록 우상신이 그들의 재난을 막고 고난을 없애주기를 간절히 빌었다.

4. 청대 신장 지역 한인 민간신앙의 정합 응집기능

청대 신장 지역 한인의 민간신앙은 아래와 같은 보편적인 사회기능(해석기능, 규범화기능, 제어기능, 생활습속기능 등) 외에 또 뛰어난 정합 응집기능을 구비한

---

3 『溫宿縣志 · 政績錄』, 马大正, 『新疆乡土志稿』(新疆人民出版社, 2010), p.259.
4 『拜城縣乡土志 · 政績錄』, 马大正, 『新疆乡土志稿』(新疆人民出版社, 2010), p.267.
5 陈国光, 「新疆'方神'本是戍邊愛國之士 : 淸末新疆方神志文辨析」, 『西域硏究』2004年 第4期, pp.82-88.

다. 이런 정합 응집기능은 종교 문화를 인정하는 기초에서 실현된다.

주류 종교, 종교 특권과 비교해 봤을 때 민간신앙은 사회 전체 성원에 뿌리를 박은 종교신앙 및 종교의 외적 표현이다. 청대 신장 지역 한인이민 중 소수의 상층 관원 외에 대부분은 변방의 병사, 평민, 상인, 죄수 등이었다. 하지만 절대다수를 차지하는 백성들은 정부에서 진행하는 천지일월, 오악삼천의 제사에 참가하지 못했다. 민간신앙은 신장 지역 한인 모두의 정신적 기탁이고 사회 지위와 아무런 관련이 없다. 청대 신장 지역 한인의 민간신앙은 한인이민 모두의 종교 문화 역량이다. 따라서 이민사회의 각 성원과 집단은 민족문화를 인정하고 이민사회 내부의 각 세력과 집단은 하나의 통일체가 된다. 뿐만 아니라 성원들로 하여금 소속감을 느끼게 하고 새로운 사회 질서를 형성하여 사회의 생명력을 유지한다.

민간신앙과 관련된 행사는 왕왕 가족 혹은 조직의 도움으로 진행된다. 청대 신장 지역 한인이민이 자발적으로 설립한 각지의 회관은 주로 제사를 지내고 신에게 감사를 드리는 데 쓰인다. 한인이 설립한 회관은 대부분 궁, 묘, 사, 관을 건축형식으로 하고 회관 내에는 본적지에 따라 각기 부동한 향토신을 모신다. 예를 들면 산시회관은 관우를 관성대제로 모시고 양호회관은 우왕을 모신다. 각지 회관의 향토신은 내지에서 온 한인들에게 집체적 상징을 수립하였다. 신장 변방 소수민족 지구의 한인에게 있어서 회관 신령과 제사 활동은 효과적인 정합 유대이자 이민들이 원적 문화를 인정하고 전승하는 양호한 수단이다.

민간신앙은 독특한 민속성 특징을 갖고 있다. 이는 원생 종교에서 변화 발전한 것이고 시간이 흐르고 사회가 발전하면서 그 '종교성'은 점차 약해지고 대부분은 일상생활과 밀접한 관계가 있는 민속으로 발전한다. 봄갈이, 가을걷이 등 농사철이든 춘절, 추석 등 명절이든 생, 사, 혼인 등 인생대사든 민간신앙은 늘 민간에 머물러 있고 민중의 일상생활에서 존재한다. 청대 신장 지역의 한인 이민사회는 민간신앙의 신비한 힘을 빌려 분산된 성원들로 하여금 단체 기억을 강화하고 문화 인정을 응집하고 사회의식과 정감을 공고하여 공동의 안전감과 고향에 대한 감정 의탁을 받게 한다.

청대 신장 지역 한인의 민간신앙은 내지에서 신장 변방으로 이민 간 한인들의 일상 습관하의 종교 신앙이고 집단생활을 전승하면서 형성된 종교 규범이자 사회 활동이며 한민족 문화의 심층구조이다. 청대 신장 지역 한인의 민간신앙에 대한 인정은 더 나아가 민족문화에 대한 인정과 소속감을 불러일으킬 수 있다. 새로운 이민사회는 민간신앙에 대한 인정을 통해 그 정합 응집기능이 실현되었다. 주로 민족의 공동 심리, 공동 습관, 공동 문화전통의 형성을 촉진하고 민족 내부의 융합, 민족 간의 융합을 촉진한다.

영문초록

A Study of the Han Chinese Folk Religion During Qing Dynasty and Repubulic of China in Xinjiang

Han Chinese Folk Religion is the indispensable important component of the religious pattern in Xinjiang during the Qing dynasty. This paper combed the types and distribution of the temples enshrined by Han Chinese in Xinjiang during the Qing dynasty, and analysed the feature of Han Chinese Folk Religion, and explored it's integration function in Han Chinese immigrant society.

중고 시기의 불교와 민족 간의 경계선

우홍린(吳洪琳)

1.

중국 역사상 종교의 개화기(開花期)인 중고 시기는 본토의 도교는 물론 양한(兩漢) 시기에 전해진 외래 종교 불교도 모두 한껏 발전하였다. 동시에 이 시기야말로 중국 역사상 민족활동이 빈번한 시기이다. 문화가 다양하고 민족이 복잡한 상황 아래에서, 서로 뒤섞여 있는 내지이민(內地移民) 민족과 화하(華夏) 민족 사이에 정치생태와 문화자원을 다투기 위하여 의도적이든 우연이든 민족 경계를 구분하는 도구를 항상 모색하였다.

세계적인 종교 중의 하나로서 한대(漢代)에 중국에 전해진 불교는 당시의 화하 민족이나 내지로 이주한 비한(非漢) 민족에서 볼 때 전혀 새로운 신앙 자원이었다. 중국 고유의 '오랑캐와 화하를 구별한다'는 관념 때문에 화하민족은 본능적으로 이역에서 온 불교를 향해 일종의 거부 심리가 생겼지만, 중원(中原)의 주인이 된 내지 이민 민족은 '호족'이니 '오랑캐'니 하는 신분 때문에 불교에 대하여 일종의 자연스런 친근감이 있었고 또 불교를 이용하여 능동적으로 민족 신분을 구축해 나아갔다. 같은 종교 자원에 대하여 한 무리는 친근감을, 한 무리는 배척이라는, 서로 다른 두 무리의 표현 때문에, 외래 불교는 중고 시기에 일정한 정도와 범위 내에서 내지이민 민족과 화하 민족의 경계를 구별하는 중요한 도구가 되었다.

그러나 중고 시기 불교와 민족 경계의 상호작용 현상에 대해서는 학계에서 언급이 매우 적기 때문에 이 글은 이 방면에서 노력해 보고자 한다.

2. 유교와 도교의 배척: 민족 신분의 구별

불교는 외래종교 사상체계로서 한대에 중국에 전해진 이래 수많은 관념과 이와 상관된 종교 실천이 있었기 때문에 중국 고유의 전통 사상 관념이나 생활방식과 서로 충돌하며 정부나 유가와 도교 인사들의 비판과 배척을 늘 받아왔다.

한대에 불교가 중국에 전해졌을 때 정부는 지역과 민족 신분상 불교의 전파와 신앙에 제한을 하였다. 서역의 호인(胡人)만 절을 지어 신앙하게 하고[1] 한인(漢人)은 출가하여 승려가 되는 일을 허락하지 않는 정책은 한대를 지나 조(曹), 위(魏), 서진(西晉)을 거쳐 후조(後趙)까지 줄곧 계속되었다. 당시 한인(문장 편의상 하화 민족이라고 하기도 한다)도 출가한 사람이 있기는 하였지만 사적으로 출가한 것이어서 합법적이지는 않았다. 그러므로 "한·위·서진 시기에 불교는 이주 한인들이 사는 도읍의 호인 취락공간으로 주로 전해졌다. 문헌에 나타

---

1 慧皎, 『高僧传』, 汤用彤 校注(北京: 中华书局, 1992), p.352.

난 초기 한족 승려의 자료를 보면, 위와 서진 시기의 대표 인물로는 주사행(朱士行), 지효용(支孝龍), 류원진(劉元眞), 축법심(竺法深) 등이다. 위와 서진 시기에는 국가에서 여전히 한인의 출가를 금지하였고 한인 사회의 여론 환경도 한인의 출가를 지지하지 않았기 때문에 출가한 한인 승려가 생활할 수 있는 공간은 기본적으로 불교를 신앙하는 이주 호인들의 생활공간을 벗어날 수 없다."[2]

국가 정부 차원에서 명확하게 금지하는 것 외에도 전통의 유교와 도교 인사들이 불교를 '오랑캐 종교'라며 배척을 더했다. 동한(東漢)의 명제(明帝)는 서역에 사신을 파견하여 경전과 불상을 가져오게 하였지만 이 행위는 반대에 부닥쳤다. 반대자들은 특히 불조(佛祖)를 '호족의 신'에 속하는 것으로 분명하게 이해하고 또 불교 교의는 '화하족이 참례하지 않는 것'이라고 비난하며 불교를 화하 문화에서 제외시켰다. 불교신앙에 대해서는 "세상에 학식 있는 많은 사람이 비방"[3]하여 신봉하는 사람이 거의 없었다. 가섭마등(迦葉摩騰)이 "온갖 고생을 마다하지 않으며 사막의 모래를 무릅쓰고" 낙양에 도착하였을 때 동한명제는 온갖 예의를 갖추어 모시고 "정사(精舍)를 지어 그곳에 머물게 하였다"고 하지만 당시 사람들은 오히려 "귀의하여 믿는 사람이 거의 없었다." 한나라 말 삼국 때 성립된 모자(牟子)『이혹론(理惑論)』은 당시 사람들이 불교에 대해 느끼는 당혹감과 오해를 정리하였다. 그중에 당시의 수많은 유가들이 불교를 비난한 일을 적었는데 대부분 불교를 '오랑캐의 종교'라고 하였다. 삼국 시기부터 남북조 시기에 이르기까지, 유교와 도교는 윤리인 강상(綱常)을 따른다고 보고 불교는 '화하'와 상대적인 '오랑캐'의 위치에 두었다.

국가 정부 차원의 금지령과 유교나 도교 지사들의 배척 때문에 후조(後趙)에 이르러 한인의 불교신봉금지령을 풀기 전까지 한인은 대부분 불교를 신봉

---

2 叶德荣, 『汉晋胡汉佛教论稿』(兰州大学出版社, 2012), p.153.
3 牟子, 『理惑论』, 僧祐, 『弘明集』卷1(大正藏52)(石家庄, 河北佛教协会, 2005), p.5.

하지 않았으며 불교 신봉자들은 주로 '강호(羌胡)의 종족'이어서 출가한 승려는 모두 호인(胡人)이라는 것이 당시의 보편적인 견해였기 때문에 불교를 신봉하는가의 여부야말로 당시 호인 무리와 한인 무리를 구별하는 중요한 표지였다.

외래 불교는 '오랑캐 풍속'이라는 인식을 바탕으로 동한(東漢)부터 양진(兩晉)에 이르기까지 유교와 도교 인사들은 불교에 대해 비판하면서 주로 '오랑캐와 화하의 구별'을 사상 무기로 썼다. '오랑캐와 화하의 구별' 즉 "오랑캐와 화하에는 차별이 있다"는 말은 "화하에서 오랑캐를 엄격하게 막는 일"이 필요하기 때문에 엄격하게 오랑캐와 화하를 구분하였다. 위진남북조 시기에 발생한 유교-불교와 유교-도교 사이의 '오랑캐 화하 분쟁'은 비록 중외 문화 사이의 분쟁 성격이지만 동시에 민족 분쟁의 함의를 갖추고 있다. 더욱이 남조(南朝)의 송(宋)·제(齊)·양(梁) 3대(代) 때 도교와 불교는 '오랑캐-화하' 문제에서 전개된 '논쟁'은 더 그러해서 이 논쟁 중에 유교와 도교 지사들은 더욱 분명하게 불교를 '화하'와 상대적인 '오랑캐'의 위치에 두었다. 유교와 도교와 석교(釋敎) 사이의 '오랑캐와 화하의 구별'은 더욱 두드러져, 변방의 민족 또는 내지이민 민족과 화하민족 사이의 민족성 차이를 강조하면서 '오랑캐'와 '화하' 사이의 경계선은 추상적이고 개념적인 성격에서 유래하였지만 구체적이고 조작도 할 수 있는 것으로 바뀌었다.

중국의 전통 사상은 외래문화에 대하여 폐쇄적이고 배타적인 일면이 있을 뿐만 아니라 동시에 유연하고 융통적인 일면도 있어서, 비록 오랑캐와 화하가 다름을 강조하지만 오랑캐와 화하 사이의 경계가 완전히 고정된 것이 아니라 문화적 변천에 따라 변화할 수 있다. 혈통이 아니라 문화로 오랑캐와 화하를 구분하는 이러한 개방적인 방식은 문화적인 수렴을 통해 오랑캐와 화하 사이의 민족 경계선이 사라질 수 있게 하였고, 내지로 이주한 '호(胡)' 민족이 화하민족으로 진입하는 데에 일련의 이론적 기초 혹은 실제적인 가능성을 제공하였다.

3. 석호(石虎)의 존숭(尊崇): 호족 신분의 부각

불교가 정부와 유교나 도교 인사들의 배척을 당하는 상황은 후조(後趙) 정권 이후 근본적으로 바뀐다. 16국 중에 수많은 정권이 공개적으로 불교를 지지할 뿐만 아니라 이런 정권의 지도자가 불교를 대단히 신봉하였는데, 그중 특히 후조(後趙)의 석호(石虎), 전진(前秦)의 부견(苻堅), 후진(後秦)의 요흥(姚興)이 대단했다. 후조의 석륵(石勒)과 조카 석호는 서역의 고승 불도징(佛圖澄)을 존숭하여 그를 '나라의 큰 보배'[4]로 부르며 군사와 국정의 중요 사안에 참여시키고 심지어 모든 어린이들을 불교사원에 보내 교육을 받게 하였다. 이뿐만 아니라 석호는, 이후로는 한인이 개인적으로 출가할 필요없이 공개적으로 출가할 수 있다고 명령하였다. 이런 정책으로 많은 한인들이 공개적으로 불교를 신봉하기 시작하여, "불도징과 제자들이 세운 불교사원 893개는 불교가 중국에 전해진 이래 최고 수치이다."[5] 조(趙)의 석씨 통치자들의 불교를 숭상하고 불도징의 법을 펼침으로써 "중원과 호족과 진(晉)의 거의 모두가 부처를 신봉했다"[6]는 국면을 형성하여 불교 세력이 후조가 통치하는 드넓은 북방 지역에 빠르게 확장되었다.

후조의 뒤를 이은 것은 불교를 매우 존숭하던 저족(氐族)이 건립한 전진(前秦) 정권이었다. 부견 재위기간 동안 통치구역 안에서 불교사업이 신속히 발전하였다. 후진(後秦) 통치자 요흥도 적극적으로 불교의 발전을 고무하고 지지하여 장안성을 당시 불경 번역의 요지로 만들어 5천여 명의 승려가 여기에 모이게 하였다.

---

4 『晋书』卷95「佛图澄传」(北京: 中华书局, 1956), p.2487.
5 任继愈, 『中国佛教史』(北京: 中国社会科学出版社, 1985), p.147.
6 慧皎, 『高僧传』, 汤用彤 校注(北京: 中华书局, 1992), p.346.

16국 시기 각각의 정권의 지원과 대대적인 후원을 거치며 불교는 처음 전해진 시기와 비교하면 대단히 변화한 상황 속에 있었다. 사료 기록에 의하면, 북위 시기 국내의 불교사원과 승려의 수는 이미 각각 '40,000개', '200여만 명'에 달하였다. 중국의 흥성이나 전이민족과 불교의 관계에 대해서는 예로부터 "(불교는) 한(漢), 위(魏), 진(晋) 때에는 거의 없는 것과 같았다. 5호(胡)의 어지러운 때에는 바람처럼 일어났다"[7]는 단언이 있다. 현대 학자도 "한위 이후에는 서북의 융(戎)과 적(狄)이 뒤섞여 살았다. 서진(西晋)이 무너지고 호인(胡人)이 통치할 때는 외래의 근(勤)과 익(益)이 유행했다"[8]고 보기 때문에 불교의 발전과 내지이민 민족의 관계는 두드러진다. 불교의 발전이나 흥성과 내지로 이주한 호족의 밀접한 관계는 내지이민 민족과 불교 사이의 부합감과 동질감을 충분히 구현하고 있다.

석호가 불교를 크게 숭상함으로써 한족 사대부의 불만을 불러일으켜 중서저작랑(中書著作郎) 왕도(王度)가 상서로 간언한 적이 있는데, 명확하게 불교를 '외국의 신'으로 여겨 반대하였고 불교를 신앙함으로써 화하와 '융(戎)'의 제사가 '뒤섞임'을 염려하였다. 그러므로 이를 통해 불교를 반대하는 가장 중요한 목적은 '화하의 제사'를 수호하는 것임을 알 수 있으므로 화하민족과 내지이민 민족 사이의 경계가 명확하다. 왕도의 상서는 많은 한족 사대부의 지지를 얻었다. 이런 형세를 대면하고 석호는 불교를 지원하는 자신의 태도를 명확히 드러내는 조서를 내리는데, 특히 석호가 불교를 신봉하는 이유를 분명하게 제시하였다. '변방의 땅에서 태어난' 그는 '융신(戎神)'인 '부처'를 자신의 본래 습속의 신으로 여김으로써 '융'이라는 자신의 민족 신분과 같음을 공개적으로 선

---

7 道林, 『周祖巡邺请开佛法事』, 道宣, 『广弘明集』 卷10(大正藏52)(石家庄, 河北佛教协会, 2005), p.154.
8 汤用彤, 『汉魏两晋南北朝佛教史』(北京: 北京大学出版社, 2011), p.109.

포한 것이다.

왕도가 불교를 금지하라고 상서를 올린 것이든 석호가 불교를 받들라고 조칙을 내린 것이든 두 사람 각자의 행위에 대한 해석의 출발점은 매우 일치한다. 왕도가 불교를 반대한 이유는 "부처가 서역 출신의 외국 신이어서 공덕이 백성이 베풀어지지 않으니 천자가 사당에서 받들지 않기" 때문이고, 석호가 불교를 숭상하는 원인은 바로 그 점, 불교가 '오랑캐의 신'이기 때문이다. 화하민족인 왕도와 호족 출신인 석호는 불교를 민족 신분을 표시하는 도구로 삼고 있다. 후조의 석씨는 중부아시아 지역의 갈(羯)족 출신이다. 당시 불교가 중국에 전해질 때 서역을 환승역으로 삼는 일이 많았고 중원 지역에서 불교를 전파하는 승려도 서역 여러 나라 출신이 많았다. 그러므로 중부아시아의 호족인 석호는 불교에 친근감을 가지고 있었으며 또한 이런 이유로 후조의 석씨는 불도징으로 대표되는 불교를 크게 지원하였다. 석호는 '변방의 땅에서 태어난 사람'이므로 외래의 '오랑캐의 신'인 불교를 지원하고 존중함으로써 민족 신분과 종교 신앙이 들어맞게 했을 뿐만 아니라 동시에 호족과 '모든 화하'를 서로 구별하겠다는 목적을 이루었다.

류원해(劉元海)나 혁련발발(赫連勃勃) 등의 예처럼 16국 시기 수많은 내지이민 민족은 자신의 조상의 원류를 화하민족의 명망 있는 민족이나 먼 조상과 함께 관련을 지었지만, 석호와 그의 숙부 석륵은 자신의 조상을 인정하는 분명한 특징이 있다. 항상 스스로를 '호(胡)'라고 부르고 '호신(胡神)'인 불교를 좋아하는 것도 '호족' 신분과 결부시켰다. 그래서 후조의 석씨는 여세를 몰아 불교를 (후조의 기타 호족을 포함하여) 화하민족 사이에 경계를 이루는 도구로 삼은 것이다.

석호는 공개적으로 불교를 신봉한다고 선포한 외에도 수많은 한인이 불교를 신앙하게 하여 "중원의 호족과 진(晉) 사람 거의 모두가 부처님을 받들"[9]게

---

9 慧皎, 『高僧传』, 汤用彤 校注(北京: 中华书局, 1992), p.346.

하였으며 강호(羌胡) 사람만 공개적으로 불교를 신앙할 수 있고 한인은 출가하여 승려가 될 수 없다는 금지령을 타파하였다. 이는 중국역사상 최초로 국가 정부 차원에서 한인들이 출가할 수 있게 한 예[10]이며 이후로는 한인의 출가가 합법적인 행위가 되었다. "호족과 진(晉) 사람 거의 모두가 부처님을 받들었다"는 현상은 '호족과 진(즉 이른바 화하민족)' 사이의 경계선이 모호하게 되어 이후의 불교가 민족을 표시한다는 의미가 감소하였다.

4. 태무제, 주무제의 반불: 호족 신분의 제거

북위(北魏)와 북주(北周) 시기에 내지이민 민족인 태무제와 주무제(두 사람 모두 선비민족)가 두 차례 치열한 반불운동을 벌였다. 두 차례의 폐불은 이 두 사람이 정권의 정통성을 해결하려고 시도한 일차적인 노력이라고 볼 수 있다. 그러므로 두 차례의 폐불은 모두 봉건의 최고 통치자들이 '오랑캐와 화하를 구별한다'는 기치를 내걸면서 진행하였다.

태무제(太武帝)는 태평진군(太平眞君) 5년(445) 봄 정월에 불교를 엄격히 타격할 것을 명하는데, 조서(詔書)에서 선비민족 출신 북위 태무제는 명확하게 불교를 "서융(西戎)의 허무맹랑한 소리"라고 지적하였다. 얼마 지나지 않아 태무제는 더욱 철저한 조서를 내렸다.

태무제가 폐불을 한 원인에 대하여 학자들의 설명이 분분하지만 대체적으로 정치, 경제 혹은 종교, 문화 방면의 설명에서 벗어나지 않는다. 그러나 북위 시기에 대해서 말하자면 빈번한 대외전쟁으로 군주의 권력이 상대적으로 집중되어 있어서 사문이 남조의 승려처럼 "왕에게 예경하지 않는다"와 같은

---

10 任继愈, 『中国佛教史』(北京: 中国社会科学出版社, 1985), p.146.

일은 감히 있을 수 없었다. 경제면에서 보면 사문은 그저 군역과 조세를 면제받는 특권만 누렸을 뿐이고 태무제 때에는 아직 사원경제가 형성되지 않았기 때문에 사문이 경제면에서 후세처럼 국가에 커다란 손실을 끼치지 않았다. 그러므로 단순한 정치상의 혹은 경제상의 원인이 전적으로 태무제의 폐불을 일으켰다기보다는 종합적인 원인의 결과이다. 많은 학자들이 설명한 원인 이외에도 태무제는 반불행위를 통하여 화하민족의 경계선을 보완하려고 시도함으로써 정권을 위해 정통성 분쟁을 일으키겠다는 심리와도 어느 정도 관계가 있다.

두 차례의 폐불 조서에서 태무제가 "서융의 허무맹랑한 소리"인 불교를 엄격히 타격하겠다고 한 것은 민족 신분을 분명하게 드러낸 것은 물론 가짜를 제거하려는 정통의 분쟁이라는 심리를 나타내고 있다. 이들이 중국 전통문화를 인정하고 있으며 외래의 '오랑캐' 가르침을 의심하고 거리감이 있음을 반영하고 있다. 태무제 시기는 선비족을 발탁함으로써 아직은 완전한 한화(漢化)정책이 사라진 것은 아니지만 북위 이래 처음으로 광대한 중국 북방 지역을 통일한 내지이민 민족이 건립한 정권이다. 당시 이와 함께 설립된 남방의 한인 정권은 전통사상의 관념 중의 화하민족이 건립한 정권이므로 이미 본래적인 우세를 지니고 자연스러운 정통성을 가지고 있었다. 남방의 통치자들 역시 모두 정통을 자처하며 '오랑캐와 화하'의 구별 속에서 '화하'의 위치를 차지하고, 당시 북방 지역에서 활동하는 호족을 '노(虜)'라고 부르며 그들이 세운 정권을 '가짜'라고 배척하였다.

이런 상황에서 태무제는 오랫동안 보아온 외래의 '오랑캐 풍속'인 불교에 대해 자연히 회의적인 태도를 가졌고 심지어 두려워 외면할 정도였다. '호신'인 불교에 친근하면 화하민족에게 호족으로 비칠까 봐 태무제는 석호처럼 '호신'을 이용해 자신의 호족 신분을 드러내지 못하고, 반대로 화하의 정통문화를 숭상하면서 외래 불교를 타격하여 소멸시킴으로써, 통치민족인 선비와 본토의 화하민족을 격리하고 한족과 기타 소수민족들의 인정과 지원을 끌어들이면서 남방의 정권과 정통성을 다투는 분쟁에서 유리한 지위를 차지하게 되었다.

북주 시기에 무제(武帝)도 한 차례 반불운동을 일으켰다. 주무제의 폐불 조서에는 북위 태무제와 동일한 심리상태가 담겨있다. 민족 인정 면에서 주무제는 자신의 위치가 '5호(胡)'가 아니라는 점을 특히 강조하고, 불교는 서역에서 생긴 "바른 가르침이 아니므로" "5호가 아닌" 자연히 신봉할 필요가 없으며 오히려 폐지하여야 한다고 하였다. 이를 통해 알 수 있는 것은 주무제가 폐불을 한 중요한 원인의 하나가 바로 불교가 외부에서 전해진 것이라는 점이다. 북주 정권의 설립자인 선비족이 한화(漢化)한 정도가 비교적 깊어 북주는 기본적으로 선비족과 한족이 함께 통치하는 국가였으며 주무제 본인도 화하의 정통임을 자처하였다. 그것은 북주 정권을 공고히 할 뿐만 아니라 동으로 북제(北齊)를 평정하는 데에도 필요하였다. 최종적으로 중국 전체를 통일하여 진시황과 한문제처럼 거대한 통일왕조를 건립한 제왕이 됨으로써 엄연한 화하민족의 제왕의 이미지를 갖추는 것이다.

주무제와 북주의 선비족 통치집단이 자발적으로 한의 문화를 받아들이고 화하민족에 유입되려고 노력하였지만 당시 호족과 한 사이의 모순은 해소되고 있어서 호족과 한 사이의 차별도 점점 약화되거나 소실되었다. 오랜 시간 동안 내지이민 민족의 통치 아래에 있던 화하민족은 호족이 설립한 정권을 인정하는 마음이 강했다. 하지만 정권의 정통성은 주무제가 반드시 대면하여야 할 객관적으로 존재하는 난관이었으므로 정권의 정통성 면에서 적들에게 아무런 구실을 남기지 않기 위해 온 힘을 다하여 '호족'으로 배척당하며 '정통성'의 난감함에 떨어지지 않으려고 하였다. 이 때문에 주무제는 불교를 제거하기로 결심하고, 오랑캐 가르침을 신봉함으로써 호족으로 의심받는 일을 피하며 자신과 북주의 화하 정통 이미지가 손상되는 것을 피하였다. 또한 불교는 타격당한 시기에 급격히 발전되었는데, 발전과정 중에 치명적인 타락현상을 드러내 통치자들에게 구실을 남기게 되었다. 북조의 통치자들이 불교의 교화 역할이 부족하다고 생각한 것은 절대 아니었지만 '정통성 논란'이라는 도전 아래에서 이런 역할은 보잘것없었다.

북방 정권은 호족 신분이라는 점에서 생기는 정통성이라는 난감함 때문에 불교를 대하는 방식이 남방 정권과 커다란 차이가 있다. 남조 시기에도 삼교의 논쟁이 있었지만 종교나 문화적인 분쟁이 많아서 이론적인 측면에 머물 뿐이었고, 때로 논쟁이 비교적 격렬하더라도 모두 온화한 방식이었다. 현실 정치의 수요가 있으면 제왕이 과도하게 발전한 불교에 대하여 제한 조치를 취하였으나 이런 수단과 방법들이 비교적 온화하여 파불 사건을 일으키지 않았다.

5.

앞서 말한 내용을 종합하자면, 불교는 중국에 전해지고 나서 16국 북조 시기에 민족의 경계를 구분하는 일종의 표식이 되었다. 우선, 정부가 법률의 방식으로 한인들이 출가하여 승려가 되는 것을 금지하여 국가 차원에서 화하민족과 내지이민 호족의 경계가 이루어졌고, 유교나 도교 지사는 '오랑캐와 화하의 구별'을 사상 무기로 삼아 불교를 '호신(胡神),' '융신(戎神)'이라면서 비판하고 배척하였다. 국가와 사회의 두 측면의 노력을 통해서 화하민족과 호족 사이에는 불교를 매개로 일종의 경계가 나타났다. 불교를 믿는 사람은 모두 호족이고 반대는 화하민족이라는 것이다. 당시에 일부 한인들이 출가하여 승려가 되었지만, 이것은 국가가 정책으로 금지한 것이어서 사적인 출가에 속하며 불법이었다. 이런 한인 승려들은 대부분 호족 사람이 모여 사는 곳에서 활동하였다. 소수민족들이 중원으로 이주함에 따라 실력도 끊임없이 늘고 민족 자아의식도 강화되어, 내지이민 민족들은 불교를 숭상하는 것으로 자기의 민족특색을 드러내려고 시도하면서 다시 새로운 민족 신분을 구축하였다. 한인을 대상으로 한 불교 신앙 금지령을 완화하고 또 일정 정도에서 호족과 한민족 사이의 경계를 해소함과 동시에 불교의 발전을 촉진하였다. 남북조 시기에 북방의 많은 정권은 건립자가 호족 신분이었기 때문에 정권의 정통성 문제를 어떻게 해결할 것인가의 문제와 마주하고 있었다. 북위와 북주의 정권 건립자들은 모두 선비족으로 화하민족들이 말하는 '호족'이었기 때문에 정권과 대립하는 측에 구실을 남기지 않기 위해, 북위의 태무제와 북주의 무제는 이러한 '오랑캐의 가르침'인 불교와 '오랑캐의 신'인 부처에 대하여 피하는 것으로는 때가 늦을까 두려워, 스스로 하화민족과 친근하고 호족이 아니라는 입장과 결심을 드러내는 데에 반불과 폐불이 최적의 조치가 된 것이다. 이들의 '반불' 행위는 내지이민 민족 스스로의 호족 신분을 모호하게 만들어 민족을 이해하는 측면에서 화하민족의 의도 쪽으로 향하게 함으로써 내지이민 민족과 화하민족 사이의 신분 표시 역할이 결국 사라지게 하였다.

 남북조 시기에 북방의 반불과 남방의 삼교 논쟁 과정에서 불교는 '오랑캐와 화하의 구별'이라는 경험을 하였다. 기본적으로 중국 사회의 사족(士族) 계층에서는 '오랑캐와 화하를 구별'하는 반불교의 장애물이 완전히 사라져 중국문화와 갈라놓을 수 없는 부분이 되었다. 당 이후 '오랑캐와 화하의 구별' 논쟁의 의미는 유교와 불교와 도교의 세 가지가 융합하는 데에 있었다. 이후 불교가 민족 경계의 도구 역할을 하는 성격이 약화되자마자 곧 사라졌다.

3편
실크로드와 문화

누란 벽화 무덤에 대한 재검토

리칭(李靑)

압사라의 길, 비천의 문화: 실크로드를 통해 본 8세기의 세계화

강희정(姜嬉靜)

탁실라 박물관의 불교 예술품

나시르 칸(Nasir Khan)

제이드로드와 중국신화학의 새로운 콘텍스트:
서왕모(西王母) 신화를 중심으로

홍윤희(洪允姬)

산베이(陝北) 돌사자와 불교문화

주진후이(朱尽晖)

누란 벽화 무덤에 대한 재검토

리칭(李青)

1.

2003년 2월 10일의 『신장 도시소비 조간신문』은 '누란 왕릉'의 도난 사건을 보도하여, 국내외에 충격과 관심을 불러일으켰다. 2월 18일~3월 5일간에 신장문물고고연구소 장옥충(张玉忠) 등은 이 도난 벽화무덤에 대해 정리와 발굴을 진행하는 동시에 누란 L.A 고성 이북 지역의 문물 분포 및 보존 현황에 대해 초보적인 조사를 진행했다.¹ 같은 해 11월에 필자는 직접 뤄부호(羅布泊)에 가서 그 무덤에 대해 현지 답사를 했으며 논문 몇 편을 발표했다.² 다음 내용

---

1 张玉忠,「楼兰地区魏晋墓葬」,『中国考古学年鉴·2004』(文物出版社, 2005), pp.410-412.
2 2003년 10월 25일~11월 5일, 신장성 바인궈렁 몽골족 자치주 인민정부는 '2003년 누란 학술시찰단'을 조직했다. 시찰단 멤버는 孟凡人, 何德修, 吐孫·柔孜, 尚衍斌, 周吉, 周軒, 孟捍高, 李青 등 30여 명이다. 시찰단은 주로 米兰佛寺, L.E 고성, 羅布泊雅丹 무덤, L.A 고성, 土垠 유적, 古墓溝 유적, 營盤 유적, 孔雀河 봉화대 유적 등을 시찰했다. 필자가 발표한 누란 벽화 무덤에 관한 주요 연구는 다음과 같다.「新发现楼兰粟特墓壁画艺术源流考」,『西

은 선행 연구에 근거하여 그 무덤 벽화 및 일부의 유물이 담긴 민족·종교·문화 및 예술 특징에 대해 다시 심도 있게 토론을 시도한 것이다.

2. 무덤의 기본 상황

이 무덤은 누란 L.E 고성의 서북쪽 약 4km 거리에 자리잡고 있으며, 남쪽으로 L.A 고성까지 약 23km 떨어져 있고 동쪽으로 토은유지(土垠遺址)까지 약 7km 떨어져 있다. 무덤의 지리 좌표는 동경 90° 07′와 북위 40° 40′이다. 묘지 일대에는 높이가 10~20m인 수십 개의 대형 아단(雅丹)이 분포되어 있다. 무덤은 길이 76m, 너비 30m, 높이 20m의 아단 대지의 남단에 자리하고 있다. 아단 대지의 북부 중앙에 있는 높이 약 2m, 밑부분 너비 약 2m의 탑 모양의 흙벽돌 건물은 불탑과 비슷하기 때문에 학자들은 봉화대로 여겼다. 무덤은 남북 방향의 긴 묘도를 가진 동굴 무덤이다. 묘도는 길이 10m이며 묘실은 전후 양실로 나뉜다. 전실은 동서 길이 4m이고 후실은 남북 너비가 3.5m이며 높이 1.7m이다. 무덤 중심 부분은 직경이 50cm의 중심주(中心柱)가 있고 밑부분은 사각형 모양이다. 중심주 상부와 전실 천장이 도굴꾼에 의해 폭파되어 훼손되었다. 이 구역에 현존하는 다른 것과 구조가 비슷하고 중심주가 있는 무덤에 의거하면 원래의 중심주가 무덤의 천장과 연결되어 있었으리라고 추측된다. 전실과 후실 사이에 격장이 있는데 격장 동쪽에 문이 하나가 있고 격장 서쪽에 도굴 구멍이 남아 있다. 후실은 남과 북쪽이 각 2.8m이고 평평한 천장이다.

北美术』 2003年 第3期. ; 「楼兰绘画艺术源流考」, 『美术』 2004年 第5期. ; 『古楼兰鄯善艺术综论』(中华书局, 2005), pp.527-537. ; 『丝绸之路楼兰艺术研究』(新疆人民出版社, 2010), pp.183-190.

전실과 후실에서 4~5개의 목관 잔편이 발견됐는데, 그 중에 단 한 개가 인자피(人字披) 목관이며 상대적으로 잘 보존되어 있다.³

그 무덤 전후실 및 중심주에 모두 벽화가 남아 있는데, 벽화가 약 0.5cm 두께의 흰 진흙벽에 그려졌다. 전실 남쪽 벽 문의 오른쪽 윗부분에는 주홍색의 앉아 있는 인물 정면 초상이 있는데 이것이 좌불상인 것 같다. 좌상 서쪽 아래 구역에 불좌상을 향하여 무릎을 꿇고 절을 하는 예불인상이 그려져 있다. 전실 동벽에 북쪽에서 남쪽으로 여자 3명과 남자 3명이 그려져 있고 남쪽에 첫 번째 남자는 오른손을 들어 올리면서 집게손가락을 내미는 모습이고 다른 사람들은 잔이나 접시류의 기물을 손에 쥐고 있는 모습이다. 남자들은 라운드 도포를 입고 있으며 허리띠를 메고 있고 복색은 빨간색, 보라색, 흰색 등이다. 여자들은 카디건 슈트를 입고 있으며 가슴에 파란색과 주홍색이 번갈아 그어진 목걸이형 직물 화환을 착용하고 있다. 초상화의 머리 부분이 모두 다 훼손되었기 때문에 완전한 초상이 없다. 단지 북쪽부터 네 번째 사람이 수염이 있었다. 북쪽에서 남쪽으로 두 번째 초상 위에 카로슈티 문자의 흔적이 남아 있기 때문에 일부의 학자는 그것이 벽화 저자의 사인이라고 생각했다.⁴ 전후실 통로 동쪽에 너비가 약 50cm 되는 벽면에 흰 옷, 검은 부츠, 허리띠를 착용하고 서있는 남자 초상이 있지만 심하게 파손됐다.⁵ 통로 서쪽에 앞발이 질주하는 듯한 주홍색의 수말 한 마리가 있고 그 이미지가 말의 수컷 특징을 강조하

---

3 이상 데이터의 출처는 张玉忠, 「楼兰地区魏晋墓葬」, 『中国考古学年鉴·2004』(文物出版社, 2005), pp.410-412.
4 林梅村 등에 따르면 이 문자는 카로슈티 문자로, 미국 학자 앤드루 그라스(Andrew Glass)는 이것이 벽화 저자의 사인이라고 해석하였다. 林梅村, 『丝绸之路考古十五讲』(北京大学出版社, 2006), p.176. ; 戴维, 『汉晋鄯善墓与丝绸之路』(北京大学考古文博学院硕士论文, 2005)
5 다른 학자는 동굴 위를 안불라식 陶罐으로 묘사하고 있다. 그 동쪽에 승려 한 명이 있으며 의발을 들고 있는 모양이다. 韦正, 「楼兰地区汉晋墓葬的初步分析」, 『汉代西域考古与汉文化』(科学出版社, 2014), p.99.

는 데에 목적이 있지만 말의 머리 부분도 훼손됐다. 그 말 맞은편에 사람 한 명이 그려져 있었던 것 같지만 그 초상이 훼손됐다. 전실 서쪽 벽에 서로 물고 있는 빨간색과 하얀색의 낙타가 있고 그 양측에 흰 옷, 검은 부츠, 손에 막대기를 들고 두 낙타를 떨어지게 하려는 한 남자의 초상이 있지만 그 남자의 머리 부분이 훼손됐다. 전실과 후실의 중심주에는 모두 산점식(散点式) 원형 법륜 양식의 그림이 있다(일부의 학자는 연꽃그림이라 생각한다).

무덤 안에 도난 사건 후 남아 있는 소량의 인골과 유물이 발견됐다. 인골은 두개골 등만 있고 유물은 관, 기함면포화의 잔편, 직물과 복식의 남은 것, 나무 잔, 채색 화살대, 가죽 주머니, 가죽으로 만든 작은 말 안장(부장품), 상아 참빗, 나무 빗 등이 있다. 그 무덤의 성질에 대해 장옥충(张玉忠)은 "이 무덤은 '누란왕릉'이 아니라 선선(鄯善)왕국 시기 누란성 부속성인 L.E 성 주변의 귀족 가문의 합장묘라고 생각한다."[6] 하였다. 이 무덤의 번호는 03LE 벽화무덤이다.

3. 묘실 벽화의 표현 형식

이 무덤 벽화는 단선으로 선과 면을 결합하여 평평하게 그리는 기법을 사용하여 인물과 동물의 자세나 장면을 따로따로 생생하게 나타냈다. 선을 표현하는 데에 있어서는 대부분 두 번이나 묘사한 것이고 옅은 갈색의 라인으로 그리고, 필요에 따라 짙은 갈색이나 잉크 컬러의 라인으로 그려 정형한 것인데 갈색보다 잉크 컬러의 라인이 약간 굵은 편이다. 라인의 굵기를 막론하고 갈색과 잉크 컬러의 라인이 모두 균일하다. 기필과 낙필이 뚜렷한 필치가 없

---

6 张玉忠,「楼兰地区魏晋墓葬」,『中国考古学年鉴·2004』(文物出版社, 2005), p.412.

고 염색 명암의 흔적도 거의 없다. 색깔이 단순한 편인데 빨간색과 파란색을 위주로 갈색, 보라색, 및 하얀색 등을 보조로 한 것이다. 붉은 계열은 광물안료이고 푸른 계열은 식물안료인 것 같다. 벽화의 색깔이 비교적 간단하고 구도가 균형적이고 자연스러우며 그래픽 기법이 상대적으로 세련되고 규범적이기 때문에, 화면의 구도감이 안정적이다. 이런 예술 스타일은 신장 고대의 그림과 남다른 색채를 띠고 있다.

4. 무덤의 연대 추정

지리적 위치를 보면 이 무덤은 실크로드 누란도의 주 도로에 위치한다. 근사하고 호화로운 묘실의 구조와 벽화 및 매장 풍습을 감안하여 실크로드 누란도 흥망성쇠의 연대를 결합하면 이 무덤은 수나라 말기 '대적로(大磧路)'(누란도)가 닫히기 전에 나타났을 가능성이 높다. 따라서 학계에서 이 무덤을 3~4세기 때의 것으로 생각한다.

누란 지역의 무덤 구역은 대단히 넓고 연대기가 비교적 길다. 고고학적 발견에 따르면 전체 누란 지역의 초기 무덤(청동시대)은 주로 수직 혈(穴)이거나 수직 혈의 편실을 갖추고 있다.

대부분 관은 일체식 통나무배의 모양과 조립식 배의 모양이고 무늬가 없는 단색 상자 모양과 채색 모양은 양한 시기 후부터 나타나기 시작했는데 경사로식 쌍실묘는 과거의 누란 고고(考古) 중에 발견되지 않았다. 최신 보고서에 따르면 이 벽화가 위치하고 있는 곳인 뤄부호(羅布泊)의 북서쪽과 공작하(Konqi River)의 하상 이남의 동서로 약 27km, 남북으로 약 7.5km의 범위 내에서 이미 50여 개의 한진 시기의 무덤이 발견됐다. 무덤 종류는 주로 경사로식의 동굴

묘와 수직 혈의 토굴 묘가 있다. 그 중에 경사로 동굴 묘가 거의 20개가 있는 것 같고 이런 묘가 단실, 쌍실, 3실 등 각기 다른 형태이며 묘실의 천장은 평평한 천장, 아치형 천장, 복두형 천장으로 나눌 수 있다. 그리고 그 중 5개 무덤의 묘실 가운데에는 중심주가 있고 개별의 묘실에는 벽화가 남아 있다.[7] 이로부터 누란 벽화 무덤의 출현은 우연이 아니라고 할 수 있다. 많은 고고 과정에서 발견된 무덤은 역사상 장시간에 걸친 누란 지역의 경제·문화 번영의 상황을 잘 반영한 것이고 이것은 혹시 쿠샨인(貴霜人)이 점점 동양으로 들어오던 것과 위진 시기에 실크로드 누란도의 흥망성쇠 등과 밀접한 관계가 있는 것일지 모른다.

5. 무덤 벽화와 족속 사이의 관계

2003년 3월에 누란 벽화 무덤 발견 후 얼마 지나지 않아 맹범인(孟凡人)은 "그 전후 쌍실 묘실의 구조와 매장 풍속을 보면 고창(高昌) 지역의 매장 풍속과 쌍실 묘의 어떤 영향을 엿볼 수 있고 무덤 안에 남아 있는 넓은 벽화의 화풍, 인물, 이미지, 복식, 술잔을 들고 있는 자세 및 술잔의 스타일 등의 특징은 소그드 벽화의 풍격을 갖춘다"고 지적했다.[8] 형식만 말하자면, 이 무덤 벽화가 소그드 벽화의 화풍과 비슷하다는 것은 분명한 일이다.

우지용(于志勇)과 담대해(覃大海)는 "이 무덤은 위진 전량 시기 누란 지역의 둔전군사(屯田軍吏)의 무덤이고 어떤 급의 관리가 객사한 후 매장된 곳일 가능

---

7 新疆维吾尔族自治区文物局 编, 『新疆古墓葬』(科学出版社, 2011), p.277.
8 孟凡人, 「楼兰考古学的重要性与开展楼兰考古工作的紧迫性艰巨性复杂性和可行性」, 『新疆文物』 2003年 第2期.

성이 높다고 생각한다"고 하였다.⁹ '둔전 군사 관리'이면서 '객사'이기 때문에 우지용 등이 지명한 무덤 주인이 한족 사람인 것은 말할 나위도 없다. 그러나 이것은 무덤 벽화와 그 안에 남아 있는 유물에 반영된 문화 풍습(화살대, 가죽 주머니, 벽화 중의 분말, 싸우던 낙타 등 내용), 특히 인물의 이미지와 완전히 일치하지 않았다.

임매촌(林梅村)은 이 무덤 주인이 대월지인(大月氏人)이라는 관점에 대한 자신의 견해를 가지고 있다. 그는 쿠샨 왕조의 대월지인들 활동상이 누란에서 출토된 위진 시기의 목간 파지를 통해 여러 차례 확인할 수 있는데, 새로 발견된 누란 벽화 무덤이 바로 누란에 살았던 쿠샨 이민자의 묘라고 보충했다.¹⁰

상술한 무덤 주인의 족속 문제에 관련된 관점이 일치하지 않으며 필자는 예전에 '소그드'설의 관점을 가지고 있었다. 그러나 지금은 누란에서 발견된 많은 높은 규격의 경사로식 묘도(墓道)의 동굴식 무덤 및 무덤 안의 카로슈티 사인 등으로 보면 무덤 주인이 카로슈티 문자를 사용했던 쿠샨 대월지인이라고 생각한다. 그러나 상술한 바와 같이 예술 형식에 국한하여 말하자면 이 무덤의 벽화는 소그드 화풍과 유사한 것이 많다. 이것은 이상한 일이 아니다. 쿠샨 왕조가 소그드 지역을 통제한 적이 있었기 때문에 소그드 예술이 쿠샨 예술에서 영향을 받았거나 쿠샨 예술에 영향을 끼쳤을 것이다. 그리하여 누란 쿠샨인의 무덤 안에 소그드 화풍의 흔적이 남아 있는 것을 이해할 수 있다. 이 문제에 대해 좀 더 논의할 조건은 전문가들이 이 무덤 안에서 출토된 인간의 두골 등에 대한 인류학적 분석 등 작업에 의존한다.

---

9 于志勇·覃大海, 「营盘墓地M15及楼兰地区彩棺墓葬初探」, 『西部考古』 第一辑(三秦出版社, 2006), p.417.
10 林梅村, 『丝绸之路考古十五讲』(北京大学出版社, 2006), p.175-176.

6. 무덤 안의 불교 예술 유적

　이 묘지에 지은 불탑형 건축물[11], 특히 벽화 중의 좌불상, 예불인물상, 법륜 무늬 및 코린트식이나 아소카 양식의 중심주를 보면,[12] 이 무덤 안에 남아 있는 유물들은 불교문화가 반영된 것이 분명하다. 주지하다시피 위진남북조 시기에 쿠샨 사람들이 불교를 숭상하고 간다라(Gandhara)예술을 보급했는데, 이 무덤 벽화에서 쿠샨 불교 예술의 흔적도 약간 나타난다.[13]

　또 이 무덤에서 하얀색 견사의 재질, 왼쪽으로 여미는 옷깃, 튜닉, 첨수 디자인의 상의 한 벌이 출토됐다. 옷 전체는 산점식 화훼 무늬, 영락 문양이 그려져 있고 가슴 가운데에 서 있는 훼손된 채색 인물 초상 하나가 있다. 그 인물 초상의 머리 부분에 둥그런 두광(頭光)이 있으며 몸에 타원형 신광(身光, 오염된 흔적?)이 있다. 그 인물은 검은 머리, 큰 눈, 등초롱식 바지, 빨간색 옷, 왼손에 막대기 같은 물건을 가지고, 맨발로 연화대에 서있는 특징 등이 있다. 일

11　상술한 바와 같이, 张玉忠은 벽화 무덤 지표에 지은 탑 모양의 퇴적물이 봉화대라 추측하고, 이 근처의 雅丹에 비슷한 건축물 2채가 있으며 일부의 건물 옆에 가옥 유적이 남아 있다고 지적했다. 필자의 현지 고찰에 의하면 이런 탑 모양의 흙벽돌 건물이 마치 한진 시기의 봉화대와 비슷하기 때문에 불탑 디자인과 더 비슷한 것 같다.

12　林梅村은 이 무덤의 중심 기둥이 大夏佛塔과 어떤 관련이 있다고 생각하는데 그럴 듯하기도 하다. 林梅村, 『丝绸之路考古十五讲』(北京大学出版社, 2006), pp.178-181 참조. 외관으로 보면 필자는 그것이 콜린스(Collins)식 柱頭와 더 가깝다고 생각한다. 콜린스식 주두는 2~3세기 간다라 조각예술 중에 많이 나타났고 누란지역에 잘 보존된 중심 기둥 무덤 중에 콜린스식 주두와 비슷한 것이 남아 있다. 뿐만 아니라, 이런 주두가 아소카 석주의 영향을 받았을 것 같다.

13　임매춘은 이 벽화 무덤의 불교 내포를 논술하면서, 한편으로는 이 벽화의 문화 요소가 간다라예술이고, 다른 한편으로는 이런 예술이 간다라예술이 아니라 大夏 불교예술에서 나온다고 지적했다. 林梅村, 『丝绸之路考古十五讲』(北京大学出版社, 2006), pp.178-181 참조. 사실은 지금의 연구 조건과 연구 수준으로 보면, 대하 불교예술을 간다라 불교예술과 엄격히 구분하려는 것은 어려운 것 같다.

부 학자들이 이것을 불상으로 간주했는데,[14] 임매촌은 그리스 주신 디오니소스(Dionysos)의 화상이라고 생각한다.[15] 또 왕영평(王永平)은 당나라 하키(hockey)에 대한 논술에서 제시한 감숙성(甘肅省) 위린굴(榆林窟) 15호의 당나라 시대 작품인 연화좌 위의 동자 하키 운동 그림과 일본 정창원(正倉院)에 저장된 외래품인 하키동자(打球童子) 담요의 도상을 보면,[16] 필자는 견사 재질의 상의를 입던 사람이 하키동자일 가능성을 배제할 수 없다고 생각한다. 진실이 도대체 어떤지 연구해 볼 필요가 있다.

7. 벽화 무덤 안의 다른 문화 요소

임매촌은 "누란 벽화 무덤 안의 벽화는 최소 세 가지의 다른 문화 요소가 융합된다. 첫째, 중원 한문화 요소이고 둘째, 로마 문화 요소, 그리고 셋째, 쿠샨 문화 요소이다."라고 하였다.'[17] 그런데 실제로는 이 무덤 벽화와 출토된 문물이 반영된 문화 요소는 아마 더 복잡한 것 같다.

누란 벽화 무덤 전실의 남쪽 벽 오른쪽에 질주하는 모습의 유니콘(unicorn)이 하나 그려져 있다. 이런 유니콘 이미지가 '신령스런 동물'로서 나타날 가능성이 있고 생명력에 대한 숭배의 의미도 있다. 섬서성(陝西省) 신묵현(神木縣) 대보당(大保當) 흉노 무덤 유적 중 많은 무덤의 안에 석각 문짝이 나타났고 문짝 밑부분에 검은 유니콘(해치)의 이미지가 새겨져 있는데, 이런 유니콘의 모

---

14 于志勇·覃大海,「营盘墓地M15及楼兰地区彩棺墓葬初探」,『西部考古』第一辑(三秦出版社, 2006), p.414.

15 林梅村,『寻找楼兰王国』(北京大学出版社, 2009), p.119.

16 王永平,『游戏竞技与娱乐 : 中古社会生活透视』(中华书局, 2010), p.142.

17 林梅村,『丝绸之路考古十五讲』(北京大学出版社, 2006), p.177.

양은 누란 아단 벽화 무덤 안에서 발견된 유니콘과 대단히 비슷하다. 그 유니콘은 몸이 소와 같고 머리에 긴 뿔이 있으며 성나서 눈을 동그랗게 뜨고 고개를 숙이며 뿔로 받으려는 모습이다. 대보당 무덤의 발굴자는 이런 동물의 디자인이 망자를 보호하기 위해서라고 말한다.[18] 비슷한 도상은 신장성 쿠차(庫車)현 위진 벽돌 묘실 부조와[19] 허시(河西)구 위진 벽화 무덤 및 다른 목조, 구리조각 등에서 다 발견된다. 중국 전통적 문화에서는 '해치'가 보통 악을 내쫓는 힘을 상징한다. 학계에서는 일반적으로 누란 벽화 중의 유니콘 이미지가 중원 문화의 영향을 받은 결과라고 생각한다. 필자가 이런 결론의 합리성을 배제하지는 않지만, 유니콘 이미지의 역사 연원을 거슬러 올라가면 최초의 이미지가 기원전 2350~기원전 1750년 인더스에서 나타난 하라파문화의 도장에서 나타났다. 그런데 중국은 인도의 유니콘과 어떤 관계가 있는지 아직 명확하지 않다. 객관적으로 말하면 유니콘의 이미지가 최초에 인도 문화에서부터 나온 것이 사실이다.

    누란 벽화 전실 북쪽 벽에 앞발이 하늘로 날아오르는 주홍색 수말 한 마리가 있다. 작자가 특별히 말의 수컷으로서의 특징적인 묘사를 강조한 것은 아마 생명력(생식) 숭배를 암시한 목적이 있을 수 있다. 생식기에 대한 과장된 묘사는 누란, 심지어 모든 중앙아시아 고대 예술 중의 한 특징이다. 예를 들면 누란 전사 시기의 소하(小河) 문화와 천산 남북쪽에서 발견된 암벽화 및 석조 등은 태곳적 사람들의 인류의 생식기에 대한 숭배를 반영한다. 사람들이 점차로 동물의 생식기에 대해 숭배하기 시작한 것은 군영에서 출토된 한진 사자 무늬 카페트 등 작품에서도 발견할 수 있다. 이것은 틀림없이 원시 생식 숭배

---

18 陝西考古硏究所 等, 『神木大保当』(科学出版社, 2001), p.116.

19 新疆维吾尔自治区文物事业管理局 等编, 『新疆历史文明集粹』(新疆美术摄影出版社, 2009), p.143.

관념의 표현이다. 분마(奔馬, 질주하는 말)의 이미지만 보면, 그 예술적 이미지가 로마 문화의 요소를 띤 것 같다. 임매촌(林梅村)은 "분마(奔馬)의 이미지가 그리스 로마 예술에서부터 유행하기 시작한다. 누란 무덤 벽화의 분마는 바로 로마예술의 영향에서 발생했다. 무위뢰대(武威雷台) 서진묘에서 출토된 동분마(銅奔馬)는 중국 전통 문화에서 뿌리를 찾지 못했지만 새로 발견된 누란 벽화 중 로마 예술 스타일의 분마를 보면, 이것이 로마예술에서 발원했을 가능성이 높다."고 하였다.[20]

누란 벽화 무덤 전실의 서쪽 벽에 빨간색과 하얀색 낙타 두 마리가 있고 왼쪽과 오른쪽에 따로 막대기를 들어 이들을 분리시키려는 사람이 한 명 있다. 누란 도성 서북쪽의 함수천(鹹水泉) 경사로 동굴식 무덤에서 출토된 채색 나무관에도 서로 깨물고 있는 비슷한 낙타 그림의 도상이 있다.[21] 한대(漢代) 화상석 중에 낙타 조련 그림이 많이 나타난다. 예를 들면, 쓰촨(四川) 신도(新都) 낙타 조련 화상전 등이다. 불교경전에서는 낙타로 번뇌를 표현하기도 하였는데, 인도 아잔타(Ajanta) 제17호 석굴 벽화 중에 이런 식의 그림이 남아 있다. 누란 벽화 중 낙타 그림의 의미가 낙타 조련인지, 번뇌에서 벗어난 것인지, 유목 민족의 놀이 중에 한 가지인지 지금은 확실하지 않다. 하지만 동물의 이미지를 보면, 그는 아시아 유럽 초원 유목 문화와 어떤 관계가 있는 것 같다. 아울러 이 무덤에서 출토된 화살대, 가죽 주머니, 말 안장 등은 모두 비교적으로 강한 유목 문화 특징을 드러냈다.

누란 벽화 속에 한문화의 영향을 받은 것이 많고 뚜렷하다. 예를 들면, 경사로 무덤방식 쌍실 무덤, 채색된 나무관의 도안 및 비단 직물 등이 있다. 학계에 이에 대한 논술이 대단히 많기 때문에 여기서 다시 논의하지 않겠다.

---

20 林梅村,『丝绸之路考古十五讲』(北京大学出版社, 2006), p.178.
21 新疆维吾尔族自治区文物局 编,『新疆古墓葬』(科学出版社, 2011), p.282.

8. 맺음말

앞서 말한 내용을 종합해 보면, 누란 벽화 무덤은 한진 실크로드 누란도의 중요한 위치에 있고, 그 연대는 대략 3~4세기이다. 무덤 주인은 분명히 카로슈티 문자를 사용하던 쿠샨 왕조의 대월지인일 것이다. 묘실의 디자인, 벽화 및 유물들이 한문화, 쿠샨 불교문화, 로마문화 등 여러 가지의 요소가 포함됐을 뿐만 아니라 소그드 예술, 인도문화 및 아시아 유럽 초원문화와 어떤 관련이 있는 것 같다. 벽화의 디자인, 기법 등은 선명한 예술 특징이 누란 예술사의 묘실 벽화의 공백을 메웠다. 이 무덤의 발견은 실크로드 예술, 종교 및 민족 문화에 대한 귀중한 실증적 자료가 된다.

압사라의 길, 비천의 문화: 실크로드를 통해 본 8세기의 세계화

강희정(姜嬉靜)

1. 서언

동아시아 불교미술에서 가장 중요한 예배대상은 불상과 보살상이다. 따라서 실크로드나 교역사, 종교사, 미술사에서 주로 다루는 대상은 바로 이 불상과 보살상이다. 반면 어느 지역, 어느 시대에서도 찾아보기 쉬운 압사라, 즉 비천은 거의 관심의 대상이 되지 못했다. 이들은 불교에서 중요한 존재도 아니고, 신앙의 대상은 더더욱 아니다. 그저 불교미술의 배경 중 하나로 간주되거나, 부처님께 공양을 하는 하급신 정도로 치부되었을 뿐이다. 하지만 인도에서 불교미술이 만들어지기 시작했을 때부터 이미 압사라도 같이 나온다. 중앙아시아, 중국, 동남아시아로 불교가 전해지면서 압사라 역시 전해지고, 미술로도 만들어진 것은 당연한 일이다. 육상 실크로드를 통해 서역으로, 해상 실크로드를 통해 동남아시아로 전해졌다. 실크로드의 발달 단계로 미루어 해상루트를 통한 전래가 좀 더 늦게 이뤄지기는 했지만 압사라는 불교문화권 어디에서도 찾아볼 수 있는 존재이자 조형이라는 점에서 충분히 주목받을 가치가 있다. 불상이나 보살상과 달리 사람들이 중요하게 여기지 않는 존재이기 때문에 더 쉽게 토착화·지방화되었다는 점도 눈여겨볼 만하다. 기원은 인도에 있지만 각 지역마다 저마다의 색채가 강한 압사라를 만들었으므로 물자가 오고가는 실크로드가 어떻게 문화의 산실 역할을 하게 됐는지를 보여주는 좋은 예가 될 수 있다.

항해술이 발달하기 전에는 육로를 통하여 동서가 교역을 했다. 인도 서북부에서 중앙아시아, 서역을 거쳐 중국으로 들어가는 실크로드는 일찍부터 개척되어 오랜 시간 동안 이용됐으나 지역을 둘러싼 분란이 계속되었고, 토번이 점령한 8세기 중엽 이후에는 이용이 쉽지 않았다. 지역적·시기적 편차를 감안하면 비단이 오고간 세계의 교역로로서의 실크로드의 개념을 바닷길까지 확대하는 것이 합리적이다. 무엇보다 바닷길은 오랜 기간 이용되고 있었을 뿐만 아니라 물동량에 있어서도 낙타 수십 마리가 실어 나르는 양과 비교가 되지 않는다. 오아시스 도시만큼 항구도 발달했고, 그만큼의 다종다양한 물자가 바닷길을 통해 움직였다. 물건의 이동만큼 사람과 종교, 사상, 문화가 이동했다는 점에서도 바닷길에 관심을 가질 필요가 충분하다. 육상이나 해상 실크로드에 있는 나라들에서 모두 볼 수 있는 것이 바로 압사라이다. 압사라는 인도에 기원을 두었지만 지역마다 다르게 받아들여졌다. 말하자면 현지에 맞게 재창안된 것이다. 압사라는 불교문화가 실크로드를 따라 세계화되는 과정에서 현지화·토착화에 성공한 좋은 예라 할 수 있다. 여기서는 우선 지리적으로 인도와 가깝고 인도 사람들의 직접 이주가 활발했던 동남아의 압사라를 먼저 살펴보려고 한다. 서역을 거쳐 전해지는 경우에는 이들은 인도인들의 직접적인 이주로 전해졌다는 점에서 원래 압사라의 개념이 그대로 전해졌을 가능성이 크다. 다음으로 실크로드를 통해 동아시아로 전해져 중국적으로 변용된 비천을 살펴보겠다. 압사라와 비천을 비교, 검토함으로써 인도의 사상과 문화가 비단길을 거쳐 각기 다른 방식으로 현지화에 성공하여 고유의 문화로 자리한 과정을 알아보고자 한다. 압사라는 비단길을 통한 현지화와 세계화의 주요 사례가 될 것이다.

2. 천상의 무희, 압사라와 실크로드

1) 동남아시아의 압사라

압사라(Aspara: अप्सरा:)는 그대로 압사라라고 부르기도 하지만 영어로는 님프라고 번역되기도 한다. 원래 인도의 힌두교와 불교 신화에 나오는 구름과 물의 요정에 기원이 있다.[1] 힌두교의 천지창조 신화에서 물 위(apsu)에서 태어났기(rasa) 때문에 압사라라는 이름을 갖게 됐다. 신화에서는 신들이 불사(不死)의 약 암리타(Amrita)를 얻으려고 우유의 바다를 휘저을 때 락슈미(Lakshmi)와 함께 바다의 우유 거품에서 탄생했다고 나온다. 압사라는 천신(天神) 인드라(Indra), 즉 제석천(帝釋天)의 권속(眷屬) 건달바(Gandharva, 乾闥婆)의 부인들이므로 건달바와 함께 인드라의 하늘에 살았다. 잘 알려진 대로 날씨와 전쟁을 관장하는 인드라는 도리천의 주인으로 불교에서는 제석천으로 번역되었다.[2] 인

---

[1] 흔히 영문판 사전에는 『리그베다』에서 최초로 나온다고 보고 있다. Chisholm, Hugh, ed., "Apsaras" *Encyclopædia Britannica* 2, Cambridge University Press, 1911. 한편으로 날아다니는 정령에 대한 개념이 페르시아에 있다고 보기도 한다. 그러나 이집트, 페르시아와 기독교 계통의 날아다니는 존재는 날개가 있는 有翼天人이라는 점에서 인도의 압사라와 차이가 있다.

[2] 도리천은 불교의 六欲天 가운데 두 번째 하늘이며 須彌山의 정상에 있다. 여기에는 동서남북 4방에 天人들이 사는 천인의 성이 각각 8개씩 있어서 모두 32개의 하늘, 즉 32천이 되고

드라를 따르는 하위신 중에 8명의 장수인 팔부중(八部衆)이 있고, 건달바는 팔부중 중의 하나로 불교 계위도에서는 높지 않은 지위에 있다.

불교의 우주관에서 가장 낮은 서열에 있는 건달바는 음악적 재능이 있고 하늘을 날아다닐 수 있어서 인드라의 음악을 담당한다.[3] 술과 고기를 먹지 않고 향기만 먹는 존재라서 향신(香神)·식향(食香)으로 불리기도 하며 나무껍질이나 나무의 수액, 꽃잎 등의 향기 안에 살고 있는 것으로 묘사되기도 한다.[4] 불교에서는 그가 지닌 음악적 재능에 따라 항상 악기를 연주하며, 부처님이 설법하는 자리에 나타나 부처님의 법을 찬탄하는 존재로 묘사된다. 인도신화에서는 반인반조(半人半鳥)의 형상으로 음악을 연주하는 신으로 묘사되기도 한다. 그러므로 건달바의 부인인 압사라 역시 인드라가 다스리는 도리천에 살았다. 압사라는 건달바의 음악에 맞춰 춤을 추거나 악기를 연주하는 존재이기에 자기의 재주로 신들을 즐겁게 하는 역할을 한다.

힌두 신화나 불교 경전 속의 이런 설명으로 인해 압사라는 무희(舞姬)처럼 인식된다. 그래서 미술로 표현된 압사라는 젊고 우아한 아름다운 여인의 모습이다. 특히 압사라가 가장 많이 표현된 곳은 앙코르와트가 있는 캄보디아이다. 실제로 앙코르와트에만 1,700여 점이 넘는 압사라가 새겨졌다는 보고가 있다. 그러다 보니 압사라 자체는 인도 신화에서 창안된 존재이지만 오히려 캄보디아를 대표하게 되었다. 앙코르와트에 묘사된 압사라는 인도에서 건너간 것이다. 불교와 힌두교가 동남아시아로 전해졌을 때 압사라의 개념도 동시

그 중앙에 제석천이 사는 善見城이 있어 이를 합쳐서 33천이라고 부른다. 이와 같은 우주관은 『起世經』에서 확인된다. 제석천을 포함한 불교의 신화와 인도 전통 사상에 대해서는 김용환, 「帝釋天(Indra)을 통한 佛敎神話의 一考察」, 동국대학교 석사학위논문, 1977 참조.

3 "是揵闥婆是諸天伎人, 隨逐諸天, … 爲諸天作樂"『大智度論』卷10(大正藏25, p.135a)

4 동방 지국천의 권속이라고 하기도 하고, 천상의 신성한 물이라는 소마(soma)를 지킨다고도 한다.

에 전해졌다. 인도문화의 근간인 산스크리트와 종교는 크게 두 번에 걸쳐 동남아로 전해졌다.[5] 기원전후와 4세기이다. 모두 바닷길을 통해 이뤄졌다. 이때의 해상루트는 말레이반도 남단의 크라(Kra) 지협을 통과해서 배를 갈아타는 길이었다. 지금의 싱가포르쪽 바다는 풍랑이 심하고 뱃길이 나빠서 항해에 적절하지 않은 해로로 기피되는 항로였다. 항해술과 선박제조술이 발달하고 난 뒤에야 싱가포르 남단으로 돌아서 가거나 인도네시아 남단 자바와 수마트라 사이의 순다 해협을 통과했다. 수·당대인 7세기 이후는 주로 인도네시아 방면으로 항해를 했고 그에 따라 이 지역의 항구를 중심으로 인도와 중국, 페르시아의 문화가 교류하게 된다. 유명한 구법승 의정(義淨)이 지났던 길도 바로 이 루트였을 것이다.[6]

압사라가 가장 잘 알려진 지역 중의 하나가 캄보디아이다. 그리고 캄보디아에서 압사라 조각이 남아 있는 제일 오래된 곳은 반티아이 스레이(Banteay Srei)이다. 앙코르 지역의 다른 유적에 비해 규모는 작지만 섬세하고 정교한 부조들이 잘 남아 있어 앙코르 초기의 걸작으로 손꼽힌다. 반티아이 스레이는 10세기 후반 라젠드라바르만(Rajendravarman) II세 때 야즈나바라하(Yajñavarāha)라는 브라만이 동생인 비슈누쿠마라(Vishnukumara)와 함께 세운 힌두교 사원이다. 왕실의 후손이자 아버지가 베다(veda) 학자였던 야즈나바라하는 라젠드라바르만의 궁정에서 궁정의사로 일했을 정도로 캄보디아 전통 의학과 아유르베다(Ayurveda) 요법에 능숙한 승려였다.[7] 그들은 앙코르 톰(Angkor Thom)에서 북동쪽으로 21km 떨어진 이쉬바라푸라(Īśvarapura)에 쉬바에게 바치는 사원을 세웠다.

---

5 최병욱, 『동남아시아사 : 전통시대』, 대한교과서주식회사, 2006.
6 불교와 문물이 전해지는 해상루트와 물품에 대해서는 Tansen Sen, *Buddhism, Diplomacy, and Trade: The Realignment of Sino-Indian Relations, 600–1400*, Manohar Publishers and Distributors, 2004.
7 Charles Higham, *The Civilization of Angkor*, Phoenix, 2001, p.80.

봉헌비의 명문에 의하면 이 사원은 967년에 봉헌되었다. 서양 사람들은 이 사원을 '귀중한 보석'이라거나 '크메르 예술의 보석'이라고 극찬할 정도이다.[8] 사원 구석구석 세밀한 솜씨가 돋보이는 것은 건립자인 야즈나바라하가 음악가이기도 했던 만큼 미적 감수성이 높았기 때문일지 모른다.

이 사원은 앙코르의 유적 중에 왕실에서 조영하지 않은 유일한 사원으로 주목되지만 11세기 경에는 어떤 이유에서인지 왕실 관리로 바뀌었다. 프놈 산닥(Phnoṃ Sandak)에서 발견된 비명에는 이 사원이 창건 이후 여러 번 확장되고 보수되었다고 쓰여 있다. 1119년 7월에는 사원이 디바카라판디타(Divākarapaṇḍita)에게 넘어갔으며 적어도 14세기까지 사원으로 기능했음이 밝혀졌다. 앙코르와트처럼 이 사원이 세간의 관심을 끌게 된 것은 20세기 들어서의 일이다. 14세기 이후에 버려졌다가 '재발견'된 것이다. 더더욱 주목을 받게 된 것은 전적으로 유명한 프랑스의 문필가 앙드레 말로(André Malraux) 덕분이다. 프랑스의 저명 작가이자 뒤에 문화부장관까지 지냈던 말로의 젊은 시절 이야기이다. 1923년 말로는 반티아이 스레이의 여신상 네 점을 훔쳐 달아나다 곧 잡혔다. 그는 이 조각상을 팔아넘기려 했던 모양이나 무산되었고, 조각들은 제자리를 찾았다. 이 사건으로 인해 그때까지도 앙코르 인근의 작은 유적에 불과했던 반티아이 스레이에 대한 관심이 고조되었다.

반티아이 스레이는 '여인의 성'이라는 뜻이다. 원래의 사원 이름은 트리부바나마헤슈바라(Tribhuvanamaheśvara), 즉 '삼면의 위대한 신 쉬바'라는 뜻이었다.[9] 삼면은 세 개의 얼굴로 세 개 세상을 향해 내려다본다는 뜻이다. 그런데 이를 여인의 성이라고 부르게 된 것은 사원 자체가 작고 아담한 것도 있지만 건물 벽에 새겨진 아름다운 여신상 때문이기도 하다. 사원 여러 곳의 벽에는 전

---

8 Maurice Glaize, *Les Monuments du Groupe D'Angkor*, JEAN MAISONNEUVE edition, 2003.
9 Michael Freeman, Claude Jacques, *Ancient Angkor*, Bangkok: River Books, 2003, p.206.

형적인 앙코르의 여인 부조가 보인다. 이 여인상을 여신(devata)이라고 보는가 하면 압사라라고 보기도 한다. 데바타는 지위가 낮은 하급 여신을 말한다. 그런데 크메르의 사원에서는 압사라와 데바타가 같이 쓰인다. 춤을 추는 자세의 여인 모습을 압사라라고 하는 것이 보통이지만 단순히 서 있는 자세의 하급 여신들도 압사라로 부른다. 이것은 크메르적인 특수성이다. 인도나 중국에서는 압사라가 하위의 여신을 가리키는 말로 쓰이지는 않는다. 계급의 위계가 확실한 인도나 중국에서는 여신은 여신이고, 천녀는 천녀이므로 이런 혼용 현상은 생기지 않는다.

반티아이 스레이의 여인상은 둥근 어깨와 가는 허리에서 여인의 인체를 분명하게 보여준다. 하지만 인도의 여신상과 비교하면 인체의 굴곡은 과장이 없고 한결 부드럽다. 인도의 여성상은 공처럼 둥근 가슴과 잘록한 허리, 펑퍼짐한 엉덩이가 보는 이의 시선을 사로잡는다. 반면 반티아이 스레이의 조각에서 볼 수 있듯이 동남아의 여성 조각은 노골적으로 드러내지 않는다. 얼굴을 비롯한 조각의 선들은 부드럽게 뭉개져 윤곽이 흐릿해졌다. 완벽한 아름다움을 자랑하거나 눈길을 잡아끄는 교태도 없다. 목걸이와 귀걸이, 벨트 정도밖에 없는 장식과 복식도 단순하게 처리되었다. 아무런 무늬가 없는 치마는 발목 위에서 찰랑거리고, 굵은 두 줄의 발찌만이 발목을 감싸고 있다. 여신이 서 있는 벽면 주변에는 빈 공간이 없을 정도로 구름과 나무 줄기, 때로는 불꽃이 새겨졌다. 정확한 대칭을 이루며 표현되었다.

압사라들은 자기 하고 싶은 대로 모습을 바꿀 수 있는 존재이다. 인드라의 궁정에 사는 26명의 압사라들이 각각 예술의 여러 측면들을 대표하는데, 압사라들 중에서도 우르바시(Urvasi), 메나카(Menaka), 람바(Rambha), 틸로타마(Tilottama)가 가장 유명하다. 『마하바라타』에서는 틸로타마가 아르주나(Arjuna)를 유혹하려고 난폭하게 행동하는 세 명의 아수라 형제로부터 세상을 구했다고 나온다. 『마하바라타』에서 압사라들은 비교적 중요한 역할을 한다. 기원전 후부터 계속 인도와 교류하면서 그들의 기술을 받아들인 대표적인 나라가 캄보디아이다. 10세기 이전에 이미 독자적인 기술의 진보를 이룩했다. 캄보디아의 건축가들은 신중할 뿐만 아니라 고도의 정밀성을 요구하는 사원 건축의 경험을 차곡차곡 쌓아왔다. 기본적인 사원의 구조와 형식은 인도에 기원을 두었으나 고유의 미의식과 철학을 반영한 건축을 했다.

2) 캄보디아 앙코르와트의 압사라

앙코르와트를 포함한 앙코르 지역의 여러 유적에는 압사라가 조각되어 있다. 이들은 사원을 둘러싸고 있는 담장, 그리고 사원 복도, 문과 벽 사이사이에 부조로 만들어졌다. 다양한 포즈로 서 있거나 춤추는 모습의 압사라들이 조각되어 있다. 그런데 앙코르와트의 압사라는 반티아이 스레이의 압사라와는 비교할 수 없을 정도로 복잡해졌다. 장식은 훨씬 화려해졌고, 조각에는 자신감이 넘친다. 살아 있는 무희를 보는 것처럼 자세나 손 모양이 구체적이다. 10세기에 조각된 반티아이 스레이의 여신보다 기술적으로나 예술적으로 충분히 숙련될 시간이 있었기 때문일 것이다. 앙코르와트의 건축 방식은 사실 반티아이 스레이와 크게 달라지지 않았다. 벽돌을 쌓아올려 세운 인도의 건축물이나 돌을 일정한 크기로 다듬어 벽돌처럼 쌓아올린 중부 자바의 건축과는 구별된다. 돌을 마치 나무를 깎듯이 다듬어 기둥이나 벽면처럼 각각의 자리에 맞게 조립했다. 그중 넓은 공간에는 『라마야나』, 『마하바라타』의 신화를 묘사하고, 좁은 공간은 세밀한 조각으로 장식을 했다. 벽과 문 사이의 공간에는 압사라나 드바라팔라(Dvarapala)를 조각했다.

사원의 벽면이나 기둥 옆 좁은 공간에 낮은 부조로 압사라를 새겼다. 천상에서 노래하고 춤추며 신을 즐겁게 하는 존재답게 앙코르와트의 압사라들은 경망스럽지 않다. 한 명이 서 있거나 두 명, 세 명, 다섯 명이 몰려 서 있거나 춤 동작을 하고 있는 경우도 있는데 하나같이 보일 듯 말 듯 엷은 미소를 띠고 있다. 옷과 장신구, 자세는 엇비슷하지만 저마다 조금씩 미묘하게 다른 표정을 짓고 있다. 압사라들은 당시 크메르 사람들이 생각한 완벽한 미인이면서 또한 여럿이 모여 조화를 이룬다. 마치 신들을 위해 군무(群舞)를 추고 있는 듯한 느낌을 준다. 앙코르와트의 압사라들은 예상치 못한 곳에 배치되어 있어서 천천히 조심스럽게 움직이는 압사라 댄스를 보는 듯하다. 캄보디아의 사원에서 압사라들 역시 시대에 따라, 지역에 따라 그 표현 수법이 조금씩 다르게 나타난다. 가장 눈에 띄는 변화는 넓은 천을 펼쳐 허리에 감아 만든 치마 삼폿의 형태와 그를 묶은 허리 장식에서 보인다. 손에 들고 있는 꽃가지나 왕관, 목걸이, 허리의 벨트 등 장신구도 시대에 따라 달라진다. 이런 옷차림새와 장신구들은 조금씩 달라진 당시 유행하는 귀부인들의 옷차림과 장신구를 적극적으로 반영한다.

  캄보디아에서는 압사라 댄스를 추는 무희들을 모델로 압사라들을 조각했을 것이다. 벽면의 압사라들은 당시 캄보디아 사람들이 생각한 미인의 모습을 그대로 재현했다. 날씬하게 쭉 뻗은 팔과 다리, 아담한 체구, 살짝 나온 아랫배는 인도의 압사라들이 과감한 굴곡과 경쾌한 움직임을 암시하는 모습으로 조각된 것과 좋은 비교가 된다. 얼굴이 둥글고 이목구비의 윤곽이 강한 인도 압사라와 달리 앙코르와트의 압사라는 얼굴도 갸름하고 눈이 옆으로 길게 묘사되었다. 이러한 차이는 인도와 캄보디아 사람들의 미인관이 근본적으로 달라서 생긴 것이다. 화려한 장신구도 차이가 난다. 하늘로 높이 치솟은 보관에는 세 개씩 2단으로 늘어선 꽃송이 위로 뾰족한 나뭇잎 같은 다섯 개의 돌기가 위로 솟아 있다. 압사라의 얼굴보다 두 배가 넘는 크기이다. 보관에서 흘러내린 줄기가 얼굴 옆으로 흘러내렸고, 거기서 다시 연꽃 봉오리가 피어올랐다. 목에는 나뭇잎 모양의 장식이 늘어서 있는 목걸이를 했고, 그 아래로 다시 가슴 사이를 'X' 자로 가로지르는 장신구를 했다. 허리 아래로 목걸이처럼 늘어진 벨트도 화려하기 그지없다. 스커트를 묶은 띠는 크고 무겁게 뻗쳤다. 딱딱하고 뻣뻣한 허리끈이 오히려 압사라의 신체가 지니는 폭신한 양감을 돋보이게 한다. 이런 장신구가 앙코르와트 건립 당시 귀부인들의 차림새라는 것은 앞에서 언급한 반티아이 스레이의 압사라와 비교해 보면 알 수 있다. 여인들의 목걸이와 벨트가 복잡하고 화려해졌기 때문에 압사라 부조에도 그대로 반영된 것이다. 게다가 얇은 치마 아래로 두 다리의 윤곽이 그대로 드러난 모습도 앙코르와트의 압사라와 반티아이 스레이의 압사라가 차이를 보이는 부분이다. 이러한 차이는 시대에 따라, 당대 사람들의 미의식이 변함에 따라 압사라의 미모도 변한다는 것을 잘 보여준다.

이보다 더 이른 시기에 조각된 인도네시아의 압사라는 좀 더 인도 조각에 가깝다. 보로부두르의 압사라는 캄보디아의 압사라와는 전혀 다르게 만들어졌다. 9세기경에 건립된 보로부두르의 부조는 앞에서 언급한 반티아이 스레이의 압사라보다 약간 앞선 시기의 조각이다. 앙코르와트의 압사라와는 시기적으로 약 300년 이상 차이가 있다. 반티아이 스레이와는 50년 정도 차이가 나지만 조각은 전혀 다르다. 보로부두르의 압사라는 같은 동남아시아인 캄보디아보다 인도 조각에 가깝다. 신체의 관절과 양감은 부드럽게 표현되었고 움직임도 경쾌하다. 아무런 동세가 없이 조용하게 서 있는 모습으로 묘사된 앙코르와트의 압사라와는 다르다. 보로부두르의 압사라는 정말 가볍게 하늘을 날고 있는 순간을 묘사한 것 같다. 팔과 다리에는 적당하게 양감이 표현됐지만 무거워 보이지 않는다. 비록 이마 윗부분은 깨졌지만 귀여워 보이는 동그란 얼굴에는 이목구비가 오밀조밀하게 남아 있다. 고개를 왼쪽으로 돌리고 오른손은 바짝 얼굴 옆에, 왼손은 가슴께로 들어올렸다. 허리에서 다리 뒤로 낮은 구름 무늬가 있어서 정말 압사라가 하늘을 날아다니며 춤을 추고 있는 듯한 착각을 준다. 압사라 아래로는 음악을 연주하는 사람들이 보인다. 음악가들은 그들이 연주하는 경쾌한 음악에 맞추어 가볍게 날아다니는 압사라인 것처럼 보이도록 만드는 장치이다. 보로부두르의 압사라는 머리장식, 목걸이, 허리 벨트에 이르기까지 부드러운 양감과 함께 곡선적인 흐름을 지닌 부조이다. 정적이고 조용하게 보이는 캄보디아의 압사라와 경쾌하고 즐거운 모습의 인도네시아 압사라는 같은 동남아시아에서 각기 다른 방식으로 압사라가 받아들여졌음을 말해준다. 두 압사라의 차이는 각 나라의 성향과 문화적 차이, 미의식을 그대로 반영한다. 조각의 조성 시기 차이가 있기는 하지만 단순히 시대의 차이가 아니라 캄보디아와 인도네시아 각 지역에서 현지의 풍토와 문화에 맞게 인도의 압사라를 받아들여 변형시켰기 때문이다.

3. 실크로드를 따라 아시아의 북쪽으로 날아간 비천

1) 비천(飛天)의 땅, 돈황

압사라는 인도에서 실크로드를 거쳐 서역과 중국, 한국으로 전해졌다. 인도에 기원을 둔 종교문화가 바닷길을 거쳐 남방으로, 설산을 넘어 북방으로 간 것이다. 인도에서 중앙아시아 천산남로나 북로를 거쳐 중국으로 들어가는 첫 번째 관문인 돈황(敦煌)은 압사라, 즉 비천의 도시라 해도 과언이 아니다. 돈황은 서역에서 보면 중국으로 들어가는 입구이고, 중국에서 보면 서역으로 나가는 출구이다. 그러니 어느 쪽이든지, 누구든지 실크로드를 통과하려는 사람은 돈황을 지나갈 수밖에 없고, 돈황에서 동서양의 문물이 오고가고, 서로 다른 민족과 문화와 종교가 섞였다. 그래서 돈황은 다민족, 다종교, 다문화의 도시가 되었다. 세계적인 무역도시로 성장한 돈황은 각지에서 모여드는 교역의 중심지가 되어 경제적인 번영을 이뤘다.

바로 이 돈황을 상징하는 것이 비천이다. 비천의 도시 돈황은 어떻게 가능했나? 실크로드가 더 이상 중요한 역할을 하지 못하게 된 이후 오랫동안 변방의 작은 도시에 불과했던 돈황이 세계적으로 주목을 받은 것은 막고굴 때문이었다. 20세기 초에 여러 명의 탐험가들이 막고굴 장경동에서 고문서, 전적, 그림, 경전을 발견했다.[10] 그런데 이 막고굴에 가장 많은 그림이 바로 비천이었다. 정확하지는 않지만 지금까지 조사된 바로는 막고굴의 270여 개 석굴에서 약 4500여 점의 비천이 확인됐다고 한다. 막고굴 곳곳에서 보이는 많은 수의 비천이 사람들 눈에 띄게 되었고, 이로 인해 비천이 돈황의 상징이 되었다. 사실 막고굴만이 아니다. 실크로드 일대의 쿠차나 안서 유림굴 등에도 비천이 그려졌다. 엄밀히 말하면 막고굴에만 비천이 그려진 것이 아니지만 비천은 돈황이라는 도시를 상징하는 존재가 되었다. 오늘날 돈황 시내 한복판에 세워진 비천상을 비롯해서 각양각색의 비천상이 또 만들어진 것은 이 때문이다. 돈황에 들어서면 현대에 만들어진 다양한 모습의 비천이 방문객들을 맞아준다. 현대의 이 비천들은 실크로드가 과거에 머물러 있는 것이 아니라 지금 이 시간에도 여전히 살아 있는 유산임을 보여준다.

인도의 압사라가 중국으로 전해지면서 비천으로 번역이 되고 한자문화권에서는 대개 비천으로 불렸다. 천인이나 천녀로 번역되기도 하고 같이 혼용되

---

10 막고굴을 지키고 있던 王圓籙 도사가 이를 발견했고, 오렐 스타인(Aurel Stein), 폴 펠리오(Paul Peliot), 스벤 헤딘(Sven Hedin) 등에게 넘긴 것이다. 이들이 본국으로 가져간 고문서들은 동양학의 일대 파란을 일으켰고, 막고굴과 돈황에 관심이 쏠리는 계기가 되었다.

기도 했지만 기본적으로는 압사라에서 온 것이다. 인도에서 압사라는 특정한 종교에서만 언급되는 천상의 존재가 아니다. 불교와 힌두교 어느 한 쪽에서만 나오는 존재가 아니다. 그런데 주로 불교가 전해진 동아시아에서는 이를 비천이라고 번역했다. 비천은 한문 그대로 날아다니는 천인이라는 뜻이다. 천인·천녀로 쓰지만 사실상 남녀의 구분은 없으며 중성적인 의미를 지닌다. 비천은 보통사람들에게는 보이지 않는 초인적인 존재로 자유롭게 하늘을 날아다니는데 인도에서는 혼자 힘으로 날아다니는 존재는 하급신으로 간주했다. 인도에서의 압사라를 천인으로 번역한 것이니 굳이 따지자면 여성이었던 존재가 중성이 된 셈이다.

중국 사람들도 압사라가 천사처럼 '날아다니는 존재'라는 점은 명확하게 알고 있었다. 그렇기에 '날 비(飛)' 자를 써서 비천으로 번역한 것이다. 아마도 이미 중국 전통 도가사상에 우인(羽人)이 있어서 압사라를 더 쉽게 받아들일 수 있었을 것이다. 우인들은 남북조시대 무덤에서 발굴되기도 했고, 벽면에 표현되기도 했다. 하나같이 날렵하고 경쾌한 모습이다. 『산해경(山海經)』에서 볼 수 있듯이 이미 오랜 세월 동안 신선이나 신화·전설의 기괴한 인물, 상상 속의 동물들을 만들어냈던 중국에서 압사라를 받아들이는 일은 어렵지 않았다. 춤추는 정령이라는 인식보다는 음악을 연주하고, 꽃을 뿌리며 부처님을 찬양하는 존재라는 데 초점을 두었다. 이에 따라 중국과 한국, 일본에서의 비천은 음악을 연주하는 모습이나 꽃을 들고 날아다니는 모습으로 만들어졌다. 불교 경전 외에 비천이 확인되는 이른 시기의 문헌은 『낙양가람기(洛陽伽藍記)』이다. 경흥니사라는 절에 금상이 있는데 그 보개 사면에 금방울과 칠보 구슬이 달려 있고, 구름 사이로 비천고락이 있다는 내용이다.[11] 『낙양가람기』의 기록을 연

---

11 "石橋南道, 有景興尼寺, 亦閣官等所共立也. 有金像輦, 去地三尺, 施寶蓋, 四面垂金鈴七寶珠, 飛天伎樂, 望之雲表." 『洛陽伽藍記』 卷2 (大正藏51, p.1005c)

상시키는 조각들이 남아 있다. 이들은 배모양의 광배 둘레에 하늘에서 날아 내려오는 모습으로 조각되었다.

　날아다니는 존재라는 점 때문에 비천은 종종 기독교의 천사와 비교가 된다. 그런데 비천은 날개도 없고 어린아이 모습도 아니다. 르네상스 시대 성당에 그려진 서양의 천사들이 아기 같은 작은 체구에 날개가 달린 귀여운 모습인 것과는 전혀 다르다. 날개가 없이도 길다란 천의(天衣)를 휘날리며 자유롭게 공중을 떠다니며 부처님의 설법을 찬양하는 비천들은 불국세계가 얼마나 장엄하고 아름다운지를 보여주는 역할을 한다. 실크로드를 거쳐 동북아시아로 전해진 비천은 강력하게 불교와 결합한 것이다. 동남아시아에서의 압사라가 춤추는 존재, 춤으로 신들을 즐겁게 해주는 무희라는 점과 좋은 비교가 된다. 동남아시아의 압사라는 힌두교 신앙 체계와 연결되는 점이 적지 않다. 『마하바라타』나 『라마야나』와 같은 서사문학과 이를 토대로 한 연극, 인형극이 동남아에 뿌리 내린 것과 관계가 있다. 12세기 이후 불교적인 맥락보다 힌두교적인 맥락의 압사라들이 주류를 이루게 된 것은 대승불교가 힘을 잃은 것과 관련이 있다. 이 무렵 미얀마에서의 분쟁으로 인해 소승불교가 동남아 대륙부에서 크게 번창하기 때문이다. 압사라들과 달리 동북아시아에서의 비천은 주로 악기를 연주하여 부처님에게 공양하므로 주악천(奏樂天)이라고 부른다.

　불교의 전파와 함께 실크로드 천산남로와 북로에도 곳곳에 석굴사원이 만들어졌다. 돈황 인근에도 여러 석굴사원이 있는데 석굴 안팎으로 다양한 조각과 그림을 그린 것은 인도와 같다. 인도에서 그랬듯이 불상과 보살상, 승려들 외의 빈 공간을 비천이 다채롭게 꾸며 주었다.

　서역과 중국의 석굴사원과 독립 불교조각에 있는 비천들을 모두 거론할 수는 없다. 여기서는 가장 이른 시기의 비천 중 하나인 병령사 169굴의 비천과 막고굴의 비천을 살펴보겠다. 먼저 잘 알려진 대로 난주 병령사 제169굴에는 서진 건흥 원년의 명문이 있어서 420년에 축조되었음이 밝혀졌다. 묵서명 있는 곳 가까이에 하늘에서부터 날아 내려오는 비천이 그려졌다. 비천 자체로 보면 연대가 확실한 가장 이른 예일 것이다. 위에서 아래 방향으로 날고 있는 비천의 모습은 공양인 여인에 필적할 만큼 크다. 또 당시 양주 양식을 보여주는 것처럼 비교적 신체가 두툼하고 괴량감이 있어서 후대의 비천과 차이를 보인다. 그러나 역시 날개 없이 날아다닌다는 점, 꽃다발을 들고 내려오고 있다는 점에서 인도식 압사라를 기본 모델로 했음을 알 수 있다.

　인도의 압사라들은 이른 시기부터 보인다. 이들은 간다라와 마투라의 불전 부조에서부터 보인다. 유명한 '사위성의 신변' 장면을 비롯해서 석가모니가 설법을 하는 장면에 빠짐없이 등장한다. 대개 하늘에서 꽃다발이나 화관을 들고 내려와 석가모니에게 공양하는 모습이다. 그러므로 중국의 이른 시기 불교미술에서 이와 비슷한 모티프를 찾는 것은 어려운 일이 아니다. 실크로드를 따라 전해진 인도 불교미술을 모델로 한 석굴사원이나 독립상에서 비천은 꼭 필요한 존재였을 것이다. 비천은 시각적으로 석가모니의 설법을 찬탄하고 공양할 가치가 있음을 입증해 보이는 존재이기 때문이다. 병령사 169굴은 벽화이지만 섬세한 비천 조각도 북제·북주시대까지 계속 만들어졌다. 비천이 불상이나 보살상처럼 주목을 받지는 못했지만 나한이나 금강역사처럼 불교조각의 중요한 구성요소였음은 분명하다.

　독립된 불상에 비천을 함께 조각한 경우는 크게 두 종류이다. 배 모양의 광배 제일 위에 소형탑을 떠받들고 있는 2구의 비천이 있는 경우와 광배 둘레에 비천을 배치한 경우이다. 광배 바깥쪽으로 입체 조형을 만들어 붙인 경우도 있고, 광배 안쪽에 연화문과 함께 낮은 부조로 새긴 예도 있다. 특히 산동성, 하북성 등에서 발굴된 예들이 주목된다. 실크로드를 통해 전해진 비천이 중국을 횡단하여 한국과 일본으로 건너갔음을 보여주는 예들이다. 비천은 중요한 예배 대상은 아니지만 부처님을 찬탄하고 공양하는 역할을 한다는 점에서 빼놓을 수 없는 존재이다. 하늘에서 내려오는 광배 둘레의 비천들은 불상 자체를 천계(天界)에 있는 신성한 존재로 부각시키는 역할을 한다. 천감 10년(511)의 명문이 있는 오존상은 낮은 부조로 새긴 경우에 해당한다. 광배가 이중으로 되어 있어 비천들은 마치 안쪽 광배에 붙어 있는 것처럼 표현되었다. 동위~북제 대에 만들어진 산동성 청주에서 발굴된 불상과 하북성 곡양 수덕사지 출토 불상들에서도 비천은 매우 섬세하고 아름답게 표현되었다. 가볍고 경쾌한 모습으로 날아다니는 비천의 모습은 근엄한 불상과는 대조적이기까지 하다.

　막고굴의 경우 서위에서 수대(581~618)까지 약 1세기 동안 유려한 선의 중국식 비천이 정점을 찍었다고 해도 과언이 아니다. 막고굴 벽과 천장에는 가늘고 여리여리한 몸매의 비천들이 하늘에서 자유자재로 유영하는 것처럼 그려졌다. 이들은 신체를 'U' 자, 혹은 'V' 자로 구부리고 날아다니거나, 하늘에서 거꾸로 다이빙하는 모습이거나, 때로는 비스듬히, 때로는 수직으로 하강한다. 얼굴이나 신체의 세세한 부분은 잘 보이지 않는 경우가 많지만 이들의 유연한 움직임은 리듬감과 율동미를 보여주기에 충분하다. 경쾌한 묵선과 미묘한 색의 조화, 생생한 필선의 흐름도 그에 일조한다. 서예에서 볼 수 있듯이 전통적으로 필선을 중요하게 여기는 중국적인 변화이다. 비천들의 움직임과 나풀거리는 천의, 배경에 그려진 구름과 꽃이 한데 어우러져 불국의 화려함을 보여주는 것 같다.

　오랜 세월이 흐르는 바람에 원래의 색과는 다르게 안료가 변하기는 했지만 서위 때 만들어진 굴에서의 비천들은 중국의 전통적인 도상과 섞여서 중국적인 불국세계를 연출했다. 철분이 섞인 안료가 검게 변해 검정색처럼 되어 하늘거리며 가볍게 날리는 천의가 무겁고 둔해 보이지만 유려한 묵선은 여전히 잘 보인다. 비천은 중국 전통의 서왕모, 구미호 등과 함께 불국세계에서 조화를 이룬다는 건 부정할 수 없다. 그런 면에서 개별적인 벽이나 기둥 옆에 혼자, 또는 두세 명이 무리지어 서 있던 캄보디아의 압사라와는 아주 다르다. 그들이 다른 세계와 떨어져 있는 독립적인 존재였다면 이 중국 석굴사원 속의 비천은 세상 모든 것들과 함께 어울리는 존재이다. 중국의 불국세계에서 비천은 부처님은 물론이고 신선과 아수라, 심지어 구름과 연꽃과도 뒤섞여 불국을 구성하는 요소가 되었다. 압사라와 비천이라는 이름만큼 미술과 문화에서도 크나큰 차이가 생겼다. 이는 그만큼 중국과 동남아에서 추구한 아름다움이 달랐음을 보여주는 것이면서 동시에 각각의 나라에서 비천이 현지화되었음을 말해준다. 개별적인 비천 하나하나의 생김새도 다르지만 표현된 방식, 주변의 다른 대상과의 관계가 모두 다르다. 불상이나 보살상이 예배대상으로서 존엄성을 가지며 독립적으로 만들어지는 것과 달리 비천은 훨씬 쉽게 현지화될 수 있었다. 그것은 비천이 예배대상도 아닐뿐더러 불교의 위계에서 별로 중요하지 않은 존재이기 때문에 가능했다. 실크로드라는 인류 최고의 교역로는 사상의 큰 흐름을 전하는 길로 기능했지만 비천과 같이 작은 부분에서는 토착화를 용인했다. 그리고 바로 이 현지에의 적응을 통해 다시 실크로드는 의미 있는 역할을 계속할 수 있었다고 생각한다.

2) 음악과 향을 공양하는 한국의 비천

불교와 함께 비천은 실크로드를 건너 한국과 일본에도 전해졌다. 북방 실크로드를 거쳐 전해진 까닭에 인도의 압사라와는 거리가 먼 중국식 비천이 유입되었다. 한국에서 불교미술이 시작됐을 때부터 비천이 만들어졌을 것이나 남아 있는 예는 많지 않다. 2004년 백제 지역인 부여 관북리에서는 광배가[12] ○

---

12 관련기사 http://news.naver.com/main/read.nhn?mode=LSD&mid=sec&sid1=103&oid=03

○○에서는 비천 조각이 발굴되었다. 이 두 가지를 조합하면 적어도 백제 지역에서 북위 후기~동위의 조각에서 볼 수 있는 것과 같은 형식의 금동불이 만들어졌음을 알 수 있다. 여기서 비천은 하늘에서 부처님을 찬탄하기 위해 내려오는 형상을 하고 있다. 명백히 서역을 거쳐 중국화된 모습으로 한국에 전해진 모습을 보여준다.

조치원에서 발견된 계유명전씨아미타불삼존석상(癸酉銘全氏阿彌陀佛三尊石像)은 삼국통일 직후 백제 지역에서 만들어진 조각이다. 통일 직후이므로 백제 유민(遺民)의 활동과 연결하기도 하지만 백제의 조각전통을 보여주는 예로 주목된다.[13] 이 불상은 1960년 충청남도 연기군 비암사(碑巖寺)에서 다른 2점의 불비상(佛碑像)과 함께 발견되었으며 신라 통일 직후인 673년에 만들어졌다.[14] 무엇보다 이 비상에는 비천으로 이뤄진 합주단이 표현되어 있다. 직사각형의 석재를 다듬어 만든 조각 양 옆면에 악기를 연주하는 비천들이 각각 4구씩 있고, 석상 제일 윗부분 좌우에도 천궁(天宮)을 받들고 있는 비천을 조각했다. 정면 아미타군상 뒤의 광배에 표현된 비천들은 마치 금동상의 광배를 석조로 옮긴 듯하다. 이들은 기본적으로 동위 시대 중국의 금동불 형태를 그대로 따랐으며 여기서 비천은 빼놓을 수 없는 중요한 불국세계의 일원이다. 석상 속의 세계가 불국이며, 정토라는 것을 웅변하는 역할을 한다.

불국을 에워싼 양 측면의 비천들은 바람을 가르며 날아다니는 대신 연꽃 위에 올라 앉아 조용히 악기를 연주한다. 이들이 연주하는 악기들은 다양해서

    2&aid=0000095101 (2015.02.17. 검색) 관북리 광배를 포함하여 삼국시대 광배에 보이는 중국 북조의 영향에 대한 연구로 성윤길, 「삼국시대 6세기 금동광배 연구」, 『미술사학연구』 277, 2013, pp.5-40 참조.
13 김주성, 「연기 불상군 명문을 통해 본 연기지방 백제유민의 동향」, 『선사와 고대』 15, 2000, pp.61-83.
14 황수영, 「忠南燕岐石像調査槪要」, 『예술논문집』 3, 1964, pp.67-96.

작은 장고를 두들기는가 하면, 생(笙, 생황)과 적(笛, 피리), 소(簫, 퉁소)를 불거나, 금(琴, 거문고)과 비파(琵琶)도 있다.15 비천들은 작은 오케스트라를 구성하여 음악으로 부처님께 공양하며, 불국세계의 영원한 아름다움을 찬탄한다. 비천들이 악기를 연주하는 동작은 사실적이며 자연스러워서 정말 악기를 연주하는 사람들을 모델로 한 것 같다. 그들은 둘씩 짝을 이루어 위아래 2단으로 앉아 장고를 치는 것처럼 두 팔을 넓게 들기도 하고, 피리를 불듯이 악기 위에 두 손을 위아래로 올려놓기도 했다. 압사라나 중국의 비천과 달리 얼굴도 잘 보이지 않고, 신체는 간신히 알아볼 수 있을 정도지만 악기들은 대체로 분명하다. 다시 말하면 비천들의 '연주하는 행위'가 중요하게 여겨졌다고 생각된다. 막고굴의 비천처럼 공간을 메우며 날아다니는 하늘 무리나 사원의 벽에서 방문객들을 따뜻하게 맞아주는 압사라와도 다르다. 음악으로 부처님께 공양하는 행위가 훨씬 중요하게 표현되었다. 압사라 본연의 의미에 충실하게 재현된 것이 한국 비천의 특징이다.

이와 비슷한 예를 종에서 찾아볼 수 있다. 유명한 성덕대왕신종에 조각된 비천이 좋은 예이다. 적어도 통일신라 시대까지 한국의 종에는 비천이 새겨졌다.16 지금은 파손된 상원사 동종이나 양양 선림원지 동종에도 모두 비천이 종신(鐘身) 한가운데 새겨졌다. 주악천(奏樂天)으로 불리기도 하는 이들 비천은 통일신라 범종의 중요한 특징이다. 한국의 비천들은 주악천이라 불릴 만큼 악

---

15 근래 국립국악원 강다겸 학예사가 금동대향로의 악기를 복원하여 백제 음악에 대한 자료로 제시한 바 있는데, 악기 구성은 이 계유명전씨아미타불삼존석상의 비천들이 있는 것과 유사하여 비슷한 계통의 연주가 백제에서 이어진 것으로 생각된다. http://science.ytn.co.kr/program/program_view.php?s_mcd=0082&s_hcd=&key=201406261613436673 (검색일: 2015. 02. 10)

16 최응천, 「統一新羅 梵鍾의 特性과 變遷 : 특히 奏樂天人像의 變化를 中心으로」, 『경주사학』 16, 1997, pp.125-166.

기를 연주하는 천인으로서의 의미를 충실히 재현하고 있다. 에밀레종으로 알려진 성덕대왕신종은 중대 신라의 경덕왕이 아버지인 성덕왕의 공덕을 널리 알리기 위해 742년에 만들기 시작했다. 그러나 그가 살아 있을 때는 완성을 보지 못하고 거의 30년이 걸려 혜공왕 때인 771년에 비로소 완성했다.[17] 구리 12만 근으로 만든 이 종은 우리나라에 현재 남아 있는 종 가운데 가장 큰 크기이며, 완성 당시에 봉덕사(奉德寺)에 달았기 때문에 봉덕사종으로 불리기도 한다.[18] 봉덕사에서 여러 차례 이전된 역사를 지니고 있음에도 불구하고 성덕대왕신종은 그 원형을 잃지 않고 비천상들의 모습을 잘 유지하고 있다.

아주 낮은 부조로 새겨진 2구의 비천은 쌍을 이루어 서로 마주보는 반대편에 있고, 그 사이에는 정교하고 화려한 연꽃 당좌를 두었다. 낮고 섬세한 비천과 연꽃 부조는 회화적인 느낌을 주면서도 입체감을 잃지 않고 있다. 여기서도 계유명전씨아미타불삼존석상의 경우와 마찬가지로 비천들의 얼굴은 보이지 않는다. 치마의 옷 주름까지 잘 남아 있는 것으로 미뤄볼 때, 마모가 심하기 때문은 아니다. 신라 사람들에게 비천의 얼굴과 개성보다는 정성을 다해 부처님 앞에 소리로 공양을 하는 마음이 더 중요했던 것이다. 비천들은 모두 무릎을 꿇고 앉아서 두 손으로 병향로(柄香爐)를 받쳐 들고 향을 공양한다. 손잡이가 긴 병향로의 향을 피우는 부분은 연꽃 모양을 본떠 세밀하게 만들었다. 향을 피우는 비천의 가늘고 긴 팔다리는 그 뒤로 날리는 천의만큼 경쾌하게 보인다. 구름처럼 위로 솟구친 보상화문(寶相花文)과 천의는 가벼운 모습은 종에서 퍼져나오는 소리를 연상시킨다. 비천의 자세와 문양들은 아래가 넓고,

---

17 성덕대왕신종의 주조와 관련된 세부사항은 나형용, 「聖德大王 神鍾의 鑄造法에 대한 考察」, 『한국주조공학회지』 18권 4호, 1998, pp.309-318 참조. 명문 해석에 대해서는 이호영, 「聖德大王神鍾銘의 解釋에 관한 몇 가지 문제」, 『미술사학연구』 125, 1975, pp.8-16.

18 그러나 봉덕사가 수해를 입어 폐사가 된 1460년에 靈廟寺로 이전되었고, 영묘사에서 다시 鳳凰臺 아래 종각으로, 1915년에는 박물관으로 이리저리 옮겨진 역사를 지니고 있다.

위로 올라갈수록 좁아져서 삼각형 구도의 안정감까지 준다. 이 모습은 병향로를 든 비천이 마치 하늘에서 날아 내려와 앉으려는 바로 그 순간을 묘사한 것처럼 보인다. 성덕대왕신종에 새겨진 비천은 주위의 공간에 보이지 않는 바람을 몰고 와 날아다니는 천인의 가벼운 움직임을 암시하면서 종의 비어 있는 공간을 자기의 자리로 만든다.

이들 비천은 종에 새겨진 명문을 에워싸고 있다. 장문의 명문은 성덕대왕의 공덕을 기리는 내용이므로 명문을 향하고 있는 비천은 그 내용을 찬양하는 모습이 된다. 명문에는 성덕대왕신종의 종소리와 함께 신라는 평화롭고, 백성들은 복을 누리기 바란다는 내용과 종을 만드는 큰 일을 추진할 수 있었던 경덕왕의 효심과 덕을 찬양한다는 내용이 포함되어 있다.[19] 성덕대왕신종의 주조는 경덕왕이 자신 있게 시작한 왕실의 대업이었다. 대업의 목적과 내용을 종의 몸체에 새기는 것은 왕의 능력과 자신감이 넘쳤기 때문이다. 그런데 그 내용을 담은 명문 양 쪽에 새긴 것은 공양을 하는 비천이다. 고려 후기나 조선의 범종에서 볼 수 있는 불상이나 보살상이 아니라 비천이다. 명문의 내용과 종에서 나는 소리를 중요하게 여겼기 때문에 음악을 공양하는 비천을 종신 가운데 배치한 것이다. 성덕대왕신종의 비천은 캄보디아의 압사라나 중국의 비천과 비교가 되지 않는다. 얼굴이나 몸매를 드러내 보이지 않고, 율동미나 역동성이 있는 것도 아니며, 보석으로 화려하게 치장을 한 것도 아니다. 성덕대왕신종의 비천이나 계유명전씨아미타불삼존석상의 비천이나 모두 음악을 공양하는 자신의 본분에 충실한 모습으로 표현되었을 뿐이다. 압사라가 처음 인도 신화에서 창조되었던 모습 그대로, 음악으로 신을 즐겁게 하고 공양한다는 자신들의 역할에 충실하게 만들어졌다. 형상은 중국식 비천의 모습을 그대로 따랐지만 내용적으로는 외적인 아름다움보다 실질적인 역할을 부여한 것이

---

19 이호영, 앞의 글, pp.10-15.

한국 고대 비천의 특징이다. 이러한 인식은 감은사 삼층석탑 출토 사리기를 비롯한 통일신라 시대의 사리기, 석등이나 부도 장식에서도 그대로 드러난다. 악기를 연주하며 불전에서 공양하는 형태의 비천은 그 본분을 더 중요하게 여긴 신라인들의 생각을 반영한다.

4. 맺는 말

실크로드는 단순한 길이 아니다. 종교와 사상과 문화가 오고간 통로이다. 불교는 인도에서 시작되었으나 실크로드를 거쳐 아시아 전역으로 전파되었다. 실크로드가 아니었다면 오늘날과 같은 불교는 없었을지 모른다. 불교와 불교미술의 시작지는 인도이다. 육상·해상 실크로드를 통해 전파된 불교는 각 지역마다 지역색을 드러내며 현지화에 성공했다. 가장 추상적인 법의 본체 (本體)인 불상과 주로 그 협시 역할을 하는 보살상, 때로는 독립된 예배상으로 만들어진 중요한 존상(尊像)들은 원래의 의미에 충실하게 만들어진다. 따라서 인도에서 서역, 중국, 한국으로 가면서 약간씩 변형되었고, 인도 미술과 비슷한 경우에 더욱 높이 평가 받았다.

반면 가장 하위의 존재인 압사라는 원형을 그대로 따를 필요가 없었다. 동남아시아나 동북아시아 현지인의 정서에 맞게 새로운 모습으로 창조되고 토착화되었다. 캄보디아에서는 궁정의 무희를 본떠서 벽면에 서 있는 모습의 압사라가 부조되었고, 중국에서는 선의 흐름을 중시하는 중국적인 모습의 천인이 그려졌다. 한국의 비천은 주로 주악천으로 불릴 만큼 악기를 연주하거나 향 공양을 하는 모습으로 만들어졌다. 이들 압사라와 비천은 각기 다른 모습으로 현지화되어 캄보디아, 중국, 한국의 현지 문화를 여실히 보여주는 역할을 한다. 그런 의미에서 마치 화엄의 세계처럼 불교라는 하나의 점에서 시작되어 여러 세계로 펼쳐진 '일즉다(一卽多) 다즉일(多卽一)'의 세계를 보여주는 것이 바로 이 비천이라고 하겠다. 불교에서 여러 나라의 비천으로, 그리고 비천들은 다시 하나의 불교 세계를 보여준다는 점에서 화엄의 세계관에 비할 만하다고 생각한다. 무엇보다도 이러한 불교의 성공적인 세계화와 현지화는 실크로드라는 통로가 아니었으면 불가능했을 것이다. 그런 의미에서 비천은 실크로드가 단순히 물품들이 오고 가는 교역로 역할에 그친 것이 아니라 사상과 문화가 서로 소통하는 통신망으로 기능했음을 보여주는 좋은 예라고 하겠다.

탁실라박물관의 불교 예술품

나시르 칸(Nasir Khan)

1. 탁실라박물관의 역사적 배경

탁실라(Taxila), 산스크리트로 탁샤실라(Takshasila)는 역사에 뚜렷한 족적을 남긴 도시로, 인더스 강과 젤람(Jehlam) 강 사이에서 다대한 영향을 발휘했던 곳이다. 이 도시는 파키스탄의 수도 이슬라마바드(Islamabad) 북쪽으로 약 32km에 위치해 있다. 역사적으로 탁실라는 세 개의 무역로가 교차되는 지점에 자리잡고 있었다. 커닝햄(Cunningham) 장군은 탁실라의 고고학 유적에 대한 철저하고도 전반적인 조사를 벌였고 수많은 불교 사원과 불탑을 발견하였다.

커닝햄이 시작한 작업은 이후 존 마샬(John Marshall) 경에 의해 더욱 진전되었다. 그는 1913년부터 1934년까지 집중적으로 발굴작업을 행하였고, 20년간의 대규모 발굴과 탐사의 결과로 고고학적 데이터에 대한 세부 연구가 이루어졌다. 존 마샬 경의 작업은 탁실라 계곡에 살았던 사람들의 예술과 기술, 사회체제, 경제 구조, 관습, 종교 전통과 건축 기술을 우리에게 알려주었다. 탁실라에서 발견된 골동품들은 우리의 지식을 증진시킬 뿐 아니라 역사적 관점에서 탁실라의 시대적 변천을 재구성하는 데에도 도움을 준다.

2. 간다라와 탁실라 계곡의 불교

간다라 지역에 불교가 들어온 것은 기원전 3세기 중반이었으나, 붓다의 본래적인 가르침에 따라 붓다의 이미지를 만드는 것은 금지되었다. 탁실라 계곡은 기원전 3세기부터 기원후 5세기까지 불교의 중심지로 매우 유명하였다. 주목해야 할 것은, 간다라 지역에서 불교가 발흥한 시기와 간다라미술이 붓다의 여러 삶의 시기를 묘사하기 시작한 시기가 같다는 것이다. 최초 시기 간다라미술의 조상(彫像)은 석재로 만들어졌으나, 기원후 3세기 이후부터는 불교 사원과 불탑을 장식하려는 요구에 부응하여 이러한 예술작품의 매체가 석상에서 스투코(stucco, 건축 내부 장식)로 바뀌게 되었다.

3. 탁실라박물관의 간다라 미술품과 불상

알렉산더대왕이 간다라 지역과 탁실라 계곡을 점령한 후 이 지역은 헬레니즘 문화의 미술과 기예 전통에 깊이 영향을 받게 되었다. 이러한 영향은 건축물, 조각상, 일용품 등에서 잘 드러난다. 간다라미술의 기본적인 콘셉트는 붓다와 그의 삶에서 중요한 사건들을 표현하는 것이었다. 비록 간다라의 조각상들이 대개 헬레니즘적인 특징이 뚜렷하게 드러나지만, 간다라 지역의 지리학적 위치에 따라 받게 된 중앙아시아와 중국 전통의 영향도 배제할 수 없다. 간다라미술의 여러 단계에서 만들어진 조각상들은 헬레니즘의 영향과 함께 수염의 양식이나 터번의 사용, 이목구비의 특징과 같이 지역적인 특색 또한 함유하고 있었던 것이다. 그러나 시간이 흐르고, 기원후 1세기 파르티아 시대에 와서는 헬레니즘의 예술 전통이 도드라지기 시작하였다. 파르티아의 통치는 장식적인 문양 조각에 섬세한 요소와 예술적 표현을 불어넣었다.

간다라 조각상들은 그레코로만(Greco-Roman) 양식을 연상시킨다. 일반적으로 간다라의 불상들은 정돈된 결을 가진 곱슬머리에 콧수염을 기르고 양쪽 어깨를 덮는 옷을 입고 있는 것으로 묘사된다.

간다라 불상의 전개에 있어 유용한 시기적 기준점 중 하나는, 카니시카(Kanishka) 1세의 통치기 후반에 발행된 몇몇 주화 뒷면에 나타난 붓다로 추정되는 이미지이다. 이 시기 조각된 붓다의 입상(立像)은 정면상으로, 두꺼운 법복을 입고 있고 가슴께가 대칭으로 주름져 있으며, 왼손으로 허리 부근에서 옷단을 잡고 있고 오른손으로는 무외인(無畏印, Abhaya mudra)를 맺고 있다. 머리 뒤에는 작은 광륜(光輪)이 표현되어 있다. 이러한 유형의 이미지는 이른 시기부터 존재했는데, 기원후 2세기 중엽 경에 제작된 높낮이가 있는 머리 모양에 큰 광륜과 가슴께에 비대칭적으로 걸쳐 있는 법복을 입은 붓다상은 그레코로만 양식의 영향을 가득 품고 있다. 기원후 3세기부터 붓다는 종종 전법륜인(轉法輪印, dharmachakra mudra)과 같은 새로운 형태로 표현되었다. 이 형태를 보일 경우 그의 법복은 대개 한쪽 어깨만을 덮고 있다. 이 후기의 형태들은 무엇이 완성된 간다라미술로 간주되었는지를 보여준다.

종교적 목적으로 사용된 붓다와 보살의 독립적인 이미지들은 불탑이 안치된 마당 주변의 수도실, 혹은 수도원의 벽감(壁龕)에 고정되어 있었다.

불교의 의례적 이미지들은 보통 정면의 입상이나 좌상으로 광륜이 있고 몇몇 신체적 특징과 각기 다른 제스처 혹은 수인을 맺고 있는 모습으로 표현된다. 붓다 좌상의 일반적인 유형은 가부좌를 틀고 발바닥이 위로 향한 명상 자세이다.

4. 불상이 발견된 고고학 지역들

1) 다르마라지카(Dharmarajika)의 불교지구

다르마라지카의 가장 오래된 불교지구는 하티알 스푸르(Hathial Spur) 기슭에 위치하고 있으며 탁실라박물관에서 약 1km 거리이다. '다르마라지카'란 진정한 법왕(Dharmaraja)이신 붓다의 사리를 모신 탑이라는 의미이다. 아쇼카(Asoka)왕은 붓다의 사리를 각지로 나누어 보냈는데, 마우리아(Maurya)왕조하의 탁실라는 아쇼카가 나누어 보낸 사리를 받았고, 다르마라지카는 이것을 받은 집에 그가 세운 불탑이었다.

이 지역의 대탑(大塔, main stupa)은 평면도상 원형이고 바닥 주변에는 네 층의 계단으로 된 테라스가 탑을 둘러싸고 세워져 있다. 불탑의 높이는 45피트이고 행렬로는 동서로 150피트, 남북으로 146피트이다. 대탑은 본래 마우리아 시대에 건축되었으나 쿠샨왕조 시절 카니시카왕 때에 재건축되었다.

불탑이 세워져 있는 마당에는 서로 다른 시대에 세워진 봉헌탑들이 있다. 이 탑들은 원형과 사각형 형태로 붓다의 이미지와 여러 형상들로 꾸며져 있다.

다르마라지카의 사원은 그 크기가 작은데, 그 이유는 비르 마운드(Bhir Mound)와 시르캅(Sirkap)이라는 탁실라의 두 대도시와 가까이 있었기 때문일 것이다. 다르마라지카의 사원은 승려들을 위한 방과 부엌, 그리고 여타 부대시설을 가지고 있다.

2) 바말라 스투파(Bhamala Stupa)

바말라의 불교지구는 탁실라박물관에서 20km 북쪽, 무리(Murree) 언덕의 골짜기 안, 하로(Haro) 계곡 위에 위치해 있다. 가장 중요한 스투코 상 중 하나인 죽어가는 붓다의 양각(陽刻)이 이 지역에서 발견되었다. 이 판에는 붓다가 열반하는 장면이 묘사되어 있다. 너비는 2피트 4인치이고 높이는 1피트 6인치이다. 두 개의 코린트식 벽기둥 사이에 붓다가 우측 옆구리를 바닥에 대고 누워 있다. 붓다의 뒤에는 네 명의 애도하는 형상이 있는데, 그 중 붓다의 발에 가까운 이는 여자로 보인다. 그 아래 대좌(臺座)의 앞에는 또 다른 네 형상이 있는데 그 중 붓다의 머리에 가까운 것이 좌선불(坐禪佛, Dhyani Buddha)이며 그의 발 쪽에는 신자가 팔짱을 끼고 무릎을 꿇고 있다.

바말라 스투파에는 대탑과 탑 안뜰(stupa courtyard) 그리고 사원이 있다. 대탑은 원통 부분까지 보존되어 있으며 높은 사각형의 단과 각 면의 중간 부분에 돌출된 계단이 있다. 몰딩과 벽기둥은 칸규르석(kanjur stone)으로 만들어졌다.

탑 안뜰에는 사각형의 바닥을 가진 19개의 봉헌탑이 세워져 있다. 사원에는 앞쪽에 방들이 있는 너른 마당, 강당, 부엌과 식당이 있다.

3) 줄리안(Jullian)

유물산포지(遺物散布地)인 줄리안은 탁실라박물관에서 약 7km 떨어져 있으며 모흐라 무라두(Mohra Muradu) 지구의 북동쪽 언덕 꼭대기에 약 300피트 높이로 위치하고 있다. 줄리안은 탁실라 계곡에서 가장 잘 보존된 불교 1지구이다. 줄리안의 불탑과 사원은 기원후 2세기 쿠샨왕조 때에 세워졌고 기원후 5세기 후반 백흉노(White Huns)에 의해 파괴되었다. 대탑은 상부 탑 안뜰의 중간에 세워져 있고 붓다와 보살상으로 장식되어 있다.

대탑 주변에 줄지어 있는 봉헌탑은 대부분 평면도상 사각 형태이고 화려하게 장식되어 있으며 보존상태가 좋다. 그 중 하나가 탁실라박물관으로 옮겨졌다.

줄리안 지구의 사원은 대탑의 남쪽에 위치하고 있다. 입구 왼쪽 바로 바깥쪽에는 작은 수도실이 있으며 여기에서 유독 훌륭한 스투코 상들이 발견되었는데, 이러한 종류 중 가장 보존이 잘 되어 있는 것이다. 가운데에는 명상하고 있는 붓다의 좌상이 있으며 좌우로 붓다의 입상이 있고 뒤에는 두 명의 수행자 형상이 있다. 이것은 탁실라박물관으로 옮겨졌다.

줄리안의 사원은 매우 작은 사이즈인데, 왜냐하면 이것이 모흐라 무라두나 다른 불교지구를 상당히 모방했기 때문이다. 이 사원은 개방된 사각형의 뜰이 있으며 사면에는 방들이 늘어서 있다. 각 면의 끝에는 작은 욕실이 있으며, 강당, 부엌, 창고도 설치되어 있다.

4) 모흐라 무라두(Mohra Muradu)

이 지구는 1914년과 1915년 존 마샬 경의 지휘하에 압둘 카디르(Abdul Qadir)가 발굴하였다. 모흐라 무라두는 탁실라 계곡에서 매우 중요한 불교지구이다. 이곳은 모흐라 무라두의 거주지역 뒤편에 고립된 협곡에 위치해 있다. 최상의 스투코 상 컬렉션이 모흐라 무라두에서 발견되었다. 이 조각상들은 대부분 탁실라박물관으로 이전되었다. 여타의 불교지구와 마찬가지로 이 지구 또한 대탑과 봉헌탑 안뜰, 그리고 사원을 가지고 있다.

존 마샬 경은 이 구역에 대해 건축디자인이라는 측면에서 이 탑에 특별히 주목할 것은 없으며, 기원후 2세기에서 5세기 사이에 세워진 다른 기념물들의 일반적인 특징과 구분될 것이 없다고 평하였다. 그러나 존 마샬 경은 언덕 위라는 유리한 위치, 그리고 여타의 다행스러운 조건들 덕에 벽을 장식하고 있는 많은 스투코가 잘 보존되었고, 이러한 기념물들이 건축가들의 손에서 처음 만들어졌을 때 어떠한 모습이었을지에 대한 훨씬 나은 아이디어를 제공한다고 적었다. 분명 이 건축물은 원통 부분의 끝까지 조각상으로 덮여 있다.

불탑과 이어진 사원은 사각형의 안뜰을 가지고 있으며, 동쪽 편에 몇 개의 수도실이 있다. 9번 방에는 완전한 형태의 불탑이 보존되어 있다. 이 불탑의 복제품이 탁실라박물관에 세워져 있다. 줄리안 사원과 같이 이 또한 부엌, 욕실, 강당 그리고 창고가 있다.

매우 아름다운 스투코 상과 여타의 조각상들이 이 지역에서 발견되어 대부분 탁실라박물관으로 옮겨졌다.

5) 쿠날라 스투파(KUNALA STUPA)

아쇼카왕은 그의 아들 쿠날라(Kunala)가 그의 명령을 따라 두 눈을 뽑은 자리를 기념하기 위해 이 불탑을 세웠다. 그 명령은 그의 부인이자 쿠날라의 계모였던 여인의 모함으로 내려진 그릇된 명령이었다. 하티알의 북쪽 비탈에 위치해 있으며 시르캅을 내려다보는 멋진 전경이 펼쳐진다.

6) 지난 왈리 데리(JINNAN WALI DHERI)

지난 왈리 데리의 불교지구는 탁실라박물관의 북동쪽 10km, 하로(Haro) 강의 왼편 두둑에 위치해 있다. 이 구역은 불탑과 사원 유적이 남아 있다. 발굴 작업을 통해 사원에서 프레스코 기법으로 그린 가장 최초의 붓다와 보살이 발견되었다. 이는 간다라 미술사, 특히 탁실라 계곡의 가장 독특한 발견 중 하나이다.

BUDDHA IMAGES IN TAXILA MUSEUM

HISTORICAL BACKGROUND OF TAXILA MUSEUM

Taxila, Takshasila in Sanskrit prominently appears in the annals of history and a great flourishing capital city of considerable expense between the rivers Indus and Jehlam. This city is situated about 32 km. to the north of Islamabad Capital Territory. Historically Taxila was situated at the crossroad of three major trade routs. General Cunningham has given an exhaustive and comprehensive account of archaeological remains of Taxila and has given correct identification of numerous Buddhist monasteries and stupas.

The job started by Cunningham was further promoted by Sir John Marshall, who carried out extensive excavations from 1913 to 1934 and made detailed studies of archaeological data collected as a result of large scale excavations and explorations well over two decades. The worked of Sir John Marshall aware us about the art and craft, social setup, economic system, customs, religious traditions and architecture of the people of Taxila valley. The antiquities discovered from Taxila have not only improved our knowledge, but also helped us to reconstruct the chronological sequence of Taxila in historic perspective.

BUDDHISIM IN GANDHAR AND TAXILA VALLEY

Buddhism was introduce in Gandhara region in the middle of 3rd century B.C. but according to the original teaching of Buddha making of images of Buddha were prohibited. Taxila valley was very famous center of Buddhism from 3rd century B. C. to 5th century A.D. It is important to emphasize that beginning of Buddhism in Gandhara region and Gandhara Art depicting different phases of life of Buddha had been simultaneous. At the initial stages sculptures of Gandhara Art were executed in stone but from 3rd century A.D. onward, medium of this art was changed from stone to stucco in order to meet the increasing demands decorating Buddhist monasteries and stupas.

GANDHARA ART AND BUDDHA IMAGES IN TAXILA MUSEUM

With invasion of Alexander the Great Gandhara region and Taxila valley had been profoundly influenced by the art and craft traditions of Hellenism which are very well reflected in the architecture, sculptures and objects of daily use. The basic concept of Gandhara art was to represent the Buddha and important events of his life. Although Gandhara sculptures are predominantly Hellenistic in there execution but due to the geographical location of Gandhara region impact of Central Asian and Chinese traditions cannot be ruled out. The sculptures made during different stages of Gandhara art, along with the influence of Hellenism also retained local features such as style of moustaches use of turban and facial features. However the passage of time Hellenistic art traditions became conspicuous during the 1st century A.D. in the Parthian period. The Parthian rules give an element of delicacy and artistic rendering in the carving of decorative motifs.

Gandharan sculptures are reminiscent of a Greco Roman style. Typically Gandharan Buddhist figures have wavy hair with combed ridges, bear moustaches, and are clad with both shoulders covered.

A useful chronological reference point for the development of the Buddha image in Gandhara consists of the image labeled Buddha which occurs on the reveres of some of the coins issued late in Kanishka - I reign. At that time the representation of the standing Buddha were carved, displaying a frontal position, dressed in a heavy monastic robe, looping symmetrically over the chest and with the hem held at waist level in the left hand, while the right hand was raised in Abhaya mudra. He is shown with small hallo behind the head. This type of images already existed at an earlier date, around the middle of the 2nd century A.D. the Buddha has an undulating hairstyle, a large hallo and a robe, of which the asymmetric draping over the chest is widely impregnated with Greco - Roman influences. From the third century A.D. the Buddha is frequently represented in a new attitude, the teaching attitude, dharmachakra mudra. When shown in this mode his robe often covers one shoulder only. These later versions represent what is normally considered to be the fully developed Gandhara art.

Independent images of the Buddha and Bodhisattva serving as cult images were fixed in the chapels around the stupas courtyard or in the niches of the monasteries.

The Buddhist cult images are usually frontal, standing or seated and haloed and have certain body marks and with different gestures or mudras. Common style of the seated image of the Buddha is a cross legged meditation postures with the soles held upward.

Archaeological sites from where the images of the Buddha have been discovered.

Buddhist site of Dharmarajika

The oldest Buddhist site of Dharmarajika is situated at the foot of the Hathial spur and about one kilometer from Taxila museum. The name Dharmarajika mean a stupa erected over a body relic of the Buddha, who was the true Dharmaraja. Asoka redistributed the body relics of Buddha among many places, Taxila was in Maurya Dynasty which received from Asoka a share of the holy relics and that Dharmarajika was the stupa erected by him to house that share.

Main stupa of this site is circular in plan with raised terrace around its base, which was ascended by four flights of steps. The height of this stupa is 45 fts. and the procession path is 150ft from east to west and 146 ft from north h. The main stupa was basically constructed during Maurya period but it was reconstructed in kushana period in Kanishka time.

The stupa courtyard have several votive stupas of different period and time. These stupas were circular and square in shape and decorated with Buddha images and other figures.

The monastery of Dharmarajika is small in size, the reason may be it was situated very near to the two great cities of Taxila, Bhir mound and Sirkap. The monastery of Dharmarajika has rooms for monks, kitchen and other related structures.

Bhamala Stupa

Buddhist site of Bhamala is situated in north about 20 kilometers from Taxila museum, in the lap of Murree hills, on the head of Haro valley. One of the most important stucco piece is the relief of the dyeing Buddha was found here in this site. This panel depicts the Buddha death scene. Its lenth is 2ft 4in and height is 1ft 6in. Between the two Corinthian pilasters the Buddha is lying at full length on his right side. Behind the Buddha four mourning figures, of whom the one near to his feet seems to be a women. Below, on the face of the plinth are four other figures, of which one near the Buddha head is Dhyani Buddha and near his feet devotee kneeling with folded hands.

The Bhamala stupa has main stupa, stupa courtyard and monastery. Main stupa is preserved up to drum and consisting of a tall square podium with an imposing flight of steps ascending the middle of the each side. Moulding and pilasters made of kanjur stone.

Stupa courtyard has about nineteen votive stupas with square bases. Monastery has large court of cells in front, assembly hall, kitchen and refectory.

Jullian

Archaeological site of Jullian situated about 7 kilometers from Taxila museum north east of Muhra Muradu site on the top of hill about 300ft. Jullain is one of the best preserved Buddhist in Taxila valley. The stupa and monastery of Jullian was established by Kushan in 2nd century AD and destroyed by White Huns in the latter part of the fifth century AD. Main stupa is situated in the middle of upper stupa courtyard decorated with Buddha and Bodhisattva images.

Votive stupas mostly square in plan are richly decorated and well preserved, ranged in rows around the main stupa. One votive stupa has shifted to the Taxila museum.

The monastery of the Jullian site is situated to the north side of the main stupa. Just outside to the left of the entrance is a small chapel containing a singularly fine group of stucco figures, one of the best preserved of their kind. In the center is seated the Buddha in attitude of meditation, with a standing Buddha to his right to his right and left and two attendants figures behind. It has shifted to Taxila museum.

The monastery of Jullian is small in size because it closely resembled to the Muhra Muradu and other Buddhist sites. It has open quadrangle with range of cells on its four sides. It also has small bathroom in the corner, assembly hall, kitchen and store room.

Mohra Muradu

This site was excavated under the supervision of Sir John Marshall by Abdul Qadir in 1914 and 1915. Muhra Muradu is very important Buddhist site in Taxila valley. It is situated in isolated glen at the back of modern village of Mohra Muradu. The best collection of stucco sculptures discovered from Mohra Muradu site. These sculptures mostly shifted to Taxila museum. Like other

Buddhist site this site also has main stupa, votive stupa courtyard and monastery.

Sir John Marshall said about this site that in point of architectural design there is nothing specially remarkable about this stupa, nothing to distinguish it from other memorials of a like character which were erected between 2n and 5th century our era. But Sir John Marshall wrote that to its protected position in the hill and other fortunate circumstances, many of the stucco reliefs with which it wall were decorated are well preserved, give us a much better idea of how these monuments looked when they first emerged from the hand of their builders. Apparently the whole surface of the structure up to the top of the drum was covered with figures.

The monastery connected with stupa, has a rectangular court. It has several chambers on its eastern side. In cell no. 9 a complete stupa is preserved. Replica of this stupa has been erected in Taxila museum. Same like Jullian monastery it is also have kitchen, bathroom, assembly hall and store room.

Very beautiful stucco sculptures and other figures has been discovered from this site, mostly shifted to Taxila museum.

KUNALA STUPA

Asoka built a stupa to commemorate the spot where his son Kunala had his eyes put out for the compliance of his factious orders issued by his wife, who was step mother of Kunala. It situated on the northern slopes of Hathial, commanding splendid view of the lower city of Sirkap.

JINNAN WALI DHERI

Buddhist site of Jinnan Wali Dheri situated about 10 kilometers north east of Taxila museum on the left bank of Haro river. This site contains the remains of Buddhist stupas and monastery. During excavation the first ever fresco painting of Buddha and Bodhisattva, is discovered from the monastery. It is a unique discovery in art history of Gandhara especially in Taxila valley.

BIBLIOGRAPHY

Ahmad, Nazimuddin, 1967. A fresh study of the fire temple at Taxila, Pakistan Archaeology, 4, 153-9.

Allchin, Bridget, and Alchin, F. R.,1982. The rise of civilization in India and Pakistan.

Alchin, F.R., 1968. Archaeology and the date of Kanishka: the Taxila evidence in Besham, A,L paper on the date of Kanishka, Australian National University center of Oriental Studies, Oriental monographs Series, iv, Leiden, 4-34

Berger, E. and ph. Wright (1941) Excavation in Swat and Exploration in the Oxus Territories of Afghanistan. A Detailed Report of the 1938 Excavation. MASI, 64. Calcutta.

Brown, P., Indian Architecture (Buddhist and Hindu Period), 3rd ed, Bombay 1959.

Burgess, James, 1899. Gandharan sculptures, London.

Callieri,P. Saidu sharif I, The Buddhist Sacred Area. The Monastery, 1989.

Callieri, Pierfrancesco, 1984a. A potsherd with Greek inscription from Bir-Kot Swat. Journal of of Central Asia, VII. 49-53.

Callieri,P. Saidu sharif I, The Buddhist Sacred Area. The Monastery, 1989.

Craven, Roy, C. Indian Art. A Concise History. 1980.

Dani, A.H., Excavation at Chat Pat. Ancient Pakistan, Bulletin of the Department of Archaeology, University of Peshawar, Vol., IV - 1968-1969.

Dani, A.H., Excavation at Andan Dheri. Ancient Pakistan, Bulletin of the Department of archaeology University of Peshawar, Vol. IV, 1968-1969.

Dr. Khan Ashraf, M. Buddhist Shrines in Swat

De Marco G. The Stupa as a Funerary Monument. New Iconographical Evidence. In East and West (Rome), Vol. 37, 1987, pp. 191 - 246.

Faccenna, Dommenico, Butkara I (Swat Pakistan) 1956-1962, Part 2   1980.

Faccenna, Dommenico. Butkara I (Swat Pakistan) 1956-1962, Part 3, 1980.

Faccina, Dommennico, Ahmad Nabi Khan. Panr I (Swat Pakistan), 1993.

Faccena, domminico, Reports on the Campaign 1956-1958 in Swat (Pakistan).

Mission Scientific, Kyoto University. Gandhara, Preliminary Report, on the comprehensive Survey of Buddhist sites in Gandhara.1983-1984.

Marshall, J.Tixala, Structural Remains, Vol., I-1951.

Marshall, Sir, John, 1960. The Buddhist Art in Gandhara, Memoirs of the Department of Archaeology in Pakistan. Cambridge.

Marshall, Sir, John, 1920, Excavation at Taxila, 1914-15, Archaeological Survey of Indian, Annual Report, 1914-15calcutta, 1-35.

Nabi Khan, A., Buddhist art and architecture in Pakistan, Islamabad 1976.

Olivieri, M.L. Bir-Kot-Ghwandai Interim Report I, the Survey of the Bir Kot Hill, 2003.

Qamar, Mian Said. A preliminary report on the Excavation of the Buddhist site at Nawagai, Tehsil Barikot, Swat. East and West.

Qamar, M.S.-Khan M.A. Preliminary Report on the archaeological excavations of Buddhist site in Swat N.W.F.P. 1998-90. In Journal of Central Asia, Vol. No. 2, 1991, pp.173-234.

Rahman, A. Butkara III. A preliminary report. In South Asian Archaeology 1987.Vol. LXVI, Rome Part 2 1990, pp.

Stein, M. A. (1930) An Archaeological Tour in Upper swat and Adjacent Hill Tracts. MASI, 42. Calcutta.

Tucci, G. (1958) Preliminary Report on an Archaeological Survey in Swat (Pakistan) EW, 9, 4, pp. 279-328.

University Kyoto, Scientific Mission to Gandhara. Gandhara. ` Preliminary Report on the Survey of Buddhist Sites in Gandhara, 1983-1984.

제이드로드와 중국신화학의 새로운 콘텍스트: 서왕모(西王母) 신화를 중심으로

홍윤희(洪允姬)

1. 실크로드에서 제이드로드로

2013년 가을, 중국의 시진핑(習近平) 주석이 21세기 새로운 실크로드를 재건하겠다는 경제구상, '일대일로(一帶一路)'[1] 프로젝트를 발표한 이후 '실크로드'는 경제·외교 분야뿐 아니라 학계와 민간 분야에서도 다시금 뜨거운 주목을 받고 있다. 그런데 이 신(新) 실크로드 프로젝트가 가동되기 10여 년 전부터 중국신화학계에서 실크로드나 서역(西域)신화와 관련하여 유행한 용어가 있는데, 바로 '제이드로드(Jade Road, 玉石之路)'이다. 물론 '실크로드'라는 주제어로 이루어진 신화 연구도 없지는 않지만, 그보다는 '제이드로드'가 더욱 뚜렷하게 중국신화학 연구의 새로운 콘텍스트로서 등장한 것으로 보인다. '제이드로드'

---

[1] 一帶一路란 중앙아시아로 진출하는 중앙아시아 '실크로드 경제지대(一帶)'와 남부 지방과 바닷길을 통해 동남아·서남아로 향하는 21세기 해상 실크로드(一路), 즉 육상·해상의 新실크로드를 지칭한다.

라는 용어는 1966년 일본의 보석학자 치카야마 아키라(近山晶)가 중국 고대에 실크로드와 병행하는 제이드로드가 존재했을 것이라고 주장하면서 나오게 되었다.² 하지만 이 용어가 본격적으로 학계의 주목을 받게 된 것은 1989년 양보다(杨伯达)가 3300년 전 신강(新疆) 호탄(和田)에서 안양(安陽)에 이르는 '제이드로드'의 복원을 시도하면서부터였다.³

잘 알려져 있듯이 독일의 탐험가이자 지질학자인 리히트호펜(Ferdinand von Richthofen)이 1877년에 제시한 '실크로드(Seidenstrasse, Silk Road)'라는 낭만적인 명칭은 현재 두루 통용되고 있다. 하지만 과연 이 문화 도로를 '실크'로드라고 부르는 것이 적절한가에 대해서는 이견이 많다. 영국학자 프랜시스 우드(Frances Wood)는 이에 대해 다음과 같이 말한다.

실크로드라는 이름이 등장하기 약 7천 년 전부터 중앙아시아 사막 주변의 오아시스 도시들과 중국 사이에서는 물품들이 교역되었다. 실크로드 남쪽 노선에 있는 호탄(和田) 지역으로부터 운송되었던 최초의 물품은 옥이었다. 옥과 비교했을 때 실크가 훨씬 더 먼 거리에 걸쳐 교역되었다는 사실만 없었다면, 지금도 옥이 호탄에서 중국으로 이어진 길을 따라 운반되고 있으므로 실크로드보다는 '제이드로드(Jade Road)'라는 이름이 더 적절했을지도 모른다.⁴

프랑스 학자 티에리 자르콘(Thierry Zarcone) 역시 『제이드로드(La Route du Jade)』라는 제목의 저서(2001)를 통해 리히트호펜의 '실크로드'는 이국적 상상으로 세계인들을 오해로 이끌었다고 지적한다. 역사상 분명한 하나의 '실크로드'는 존

---

2 唐啓翠,「"玉石之路"研究回顧與展望」,『上海交通大學學報(哲學社會科學版)』, 2013, 第6期, p.28.
3 楊伯達,「"玉石之路"的探索」,『故宮博物院院刊』, 1989, 第1期.
4 프랜시스 우드, 박세욱 옮김,『실크로드 : 문명의 중심』(연암서가, 2013), p.33.

재하지 않았으며 유라시아 대륙 간 수많은 무역노선을 통칭한 것이다. 유라시아 교역으로 왕래된 것은 실크나 차뿐만 아니라 옥·황금·청동·대마·개·말 등도 있었고, 실크로드보다 제이드로드가 훨씬 더 오래되고 명확하다고 볼 수 있다. 더 중요한 것은 옥이 정치·경제·종교와 문화에 있어서 중요한 의미가 있었다는 점이다. 따라서 전통적인 '실크로드'라는 이름은 '제이드로드'로 수정해야 한다는 것이 그의 주장이다.[5]

그런데 '제이드로드'에 대한 최근 중국 학자들의 관점을 살펴보면, 제이드로드는 단지 실크로드의 바탕으로서, 실크로드 이전에 존재한 교역의 길에 그치지 않는다. 또한 1989년 양보다(杨伯达)가 그 윤곽을 그려낸 호탄옥이 동쪽으로 중원에 전해진 노선에만 한정되지도 않는다. 양보다 스스로도 2004년에 다시 옛날 옥을 운송한 노선의 본래 면모를 밝히고자 동북·동남 등의 옥문화 지역까지 아우르는 '제이드로드 네트워크'가 존재했다고 주장하면서, '동옥지로(夷玉之路)', '월옥지로(越玉之路)' 및 선사시대부터 하(夏)·상(商)·주(周) 삼대에 이르는 시기별 노선을 그려내는 시도를 하였다.[6]

제이드로드를 중국신화학의 새로운 콘텍스트로 삼는 흐름을 주도하고 있는 것은 저명한 신화학자 예수셴(葉舒憲)이다. 그는 8000년 전부터 4000년 전까지 옥 문화 전파의 주요 방향성 운동을 북옥남전(北玉南傳), 동옥서전(東玉西傳)으로, 이후 4천 년간의 운동을 서옥동수(西玉東輸)로 설명한다. 예수셴의 이러한 주장은 2009년에 정식으로 중국사회과학원(中國社會科學院) 중대 프로젝트 A류(類)로 선정되어 2012년에 마무리된 '중화문명탐원의 신화학연구(中華文明探源的神話學研究)' 프로젝트의 결과였다.[7]

---

5 唐啓翠, 앞의 글, pp.28-29 참고.
6 楊伯達, 「"玉石之路"的布局及其網絡」, 『南都學壇(人文社會科學報)』, 第24卷 第3期, 2004.
7 葉舒憲, 「西玉東輸與華夏文明的形成」, 『絲綢之路』 2013年 第6期, 總第247期, p.5.

북옥남전, 동옥서전, 서옥동수 세 가지 흐름 중 그가 가장 중요하게 여기는 것은 바로 '서옥동수'의 경로, 즉 신장 타림분지 남쪽 곤륜산 일대에서 나는 품질이 우수한 호탄옥이 중원으로 운송된 경로이다. 실크로드 연구에 있어서도 가장 주목할 만한 흐름은 '서옥동수'의 경로라고 할 수 있다. 북옥남전, 동옥서전의 노선은 실제로 실크로드의 주요한 노선과는 차이가 있고, 예수셴의 주장에 따르자면 "한(漢) 무제(武帝) 시대에 이른바 서역으로 가는 길을 열었다는 업적은 사실 이미 열린 지 2000년이나 된 서옥동수의 노선을, 관에서 역참을 설립하는 형식으로 다시 확인한 것에 불과하기" 때문이다.[8] 하지만 예수셴이 이 경로를 특별히 중시하는 이유는 실크로드와의 연관성 때문이라기보다 호탄옥이 화하전통(華夏傳統)에 정신적 동력을, 즉 한 국가의 주류가 되는 핵심 가치관을 가져다 주었다고 생각하기 때문이다. 그는 또한 화하 신화 뿌리의 주요 노선은 옥의 신화와 여기서 형성된 '옥교(玉敎)'신앙이라고 주장한다. 이것이 선사시대 옥 문화와 제이드로드를 중국신화학의 콘텍스트로 삼은 프로젝트에 '중화문명탐원의 신화학연구'라는 이름이 붙은 까닭이라고 할 수 있다.

그리고 이 연구에는 그가 2005년 경부터 선보인 '4중증거법(四重證據法)' 또는 '다중증거법(多重證據法)'이 적용된다.[9] 이것은 신화학 연구의 범주를 문자텍스트의 한계를 넘어 문화텍스트로 확장하려는 그의 방법론적 혁신이라고 할 수 있다. 그는 문학 연구의 '서사(敍事)' 개념을 차용·개조하여, 문화텍스트

---

8 葉舒憲, 앞의 글, p.6.
9 사중증거법의 구체적 내용과 그 문제점 등에 대해서는 이유진, 「예수셴의 "곰 토템", 왜 문제적인가」, 『中國語文學論集』, 제77호, 2012, pp.550-555 참고. 李永平의 「論大傳統文本與 "N級編碼理論"·"N重證據"的關係 : 兼與葉舒憲敎授商榷」(『社會科學家』, 第1期, 總第201期, 2014)도 예수셴의 대전통·소전통 개념과 다중증거법의 관계를 파악하는 데 참고할 만하다.

의 구성 부분으로서 물적(物的) 서사(敍事)와 도상서사(圖像敍事)를 신화학 연구로 끌어들인다. 이를 통해 신화학 연구와 역사·예술·고고 연구 방면을 관통하고자 한 것이다. 그리고 이런 방법을 신화학 연구에 적용한 예로 자신의 논문「서왕모신화: 여신문명의 중국유산(西王母神話 : 女神文明的中國遺産)」(2011) (이하「서왕모신화」로 줄임)을 들고 있다.

다중증거법으로 신화 배후의 역사 정보를 발굴하고 서왕모신화 속 2대 요소와 화하 선사시대 문화 대전통(大傳統)의 연원 관계를 탐구하였다. 즉 여신 숭배와 미옥(美玉) 숭배(배물교(拜物敎))를 유라시아대륙 선사시대의 '여신문명'이라는 큰 배경으로 환원하여, 하·상·주 삼대 이래 지역문화의 흥망성쇠와 교체의 맥락을 해석하였다. 출토 문물에 근거하여 옥산(玉山)과 옥승(玉勝) 형상이 발생하게 된 고고학적 실물 원형을 설명하였고, 이후에 등장한 유가(儒家)의 하도락서(河圖洛書)라는 새로운 신화 계통이 미옥 숭배를 어떻게 계승하고 개조하며, 여신 숭배를 어떻게 배척하고 철폐하였는지 보여주었다. 또한 도교에서 서왕모 형상을 어떻게 받아들이고 개조하며 그 독립적인 여신의 지위를 약화하여 남성 신격인 동왕공(東王公) 또는 옥황대제(玉皇大帝)의 배필이 되게 하였는지를 드러냈다. 이러한 개별 신화의 연구는 충분히 물적 서사를 이용하여 나올 수 있는 참고지표로서, 나중에 생겨난 유가 계통과 도교 계통 신화가 원래의 서왕모 형상에 가한 개조작용을 분석해 냈다.[10]

예수셴뿐만 아니라 서옥동수의 제이드로드 연구에 있어서 학자들이 가장 많이 언급하는 신화는 바로 서왕모와 곤륜(崑崙)에 관한 신화 기록, 그리고 주

---

10 廖明君, 葉舒憲,「中華文明探源的神話學硏究 : 葉舒憲敎授訪談錄」,『民族藝術』, 2012, 第1期, p.43.

(周) 목왕(穆王)이 서왕모를 만난 이야기 등이다. 그리고 이런 맥락에서 신화 속 곤륜과 옥산은 현실 지리의 곤륜산(崑崙山)으로, 주 목왕의 경로는 서옥동수의 제이드로드로, 서왕모는 '서'쪽에 사는 여신으로 간주되곤 한다.

필자가 주목하는 것은 서왕모를 둘러싼 일련의 신화가 '제이드로드'라는 새로운 콘텍스트에 호출되고 해석되는 과정이다. 본고는 그 중에서도 예수셴의 논고들을 중심으로 이러한 해석들이 기존의 서왕모신화 연구와 어떤 차이가 있는지, 그리고 그 새로운 해석은 과연 타당한 것인지, 그 해석은 무엇을 향하고 있는지를 살펴보고자 한다.

2. 『산해경(山海經)』의 서왕모(西王母)와 곤륜(崑崙) 옥산(玉山)

옛 문헌에서 서왕모에 관한 가장 이른 시기의 기록은 『산해경』에 보이며, 이것은 서왕모신화를 연구하는 학자들에게 공통된 출발점이라고 할 수 있다. 예수셴의 논문「서왕모신화」에서도 마찬가지이다.

옥산은 서왕모가 사는 곳이다. 서왕모는 사람처럼 생겼는데 표범 꼬리에 호랑이 이빨을 하고, 잘 으르렁대며, 흐트러진 머리에 머리꾸미개를 꽂고 있다. 하늘의 재앙과 다섯 가지 잔혹한 형벌을 주관한다.
玉山, 是西王母所居也. 西王母其狀如人, 豹尾虎齒而善嘯, 蓬髮戴勝, 是司天之厲及五殘.(「西山經」)

여기에서 예수셴이 주목하는 요소는 두 가지이다. 서왕모가 사는 곳이 '옥산'이라는 점과 일반적으로 '머리꾸미개를 꽂고 있다'는 뜻으로 해석되는 '대승

(戴勝)'이다. 그것이 '진실된 신앙의 역사적 정보'를 드러내는 중요한 구절이라고 보기 때문이다.[11] 그의 주장은 이렇다. 우선, '옥산'은 완전한 허구에서 나온 것이 아니며, 하·상 교체기에 신강 곤륜산 특산의 호탄옥은 중국 중원 왕권 건립에 있어서 '통치 상징'의 의미를 획득하게 되었다. 곤륜 '옥산'에 대한 상상은 이러한 중원 왕권의 흥기라는 진실한 배경 아래 형성되었다. 그리고 서왕모신화는 여신과 서부·곤륜산·옥산이라는 지점과의 관계가 우연한 환상이 아님을 확인시켜 준다.

둘째 '대승(戴勝)'의 '승(勝)'은 곽박(郭璞)의 해석에 따르면 '옥승(玉勝)'으로서, 선진(先秦)시대 여신의 모습은 머리 위 옥기를 특수한 표지로 삼은 것이라 할 수 있다. 약 2천 년 전 한(漢) 화상석(畫像石)에 새겨져 있는 서왕모 역시 '옥관(玉冠)'을 쓰고 있고, 양저(良渚)문화 출토 옥관이나 용산(龍山)문화 출토 옥비녀(玉簪)를 보아도, 선사시대의 부락사회 우두머리는 옥관과 같은 머리장식으로 자신이 신과 통하는 통치자임을 나타내는 표지로 삼는 현상이 있었음을 알 수 있다.[12]

하지만 이러한 주장에는 몇 가지 의문이 생긴다. 우선 『서산경』의 저 구절에서 "사람처럼 생겼는데, 표범 꼬리에 호랑이 이빨을 하고 잘 으르렁대며, 흐트러진 머리"와 같은 범상치 않고 무시무시한 생김새라거나, "하늘의 재앙과 다섯 가지 잔혹한 형벌을 주관한다."는 것과 같은 직능이 아닌, '옥산'과 '대승'이 더 '진실된 신앙의 역사적 정보'를 담고 있는 이유는 무엇인가? 「서왕모신화」에서 이에 대한 설명은 찾을 수 없다. 사실상 '옥산'과 '대승'은 '신앙의 역사적 정보'이기 전에, 이 논문을 쓴 전제가 되는 '옥 숭배'와 관련을 지을 수 있는

---

11 葉舒憲, 「西王母神話: 女神文明的中國遺産」, 『百色學院學報』, 第24卷 第5期, 2011, p.15.
12 葉舒憲, 위의 글, pp.15-16.

부분으로서 선택된 것이라고 볼 수 있다.

물론 서왕모와 옥의 관련성에 대해서는 예수셴 이전 학자들도 주목을 하였다. 샤오빙(蕭兵)은 『초사와 신화(楚辭與神話)』에서 서왕모가 옥을 관장하는 신이었다는 주장을 하였고, 위안커(袁珂)도 '봉발대승(蓬髮大勝)'을 곽박의 "승은 옥승이다(勝, 玉勝也)."라는 주석에 근거하여 '봉두난발인 머리에 옥비녀를 꽂고 있다'는 뜻으로 번역한 바 있다. 또한 『해내북경(海內北經)』에서 서왕모에 대한 기록에 "곤륜허의 북쪽에 있다(在崑崙虛北)."라는 구절이나, 『대황서경(大荒西經)』에서 곤륜지구(崑崙之丘)에 대한 서술에 이어 "그 바깥에 염화산이 있는데 물건을 던지면 바로 타버린다. 어떤 사람이 머리꾸미개를 꽂고 있는데, 호랑이 이빨에 표범꼬리를 하고, 동굴에 사는데, 이름을 서왕모라고 한다(其外有炎火之山, 投物輒然. 有人戴勝, 虎齒, 豹尾, 穴處, 名曰西王母)."라는 내용이 이어지는 것으로 보아 서왕모가 거처한 옥산이 곤륜과 관련이 있을 가능성은 충분히 있다.

하지만 이 신화 속 곤륜 옥산이 과연 현실 지리 속 곤륜산을 지칭하는 것이라고 단정할 근거는 없다. 예를 들어 류시청(劉錫誠)은 「신화곤륜과 서왕모의 원래 모습(神話崑崙與西王母原相)」에서 "지리적으로 곤륜이 어디인가에 대해서 수많은 견해가 나왔지만 지금까지 정론이 없다."고 하며, 지리적 곤륜과 신화적 곤륜을 구분하고, 올림푸스산과 같은 신산의 상징으로서 신화적 곤륜에 한정하여 논의하는 신중한 태도를 견지하였다.[13] 심지어 류쭝디(劉宗迪)는 「곤륜원형고(崑崙原型考 : 『山海經』硏究之五)」에서 "옛 문헌에 나오는 곤륜산은 신화지리학 속의 신산이지, 현실 지리와는 무관하다."고 하며, 곤륜에 관한 가장 이른 기록이 담긴 『산해경』에서 곤륜의 위치가 계속 변하는 점 등에 근거하여 『산해경』에서 곤륜은 본래 결코 서방세계에 자연으로서 높은 산이 아니라 인

13　劉錫誠, 「神話崑崙與西王母原相」, 『西北民族硏究』, 2002, 第4期, 總第35期, p.177.

공적 건축물로서, 이 건축물은 옛 관상대(觀象臺)이며 의식을 행하던 명당(明堂)이라고 주장하였다. 게다가 그는 『이아(爾雅)』「석구(釋丘)」의 "구는 한 층으로 만들면 돈구, 한층 더 쌓아 올리면 도구, 한층 더 올린 것의 윗부분을 뾰족하게 하면 융구, 삼층으로 쌓아 올리면 곤륜구이다〔丘, 一成爲敦丘, 再成爲陶丘, 再成銳上爲融丘, 三成爲崑崙丘〕."라는 기록이나 『수경주(水經注)』「하수(河水)」에서는 동해의 방장(方丈)을 또한 '곤륜'이라고 부른다는 점 등에 착안하여, 곤륜이 산 이름으로 인식되기 시작한 초기에도 곤륜은 원래 서쪽에 있는 어느 특정한 산의 고유명사가 아니라 신산(神山), 또는 산언덕의 통칭이었다고 주장하였다.[14] 『산해경』이 기본적으로 산과 하천 등의 지점과 그 사이의 거리를 따라 서술되는 지리서의 구조를 따르고 있다는 점, 『산해경』 내의 각 경이 기록된 시대에 차이가 있고 그것이 내용상의 모순을 초래했으리라는 점 등을 감안한다면 류쭝디의 주장은 다소 과도한 것일 수 있다. 하지만 신화 지리 속의 곤륜과 한대 이후 위치가 정해진 현실 지리 속의 곤륜산을 간단히 동일시할 수 없다는 사실은 분명하다.

그렇다면 예수셴은 왜 굳이 "문학상상 속 '옥산'이 완전히 허구에서 나왔을 리는 없다", "여신과 서부·곤륜산·옥산이라는 지점과의 관계는 분명 우연한 환상은 아니다" 등의 다소 모호한 표현을 통해 은연중에 곤륜 옥산을 현실 지리 속 서쪽에 있는 곤륜산과 동일시하고, 그 옥산의 옥을 신강 호탄옥과 동일시하려 한 것일까? 그 이유는 분명하다. 이 연결고리가 형성되어야만 그가 주장하듯이 화하 전통에 국가의 주류적인 핵심 가치관으로서 정신적 동력을 가져다 준 서옥동수(西玉東輸)의 제이드로드가 '여신신앙과 옥의 신앙'이라는 화하문명 발생의 2대 문화유전자의 맥락 속에 자리잡을 수 있기 때문이다.

또한 이 맥락에서 서왕모는 태초의 위대한 대지모신(大地母神)으로서, 유라

---

14 劉宗迪,「崑崙原型考:"山海經"研究之五」,『文化硏究』, 2003, 第3期.

시아대륙에 널리 퍼져 여신문명 전통에 자리잡아야 한다. 그런데 서왕모에 관한 가장 이른 기록이라 할 수 있는『산해경』의 서술을 보면, 서왕모를 과연 위대한 대지모신이며 곤륜계 신화의 최고신격으로 간주할 수 있을지 의문이 든다. 물론 루쉰(魯迅)이 말했듯『산해경』신화에서 가장 세간에 널리 알려진 것이 '곤륜산'과 '서왕모'라고 할 수 있지만[15], 그것은 사실 한대 이후의 일이라고 할 수 있다.

앞서 언급했듯이『서산경』에서 서왕모는 "사람처럼 생겼는데 표범 꼬리에 호랑이 이빨을 하고 잘 으르렁댄다."고 하여 사람과 짐승의 모습을 겸한 존재로 그리고 있고,『대황서경』에서는 아예 "어떤 사람이 머리꾸미개를 꽂고, 호랑이 이빨에 표범 꼬리를 하고 동굴 속에 사는데 이름을 서왕모라고 한다."라고 하여 짐승의 형상을 겸한 사람으로 그리고 있다. 가장 인간화된 서왕모의 모습이라고 평가 받는『해내북경(海內北經)』에서는 "서왕모가 궤에 기대고 머리꾸미개를 꽂고 있다(西王母梯几而戴勝)."고 하였다. 즉『산해경』을 통해서는 서왕모가 위대한 대지모신이었는지 아닌지를 확인할 수 없다. 심지어 위안커는 그 무시무시한 모습, 동굴 속에 산다는 점, 하늘의 재앙과 다섯 가지 잔혹한 형벌을 주관한다는 구절, 야만시대에는 여자만 머리 장식(戴勝)을 한 것이 아니었다는 점, '신(神)'이 아니라 '사람(人)'이라고 한 점 등을 근거로 서왕모가 '모(母)' 자 때문에 여신으로 간주되었을 뿐, 사실은 남성 야만인으로서, 동굴을 집으로 삼았던 어느 부족의 우두머리였을 것이라는 주장을 하기도 하였다.[16]

실제로『산해경』의 전체적인 맥락을 보면 서왕모는 "『산해경』에 소개된 많

---

15 魯迅,「神話與傳說」,『中國小說史』(『二十世紀中國民俗學經典: 神話卷』, 社會科學文獻出版社, 2002, p.19)
16 위안커, 김선자·이유진·홍윤희 옮김,『중국신화사』상(웅진지식하우스, 2010), pp.156-157.

은 산하(山河)를 구성하는 '개체'이며 임무를 부여받은 많은 존재 중 하나"[17]라고 할 수 있다. 또한 『서산경』에서는 옥산이 곤륜구에서 서쪽으로 약 1,320리 정도 떨어진 곳에 있는 것으로 나온다.[18] 그렇다면 "제의 하계 도읍(帝之下都)인 곤륜구를 다스리는 신은 누구인가? 그것은 서왕모가 아닌 육오(陸吾)라는 신이다." 게다가 『이아(爾雅)』의 기록을 보면 한나라 이전에 서왕모는 인명(人名)이나 신명(神名)이 아닌 국명(國名) 내지 지명(地名)으로 쓰이기도 했다.[19]

또한 서왕모신화가 서쪽에서 왔다는 것에 대한 이견도 있다. 류쭝디는 『대황경』이 구주(九州) 지역 전체를 포괄하는 것이 아니라, 동이(東夷) 문화지역 내 주변 100리의 지리 범위를 가리키는 것이라고 주장하면서, 서왕모가 동방의 신선도교 신앙에서 기원한 동방 본토문화의 산물이라고 보기도 하였다.[20] 이 또한 이론의 여지가 있는 견해이지만, 신화 속 곤륜을 현실 지리의 곤륜과 일치시킬 수 없다는 관점의 연장선상에 있다는 점에서 참고할 필요가 있겠다.

이렇게 본다면 서왕모에 관한 가장 원시적 문헌기록으로 알려진 『산해경』의 서술만 가지고는, 사실상 서왕모를 곤륜계의 최고 신격으로서 선사시대 여신 문명의 흔적을 갖추고 있는 위대한 대지모신이라고 볼 수 있는 근거가 없다. 오히려 서왕모가 주목받는 여신이 된 것은 불사(不死)에 대한 추구와 서쪽에 대한 관심이 결합한 한대(漢代)에 이르러서라고 할 수 있다. 그리고 『회남자(淮南子)』의 다음 구절에서 보이듯 서왕모는 한대에 불사약을 지닌 신으로 인

---

17 유강하, 『漢代 西王母 畫像石 硏究』(연세대 박사학위논문, 2007), p.81. 유강하는 "임무를 부여받은 많은 '신' 중의 하나"라고 보았으나, 본고는 『산해경』의 기록에만 한정하였을 때 신이라고 확정지을 수 없다고 보아, '많은 존재 중 하나'라고 쓴다.
18 崑崙之丘에서 서쪽으로 370리를 가면 樂游之山, 다시 서쪽으로 400리를 가면 流沙, 다시 200리를 가면 嬴母之山, 거기서 다시 서쪽으로 350리를 가면 玉山이다.
19 "觚竹·北戶·西王母·日下, 謂之四荒."(『爾雅』「釋地」)
20 劉宗迪, 「西王母神話的本土淵源」, 『湖北民族學院學報(哲學社會科學版)』, 第22卷 第1期, 2004.

식되었다.

예가 서왕모에게 불사약을 청하여 얻었는데, 항아가 그것을 훔쳐 달로 달아나 버렸다. 羿請不死之藥於西王母, 姮娥竊以奔月.(『淮南子』「覽冥訓」)

신리샹(新立祥)은 서왕모가 신선세계의 주선(主仙)으로 등장하게 된 것이 서한(西漢) 중기라고 말한다.[21] 이때는 한 무제(武帝)가 신선사상에 경도되면서 한대 귀족계층에도 신선사상에 대한 관심이 증대되었을 때였고, 따라서 서왕모는 한 화상석에 가장 많이 등장하는 여신이 된 것이다.[22] 또한 『산해경』에서 곤륜구의 주신은 육오(陸吾)였지만, 서한 말에서 동한(東漢) 초에 이르면 서왕모가 곤륜산의 주선(主仙)으로 등장하며, 동한대에는 서왕모에 대한 신앙이 본격적으로 전개된 것으로 추정된다.[23] 그리고 동한 중기 이후의 화상석에서 서왕모는 이제 독립적인 여신이 아니라 동왕공(東王公)의 배필로 등장하게 된다.[24] 서쪽의 여신 서왕모와 짝을 이루는 동쪽의 남성 동왕공의 모델은 『목천자전(穆天子傳)』에 등장하는 주(周) 목왕(穆王)이라고 할 수 있다.

『목천자전』의 성서시기를 『산해경』보다 더 이르게 잡더라도, 그 내용은 이미 한대에 대단히 여성화되고 인격화된 서왕모의 면모에 가깝다. 루쉰이 말한 것처럼 『목천자전』에서도 서왕모를 만난 일이 기록되어 있는데, 여러 가지 기이한 생김새에 대해서는 서술하지 않아 그 모습은 이미 인간세계 왕에 가깝

---

21 新立祥, 『漢代畵像石綜合硏究』(文物出版社, 2000), p.147.
22 김선자, 「도상해석학적 관점에서 본 漢代 畵像石: 서왕모 도상을 중심으로」, 『中國語文學論集』第21號, 2005, p.395.
23 김선자, 위의 글, p.396.
24 예를 들어 東漢 桓帝 元嘉 元年(151)에 지어진 山東 嘉祥 武梁祠 사당 서쪽 벽 상층부에는 서왕모가, 동쪽 벽 상층부에는 동왕공이 서로 짝을 이루며 새겨져 있다.

다."²⁵ 이것은 성서 시기의 선후와 무관하게 『산해경』의 내용이 더 원시적이라고 볼 수 있는 방증이 된다.

길일 갑자일에 천자는 서왕모의 손님이 되어 흰 규와 검은 벽옥을 들고 서왕모를 만났다. 비단 100둔과 옷감 300둔을 바치니 서왕모가 재배하고 받았다. 을축일에 천자가 서왕모와 요지에서 술자리를 가졌다. 서왕모가 천자를 위해 노래하였다.
"흰 구름 하늘에 떠 있고, 산언덕은 절로 솟아 있습니다. 길은 멀고 머니, 산과 강이 그 사이에 놓여 있습니다. 그대여 장차 죽지 마시고 모쪼록 다시 돌아오시기를."
천자가 그에 화답하였다.
"내가 동쪽 땅으로 돌아가 제하를 잘 다스리고, 온 백성이 편안해지면 내 그대를 보러 오겠소. 3년이 되면 다시 이 땅으로 돌아오겠소."
서왕모는 다시 천자를 위해 노래하였다.
"저는 서쪽 땅, 그 황야에서 삽니다. 호랑이 표범과 무리를 이루고, 까마귀 까치와 더불어 살지요. (천제께서) 황야를 떠나지 말라고 명령하셨습니다. 저는 천제의 딸, 그대는 인간 세상의 사람, 이제 그대 떠나려 하는군요. 생과 황을 연주하니 마음이 가벼이 날아오르는 듯합니다. 인간의 아들께서는, 하늘만 바라보시는군요."
吉日甲子, 天子賓于西王母, 乃執白圭玄璧以見西王母, 好獻錦組百純, □組三百純, 西王母再拜受之. □乙丑, 天子觴西王母于瑤池之上, 西王母爲天子謠曰: "白雲在天, 山陵自出. 道里悠遠, 山川間之. 將子無死, 尚能復來." 天子答之曰: "余歸東土, 和治諸夏. 萬民平均, 吾顧見汝. 比及

---

25 魯迅, 위의 글, p.20.

三年, 將復而野." 西王母又爲天子吟曰: "徂彼西土, 爰居其野. 虎豹爲群, 於鵲與處. 嘉命不遷, 我惟帝女. 彼何世民, 又將去子. 吹笙鼓簧, 中心翔翔. 世民之子, 唯天之望."

인용문에서 보이듯, 동쪽에서 온 남성왕 목왕과 만난 서왕모는 그와 사랑의 노래를 주고받는 천제의 딸로 그려진다. 『목천자전』의 이러한 기록에 대해 예수셴은 "여신 숭배 전통과 옥교 전통이 자연스럽게 결합된 것"이라고 평한다. 또한 나중에 생겨난 유가신화는 여신 숭배 전통을 배척·철폐해 버렸고, 여신 서왕모신화는 도교 전통에서만 수용·개조되어 동왕공·옥황대제 등 나중에 생겨난 남성 신격과 짝이 된 것이라고 설명한다.[26] 하지만 서한 초 화상석에는 서왕모가 『산해경』에 묘사된 것과 비슷한 모습으로 혼자 독립적으로 등장한다는 점, 『산해경』의 전체 맥락에서 서왕모가 차지하는 위상에 비해 신선사상이 유행하게 된 한 무제 이후, 즉 서한 중기부터 동한 초까지 곤륜산의 주선(主仙)이자 서쪽의 여신으로 스포트라이트를 받게 된 서왕모의 위상이 훨씬 더 높고 두드러진다는 점을 생각해 본다면, 상고시대 위대한 여신 숭배 전통에서 서왕모를 논하기 위해서는 『산해경』 이전의 다른 증거 자료들이 필요하다. 이른바 '다중증거'로서 (문자텍스트가 아닌) 문화텍스트, '물적 서사'가 필요한 것이다.

3. 여신문명과 홍산문화(紅山文化), 그리고 서왕모(西王母)

『산해경』의 저자나 성서 시기는 명확히 알 수는 없지만 대체로 전국(戰國)시

---

26 葉舒憲, 앞의 글, p.19.

대 초기부터 한나라 초까지 오랜 시간에 걸쳐 수많은 익명의 사람들에 의해 공동으로 완성되었을 것으로 추정된다. 하지만 서옥동전으로 전해진 곤륜산 호탄옥이 하·상 교체기 중원 왕권 건립에 있어서 통치상징의 의미를 지닌다는 예수셴의 구상에 서왕모신화가 적절한 증거로서의 서사를 제공하기 위해서는, 통치자로서의 상징인 서왕모의 '머리꾸미개를 달고 있다(戴勝)'라는 특징이 단서가 되어야 하고 이와 관련하여『산해경』보다 더 이른 시기의 자료가 필요하다.

우선 예수셴은 서왕모의 '승(勝)'이 '옥승(玉勝)'이라는 전제하에, 이에 대한 두 가지 해석을 소개한다. 하나는 학의행(郝懿行) 전소(箋疏)의 해석처럼 옥승은 '화승(華勝)', 즉 '화승(花勝)'이라는 견해이다. 하지만 예수셴은 옥승이 꼭 '옥으로 된 꽃 모양'일 필요는 없고, 아마 '옥으로 만든 새(玉鳥)'일 것이라고 하며 두 번째 견해를 제시한다.『예기(禮記)』「월령(月令)」에서 "대승이 뽕나무에 내려 앉는다(戴勝降于桑)"라고 한 것이나『이아(爾雅)』「석조(釋鳥)」의 '대임(戴鵀)'이라는 구절에 곽박(郭璞)이 "임은 즉 머리에 다는 꾸미개로, 오늘날에는 '대승'이라고 부른다(鵀卽頭上勝, 今亦號爲戴勝)."라고 풀이한 것 등의 기록을 통해 대임조(戴鵀(任)鳥)는 봄이 왔음을 알리는 징후라고 한다. 갑작스런 옥승(玉勝)과 새의 연관성을 서왕모와 결합시키기 위해 그가 연결고리로 삼는 것은 서왕모에게 음식을 가져다 주었다고 하는 '삼청조(三靑鳥)'(『해내북경』)이다. 그리고 이 '삼청조' 역시 '봄의 징후'를 연상시킨다고 하면서 다시 상고시대의 관명(官名)인 '청조씨(靑鳥氏)'와 연결시킨다. 그리하여 서왕모의 '대승'이라는 특징은 봄과 같이 생명이 움트는 것을 상징하는 대임조(戴任鳥)를 모방한 것이라는 것이다.[27]

이렇게 '대승(戴勝)'에 대한 예수셴의 몇 겹의 연상과 해석을 통해 무시무시한 모습을 하고 '하늘의 재앙과 다섯 가지 잔혹한 형벌'을 주관하는 서왕모는

---

27 葉舒憲, 앞의 글, p.16.

봄을 알리는 새처럼 생명을 부르는 여신으로 거듭난다.

다음 단계는 이 '생명의 여신' 서왕모를 더 이른 시기의 물적 서사와 연결시켜 유라시아대륙 여신문명 전통으로 환원시키는 것이다. 우선 떠올릴 수 있는 서왕모의 직접적 관련 유물은 한대(漢代)의 화상석이고, 여기에는 머리에 관을 쓴 서왕모의 모습이 명확하게 드러난다. 이 형상을 예수셴은 기원전 3000년 경의 양저문화(良渚文化) 유적에서 출토된 옥관장식(〈그림〉 참고)과 연결시킨다. 이것은 어떤 신으로 보이는 형상이 양 손으로 새를 꽉 붙잡고 있는 모습이다. 이 장식은 '옥'으로 만들어진 '관'이고 '새'와 함께 있는 '신'이 등장한다는 점에서, '머리꾸미개를 단' 서왕모와 연결시키기에는 매우 적격이었을 것이다. 그리고 예수셴은 그 머리꾸미개가 '새'의 모습일 수도 있다는 해석을, 기원전 4500~3000년 경의 홍산문화(紅山文化) 유적에서 출토된 옥으로 만든 새(玉鳥)와 연결시킨다.[28]

〈그림〉 양저문화 유적에서 출토된 옥관장식(玉冠飾)[29]

---

28 葉舒憲, 앞의 글, 같은 곳.
29 그림 출처 : 中國古玩網 www.gucn.com

사실 새 모양의 옥기라고 해서 이것이 꼭 서왕모신앙과 관련되리라는 법은 없다. 그것은 단순히 새 숭배의 의미이거나, 선사시대 사람들이 중요하게 생각한 동물의 한 종류를 형상화한 것일 수도 있다. 또 새를 붙잡고 있는 신은 그 모습만 보아서는 여신인지 남신인지 알 수 없다. 예수셴도 이런 점에서는 일단 "이것은 초기 문헌기록의 서왕모의 '대승' 특징에 한층 심원한 역사적 배경 설명을 제공해줄 수 있다."[30]라고 다소 조심스레 말한다.

하지만 중국의 동북쪽 끝 홍산문화가 어떤 경로로 "신강 곤륜산맥에서 나는 특급 옥돌인 호탄옥의 인격화이자 신화화의 결과"[31]라는 서왕모신화의 배경이 될 수 있는 것일까? 「서왕모신화」에서 이에 대한 설명은 찾아볼 수 없다. 이것은 예수셴의 이 논문이 유구한 요하문명(遼河文明)을 중화문명의 기원지로 삼은 '중화문명탐원공정'의 기획을 전제로 한 중국신화 연구이기 때문에 생기는 빈틈이 아닐까? 즉 대량의 옥기 출토와 여신묘(女神廟)를 특징으로 하는 홍산문화와 서왕모라는 중국신화의 대표 여신 사이의 연결고리가 생겨야만 '중화문명탐원'이라는 큰 목표에 부응할 수 있기 때문이다. 또한 요하문명은 벌써부터 동북공정(東北工程)이나 중화문명탐원공정이라는 중국학계의 국가적 기획 안에 포섭되어야 할 중요한 문화적 지역적 근거로 들어와 있지 않았던가. 따라서 '여신 숭배'와 '미옥 숭배'가 중화문명의 2대 문화유전자라는 그의 주장은 사실 중국신화 연구에 다중증거법을 활용하여 도출된 결과라기보다, 중화문명탐원 속의 홍산문화와 중국신화 연구를 연결시키기 위해 서왕모와 같은 신들을 호출한 것이라고 봐야 하지 않을까?

짐부타스(Gimbutas)가 제시했던 '여신문명론' 역시 이런 맥락에서 호출된다고 볼 수 있다. 예수셴은 「서왕모신화」에서 유럽, 서아시아, 중앙아시아에서 여

---

30 葉舒憲, 앞의 글, p.17.
31 葉舒憲, 위의 글, p.18.

신문명이 존재했음을 보여주는 고고학적 발견들을 소개하며 중국문명 발생 초기에도 여신을 숭배하는 상고시대가 있었음을 보여주는 증거로 홍산문화의 여신묘를 들고 있다. 이 여신문명의 여신들은 농경문화와 관련이 있는 '풍요와 생식의 여신(이른바 커다란 가슴과 배, 생식기 등을 지닌 '선사시대 비너스')이며 농경문화의 대지모신들이다. 이들과 관련성을 지니기 위해서라도 서왕모가 달고 있다는 머리꾸미개는 통치자의 표식임과 동시에 봄을 알리는 새처럼 생명성의 상징이기도 해야 하는 것이다.

한편 그가 서왕모신화를 선사시대 유라시아 여신문명이라는 큰 배경으로 환원하여 설명하는 데에는 다음과 같이 또 다른 취지도 있다.

이제 중화문명 발생의 대배경 위에서 『산해경』에서 묘사하는 곤륜산 서왕모형상을 먼 옛날 여신신앙이 상·주 이하 부권제 문명 기록에까지 보존된 드문 사례로 간주하고, 이로부터 한자 이전 시대 대전통의 더 많은 신비를 통찰할 수 있다. 우리는 부권제 문명의 소전통 속에 살고 있어서, 알다시피 한자로 기록된 이미 알려진 신화에서는 이미 남신이 주인공이고, 여신은 그 배우자가 되는 현상이 있다. 우리가 탐구해야 하는 것은 나중에 생겨난 동왕공과 서왕모, 복희와 여와, 항아와 후예가 서로 짝을 이루는 부부모델을 넘어서서 화하 상고시대 여신의 독립적인 원초적 면모를 확인하는 것이다.[32]

이러한 시각에서 예수셴은 "이후에 등장한 유가(儒家)의 하도락서(河圖洛書)라는 새로운 신화 계통이 미옥 숭배를 어떻게 계승하고 개조하며, 여신숭배를 어떻게 배척하고 철폐하였는지 보여주었다. 또한 도교에서 서왕모 형상을 어떻게 받아들이고 개조하며 그 독립적인 여신의 지위를 약화하여 남성 신격인

32　叶舒宪, 앞의 글, 같은 곳.

동왕공 또는 옥황대제의 배필이 되게 하였는지를 드러냈다."고 한 것이다.

　배척되고 잊혀졌던 여신숭배 전통을 되살린다는 취지는 나쁘지 않다. 그리고 이러한 취지의 연구는 20세기 후반 종교학과 신화학 분야에서 광범위한 호응을 받으며 지금까지 이어지고 있다. 서왕모라는 여신의 지위가 약화되는 과정, 중국의 여신숭배가 한대부터 유가적·부권적(父權的) 이념의 영향으로 어떻게 배척되고 약화되었는지에 대한 연구도 지금까지 적지 않게 이루어졌다. 예수셴의 연구가 기존의 연구와 비교해서 독특한 점은 그가 중국의 여신신화를 소위 '옥교(玉敎)신화'와 동원이류(同源異流)의 관계로 본다는 점, 그리고 이 여신문명은 화하 선사시대 문화의 '대전통'으로, 부권제문명은 '소전통'으로 구분하고 있다는 점이다.

4. 옥기시대 대전통과 '국교'로서의 '옥교'

　예수셴의 「서왕모신화」의 주요 목적은 그가 주장처럼 과연 '여신의 독립적인 원초적 면모'를 확인하는 것일까? 이에 대해 논하기 전에 우선 그가 사용하는 '대전통'과 '소전통'이라는 용어의 의미를 살펴볼 필요가 있겠다. 대전통(great tradition)과 소전통(little tradition)이라는 개념은 그도 언급했듯이 미국의 인류학자 로버트 레드필드(Robert Redfield)가 『향촌사회와 문화 : 문명에 대한 인류학적 접근 (Peasant Society and Culture: An Anthropological Approach to Civilization)』(1956)에서 제시한 것이다. 레드필드는 '국가와 권력을 대표하는 것으로 도시의 지식계급이 장악한 서사 문화전통'을 대전통으로, '농촌을 대표하는 것으로 농민의 구전 등의 방식을 통해 전승된 대중 문화전통'을 소전통으로 규정했다.[33] 하지만

33　葉舒憲,「探寻中國文化的大传统: 四重證據法與人文创新」,『社会科学家』第11期, 总第

예수셴은 반대로 문자시대의 문화전통을 소전통으로, 전(前)문자시대의 문화전통을 대전통으로 간주한다. 그리고 이렇게 하여 "원래 공시적이었던 이 개념들이 통시성과 발생학적 의미를 갖추게 된다."[34] 즉 일종의 역사적 개념이 된 것이다. 또한 대전통이 '문자시대 이전'의 것이라면, 그것을 고찰할 수 있는 자료는 문자 이외의 것들, 즉 구전이나 의례 등 인류학·민속학 자료나 실물과 도상 등 '문화텍스트'이다. 게다가 이 개념들이 '발생학'적 의미를 지니게 된다는 것은 대전통과 소전통이 다음과 같은 관계에 있음을 뜻한다.

간단히 말해서 소전통에 대한 대전통의 관계는 생육·촉진과 피(被)생육·피(被)촉진의 관계, 또는 원생(原生)과 파생(派生)의 관계라고 할 수 있다. 대전통이 주조해낸 문화유전자와 모델은 소전통 발생의 모태가 되었으며 소전통에 필연적으로 거대하고 심원한 영향을 미쳤다. 다시 말해 소전통은 대전통에 있어서 계승과 확장의 관계인 동시에 대체·은폐와 피(被)대체·피(被)은폐의 관계를 겸한다.[35]

이렇게 대전통이 주조한 문화유전자와 양식이 소전통의 모태가 되었다는 점에서 이유진은 "'대전통'에 대한 예수셴의 새로운 인식이야말로 그가 '신화역사'라는 개념을 도출해낼 수 있었던 동력이 되었"으며, "대전통을 통해 '중화'문명탐원을 추구하고자 한다"고 평가한다.[36]

그렇다면 그렇게 '탐원'한 대전통의 문명은 어떤 문명인가? 바로 '옥'의 문명이다. 일반적으로 문명의 기원의 지표가 되는 세 가지 요소는 문자·도시·청

175期, 2011, p.8.
34 葉舒憲, 위의 글, pp.8-9.
35 葉舒憲, 위의 글, p.10.
36 이유진, 위의 글, pp.557-558.

동기인데, 예수셴은 화하문명에는 이 세 가지 요소 외에 또 다른 두드러진 문화요소가 있으며 그것은 바로 '옥의 신앙과 옥기생산'이라고 말한다.

문자·도시·청동기 세 가지가 아직 동아시아에 출현하지 않았을 때, 옥문화가 북쪽 지역에 먼저 출현하였으며, 이어서 요하유역·황하유역과 장강유역의 광대한 범위에서 장기간 교류하고 상호작용하며 점차 중원 지역 이외의 몇몇 대규모 옥문화권을 형성하였고, 결국 한데 모여들어 화하 옥 예기 전통을 이루고, 나중에 일어난 청동기와 함께 문명사의 '금성옥진(金聲玉振)'을 진풍경으로 삼는 위대한 시스템을 파생시켰다. 따라서 우리는 이전 학자들이 주장한 것처럼, 신석기시대부터 청동기시대의 문명발생 보편 계보에서 화하문명에는 중간 과도단계에 해당하는 '옥기시대'를 추가해야 한다. 그 시기는 대략 기원전 6천 년부터 기원전 2천 년까지에 해당한다.[37]

그런데 '옥기시대'라는 말은 과연 적절한 것일까? 옥기가 고대 중국의 문화사에서 중요한 작용을 하였다는 사실은 분명하다. 하지만 그렇다고 옥기가 예기로 많이 쓰인 시기를 신석기시대, 청동기시대와 나란히 '옥기시대'라고 칭할 수 있는 것일까? 석기시대, 청동기시대, 철기시대 등 역사의 시대구분을 하는 이유는 인류 역사의 진행 과정을 법칙적으로 이해하려는 시도, 즉 역사 발전의 객관적 원리를 파악하기 위함이라고 할 수 있다. 그리고 석기, 청동기, 철기는 각 시대의 가장 중요한 생산도구라고 할 수 있다. 하지만 왕잉차오(王穎超)도 지적했듯이 옥기는 "탄생부터 지금까지 줄곧 주요 생산도구로 출현한 적이 없다. 처음에는 제사용 도구로 사용되고 나중에 장식·기념성 용품으로 사용되기까지, 옥기는 계속해서 비생산도구의 역할을 담당해 왔다." 따라

---

37 葉舒憲, 위의 글, p.11.

서 엄밀히 말해 옥기시대는 "석시시대, 청동기시대, 철기시대와 같은 선상에 놓고 논할 수 없다."[38] 문제는 이런 기본적인 사실을 모를 리가 없는 예수셴과 같은 대학자가 반복해서 '옥기시대'라는 말을 사용함으로써 이 용어가 점차 중국학계에서 유행하는 개념어로서 고정화되어 간다는 점이다. 사실상 예수셴이 옥기시대를 신석기시대와 별도의 단계로 설정한 것은 아니다. 그는 옥기시대가 신석기시대 내에서 형성된 것으로 본다. 하지만 이러한 명칭화나 개념화 자체가 자칫하면 고대사에 대한 일종의 오해를 초래할 수 있다는 점에서 우려가 된다.

또한 앞서 언급했듯이 옥에 대한 신앙을 예수셴은 '옥교(玉敎)'라고 부른다. 이와 관련하여 「서왕모신화」 서두에서 그는 화하 상고신화 속 중요한 세 여신인 여와(女媧), 서왕모, 항아(姮娥)의 신화에는 '옥 숭배와 옥 신화관'이라는 공통의 신앙적 배경이 놓여 있다고 하면서 다음과 같이 설명한다.

왜 화하 상고 여신신화는 모두 이런 신성한 옥 신앙을 둘러싸고 있는가? 이것은 바로 중화 대전통의 정신적 근맥이 놓여 있는 곳이 신석기시대 수천 년 동안 옥기를 갈고 닦은 실천적 경험에 근원하며 이런 기초 위에서 '옥교'라는 완정한 의식 형태가 형성되었기 때문이다.[39]

옥을 숭상하는 의식 형태가 존재했다고 해서 그것을 일종의 종교로서 '옥교'라고 부르는 것이 적절한 일일까? 여기에서 종교의 정의를 다시 논하자는

---

38 王穎超, 「论"玉器时代"的地位: 与石器 青铜 铁器时代的比較」, 『中国水运(学术版)』, 2007, 第5期, pp.226-227.
39 葉舒憲, 「西王母神話: 女神文明的中國遺産」, 『百色學院學報』 第24卷 第5期, 2011, p.15. 女媧補天과 姮娥奔月 신화의 배경을 모두 옥에 대한 숭배와 신앙으로 파악한 것 역시 검토가 필요한 문제이지만, 이는 차후의 과제로 남겨둔다.

것은 아니다. 하지만 무엇을 숭상하는 문화가 있다고 해서, 반드시 그것에 대한 종교가 형성되는 것은 아니다. 설사 이것을 원시종교의 일종으로 볼 수 있다고 해도, 이 '옥교'신앙이 서왕모와 같은 여성우상(女性偶像)을 생겨나게 했다[40]고 주장하기에는 앞서 살펴본 것처럼 근거가 충분치 않고 논지 전개상의 빈틈이 적지 않다. 하지만 예수셴은 더 나아가 옥교가 중화문명 발생기의 '국교(國敎)'라고까지 말한다.[41]

2014년 12월에 발표한 그의 논문 「옥교신화와 화하의 핵심적 가치: 옥기시대 대전통에서 청동기시대 소전통까지(玉教神話与华夏核心价值：从玉器时代大传统到青铜时代小传统)」에서는 이렇게 말한다.

옥의 신화와 신앙, 또는 줄여서 '옥교'는 화하 대전통을 부각시키려는 의의에서 제기된 구분성·표지성 개념이다. 왜냐하면 옥교는 하·상·주 왕권국가가 출현하기 전에 이미 오래전부터 존재하던 '국교' 성격에 해당하는 옥을 둘러싼 신앙과 숭배관념 체계이며, 사회 통치계급의 특산물이기도 했기 때문이다. … 이것은 화하문명 후세에 발전한 인격의 이상(군자의 덕을 옥에 비유하는 것)과 천신세계에 대한 상상(곤륜산 요지의 서왕모부터 옥황대제까지)의 기반을 다졌을 뿐만 아니라 ….[42]

이렇게 볼 때 '옥기시대'나 '옥교'와 같은 과감한 개념의 창작과 사용은, 독립적 여신의 면모를 되찾는 것에 앞서, '8천 년의 중화문명탐원'이라는 기획을

---

40 葉舒憲, 앞의 글, p.18.
41 葉舒憲, 「玉教與儒道思想的神話根源：探尋中國文明發生期的"國教"」, 『民族藝術』, 2010.3.
42 葉舒憲, 「玉教神话与华夏核心价值：从玉器时代大传统到青铜时代小传统」, 『社會科學家』, 2014, p.129.

더욱 공고히 하기 위한 일종의 방편이 아닐까? 그리하여 예수셴은 결국 진시황의 무력 통일 이전에 "옥문화가 먼저 중국을 통일했다"는, 예정되어 있던 결론을 이 프로젝트가 완료된 2012년 이후에 제시한 것이 아닐까?[43]

5. 맺음말

근대 민족국가 성립 이후 민족사 연구에서 '유구한 역사와 전통'은 민족의 자부심과 직결되는 문제 중 하나였다. 특히나 중국처럼 복잡하고 다양한 민족 구성을 지닌 국가에서 민족의 깊고 통일된 근원을 추구하려 하는 것은 자연스러운 현상인지도 모르겠다. 하지만 그러한 민족적 열망이나 당위감이 학문과 결합할 때, 학문은 거듭 신중을 기할 필요가 있다. 학문상의 새로운 담론이 출현하는 것은, 학적 토론을 활성화시키고 새로운 관점과 시각을 촉발한다는 점에서 반가운 일이다. 하지만 중국신화 연구의 새로운 콘텍스트로 떠오른 '제이드로드'를 둘러싼 학문적 논의들에서는, 왠지 선후가 뒤바뀐 느낌이 든다. 중국신화에 대한 보다 정확하고 합당하며 풍성한 이해를 위해 다중증거법을 사용했다기보다, 중국문명탐원이라는 방향성과 목표가 이미 결정되어 버린 기획을 위해 중국신화가 호출된 것은 아닌가? 서왕모는 그 원초적 면모를 드러냈다기보다, 또 다른 필요에 의해 새로운 옷을 겹쳐 입게 된 것은 아닐까? 중국신화에 매료된 연구자로서 중국신화학계에 던지고 싶은 질문이다.

---

43 葉舒憲,「爲什麽說"玉文化先統一中國": 從大傳統看華夏文明發生」,『百色學院學報』第27卷 第1期, 2014.

참고문헌

『爾雅』

『山海經』

『穆天子傳』

『淮南子』

魯迅, 「神話與傳說」「中國小說史」, 『二十世紀中國民俗學經典: 神話卷』, 社會科學文獻出版社, 2002.

위안커, 김선자·이유진·홍윤희 옮김, 『중국신화사』 상, 웅진지식하우스, 2010.

楊伯達, 「"玉石之路"的探索」, 『故宮博物院院刊』, 1989, 第1期.

楊伯達, 「"玉石之路"的布局及其網絡」, 『南都學壇(人文社會科學報)』, 第24卷 第3期, 2004.

葉舒憲, 「玉教與儒道思想的神話根源: 探尋中國文明發生期的"國教"」, 『民族藝術』, 2010.3.

葉舒憲, 「西玉東輸與華夏文明的形成」, 『絲綢之路』 2013, 第6期, 總第247期.

葉舒憲, 「西王母神話: 女神文明的中國遺産」, 『百色學院學報』 第24卷 第5期, 2011.

葉舒憲, 「探寻中国文化的大传统: 四重證據法與人文创新」, 『社会科学家』, 第11期, 总第175期, 2011.

葉舒憲, 「爲什麼說"玉文化先統一中國": 從大傳統看華夏文明發生」, 『百色學院學報』 第27卷 第1期, 2014.

葉舒憲, 「玉教神话与华夏核心价值: 从玉器时代大传统到青铜时代小传统」,『社會科學家』, 2014.

廖明君, 葉舒憲,「中華文明探源的神話學研究: 葉舒憲教授訪談錄」,『民族藝術』, 2012 第1期.

新立祥,『漢代畵像石綜合研究』, 文物出版社, 2000.

劉錫誠,「神話崑崙與西王母原相」,『西北民族研究』, 2002 第4期, 總第35期.

劉宗迪,「崑崙原型考:『山海經』研究之五」,『文化研究』, 2003 第3期.

劉宗迪,「西王母神話的本土淵源」,『湖北民族學院學報(哲學社會科學版)』, 第22卷 第1期, 2004.

唐啓翠,「"玉石之路"研究回顧與展望」,『上海交通大學學報(哲學社會科學版)』, 2013 第6期.

李永平,「論大傳統文本與"N級編碼理論"·"N重證據"的關係: 兼與葉舒憲教授商榷」,『社會科學家』, 2014 第1期, 總第201期.

프랜시스 우드, 박세욱 옮김,『실크로드: 문명의 중심』, 연암서가, 2013.

김선자,「도상해석학적 관점에서 본 漢代 畵像石: 서왕모 도상을 중심으로」,『中國語文學論集』第21號, 2005.

이유진,「예수셴의 "곰 토템", 왜 문제적인가」,『中國語文學論集』, 제77호. 2012.

유강하,『漢代 西王母 畵像石 硏究』, 연세대 박사학위논문, 2007.

王穎超,「论"玉器时代"的地位: 與石器 青铜 铁器时代的比较」,『中国水运(学术版)』, 2007 第5期.

임승경,「중국 동북지역 신석기시대 옥문화」, 복천박물관 학술연구총서 제38책『한국 선사·고대의 옥문화 연구』, 복천박물관, 2013.

〈그림〉 출처: 中國古玩網 www.gucn.com

영문초록

Jade Road and the New Context of Chinese Mythology: Focusing on the Myths of Xiwangmu

'Jade Road' is a term that was presented as an alternative to 'Silk Road' to overcome its limits. However, this terminology which started to make frequent appearance in the world of Chinese mythology in the recent years is used in the context of Chinese mythology as part of project dedicated to the exploration into the origin of Chinese civilization, rather than in the context of Silk Road studies. In particular, Jade vessels and the tombs of goddesses which were excavated in massive amount in Liaohe area are utilized and interpreted as the materials that could push the origin of Chinese civilization up to eight thousand years ago. Based on this discovery, mythologists such as Ye Shuxian, argue that the Jade Worship and the civilization of goddess had been the two pillars of spiritual genes for Chinese civilization, by reinterpreting Chinese myths within the context of Jade Road. This paper examines how the myth of Xiwangmu, one of the major goddesses in Chinese mythology is dedicated to this project, and presents a critical perspective on its problematic aspects.

산베이(陝北) 돌사자와 불교문화

주진후이(朱尽晖)

사자의 원산지는 주로 아프리카 및 남아시아에 위치한다. 사자는 범어로 simha이다. 중국 사람들의 사자에 대한 인식은 대체로 무의식 중에 불교의 영향을 받았다. 사자는 불교의 상징물이다. 석가모니의 할아버지는 사자협왕(頰王)이라고 하는데 범어 Simhahanu의 의역이다. 불교경전에서 불(佛)을 '인간 사자', '인웅 사자', '대사자왕' 등으로 표현되고 '사자후'로 부처의 장엄한 법음을 형용한다. 불이 앉아 계시는 자리는 '사자좌', '사자상'으로 불린다. 또한 사자는 문수보살이 타고 있는 동물이기도 해서 불교에서 '호법'과 '선도의 신'의 역할을 한다.

중국으로 전래된 후부터 사자는 점차로 한 가지의 문화 기호가 되었고 결국 불교와 분리되어 중국의 독립적인 '사자 문화'가 형성되었다. 객관적인 요소의 제약을 받기 때문에 보통 사람들이 사찰이나 석굴에 가서 엎드려 절하는 것은 현실적으로 어려웠다. 그래서 사자는 불교의 상징으로 보통 백성들의 집에 전해져 들어왔고 불교의 화신, 보호자 및 벽사물로 간주됐기 때문에 사람을 무사히 지켜주고 흉악을 저지하는 역할을 해왔다.

산베이(陝北)는 중화민족의 찬란한 문화 발상지 중 하나로 풍부하고 눈부신 문화 유물이 누적되었는데 사자 문화도 마찬가지다. 산베이 돌사자 예술이 한(漢)나라 때부터 시작했고 당(唐)·송(宋) 시기에 성행하였으며 명(明)·청(淸) 시기에 보급되었기 때문에 대단히 발전되었고 예술적 내용도 풍부하다.

남아시아의 돌사자 조각의 사실성 표현기법과 달리, 산베이 돌사자의 예술 조형은 상대적으로 깊은 낭만주의 색채를 띠고 있으며 그 발전사는 중단되는 경우가 없이 중국 조각발전사와 맥락을 같이하고 있다.

2천여 년의 산베이 돌사자 조각사를 통틀어 보면, 간단한 바릴리프 예술 형상부터 입체 조각 예술까지 변천되었고, 나아가 불교와 관련된 문화의 영향으로 인해 점차 일반인들 집의 내부까지 파고들었다. 돌사자는 신비로운 색채로부터 사실성까지, 그 다음에는 사실성으로부터 세속성까지 발전해 왔다.

역대 왕조와 시대를 통해 본 산베이 돌사자 예술은 독특한 문화의 특징을 지닌다. 양한(兩漢) 시기의 돌사자는 깔끔하고 차분하며 소박하다. 당·송 시기의 돌사자는 여러 가지 장식품을 통해 사자의 순종을 표현했으며, 원(元)나라 관저 앞에 있는 돌사자는 널리 유행했고, 명(明)나라 이후에는 사자가 더욱 널리 유행했다. 시대의 발전에 따라 외국에서 들어온 사자가 장기적으로 융합과 수정의 과정을 거친 후에는 '입을 열고 혀를 내미는' 사실적인 모습부터 편안한 '사람과 사자'의 조화로운 모습으로까지 변화하였다.

이렇게 산베이 돌사자 예술은 독립적인 사회 현상이 아니라 특정한 생존 환경, 생산력 발전 수준, 인간의 사상 및 의식 등 여러 가지 요소의 영향을 받아 생긴 것으로 물질 문화와 정신 문화의 이중적 특징을 가진다. 보호와 벽사의 기능 이외에, 돌사자는 점차로 주인의 지위와 귀위 및 부귀 번영의 상징으로 발전하였다. 청나라 중기까지 사자는 주로 황실에 바치는 공물이었고 보통 사람이 진정한 사자를 볼 수는 없었다. 그래서 돌사자의 예술 조형은 호랑이보다 정확하지는 않았다. 생물 속성에 따라, 수사자는 갈기가 뻣뻣하고 수염이 긴데 이러한 도안의 조형을 강조하기 위해 돌사자는 갈기가 주로 곱슬곱슬하고 수염이 짧다. 특히 민간에서 사자는 세속성을 가진 길한 짐승이라 생각하였다. 이런 길한 짐승의 이미지는 영속적으로 중국의 '영물'과 같이 중요한 위치를 점하고 있다. 따라서 큰 도시나 궁벽한 벽촌까지 널리 분포되어 있으며 문화의 각 분야로 유포되어 있고 민가의 장식물로 등장하면서 민간에서 즐겨 보고 듣는 길조의 상징이 되었다. 산베이 지역에 유행하는 아랫목 돌사자는 실용주의 소망을 부여한 동시에 깊은 민간 문화를 포함하며 지방 예술의 품격을 강하게 구현했다.

아랫목 돌사자는 황하 중상류에 만연되어 있는 조각예술 작품이자 길한 짐승이다. '새끼 돌사자'라고 불리며 후손을 기원하는 대상으로 여겨졌다. 아랫목 돌사자의 시작 연대와 관련한 명확한 사료나 기록은 없지만 분포 지역, 조형 품격 및 문화 콘텐츠 등의 비교 연구를 통해 한대부터 시작하여 당·송 이후 흥성했음을 알 수 있다. 황토 문화의 '장수를 가져다 주는 목걸이(長命鎖)'와 밀접한 관계를 가지기 때문에 민간에서는 아이의 '평안·부귀·장수'를 가져오는 수호신령으로 간주되기도 하였다. 또한 복과 길상을 가져오고 사악을 바로잡아주는 길상물이라 생각되기도 했다. 또는 중국 전통 민간 신령의 유전자를 지니기 때문에 '조왕신'의 계승자로 비유되기도 한다.

민족 융합 또는 동화는 다민족국가 역사상 항상 존재했다. 오랫동안 산베이 지역 각 민족은 서로 왕래, 융합, 흡수를 통해 공동으로 독특한 풍격을 지닌 돌사자와 민간 아랫목 돌사자 예술을 창조하고 융성시켰다. 산베이 아랫목 돌사자는 민중의 생존 상태에 중요한 위치를 차지하고 있으며 신앙과 숭배, 실용과 기능, 물질과 비물질의 다양한 역할을 맡고 있었기 때문에 그 보급 범위가 심도 있고 광범위하다. 아울러 심원한 민족적 의의가 있다. 아랫목 돌사자의 형성과 발전은 여러 가지 요소가 서로 작용하여 나타난 것이라서 복합적인 정신적 산물로 영원한 생명력을 갖춘다.

산베이 아랫목 돌사자는 선명한 전통적 문화 특징과 지역적 특성을 띠기 때문에 민간 사자 문화의 전형적 대표라고 할 수 있고 중국 사자 문화가 민간으로 전파된 한 가지의 중요한 형식이다. 그의 발전은 사자 문화 자체의 번성과 쇠락의 제약을 받는다. 자연과 인문, 생태 차이 때문에 산베이 아랫목 돌사자 예술은 독특한 디자인으로 나타났다. 또한 민속과 사회적 기풍이 현지 문화, 특히 민간 사자 문화에 대해 대단히 심각한 영향을 끼치기 때문에 문화의 지향성과 민속성은 산베이 아랫목 돌사자에 다양하고 다채로운 지역적 특성을 주입했다.

산베이 아랫목 돌사자는 사자문화권에 문화 요소의 한 가지로서 절대 고립되거나 우연히 존재한 것이 아니라 여러 가지 요소의 변화와 통합으로 형성된 것이다. 그의 출현은 역사 발전의 필연적 추세와 객관적 법칙이다. 이런 특수한 문화 현상은 중화민족의 인문 정신을 표현하고 중화민족 문화의 뛰어난 창조력의 가치를 보여주었다. 그는 정신 차원에서 원시 시기 조상들이 숭상한 영물을 대체하여 숭상한 대상을 형상화시키고 궁궐로부터 백성의 집으로 이동했으며 인간에게 행운과 길상을 가져온다는 상징적인 보호자가 되었다. 이런 독특한 예술 형식은 황하 유역의 민간신앙 및 민속문화와 서로 융합하여 집단의 문화 전통과 선명한 지방 특색을 지니고 그 지역의 문화전승의 특징과 풍격을 반영했다.

산베이 아랫목 돌사자 예술의 독특한 심미적 특징은 중국 민간 미학의 중요한 구성 부분으로 백성들의 실용적 가치와 정신적 심미 요구를 만족시키며 중화민족 문화전통의 심미 수양, 이상 추구 및 형이상의 인문 소구를 전승했다. 그의 전형적 이미지는 사회생활의 본질, 인간의 보편성 및 공동성 등과 밀접한 관계를 가지고 있으며 사회생활의 본질과 법칙성을 충분하고 집중적이고 전형적으로 표현하고, 진실과 고도의 편안함을 갖춘 시각적 이미지로 창조자가 표현하고 싶은 특수한 속성을 응집하는 동시에 진지한 감정과 독특한 심미 창조능력을 구현했다. 그의 미관은 중국 고전적 미학이념의 영향을 받았다. 또한 그의 사상은 중국 예술미학에 생기를 불어넣는 중국 예술미학의 전통적 특색 중의 하나이다.

산베이 아랫목 돌사자 예술은 민간 문화매체의 하나로 그의 존재와 발전이 자연환경·가치관념·종교 신앙·사회 제도·도덕 윤리, 그리고 경제 체제와 밀접한 관계를 가지고 있다. 많은 요소는 민간예술 생존 발전의 필요조건이며 민간예술이 구현된 중요한 부분이다. 그들이 서로 상대의 문화 특징을 받아들이고 자신의 문화 시스템에서 수용한 후 정체성으로 형성된 것이다.

산베이 아랫목 돌사자의 조형 특징을 통하여 우리는 중화민족이 외래문화에 대한 흡수·채용, 그리고 개조에 익숙하다는 특징까지 엿볼 수 있다. 이로써 중국 전통문화의 시각적 기호 속성, 즉 창조성·지속성 및 호환성 등을 알 수 있다. 중국 사람이 풍부한 상상력에 의해 본토 문화와 민족화 특징을 이용하여 외국에서 온 사자의 조형을 개조한 것이 점차 새로운 사자의 이미지 규범을 확정시키고 심지어 중국 문화 특색을 지닌 '사자 문화'의 형성에 도움이 됐다. 중국의 '사자 문화'는 이식·귀납·창조의 유구한 역사를 거친 후, 특색이 선명한 민족 문화가 형성되었으니 결국 중국 전통문화 속에서 주조됐다. 그 역사적 발전은 중국 전통문화의 기본적 구성 – 즉 문질적·사회적·정신의 구축이 은근히 내재되어 있다.

전세계가 글로벌 시대에 접어들면서 지역성 문화전통을 효과적으로 개방하여 다원화의 추세에 적응하지 못하면 더 이상 계승되지 않고 전해지지 않을 것이다. 수천 년 인류 문명의 결정으로 돌사자 예술은 민족정신·도덕 전통·개성 특징·응집력·친화력의 중요한 매체와 정신을 내포하였다. '사자 문화'는 정신적으로 중화 민중의 환상·이상과 신앙에 의지한 것이다. 그들은 한편으로는 희망을 이에 의지하고, 또 다른 한편으로는 신앙과 숭배에서 힘을 얻으면서 사회생활의 지표를 찾았다. 많은 민중들의 성실한 신앙은 각 지역의 민속 풍물과 사회의 사고방식 및 생존 방식, 심지어 중화민족의 성격의 형성에 대해 중요한 역할을 한다.[1] 중국의 '사자 문화'는 '자강불식 후덕재물(自強不息 厚德載物)'의 민족정신을 철저히 드러내고 중국 수천 년간에 '화(和)'로 최고의 가치관을 표현한다. 노자(老子)는 "만물이 모두 양면성이 있기 때문에 항상 다른 점이 존대되지만 마음이 평온하게 직면하면 조화에 이를 수가 있다."고 하였다. 이것은 바로 '사자 문화'가 중국 역사상 지도한 충분한 본원 철리이다.

---

[1] 周积明 主编, 傅才武, 『中国人的信仰与崇拜』(湖北教育出版社, 1999), p.5.

영문초록

Stone Lion in Northern Shaanxi Province and Buddhist Culture

Since the lion was introduced into China, its form gradually evolved into one of the symbols of Chinese traditional cultural. The art of stone lion in northern Shaanxi Province began in the Han Dynasty, expanded in the Tang and Song Dynasties, prevailed in the Ming and Qing Dynasties. It closed to the spread of Buddhism. It is a unique type of Chinese sculpture art, is an important part of national and folk art. It is not an independent social phenomenon, but affected by the specific living environment, development level of productivity, people's ideology and many other factors. It has double features of both material culture and spiritual culture.

4편
실크로드와 고고·문헌

동투르키스탄(新疆) 출토 증일아함 산스크리트 사본 단편

정진일(Jin Il Chung)

티베트 문헌에 기술된 호탄불교: 『바셰(dBa' bzhed)』와 둔황 출토 펠리오 티베트 사본 『호탄불교사(Li yul chos kyi lo rgyus)』를 중심으로

차상엽(車相燁)

간다라의 최신 고고학적 발견들: 파키스탄 탁실라(Taxila) 계곡의 바달푸르(Badalpur) 사원 사례 연구

아쉬라프 칸(Ashraf Khan)

9세기 이전 간다라와 중국의 상호 문화교류: 새로운 고고학적 근거들

나쉼 칸(M. Nasim Khan)

일본의 서역연구: 불교에 관련된 최근의 동향을 중심으로

야마구치 히로에(山口弘江)

동투르키스탄(新疆) 출토 증일아함 산스크리트 사본 단편

정진일(Jin Il Chung)

    19세기 말엽 타림분지에서 발견된 몇몇 범어 고사본은 1897년 9월 그리고 1899년 10월 각각 파리와 로마에서 열린 제11회와 제12회 국제동양학회(International Congress of Orientalists)를 전후로 세계 학계에 서역에서 사라진 종교문화의 유적과 문화교류의 경로에 대한 관심을 고조시키는 요인이 되었다. 즉 1890년 영국인 장교 바우어(Hamilton Bower, 1858~1940)가 쿠차에서 입수한 자작나무(白樺樹) 껍질에 브라흐미(Brāhmī) 문자로 쓰인 공작명왕주(孔雀明王呪, Mahāmāyūrī vidyārājñī) 등을 포함하는 50여 엽(葉)의 산스크리트 사본[1]과 1892년 프랑스의 지리학자 뒤트레이 드랭(Jules L. Dutreuil de Rhins, 1846~1894)과 러시아의 카슈가르영사 페트로브스키(Nikolaj F. Petrovskij, 1837~1908)가 호탄에서 입수한 자작나무 껍질에 카로슈티(Kharoṣṭhī) 문자로 쓰인 소위 간다리『법

---

[1] R. Hoernle, *The Bower Manuscript: Facsimile Leaves, Nagari Transcript, Romanised Transliteration and English Translation with Notes*, 3 vols., Calcutta, 1893~1912 (Archaeological Survey of India, New Imperial Series 22) (repr. New Delhi, 1983 (Sharada Rani)), vol. 3: 사본 사진 복제 참조.

구경(Dhammapada)』의 두루마리 사본[2]이 그것이다. 특히 제12회 국제동양학회에서의 러시아 라들로프(Vasilij V. Radlov, 1837~1918)에 의한 클레멘츠(Dimitri A. Klementz, 1848~1914) 조사단의 서역북도 발굴조사(1898) 성과보고[3] 등에 자극받은 영국, 독일, 프랑스, 일본 등 세계 각국은 20세기 초에 속속 아래와 같이 조사단을 파견하였다.

파견국	조사단 명칭	파견기간
영국	스타인 조사단	1900~1901 1906~1908 1913~1916
독일	그륀베델 조사단	1902~1903 1905~1907
	폰 러콕 조사단	1904~1905 1913~1914
일본	오타니(大谷) 조사단	1902~1904 1908~1909 1910~1914
프랑스	펠리오 조사단	1906~1908
러시아	코즐로프 조사단	1907~1909
	올덴부륵 조사단	1909~1910 1914~1915

조사단을 통하여 각국에 보내진 수많은 문자 및 언어로 쓰인 문헌들은 다양한 종교와 문화의 전적을 포함한다. 그중 산스크리트 불교문헌들은 곧 페테스부룩, 런던, 베를린, 파리 등에 각각 보존되어 즉각 전문가에 의한 목록작성

---

2 J. Brough, *The Gāndhārī Dharmapada*, London (Oxford University Press), 1962 (London Oriental Series 7) 권말, 사본 사진복제 참조.

3 *Actes du douzième congrès international des orientalistes*, Rome 1899, tome premièr: résumé des bulletins, Florence, 1901, p.clvii 참조. 영문요약: L. Genovese, Proceedings (Extract) of XII International Congress of Orientalists, Rome, October 1899, 2006 (http://idp.bl.uk/4DCGI/education/orientalists/index.a4d#pagetop).

및 연구가 개시되었다. 이들 전적들은 심하게 훼손된 사본 단편(斷片)들이 대부분이며 각국의 조사단이 같은 지역에서 구매 내지는 발굴작업을 진행한 이유로 동일 문헌이 각기 다른 나라에 분산 보관되어 있는 경우도 적지 않다. 그러한 난관에도 불구하고 관련 학자들의 노력을 통하여 사본 단편에 담긴 내용들이 차츰 그 모습을 드러내기 시작하였다.

〔SHT 612, folio 173⁴ = 『雜阿含經』 卷35 第972經(大正藏2, p.251a29 – b14)〕⁵

【전면】

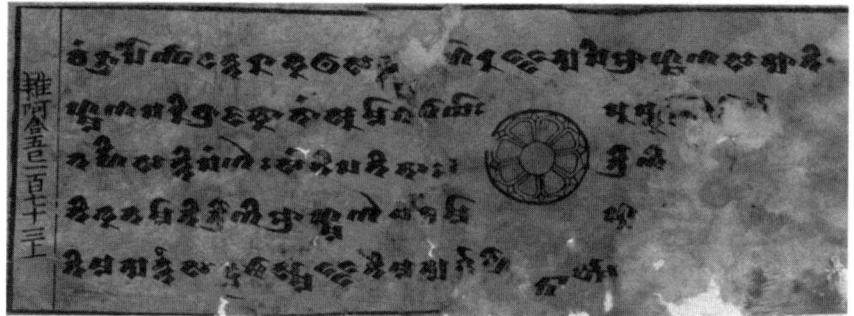

© Staatsbibliothek zu Berlin — Preußischer Kulturbesitz, Orientabteilung

vaṃrūpo bhūd antarākathāsa[m].. .. [hā]ra ity api brāh[m]aṇasatyāni .. ///
hmaṇaparivrājakānāṃ sumāgadhāyāḥ   puṣka .. [ā s]. ± ± ± ///
tarhi sanniṣamṇāḥ saṃnipatitāḥ | trīṇ[ī] ± ± ± ± ± ± ///
ni katamāni trīṇi brāhmaṇā [eva]m ā   hu ± ± ± ± ± ± ± ///
ti manyante sa[dṛ]śā sma iti manya[nt]e [h]īnā s[m]a ± ± ± ± ± ± ± ± ///

---

4 11×28cm; 북투르키스탄 브라흐미(b형); 발견지 (구매): Xočo; 1차 투루판조사단.
5 Publ.: R. Pischel, "Bruchstücke des Sanskritkanons der Buddhisten aus Idykutšari, Chinesisch-Turkestān", *Sitzungsberichte der preußischen Akademie der Wissenschaften zu Berlin*, Jahrgang 1904, p.818. ; (교정본) 細田典明, 「梵文雜阿含経仏所説品外道相応Ⅲ」, 『印度哲学仏教学』 6 (1991), pp.188f.

(大正藏2, p.251a29 - b6)

作如是論 如是婆羅門眞諦 如是婆羅門眞諦 …

… 佛告婆羅門出家 有三種婆羅門眞諦 我自覺悟成等正覺而復爲人演說 〈何等爲三〉汝婆羅門出家作如是說 不害一切衆生 是婆羅門眞諦 非爲虛妄 彼於彼言我勝 言相似 言我卑 若於彼眞諦不繫著 於一切世間作慈心色像

【후면】

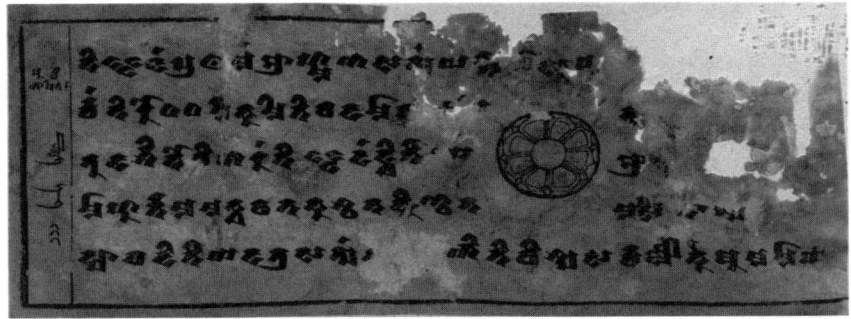

© Staatsbibliothek zu Berlin — Preußischer Kulturbesitz, Orientabteilung

budha bhāṣitaḥ	ti idaṃ pra[tha]ma[ṃ] brāhmaṇasa[tya]ṃ ya[n] ma[yā svay]. ± ± ± ± ± ± ± ///
	rvaṃ nirodhadhar[ma]kam iti vadamā[n]. .. [s]. t[y]. ± ± ± ± ± ± ///
	nudarśino [v]i[ha]raṃti idaṃ dvitī[y]. brā .. ± ± ± ± ± ///
	m āhur na mama kvacana kaścana [k]iñcana ma[s].[in]ā[sy].± ± ± ///
	d yāvad iti yad atra satyaṃ .. ± ± bhiniviśya sarvaloke amamā[y]. ///

(大正藏2, p.251b6 - 14)

是名第一婆羅門眞諦 我自覺悟成等正覺 爲人演說 復次婆羅門作如是說 所有集法 皆是滅法 此是眞諦 非爲虛妄 乃至於彼眞諦不計著 於一切世間 觀察生滅 是名第二婆羅門眞諦 〈我自覺悟成等正覺 爲人演說〉 復次婆羅門

作如是說 無我處所及事都無所有 無我處所及事都無所有 此則眞諦 非爲虛妄

如前說 乃至於彼無所繫著 一切世間無我像類 是名第三婆羅門眞諦 我自覺悟

벌써 1904년 독일의 인도학자 피쉘(Richard Pischel, 1849~1908)에 의해 베를린에 소장된 그륀베델(Albert Grünwedel, 1856~1935)을 대표로 하는 제1차 조사단이 투루판 오아시스의 코초(高昌)에서 구입한 사본군 중에 스무 조각의 『잡아함경』 목판인쇄본 종이 단편들이 발견 발표되고[6] 그에 의해 발표된 단편들이 프랑스의 레비(Sylvain Lévi, 1863~1935)에 의해 한역 『잡아함경』 「불어품(佛語品)」의 일부와 일치함이 구체적으로 판명되었다.[7] 벨기에 출신의 불교학자 들라 발레 푸상(Louis de La Vallée Poussin, 1869~1938)은 영국의 스타인(Marc A. Stein, 1862~1943)을 대표로 하는 제2차 조사단이 돈황 천불동에서 가져온 사본 단편들 가운데 『성유경(城喩經)』(Nagaropama-sūtra)을,[8] 그리고 호탄 부근의 카달릭에서 가져온 사

---

6 R. Pischel, "Bruchstücke des Sanskritkanons der Buddhisten aus Idykutšari, ChinesischTurkestān", *Sitzungsberichte der preußischen Akademie der Wissenschaften zu Berlin* 1904, pp. 807-827.

7 S. Lévi, "Le Saṃyuktāgama Sanscrit et les Feuillets Grünwedel", *T'oung Pao*, sér. 2, vol. 5 (1904), pp.297-309. 細田典明씨에 의해 1989~1991 사이에 세 차례에 걸쳐 한역과 대조하여 복원 출판되었다.(「梵文雜阿含経仏所説品外道相応 I」, 『藤田宏達博士還暦記念論集：インド哲学と仏教』, 京都: 平楽寺書店, 1989, pp.185-206. ; 「梵文雜阿含経仏所説品外道相応 II」, 『印度哲学仏教学』 4, 1989, pp.140-153. ; 「梵文雜阿含経仏所説品外道相応 III」, 前掲誌 6, 1991, pp.172-191).

8 L. de La Vallée Poussin, "Documents sanscrits de la seconde Collection M. A. Stein", *Journal of the Royal Asiatic Society of Great Britain and Ireland* 1911, pp.1063-1079. 그 전반부가 『잡아함경』 「인연품」 제5경에 해당하는 이 경은 1996년 파리, 런던, 베를린, 페테르부르크의 사본들을 종합하여 본가르드-레빈 등에 의해 편집되었다: G. Bongard-Levin 外, "The Nagaropamasūtra: An Apotropaic Text from the Saṃyuktāgama", *SanskritTexte aus dem buddhistischen Kanon: Neuentdeckungen und Neueditionen III*, ed. H. Bechert, Göttingen,

본 단편들 가운데 설일체유부와 약간 계통이 다른『잡아함』잔엽들을 정리 발표하였다.[9]

그후 1930년대 말까지 계속되던 동투르키스탄 출토 산스크리트 사본의 연구는 제2차 세계대전으로 주춤하였으나, 1950년대와 60년대를 전후로 독일의 발트슈미트(Ernst Waldschmidt, 1897~1985)를 주축으로 투루판 오아시스 주변에서 발굴된 것들이 주류를 이룬다고 하여 개괄적으로 '투루판 발굴품(Turfanfunde)'이라고 일컬어지는 동투르키스탄 출토의 베를린 소장품 중 산스크리트 사본 단편들을 토대로『잡아함』과『장아함』의 일부가 복원 출간되었다.[10] 1980년대 후반부터 1990년대에 걸쳐 베를린에 소장된 산스크리트 사본들뿐만 아니라 파리와 런던에 소장된 같은 계통의 산스크리트 사본들이 하르트만(Jens-Uwe Hartmann)과 빌레(Klaus Wille)에 의해 체계적으로 조사 파악됨에 따라[11] 이를 근

·1996 (Sanskrit-Wörterbuch der buddhistischen Texte aus den Turfan-Funden, Beiheft 6), pp.7 - 131.

9 L. de La Vallée Poussin, "Documents sanscrits de la seconde Collection M. A. Stein, Fragments du Samyuktakagama", *Journal of the Royal Asiatic Society of Great Britain and Ireland* 1913, pp.569 - 580. 이 논문에 게재된『잡아함경』잔엽에 관해서는 졸저, *A Survey of the Sanskrit Fragments Corresponding to the Chinese Saṃyuktāgama*, Tōkyō (Sankibō Busshorin), 2008, pp.279ff 참조.

10 베를린소장 투르판 발굴품에 관해서는 K. Wille에 의한 연구개관 "Survey of the Sanskrit Manuscripts in the Turfan Collection (Berlin)", *From Birch Bark to Digital Data: Recent Advances in Buddhist Manuscript Research-Papers Presented at the Conference Indic Buddhist Manuscripts: The State of the Field*, Stanford, June 15 - 19 2009, ed. P. Harrison and J.-U. Hartmann, Wien, 2014, pp.187 - 193이 유용.

11 런던소장품에 관해서는 J.-U. Hartmann, K. Wille, "Die nordturkistanischen Sanskrit-Handschriften der Sammlung Hoernle (Funde buddhistischer Sanskrit-Handschriften II)", *Sanskrit Texte aus dem buddhistischen Kanon: Neuentdeckungen und Neueditionen*, ed. H. Bechert, vol. II, Göttingen, 1992 (Sanskrithandschriften aus den Turfanfunden, Beiheft 4), pp.9 - 63. ; 동 저자, "Survey of the Identified Sanskrit Manuscripts in the Hoernle, Stein, and Skrine Collection of the British Library (London)", *From Birch Bark to Digital Data: Recent Advances in Buddhist Manuscript Research* ..., ed. P. Harrison and J.-U. Hartmann,

거로 기존 복원본에 많은 수정이 가해지고 일부 개정본이 출간 내지는 기획되는 한편 아함, 그리고 율장 관계 사본 단편들이 체계적으로 조사 발표되고 각 소장품의 상세한 내용별 색인이 작성되고 있다.[12]

이러한 연구 성과와 함께 1990년대 중반 이후 급격히 증대된 새로운 산스크리트 및 간다리 프라크리트 문헌에의 접근은 원전 연구의 진전을 촉진시키고 있다. 그중에 특히 1990년대 후반에 출현한 설일체유부 계통의 자작나무 껍질에 브라흐미 문자로 쓰인 250엽 정도의 『장아함』 사본은 『장아함』의 복원 작업에 즈음하여 지대한 관심을 모으고 있다.[13] 이 사본은 현 파키스탄령 카슈

Wien, 2014, pp.223-246 참조. 파리 소장품에 관해서는 J.-U. Hartmann, K. Wille, "Die nordturkistanischen Sanskrit-Handschriften der Sammlung Pelliot (Funde buddhistischer Sanskrit-Handschriften IV)" *Untersuchungen zur buddhistischen Literatur*, ed. H. Bechert, vol. II, Göttingen, 1997 (Sanskrithandschriften aus den Turfanfunden, Beiheft 8), pp.131-182. ; 동 저자, "The Central Asian Sanskrit Fragments in the Pelliot Collection (Paris)", *From Birch Bark to Digital Data: Recent Advances in Buddhist Manuscript Research* …, ed. P. Harrison and J.-U. Hartmann, Wien, 2014, pp.213-222 참조.

12 『장아함』 관계 자료에 관해서는 J.-U. *Hartmann, Untersuchungen zum Dīrghāgama der Sarvāstivādins*, Göttingen, 1992 (Habilitationsschrift) 참조. 『중아함』 관계 자료에 관해서는 J. Chung, T. Fukita, *A Survey of the Sanskrit Fragments Corresponding to the Chinese Madhyamāgama Including References to Sanskrit Parallels, Citations, Numerical Categories of Doctrinal Concepts, and Stock Phrases*, Tōkyō (Sankibō Busshorin), 2011 참조. 『잡아함』 관계 자료에 관해서는 J. Chung, *A Survey of the Sanskrit Fragments Corresponding to the Chinese Saṃyuktāgama*, Tōkyō (Sankibō Busshorin), 2008 참조. 율장 관계 자료에 관한 간략한 연구 현황은 T. Oberlies, "Ein bibliographischer Überblick über die kanonischen Texte der Śrāvakayāna-Schulen des Buddhismus (ausgenommen der des Mahāvihāra-Theravāda)", *Wiener Zeitschrift für die Kunde Südasiens* 47 (2003), pp.45ff 참조.

13 J.-U. Hartmann, "Bemerkungen zu einer neuen Handschrift des Dīrghāgama", *Vividharatnakaraṇḍaka, Festgabe für Adelheid Mette*, ed. C. Chojnacki 外, Swisttal-Odendorf, 2000 (Indica et Tibetica 37), pp.359-367. ; 동 저자, "Further Remarks on the New Manuscript of the Dīrghāgama", *Journal of the International College for Advanced Buddhist Studies* 5, pp.133-150. ; J.-U. Hartmann, K. Wille, "The Manuscript of the Dīrghāgama

미르 지방 길기트 부근에서 유래하는 것으로 전해진다. 각국의 개인 수집가에 의해 구입되어 미국(익명의 개인 소장품, Virginia/USA), 일본(平山コレクション, 鎌倉), 노르웨이(Schøyen Collection, Oslo) 등에 분산되어 있다. 1931년과 1938년 같은 지역에서 발견되어 현재 델리(National Archives of India, Delhi Collection), 런던(British Library, Stein Collection), 카라치(Department of Archaeology & Museums of Pakistan, Shah Collection) 등에 분산 보관되어 있는 소위 길기트 사본과 함께 설일체유부의 소의전적의 양상을 보다 구체적으로 파악하는 데 중요한 역할을 할 것으로 예상된다.[14]

팔리 tri-piṭaka는 현존하는 유일한 인도어 계통의 정전(正典)으로 상좌부가 전하는 경·율·논의 3장으로 구성되며 그중 경장은 『장부』, 『중부』, 『상응부』, 『증지부』 그리고 『소부』의 5부 니카야로 나누어진다. 설일체유부의 경우에도 소위 근본설일체유부가 기술하는 바에 따르면 경장을 『장아급마(長阿笈摩)』, 『중아급마(中阿笈摩)』, 『상응아급마(相應阿笈摩)』 그리고 『증일아급마(增一阿笈摩)』의 4부 아급마로 분류하였다.[15] 그러나 한역 대장경의 경우 특정한 부파 하나의 정전이 아닌 포괄적인 불교 전적의 집대성으로 다양한 부파의 아함과 율

---

and the Private Collection in Virginia", *From Birch Bark to Digital Data: Recent Advances in Buddhist Manuscript Research*…, ed. P. Harrison and J.-U. Hartmann, Wien, 2014, pp.137 – 155 참조.

14 소위 길기트 사본에 관해서는 O. von Hinüber, "Die Erforschung der Gilgit-Handschriften (Funde buddhistischer Sanskrit-Handschriften I)", *Nachrichten der Akademie der Wissenschaften in Göttingen*, Phil.Hist.Kl., 12/1979, pp.329 – 359. ; 동 저자, "The Gilgit Manuscripts: An Ancient Buddhist Library in Modern Research", *From Birch Bark to Digital Data: Recent Advances in Buddhist Manuscript Research* …, ed. P. Harrison and J.-U. Hartmann, Wien, 2014, pp.79 – 135. ; K. Wille, *Die handschriftliche Überlieferung des Vinayavastu der Mūlasarvāstivādin*, Stuttgart (Verzeichnis der orientalischen Handschriften in Deutschland, Supplementband 30), pp.15ff 참조.

15 大正藏24, p.407b27ff.

전 그리고 논서로 구성되며, 동일한 경전의 복수의 번역을 포함한다. 『대정신수대장경』의 '아함부'에 포함된 4부 아함의 경우 설일체유부 계통의 전승으로 간주되는 『잡아함경』의 경우를 제외하면 그 소속 부파가 확실하지 않다.

본래 인도 정전 자체가 부파에 따라 각기 그 내용과 구성을 달리한 듯하다. 각 부파별 정전 사이의 내용적 그리고 구조적 차이는 각 부파의 경장 중 경전 분류를 위한 경전의 길이, 경전의 내용 그리고 경전에 사용되는 법수의 세 가지 서로 다른 범주의 임의적 적용을 통하여도 엿볼 수 있다. 유사한 내용의 경이 각 부파에 의한 경장의 편집 당시 어느 범주가 적용되었는가에 따라 『장아함』·『중아함』·『잡아함』, 또는 『증일아함』에 배치되었다. 경전 길이의 장·중의 판단이 상대적일 수 있음에 따라 유사한 내용과 길이의 경이 한 부파의 전승에는 『장아함』에, 다른 한 부파의 전승에는 『중아함』에 배치되며, 동일한 내용의 경전이 각 부파의 『증일아함』에 수록된다고 하더라도 경전에 언급되는 개념과 관련된 법수 중 어느 숫자를 적용하느냐에 따라 「일법품(一法品)」과 「십법품(十法品)」 내지는 「십일법품(十一法品)」 사이의 각기 다른 품에 배치된다. 그러한 두 가지 외형적인 범주와 관계없이 경전에 담긴 내용에 따라 『상응아함』『잡아함』에 배치되는 경우도 있다.

이러한 세 가지 서로 다른 성격의 범주가 경장의 분류에 적용되는 것으로 보아 4부 아함이 일관적인 구상하에 일거에 성립된 것이 아니라 경장의 성립 이전에 산재하던 경들이 몇 차례에 걸쳐 특정한 범주하에 점차로 수집되어 전체적으로 경장이 성립되었을 가능성이 없지 않다. 설일체유부 소전의 경장의 경우에도 예외는 아니라고 본다. 예를 들면 한역 『잡아함경』을 구성하는 품명 가운데 「반도우파다나간디가(般闍優波陀那肝提伽, Pañcopādānaskandhika)」, 「사다야다니가(沙陀耶多尼(伽?), Ṣaḍāyatanika)」, 그리고 「니다나산유걸다(尼陀那散猶乞多, Nidānasaṃyukta)」 등이 『십송률』에 소위 「대경(大經, mahāsūtra)」 중의 하나로 언급되는 것으로 보아[16] 『잡아함경』 성립 이전에 산재하던 전적들이 각기 『잡아함』 내의 한 품으로 흡수되어 현존하는 한역 『잡아함경』의 원본이 성립된 것으로 추정할 수 있다. 이러한 관점에서 볼 때 『잡아함경』 중의 「불소설(佛所說)」과 「승기다(僧耆多)」 두 품에 해당하는 부분만을 포함하는 소위 『별역잡아함경』은 『잡아함경』의 결본이라기보다는 『잡아함』 성립사의 한 과정으로 볼 수도 있다.

하지만 설일체유부 소전의 경장의 경우 『장아함』과 『잡아함』을 제외한 나머지 2부 아함에 대해서는 각 아함의 전체적인 구조 및 그에 수록된 경전의 전모가 아직 알려지지 않은 상태이다. 따라서 우연한 기회에 어느 산스크리트 단편이 잔존하는 산스크리트본 『장아함』과 한역 『잡아함경』에는 일치하는 경전이 없으나 팔리 니카야의 『중부』 내지는 『증지부』 또는 한역 『중아함경』 내지는 『증일아함경』의 일부에 해당함이 판명되었다고 하더라도 그 단편이 실제로 전승 부파 내의 『중아함』의 일부인지 또는 『증일아함』의 일부인지 단정할 수 없다.

상술한 사정은 구체적으로 동투르키스탄(新疆) 출토 산스크리트 단편, 즉 SHT 412/32의 사례를 들어 설명할 수 있다. 이 단편은 카탈로그 작성 당시 한역 『중아함경』 제138경 "복경(福經)"(『대품』, 34권)에 유사한 부분이 보인다고 하여 팔리 『증지부』 「칠법품」에도 유사한 부분이 보임에도 불구하고 일단 『중아함』 사본류로 분류되었다.[17] 그러나 그 후 인도 웃자인(Ujjain) 소재 비크람(Vikram) 대학의 신디아 동양학연구소(Scindia Oriental Institute) 소장이 산스크리트 『증일아함』 사본을 출간함으로써[18] 그중에 SHT 412/32과 일치하는 부분

---

16 大正藏23, p.174b18ff.
17 *Sanskrithandschriften aus den Turfanfunden IV*, ed. L. Sander, E. Waldschmidt, Wiesbaden, 1980 (Verzeichnis der orientalischen Handschriften in Deutschland X,4), pp.64 – 66.
18 Ch. Tripāṭhī, *EkottarāgamaFragmente der GilgitHandschrift*, Reinbek, 1995 (Studien zur Indologie und Iranistik, Monographie 2).

이 있는 것으로 보아 이 단편이 실제로는 『중아함』 「대품」도 아니고 『증일아함』 「칠법품」도 아닌 『증일아함』 「일법품」에서 유래하는 것으로 단정할 수 있다.[19] 이는 경전 분류를 위한 경전의 길이, 경전의 내용 그리고 경전에 사용되는 법수의 세 가지 서로 다른 범주의 적용에 임의적 성격을 대표하는 예로 볼 수 있다.

아함 전적의 분류에 보이는 임의적인 범주의 적용에 의한 부파 간의 차이는 아래의 대조표를 통하여도 엿볼 수 있다.

『中阿含經』「七法品」	『增壹阿含經』	Pāli	
		中部	增支部, Sattaka-nipāta
1 善法經	39.1 (「七法品」 제1경)	ø	제64경
2 晝度樹經	39.2 (「七法品」 제2경)	ø	제65경
3 城喩經	39.4 (「七法品」 제4경)	ø	제63경
4 水喩經	39.3 (「七法品」 제3경)	ø	제15경
5 木積喩經	33.10 (「五法品」 제10경)	ø	제68경
6 善人往經	ø	ø	제52경
7 世間福經	40.7 (「七法品」 제17경)	ø	ø
8 七日經	40.1 (「七法品」 제11경)	ø	제62경
9 七車經	39.10 (「七法品」 제10경)	제24경, Rathavinīta-sutta (Opamma-vagga 제4경)	ø
10 漏盡經	40.6 (「七法品」 제16경)	제2경, Sabbāsava-sutta (Mūlapariyāya-vagga 제2경)	ø

설일체유부가 전하는 『중아함』이 전체적으로 몇 품으로 나누어지고 각 품에 무슨 경전이 포함되는지 구체적으로는 알 수 없으나 소위 근본설일체유부 율과 『구사론』 주석 『웃파이카』(Upāykā)에 전해지는 『중아함』이 한역 『중아함경』

---

19 J. Chung, "Puṇya-sūtra of the Ekottarikāgama in Comparison with the Fu-jing 福經 of the Chinese Madhyamāgama", *Critical Review of Buddhist Studies* 16 (2015), pp.9‒33.

과는 그 구조를 달리함은 이미 알려진 바이다.[20] 한역『중아함경』제1품「칠법품」에 상기의 10경이 전해지는 반면『구사론』주석『웃파이카(Upāykā)』에는 한역『중아함경』의 제1품에서 제3품 사이, 즉「칠법품」,「업상응품(業相應品)」그리고「사리자상응품(舍梨子相應品)」에 전해지는 경들 중 제2, 제6~8, 제10, 제15, 제19, 제22, 제26, 그리고 제30경에 상당하는 경들이『중아함』「칠법품」에 속하는 것으로 인용된다. 팔리 니카야의『중부』에 한역『중아함경』「칠법품」에 해당하는 품 자체가 없는 것과는 대조적이다.

「칠법품」이『구사론』주석『웃파이카(Upāykā)』가 인용하는『중아함』내의 몇 번째 품에 속하는지는 알 수 없으나 한역『중아함경』「칠법품」중의 제2, 제6~8경 그리고 제10경에 해당하는 경들이『중아함』「칠법품」에 속하는 것으로 언급되는 것으로 보아 이들을 제외한 제1경, 제3~5경 그리고 제9경에 상당하는 경들이『구사론』주석『웃파이카(Upāykā)』의 소의경장에 존재하였다고 할 경우 이들이 실제로는 전승 부파 내의『중아함』이 아닌『증일아함』의 한 품(예를 들면「칠법품」)에 속했을 가능성을 배제할 수 없다.

이러한 관점에서 보아 지금까지『증일아함』「일법품」과「이법품」에 속하는 것으로 단정된 사본 단편, 즉 SHT 412/32, 974a, 974b, 975, 1000, 1957, 2071+1876 그리고 3459 이외에도 다음의 두 단편의 경우에도『증일아함』에서 유래할 가능성이 전혀 없지는 않다.

---

20 本庄良文,「シャマタデーヴァの伝える中・相応阿含」,『仏教研究』15 (1985), pp.64ff.

〔SHT 1118²¹ ~『中阿含經』第3 "城喩經"(大正藏1, p.423a4-20) ~ AN IV 108.11-109.24〕

【전면】

© Staatsbibliothek zu Berlin — Preußischer Kulturbesitz, Orientabteilung

1. /// + (punar apa)raṃ rājñaḥ pratyante nagare ba(h)u tila(m)udgamāṣā c.

2. /// + + + + (s)ya tṛtīyasyāhārasya nikā(ma)lābhī bhavaty akṛcchra

3. /// + + + (n)t(i) tadyathā kṣīraṃ dadhi navanītaṃ matsyamāṃsavallūraṃ lava(ṇ)(a)

4. /// (s)(y)(ā)hārasya nikāmalābhi bhavaty akṛcchralābhi rājña pratyantaṃ na(ga)

5. /// (k)ānāṃ dṛṣṭadharmasukhavihārāṇāṃ nikāmalābhī (bh)(a)(v)(a)(ty a) kṛcchra(l)(ā)

(大正藏1, p.423a4-9)

復次 如王邊城多積秥豆及大小豆 爲內安隱 制外怨敵 是謂王城

三食豐饒 易不難得 復次 如王邊城

畜酥油 蜜及甘蔗 饍 魚 鹽 脯肉 一切具足 爲內安隱 制外怨敵 是謂王城

---

21 7.4×18cm; 북투르키스탄 브라흐미(b형); 발견지: Murtuq; 3차 투르판조사단.

四食豐饒 易不難得 如是王城七事具足 四食豐饒 易不難得 … 如是若聖弟子亦得七善法

逮四增上心 易不難得 是故聖弟子不爲魔王之所得便 亦不隨惡

【후면】

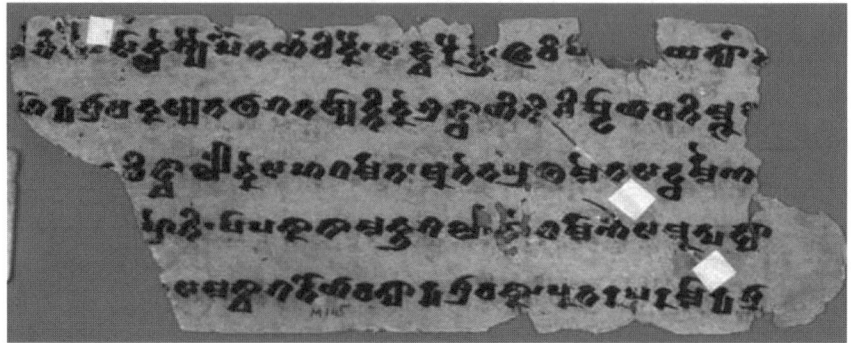

© Staatsbibliothek zu Berlin — Preußischer Kulturbesitz, Orientabteilung

1. /// ⦗⦘(ai)r dha⦗rmaiḥ⦘ sāṃkleśyai⟨ḥ⟩ pauna(r)bhavikaiḥ sajvarai(r d)uḥkhavi⦗pā⦘(kair ā)yatyāṃ ⦗j⦘(ā)

2. /// hāryaśrāvakasya tathāgatasyāntike śraddhābhiniviṣṭā bhavati mū⦗l⦘(a)

3. /// + (kena) cid vā loke sahadharmataḥ anena prathamena saddharmeṇa

4. /// + + + (ji)hreti • pāpakānām akuśal(ānā)m dharmāṇāṃ samutpadyā

5. /// + + + + .. samanvāgato bhavaty āryaśrāvakāḥ punar aparam āryaśrā

(大正藏1, p.423a12 - 20)

不善之法 不爲染污所染 不復更受生也 云何聖弟子得七善法 謂

聖弟子得堅固信 深著如來 信根已立 終不隨外沙門 梵志 若天 魔 梵

及餘世間 是謂聖弟子得一善法 復次 聖弟子常行慚恥 可慚
知慚 惡不善法穢汙煩惱 受諸惡報 造生死本 是謂
聖弟子得二善法 復次 聖弟子常行羞愧 可愧知愧 惡不善法穢汙煩

〔SHT 1701[22] ~ 『中阿含經』 第4 "水喩經"(大正藏1, p.424b17-c11) ~ AN IV 11.28-12.21〕

【전면】

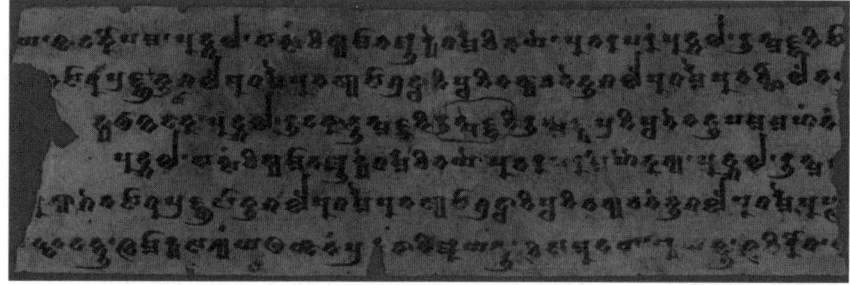

© Staatsbibliothek zu Berlin — Preußischer Kulturbesitz, Orientabteilung

1. /// yaḥ audakopamaḥ pudgalaḥ san saṃvidyamāna ārye dharmavinaye · punar aparaṃ pudgalaḥ unmajjati sā ///

2. /// (ge)(na) sādhu prajña《yā》 kuśaleṣu dharmeṣu tasya sā śraddhā tiṣṭhati na cyavate kuśaleṣu dharmeṣu tac chīlaṃ ta[c] (ch)[ru] ///

3. /// ○ dyathā audakaḥ pudgalaḥ udakād unmajjati unmajjati un(maj)ya pratiṣṭhate tadupamam ahaṃ taṃ ///

---

22 8.5×27cm; 북투르키스탄 브라흐미(b형); 발견지: Sängim; 2차 투르판조사단.

4. /// ○ pudgalaḥ san saṃvidyamāna ārye dharmavinaye 〔·〕 punar a(pa)ra(m) ihaikatyaḥ pudgalaḥ unma(j)(ja) ///

5. /// (dh)u tyāgena sādhu prajña(yā) kuśaleṣu dharmeṣu tasya sā śraddhā tiṣṭhati na cyavate kuśaleṣu dharmeṣu p(ū) ///

6. /// .. idan duḥkham āryasatyaṃ yathabhūtam pra(jā)nāti aya(n d)uḥ(kha) samuda(yaḥ aya)n duḥ(khan)irodhaḥ (i) ///

(大正藏1, p.424b17 - c11)
是謂第二水喻人 世間諦如有也 云何有人出已而住 謂人旣出 得信善法
持戒 布施 多聞 智慧 修習善法 彼於後時信固不失 持戒 布施 多聞 智慧
堅固不失 是謂有人出已而住

猶人溺水 出已而住 我說彼人亦復如是 是謂第三水喻

人 世間諦如有也 云何有人出已而住 住已而觀 謂人旣出 得信善法 持戒
布施 多聞 智慧 修習善法 彼於後時信固不失 持戒 布施 多聞 智慧 堅固
不失 住善法中

知苦如眞 知苦習 知苦滅 知苦滅道如眞

【후면】

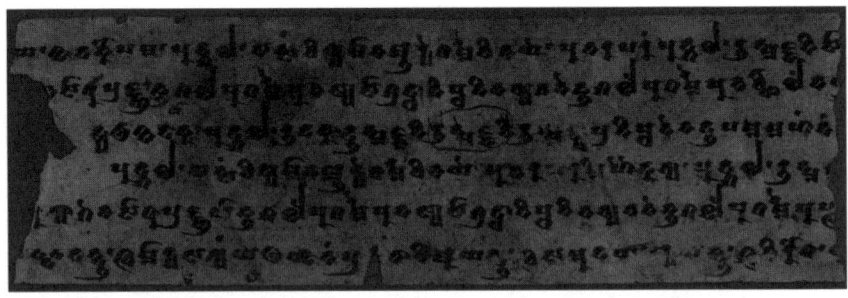

© Staatsbibliothek zu Berlin — Preußischer Kulturbesitz, Orientabteilung

1. /// tāni tas⟨y⟩aivaṃ jānataḥ evaṃ paśyataḥ trīṇi ⟨sa⟩nyojanāni prahīyante ta《dya》thā satkāyadṛṣṭiḥ śīlavrata ///

2. /// ⟨p⟩⟨a⟩nno ⟨bha⟩vaty avinipāta⟨dha⟩rmā niyataṃ saṃbodhipa⟨r⟩āyaṇaḥ 《sa》ptakṛtvaḥparamaḥ saptakṛtvo devāṃś ca ⟨ma⟩ ///

3. /// ○ ḥ pudgala⟨ḥ⟩ udakād unmajjati unmajya pratiṣṭhati pratiṣṭhāya ca⟨tu⟩r ⟨d⟩iśa⟨m avalo⟩kaya⟨ti⟩ ///

4. /// ○ pamaḥ pudgalaḥ san saṃvidyamāna ārye dharmavinaye · punar apara ⟨m⟩ ⟨i⟩h⟨aikatyaḥ⟩ pudgalaḥ ⟨u⟩ ///

5. /// ⟨tas⟩⟨y⟩⟨ai⟩vaṃ jāna⟨taḥ⟩ eva⟨ṃ pa⟩śyatas trīṇi sanyojanāni prahīyante tadyathā satkāyadṛ⟨ṣ⟩⟨t⟩iḥ ⟨śīla⟩vratapārā ///

6. /// nyojanānāṃ p⟨r⟩ahāṇād rāga⟨dv⟩eṣamohānāñ ca tanutvāt sakṛdāgāmī bhavati sakṛd i⟨maṃ⟩ ⟨l⟩okam āga ///

(大正藏1, p.424b28 - c11)
彼如是知 如是見 三結便盡 謂身見 戒取 疑 三結已盡
得須陀洹 不墮惡法 定趣正覺 極受七有 天上 人間七往來已 便得苦際 是謂有人出已而住 住已而觀
猶人溺水 出已而住 住已而觀 我說彼人亦復如是 是謂第四
水喻人 世間諦如有也 云何有人出已而住 住已而觀 觀已而渡 謂人既出 得信善法 持戒 布施 多聞 智慧 修習善法 彼於後時信固不失 持戒 布施 多聞 智慧 堅固不失 住善法中 知苦如眞 知苦習 知苦滅 知苦滅道如眞
〈彼〉如是知 如是見 三結便盡 謂身見 戒取 疑
三結已盡 婬 怒 癡薄 得一往來天上 人間 一往來已 便得苦際

영문초록

The Sanskrit fragments of early Buddhist literature discovered in Eastern Turkestan in the beginning of the 20th century and preserved now in diverse countries belong mostly to the so-called Sarvāstivāda tradition. The fragments stem from all three main sections of the canon, namely from the sūtra-, vinaya-, and abhidharma-piṭaka. Many of these fragments have already been identified and restored through painstaking scholarly efforts during the last century. Our knowledge about some parts of the canon of the tradition in concern, however, is quite limited as yet. For example, the general structure and the contents of the Madhyama- and Ekottarikāgama remain to a great extent unknown. We know through occasional references in some Vinaya and Abhidharma texts which sūtra belongs to which chapter of the Madhyamāgama. But the sources do not reveal into how many chapters the Madhyamāgama was divided and in which sequence the chapters were arranged. It does not look better in regard to the Ekottarikāgama. It is obvious that also the Sarvāstivādins classified sūtras according to the numerical categories of subjects and assigned these sūtras to a chapter between the Chapter of the Ones and the Chapter of the Tens, as we can assume in the light of the manuscript find from Gilgit. Unfortunately, the find contains only the first two chapters of the Ekottarikāgama, namely the Chapter of the Ones and the Chapter of the Twos. The present paper aims to highlight the intricacy of the assignment of manuscript remains to the Madhyama- or Ekottarikāgama of which we know neither the general structure nor the contents sufficiently.

티베트 문헌에 기술된 호탄불교:
『바셰(dBa' bzhed)』와 돈황 출토 펠리오 티베트 사본 『호탄불교사(Li yul chos kyi lo rgyus)』를 중심으로

차상엽(車相燁)

1. 연구사 검토와 문제 제기

19세기 말부터 코탄 사카(Khotan-Saka)어로 된 자료, 티베트 자료, 한역 자료 등이 호탄(Li)의 역사와 문화 그리고 불교사를 이해하기 위한 문헌학적 자료로 중요하게 대두되기 시작했다. 다양한 언어로 쓰인 고대 사료들 중 일찍이 티베트 문헌의 중요성을 인식한 서구와 일본의 학자들이 티베트 자료를 바탕으로 호탄불교에 대해 소개하기 시작하였다.

먼저 티베트 문헌을 중심으로 호탄불교 관련 연구사를 검토하고자 한다.

1884년에 윌리엄 우드빌레 락힐(William Woodville Rockhill, 1854~1914)은 티베트대장경의 불설부(佛說部, 깐규르 bKa' 'gyur)와 논소부(論疏部, 땐규르 bstan 'gyur)에 수록되어 있는 네 편의 작품인 『호탄국의 역사(리율기로귀 Li yul gyi lo rgyus)』, 『호탄국수기(于闐國授記, 리이율룽땐빠 Li'i yul lung bstan pa)』, 『아라한 Saṃghavardhana 의 수기(다쫌빠겐뒨펠기룽땐빠 dGra bcom pa dge 'dun 'phel gyi lung bstan pa)』, 『Gośṛṅga

의 수기(리랑루룽땐 Ri glang ru lung bstan)』를 토대로 호탄불교에 대해 약술하고 있다.[1] 그는 티베트대장경 내에 존재하는 호탄불교 관련 내용을 최초로 소개한 서구인이다. 그는 티베트대장경에 수록되어 있는 네 편의 호탄불교 관련 사료가 호탄어에서 티베트어로 번역되었다고 주장하였다. 그의 연구는 1820년 헝가리 출신의 티베트학자인 알렉산더 쪼마 드 쾨뢰스(Alexander Csoma de Körös, 1784~1842)가 티베트대장경 불설부에 대한 분석 및 논소부의 목차 요약본을 발표함으로써 촉발된 것이다.[2]

1907년 마크 아우렐 슈타인(Mark Aurel Stein, 1862~1943)은 『고대호탄』이라는 저서에서 락힐의 연구 성과와 고고학적 탐사를 바탕으로 호탄불교를 소개하고 있다.[3]

1908년 폴 유진 펠리오(Paul Eugène Pelliot, 1878~1945)가 돈황 막고굴에서 다량의 사본들을 발견하였다. 그중 현재 프랑스 국립도서관(Bibliothèque nationale de France)에 소장되어 있는 티베트 사본 Pelliot Tibétain 960[4]과 Pelliot Tibétain 961이 호탄불교사와 관련된 내용을 기술하고 있기 때문에 일찍이 중요한 자료로 인식되기에 이르렀다. 특히 Pelliot Tibétain 960에는 사본 말미 제114행에 제목이 제시되고 있다. 즉, '리율최끼로귀(Li yul chos kyi lo rgyus),'[5] 우리말로

---

1 William Woodville Rockhill, *The Life of the Buddha and the Early History of his Order*, Trübner & Co., 1884, pp.230-248.
2 Alexander Csoma de Körös, "Anaysis of the Kah-gyur", *Asiatic Research*, Vol.20, 1820, pp.41-93과 pp.393-552. 이 내용에 대해서는 J.W. 드용, 『현대불교학 연구사』(강종원 역, 서울: 동국대학교출판부, 2004), p.53에서 재인용.
3 Mark Aurel Stein, *Ancient Khotan: detailed report of archaeological explorations in Chinese Turkestan*, Vol.1, Clarendon Press, 1907, pp.151-184.
4 원래 사본 번호는 Pelliot Tibétain Touen-houang 254였는데, 어떤 연유에서인지 나중에 Pelliot Tibétain Touen-houang 960으로 바뀌었다.
5 PT 960.l.114, "호탄국불교사에 관한 책(*li yul chos kyi lo rgyus kyi dpe'*)"

옮기면『호탄국불교사』라고 할 수 있다. 그는 1928년『통보(通報)』라는 중국학 저널에 법성(法成, Chos grub, 755~849년 경?) 번역의『석가모니여래상법멸진지기 (釋迦牟尼如來像法滅盡之記)』(Pelliot Chinois 2139)가 티베트대장경 내 불설부에 수록되어 있는『호탄국수기(리율기룽땐빠 Li yul gyi lung bstan pa)』에 대한 번역 문헌이라는 점을 최초로 지적하였다.[6]

세 차례 티베트를 방문한 데라모토 엔가(寺本婉雅, 1872~1940)는 1921년 티베트대장경 중 데르게 판본에 의거해서『호탄국수기(리이율룽땐빠 Li'i yul lung bstan pa)』와『아라한 Saṃghavardana에 의한 수기(다쫌빠겐뒨펠기룽땐빠 dGra bcom pa dge 'dun 'phel gyis lung bstan pa)』를 번역하였다.[7]

돈황 출토 티베트 사본 Pelliot Tibétain 960인『호탄국불교사』에 대한 정밀한 연구는 유럽의 인도학-티베트학자인 프레드릭 윌리암 토마스(Frederick William Thomas, 1867~1956)에 의해 이루어졌다. 그는 티베트대장경 속에 수록되어 있는 1.『Gośṛṅga의 수기(리랑루룽땐 Ri glang ru lung bstan)』, 2.『아라한 Saṃghavardana의 수기(다쫌빠겐뒨펠기룽땐빠 dGra bcom pa dge 'dun 'phel gyi lung bstan pa)』, 3A.『호탄국의 수기(리이율기룽땐빠/리이율룽땐빠 Li'i yul gyi lung bstan pa/ Li'i yul lung bstan pa)』와 3B.『호탄국의 역사(리율기로귀 Li yul gyi lo rgyus)』, 4.『Vimalaprabhā 의 질문(디마메빼외끼쉬빠 Dri ma med pa'i 'od kyis zhus pa)』, 5.『장로들의 초청 (Sthaviropanimantraṇa)』을 포함한 몇 편의 단편들, 그리고 돈황 출토 티베트 사본

---

6 Paul Eugène Pelliot, "Livres Reçus", T'oung pao, Vol.25, No.5, 1928, pp.463-464.
7 寺本婉雅,『于闐國史』, 京都: 丁子屋書店, 1921. 폴 드미에빌(Paul Demiéville, 1894~1979) 은 1952년에 출판한 그의 저작『라싸 종교회의(Le Concile de Lhasa)』에서 테라모토의 번역과 관련해 금성공주와 문성공주에 대한 착오 등을 지적하고 있다. 이에 대해서는 폴 드미에빌, 「라싸 종교회의 : 서기 8세기 인도와 중국 불교도들의 돈頓/정적靜寂주의 논쟁(Ⅲ)」, 김성철, 배재형, 차상엽 역,『불교학리뷰』, 제14권(논산: 금강대학교불교문화연구소, 2013), p.179의 각주13을 참조.

인 6. 『호탄국불교사(리율최끼로귀 Li yul chos kyi lo rgyus)』를 1935년에 완역해서 출판하였다.[8] 그는 『아라한 Saṃghavardana의 수기』와 『호탄국의 수기』를 서기 800년 경의 저작으로 추정하고 있으며, 호탄불교 관련 티베트 문헌들을 서구인 최초로 번역해서 출판하였다는 점에서 그 의의가 크다.

마르셀 랄루(Marcelle Lalou, 1890~1967) 여사는 『국립도서관에 소장된 돈황 티베트어 필사본 목록(No.850~1282)』에서 폴 유진 펠리오가 수집한 한문 및 티베트 돈황 사본들을 총분류한 후에 돈황 출토 티베트 사본 『호탄국불교사』를 포함한 각 사본들의 주요 내용들을 간략하게 전사(傳寫)해서 소개하고 있다.[9] 그녀의 연구를 티베트 문헌으로 된 호탄 관련 연구의 직접적인 자료로 언급할 수 없을지 모르겠지만, 그녀의 총목록 작업은 아직까지도 돈황 사본을 연구하는 데 있어서 시금석이 되는 공구로 평가되고 있기 때문에 소중한 자료라고 할 수 있다.

이러한 기존의 연구 성과를 바탕으로 티베트 문헌 속에 기술된 호탄불교 관련 기술을 고찰하고자 한다. 이를 위해 최근에 출판되었기 때문에 아직까지 학자들에 의해 크게 주목받지 못한 가장 오래된 『바셰(dBa' bzhed)』 버전과 돈황 출토 티베트 사본인 『호탄국불교사(Pelliot Tibétain 960)』, 그리고 『호탄국의 역사 (D4202.168b1~188a7)』의 일부 인용 구문을 대조하면서 호탄불교와 관련한 내용의 상호 불일치에 대한 실례를 몇 가지 소개하고자 한다.

---

8 Frederick William Thomas, *Tibetan literary texts and documents concerning Chinese Turkestan*, Vol. 1, The Royal Asiatic Society, 1935.

9 Marcelle Lalou, *Inventaire des manuscrits tibétains de Touen-houang conservés à la Bibliothèque nationale (Fonds Pelliot-tibétain, nos 850-1282)*, Paris, Bibliothèque nationale, 1950, p.25를 참조.

2. 『바셰(dBa' bzhed)』에 기술된 호탄불교

『바셰(dBa' bzhed)』란 "『바(dBa')의 증언/진술(bzhed)』"이라는 의미이다. '바(dBa')' 란 티쏭데(-우)짼(Khri srong lde('u) btsan, 742~796/800, 재위 755/756~796) 왕 시대의 재상 바(sBa/rBa/dBa'(s)) 쌜낭(gSal snang/Ratna/Ye shes dbang po, 8세기에 활약)을 가리킨다. 『바셰』는 국왕의 담화(깝치 bka' mchid)임을 자처하고 있으며, 사화(史話)의 핵심은 티쏭데짼 왕 시대 티베트불교의 확립에 관한 이야기이다. 후대의 티베트 사서들에서 『바셰』의 구절들이 일정 부분 인용되고 있기 때문에 티베트 사가들이 이 사서의 중요성을 일찍이 인식하고 있었음을 알 수 있다. 『바셰』의 제명(題名)과 관련한 빠오 쭉락텡와(dPa' bo Tsug lag 'phreng ba, 1504~1566)의 기술에서 알 수 있는 것처럼, 빠오 쭉락텡와 이전에 다양한 『바셰』가 존재하고 있었으며,[10] 비록 『바셰』가 후대에 재편집된 것이기는 하지만 당시의 증언으로 거슬러 올라가기 때문에 사료적 가치가 적지 않다고 평가할 수 있다.[11] 『바셰』의 버전 중 현재 가장 오래된 버전이라 평가되는 것은 필기체(우메 dBu med)로 쓰여진 『바셰(dBa' bzhed)』이다.

본 장에서는 『바셰』의 영인본(facsimile edition)을 바탕으로 호탄과 관련된 구절

---

10 "『바셰』의 기원과 연대 결정에 있어서 티베트 역사 기록을 연구하는 학자들에게 있어서 까다로운 문제들이 남아 있다는 것을 한 번 더 상기해야 한다. … 어떤 후대의 저자가 완전히 날조한 설명의 전말을 만들었을 것이라고 상상하기는 어렵다. 비록 지금까지 구해진 판본으로 존재하는 『바셰』가 비교적 후대, 즉 10세기 후반의 저작이라고 할지라도, 적어도 그 설명은 8세기나 9세기로 거슬러 올라갈 수 있는 오리지널한 자료들에 입각한 것임에 틀림없을 것이다."라고 매튜 캡스타인은 지적하고 있다. 이에 대해서는 Matthew T. Kapstein, *The Tibetan Assimilation of Buddhism*, New York, Oxford University Press, 2000, p.72을 참조.
11 『바셰(*dBa' bzhed*)』의 다양한 버전과 그 내용에 대해서는 차상엽, 「티베트 문헌에 나타난 淨衆 無相에 대한 연구: 『바셰(*sBa bzhed*)』외 티베트 사료 그리고 돈황 사본(Pelliot No.116)을 중심으로」, 『한국불교학』 제64권(한국불교학회, 2012), p.15를 참조.

의 일부를 소개하고자 한다.[12]

호탄인들은 "티 쏭쩬(Khri Srong btsan) 왕이 성(聖) 관세음보살(Ārya Pa lo)이시다."
라고 말한다. 다음과 같이 명백하게 기술되고 있다. 붓다가 입멸한 후 100년이
지나 호탄에 신성한 가르침(佛法)이 출현하였다. 이후 두 명의 호탄 승려가 성
관세음보살을 친견하고자 하였다. 그래서 그들은 오랫동안 공양과 함께 진언
을 행하였다. 그래서 성 문수가 나타나서 "선남자들이여. 너희들은 무엇을 원
하는가?"라고 물었다. "저희들은 성 관세음보살을 친견하기를 원합니다."라고
〔그 두 명의 호탄 승려들은〕 간청하였다. 〔성 문수가〕 "티베트 왕이 성 관세음
보살이다. 그러므로 너희들은 티베트로 가라. 〔그러면 성 관세음보살을〕 친견
할 수 있을 것이다."라고 대답하셨다. 이후 경전과 각각의 지팡이를 가지고서
〔호탄 승려들이〕 위(=호탄)에서 〔티베트로〕 왔다. 〔호탄 승려들이〕 티베트 왕이
거주하는 궁전으로 왔을 때, 왕의 첫 번째 법령이 시행될 때였다. 〔호탄 승려
들은 왕의 법령에 의해〕 몇몇 사람들이 죽고, 몇몇 사람들이 추방당하고, 몇몇
사람들이 잡혀서 가시로 둘러싸인 울타리에 갇히고, 몇몇 사람들이 코와 눈이
도려내지는 것을 보았다. 그 두 명의 호탄 승려는 그 사실(=왕이 관세음보살의 화
신이다.)에 대해 불신하게 되었다. "뭐라고 할지라도, 이 왕은 성 관세음보살이
아니기 때문에 호탄으로 돌아가자."라고 자신의 나라로 되돌아가고자 하였다.
그때 티베트 왕이 그 사실을 알고서, "궁전의 〔동서남북〕 네 문에서 그 두 명
의 〔호탄〕 승려들을 불러서, 왕의 명령이므로 궁전 안의 왕 앞으로 오게 하라."
고 명령을 내렸다. 〔이윽고〕 궁전 안으로 〔호탄 승려들을〕 소환했다. 이후 〔호탄

---

12 Pasang Wangdu and Hildegard Diemberger, *dBa' bzhed: The Royal Narrative Concerning the Bringing of the Buddha's Doctrine to Tibet*, Wien, Verlag der Österreichischen Akademie der Wissenschaften, 2000. 이 책의 말미에 『바세(*dBa' bzhed*)』의 영인본이 수록되어 있다.

승려들은 왕의) 면전에 엎드렸다. "너희들은 여기에 무슨 일로 왔는가?"라고 〔왕이〕 말씀하셨다. 그러므로 〔호탄 승려들은〕 "저희들은 성 관세음보살을 친견하고자 여기로 왔습니다."라고 대답하였고, 왕은 일어나서 "가자"라고 말씀하셨다. 이후 〔왕은〕 그 두 명의 호탄 승려들을 이끌고 〔왕궁의〕 한적한 곳으로 가서 성 관세음보살의 형상을 보여주었다. 그 둘은 기뻐서 예경을 올렸다. 이후 "지금 너희들은 무엇을 원하는가?"라고 〔왕이〕 물었을 때, "저희들은 다시 호탄국으로 돌아가기를 희구합니다."라고 간청한 후 왕의 발을 붙잡고 울었다. 이후 〔그들은〕 궁전에서 잠들었다. 〔성 관세음보살이〕 거주하는 처소에 햇살이 따뜻해져서 그들이 깨어났다. 성 〔관세음보살〕은 사라졌으며, 두 명의 승려들은 호탄에 돌아와 있었다. "이전에 〔티베트 왕은〕 성 관세음보살이 아니라고 생각하고서 다시 호탄으로 되돌아갈 것만을 생각하고 다른 성취를 추구하지 않았다. 하지만 의심할 여지가 없이 〔그 왕은〕 틀림없이 성 관세음보살이시다." 하고 말하였다. 『위대한 수기(룽땐첸뽀 Lung bstan chen po)』에 자세하게 설명하고 있다.[13] (밑줄은 필자 강조)

---

13 yul du 'gro bar bgyis pa las/ (3b3) btsan pos de mkhyen nas bka' lung stsal te pho brang gi chab sgo bzhi nas ban de gnyis la bos nas btsan po'i bka' zhal nas pho brang gi nang du spyan sngar mchi zhes nang du bkug nas spyan sngar phyag 'tshal/ (3b4) ba dang/ khyed 'dir ci la 'ongs shes bka' stsal pa dang bdag cag 'phags pa spyan ras gzigs kyi zhal mthong bar 'tshal te 'dir mchis pa lags ces gsol pa dang/ btsan po bzhengs (3b5) nas 'deng zhes gsungs pa dang/ li ban de gnyis khrid de gshegs nas/ thang dben pa zhig tu byon nas 'phags pa spyan ras gzigs kyi sku bstan pa dang/ de gnyis dga' ste phyag 'tshal ba dang da (3b6) khyod ci 'dod ces bka' stsal pa na bdag cag slar li'i yul du phyin par 'tshal lo zhes gsol pa dang btsan po'i zhabs la bzung ste ngus nas pho brang su gnyid log ste 'dug pa dang ldan (3b7) pa la nyi ma sro bgyid de sad pa dang 'phags pa ni mi bzhugs ban de gnyis ni li yul na mchis nas gda'/ sngar 'phags pa spyan ras gzigs ma lags snyam nas slar li yul du 'gro (4a1) ba 'ba' zhig 'os pa bltas nas dngos grub gzhan ma spobs pa las the tshom ma mchis par 'phags pa spyan ras gzigs lags nges zer ro// lung bstan chen po (4a2) las kyang legs par 'byung ngo//." 번역은 Pasang Wangdu and Hildegard Diemberger, op. cit., pp.32-33을 참조. 번역 상의 차이는 별도로 명기하지 않았다.

가장 오래된 『바셰(dBa' bzhed)』 버전을 통해, 호탄 사람들이 티베트 왕인 티 쏭짼(Khri Srong btsan)을 관세음보살(Ārya Pa lo)14의 화신으로 여기고 있음을 알 수 있다. 여기서 티 쏭짼이란 쏭짼감뽀(Srong btsan sgam po, 617?~649/650년)를 지칭한다. 사실 여부와 상관없이 티베트인들은 불교를 최초로 도입한 왕이 쏭짼감뽀이고 물로 뒤덮인 호수에 조캉사원을 친히 건립했기 때문에 대비(大悲)의 화신인 관세음보살이 친히 쏭짼감뽀의 모습으로 화현했다고 신앙하고 있는데,15 이러한 티베트인들의 신앙이 호탄인들에게도 투사되어 있음을 알 수 있다.

위의 인용문 중 "붓다가 입멸한 후 100년이 지나 호탄에 신성한 가르침(佛法)이 출현하였다."는 기술은 흥미로운 부분이다. 왜냐하면 『바셰(dBa' bzhed)』를 제외한 여타 티베트 문헌 내 호탄 관련 기술에서는 불멸 후 100년과 호탄의 최초 불교 도입과 관련한 내용이 직접 연계되지 않기 때문이다. 대표적인 예로 『호탄국수기』에서는 호수로 뒤덮인 호탄이 육지로 변할 것이라는 붓다의 수기와 함께, 붓다가 열반한 이후 100년이 지나 호탄에 화현해서 결가부좌를 행했던 그 자리에 과거 4불의 사리가 탑에 안치되었다고 설명하고 있다. 그리고 이 탑이 바로 소머리 모양의 전단(栴檀, 랑고짼댄 Glang mgo tsan dan)으로 만들어진 목탑이며, 이 수기를 기술했던 당시에 현존하고 있던 고마쌀라갠다(Go ma sa la gan dha) 탑의 위치가 바로 그 목탑이 세워진 자리라고 기술하고 있다.16

---

14 dBa' bzhed의 3a4와 4a1의 'btsan po khri srong btsan ārya pa lo lags so'와 "phags pa spyan ras gzigs lags'라는 2가지 copula문장을 통해 Ārya Pa lo는 관세음보살(Avalokiteśvara)을 지칭하고 있음을 알 수 있다. 그리고 Gabriele Coura, "The Life and Works of the Thirteenth Karma-pa bDud-'dul-rdo-rje (1733-1797)", M.A. thesis, Wien University, 2013, p.84의 "spyan ras gzigs kyi bsgom bzlas na ma ārya pa lo"도 참조할 것.

15 Ma ṇi bka' 'bum Vol.2(W1KG10871, TBRC Version) 167a5-6, 212a3을 참조.

16 D4202.172a5-6. Thomas는 탑의 이름을 'Glang mgo tsan dan'이라고 誤譯하고 있다. 이에 대해서는 Frederick William Thomas, op. cit., p.90을 참조.

이러한 호탄신화는 흡사 티베트와 네팔, 그리고 카슈미르의 호수 관련 창조신화와 흡사하다.

"『위대한 수기(룽땐첸뽀 Lung bstan chen po)』에 자세하게 설명하고 있다."는 인용문 내용을 통해 이 문헌에 의거해서 불멸 100년 경에 호탄에 불교가 처음 수입되었다는 내용 등이 소개되고 있음을 알 수 있다. 『위대한 수기』란 얼핏 보아 다음 장에서 살펴보는 『호탄국수기』를 지칭하는 느낌도 있지만 티베트 자료들을 검토한 결과 돈황 출토 티베트 사본과 현존하는 티베트대장경 내에 존재하는 호탄 관련 문헌과는 직접적으로 연결되는 내용이 없는 듯하다. 이를 통해서 볼 때, 『위대한 수기』란 현존하지 않는 호탄 관련 티베트 문헌 혹은 호탄어 등으로 쓰인 호탄불교 관련 자료가 아닐까라고 추정할 수 있을 것이다.

『바셰(dBa' bzhed)』의 또 다른 버전인 『바셰(sBa bzhed)』에서는 호탄으로 대변되는 중앙아시아와 카슈미르(kha che)의 건축예술이 티베트 사원을 조성할 때 유입되었다는 내용을 기술하고 있다.[17] 『바셰』 이외에도 호탄과 관련한 기록이 몇몇 역사서를 통해서도 확인된다. 예를 들자면, 괴 로짜와 쇤누뺄('Gos Lo tsā ba gZhon nu dpal, 1392~1481)이 쓴 역사서 『푸른 연대기(靑史, 뎁테르왼뽀 Deb ther sngon po)』에서는 호탄에서 추방당한 승려와 수많은 중국 승려(ho shang)들을 티데쭉땐(/짼)(Khri lDe gtsug brtan(brtsan/rtsan/btsan), 704~754/755) 왕이 초청해서 불법을 받들었다는 내용, 그리고 티베트인들의 가계(家系) 중 리(Li)[18]라는 이름이 호탄 출신을 지시한다는 내용이 설명되고 있다.[19]

---

17 R. A. Stein ⟨ed.⟩, *Une chronique ancienne de bSam-Yas: sBa-bzed*, Paris, Bibiotheque de l'lnstitut des Hautes Etudes chinoises, Textes et Documents, 1961, p.71.2-15.

18 '리(Li)'란 '청동벨' 혹은 '사과'를 의미한다. 어떤 의미에서 '리(Li)'가 '호탄'이라는 국가를 지시하게 된 것인지 명료하지 않다.

19 Georeg N. Roerich, *The Blue Annals*, Delhi, Motilal Banarsidass, 1996, p.40과 p.110을 참조.

이러한 내용을 통해 호탄 출신 승려들이 티베트에서 활동한 흔적의 일부를 발견할 수 있다. 호탄 승려들의 티베트 내 활동, 혹은 티베트와 호탄의 긴밀한 관계가 티베트 역사서 혹은 티베트 문헌에 그들의 발자취를 남기게 된 배경이 될 수 있을 것이다.

3. 돈황 출토 펠리오 티베트 사본『호탄국불교사』의 기술

폴 유진 펠리오(Paul Eugène Pelliot, 1878~1945)가 돈황 막고굴에서 발견한 PT 960, 즉『호탄국불교사(리율최끼로귀 Li yul chos kyi lo rgyus)』는 종이 두루마리 1권에 잉크로 쓰인 사본이다. 이 사본은 총 114행이며, 길이는 84cm, 너비는 31cm이다. 이 사본은 작고 정교한 정자체의 티베트 문자(우짼 dBu can)로 필사되어 있으며, 두루마리의 가장자리가 일부 닳아 없어져서 해독이 쉽지 않은 부분도 존재한다. 특이할 만한 사항은 구(句)와 절(節), 그리고 문장 사이의 구두점인 찍새(gcig shad, │)와 니새(gnyis shad, ∥)가 일정치 않게 혼용되어 사용되고 있으며, 문장 중간에 잘못 전사된 티베트 문자를 잉크로 세로줄 표시(예: '│') 후 지우고 있는 부분[20]과 삽입부호(예: '+')를 통해 그 의미를 보강하는 부분들이 있다는 점이다.[21] 또한 간혹 문장의 말미에 찍새와 니새 뒤 '88'을 삽입하고 있으며,[22] '보살'을 의미하는 '쟝춥쎔빠(byang chub sems dpa')'를 '쟝춥쎔빠(byang chub sems pa)'로 표기해서 사용하고 있다는 점,[23] 티베트 돈황 사본과 비명(碑銘)

20　PT 960, l.6 등

21　PT 960, l.2의 'byang chub sems pa byams pa(Aac byang chub sems pa)'와 l.22 등

22　PT 960, l.6과 l.11 등

23　전자(쟝춥쎔빠, byang chub sems dpa')의 경우에는 흔히 사용하는 티베트 문자 轉寫法이라고 할 수 있는데, '보살'의 의미를 '전사', '영웅', 혹은 '용기를 가진 자'라는 의미의 '빠(dpa')'와

등에서 빈번하게 발견되는 티베트어 모음 'i'를 뒤집은 형태인 'I'도 눈에 띄는 특징이다.[24]

이 장에서는 폴 유진 펠리오가 돈황에서 발견한 『호탄국불교사』에 묘사된 호탄 관련 기술을 소개하고자 한다. 티베트대장경의 불설부와 논소부에 수록되어 있는 『호탄국수기(리이율룽땐빠 Li'i yul lung bstan pa)』[25] 등의 기술 사이에 유사하지 않은 내용들이 보이기 때문에, 본고에서는 일치하지 않는 기록에 대한 몇 가지 실례를 소개하고자 한다.

〔붓다의〕 가르침이 출현한 후 1733년이 지났다. 왕 싸누(Sa nu)로부터 호탄의 통치자 짼렉(bTsan legs)에 이르기까지 국왕의 계보가 56대가 흘렀다. … 그 후 미륵보살과 성 문수보살 두 분이 이 호탄을 삼세제불과 연관된 특별한 땅이라고 인식하고 호탄으로 오셨다. 호탄 사람들에게 선우(善友)로서의 역할을 행하기 위해 먼저 짜르마 쭐레(Tsar ma Cu le)라는 숲으로 가셨다. 미륵보살은 비자야삼바바(Bijaya saṃbhaba, Skt. Vijayasaṃbhava)로 불려졌으며, … 〔호탄〕을 통치하였다. 성 문수는 비구 베로짜나(Be ro tsa na)의 모습으로 화현하셨다. 짜르마 쭐레라는 숲에 머문 후 먼저 아이들과 목동들에게 문자와 언어를 가르쳤다. … 이후〔호탄에〕 불교가 일어났다. 그 후 왕 비자야삼바바가 성 문수로 화현한 선우인 비구 베로짜나를 위해 첫 번째로 호탄국 짜르마에 사원(vihāra)을 건립했다. 왕 싸

연계해서 쓰고 있다. 하지만 후자의 경우(쟝춥쎔빠, byang chub sems pa)에는 소유복합어(有財釋, bahuvrīhi)와 연계되는 '빠(pa)'를 삽입하고 있기 때문에 '보리심을 지닌 이'라는 의미로 해석할 수 있을 것이다.

24 PT 960의 l.1과 l.2 등 많은 예를 발견할 수 있다.
25 『호탄국수기』가 티베트대장경 중 불설부에 수록되어 있는 그 실례로 템빵마(Them spangs ma) 계열인 London, sTog, Shey 사본, 그리고 템빵마와 쩰빠(Tshal pa)와 무스탕(Mustang)의 어느 계열에도 속하지 않는 Tabo와 Gondhla 사본 등을 열거할 수 있다. 그리고 『호탄국수기』가 논소부에 수록되어 있는 경우는 쩰빠 계열인 북경판과 데르게판 등이다.

누의 손자인 예울라(Ye'u la)라는 이가 호탄국 우뗀(于闐/于遁 'U ten) 성(城/요새?)인 아르댄(dNgar ldan)이라는 대도시를 축조하였다.(밑줄은 필자 강조)[26]

위 인용문에서는 붓다의 가르침이 출현한 후 1,733년이라는 내용이 기술되고 있다. 하지만 『호탄국수기』에서는 1733년이라는 기술이 보이지 않는다. 그런데 "왕 싸누(Sa nu)로부터 호탄의 통치자 짼렉(bTsan legs)에 이르기까지 국왕의 계보가 56대가 흘렀다."는 인용문 내용이 『호탄국불교사』만이 아니라 『호탄국수기』에서도 동일하게 언급되고 있다. 흥미로운 것은 『호탄국불교사』에 보이지 않는 내용이 『호탄국수기』에 새롭게 윤색되어 등장한다는 점이다. 즉, 『호탄국수기』에서는 32년간 통치한 아자따쌰뚜르(Ajātaśatru, 阿闍世) 왕의 즉위 5년 후 붓다가 입멸하였으며, 아자따쌰뚜르 왕에서 아쇼카(Aśoka) 왕까지 인도 왕통은 10대[27]에 이르고, 아쇼카 왕이 즉위하고 30년 뒤에 왕자 싸누가 태어났으며, 싸누가 19살 때 호탄국을 건립하였는데, 이때가 불멸 234년이라고 서술

---

26 PT 960.1-6, "(l.1) ··· chos byung nas lo stong bdun brgya sum cu rtsa gsum lon// rgyal po sa nu nas// ll rje btsan legs kyi bar du/ rgyal po rabs lnga bcu rtsa drug// gIs bgyis ··· (l.2) de nas byang chub sems pa byams pa dang/ 'phags pa 'jam dpal gnyIs kyIs// ll yul 'di dus gsum gyIs sangs rgyas kyI zhing khud pa/ lags par thugs su chud nas/ ll yul du gshegste(/) (l.3) (li) yul gyI myi rnams kyI dge ba'I bshes nyen mdzad pa'I phyir// dang por tsar ma cu le zhes bya ba'I tshal du gshegs ste// byang chub sems pa byams pa nI/ rgyal po byi dza ya sam bha ba zhes bya bar// (l.4) ··· ++ms kyI rgyal po mdzad// 'phags pa 'jam dpal nI/ dge slongs be ro tsa na'I lus su sprul te// tsar ma cu le'i tshal na bzhu(g)s nas// dang po byis ba phyugs rdzI rnams la/ yI ge dang skad bstan ··· (l.5) de nas chos byung ngo// de nas rgyal po byi dza ya sam bha ba dge ba'I bshes nyen 'phags pa 'jam dpal gyIs spruld pa// dge slong be ro tsa na'I slad du// dang po ll yul du tsar ma'I gtsug lag khang brtsigs ··· (l.6) rgyal po sa nu'i tsha bo/ rgyal po ye'u la zhes bgyI bas// ll yul 'u ten gyI mkhar dngar ldan gyI grong khyer chen po brtsigso//88//"

27 D4202.176b1, "rgya gar gyi rgyal po rabs bcus rgyal srid bzung ste/". 데라모토는 '17代'라고 誤譯하고 있다. 이에 대해서는 寺本婉雅, 앞의 책, p.21을 참조.

하고 있다는 것이다.[28] 호탄왕국을 최초로 건설한 싸누가 전륜성왕으로 추대되는 아쇼카 왕의 직계 왕자라는 점을 통해 불교에서 가장 이상적인 군주의 아들인 싸누가 호탄을 세웠기 때문에 이 땅이야말로 가장 번영하고 평화로운 이상적 왕국이라는 점, 그리고 붓다의 입멸 연대를 기점으로 호탄국의 건국을 설명하고 있음을 통해 호탄이 바로 붓다와 연계된 땅이라는 점을 신화적인 소재로 덧칠하고 있다는 것을 알 수 있다.

그리고 『호탄국불교사』에 나타나는 제56대왕 짼렉(bTsan legs)이 『호탄국수기』에서는 짼상 짼라땐(bTsan bzang bTsan la brtan)으로 명기되어 있으며,[29] 『호탄국수기』에서는 '싸누의 아들인 예울라 왕이라고 기록하고 있는데,[30] 위 인용문에서는 싸누의 손자가 예율라(Ye'u la)라고 언급하고 있다. 또한 인용문의 쭐레(Cu le)라는 숲이 『호탄국수기』에서는 '쭐레(Tsu le)'로 명기하고 있다.[31]

그리고 인용문 중 문수보살의 화신으로 묘사되고 있는 비구 베로짜나(Be ro tsa na)를 『호탄국수기』에서는 바이로짜나(Vairocana)로 기술하고 있으며,[32] 이 비구 베로짜나가 문자와 언어를 가르치고 나서 호탄에 불교가 일어났다고 인용문에서 기술하고 있다. 『호탄국수기』에서는 이 문자와 언어가 바로 호탄문자와 호탄어이며, 불교가 일어난 시기가 비자야삼바바(Vijayasaṃbhava)가 즉위하고 5년이 지나서라고 명시하고 있다. 즉위 5년이라는 연대는 싸누가 호탄국을 세운 후 165년이 지나 싸누의 손자인 비자야삼바바가 왕위에 즉위했다는 내용과 연계해서 설명되고 있는데, 연대기 기술상 너무 부자연스러운 측면이 있

---

28 D4202.176a7-b3.
29 D4202.176b3. Thomas는 짼상 짼라땐이 Vijayasaṃgrāma 왕을 가리킬지도 모른다고 추정하고 있다. 이에 대해서는 Frederick William Thomas, op. cit., p.104의 각주1을 참조.
30 D4202.176b4, "sa nu'i bu rgyal po ye'u la"
31 D4202.176b7.
32 D4202.176b6.

기 때문에 신뢰하기란 쉽지 않다.33 아울러 양 문헌 모두 비구 베로짜나 혹은 바이로짜나를 위해 비자야삼바바 왕이 호탄 최초의 불교사원(vihāra)을 짜르마(Tsar ma)에 건립했다고 공통적으로 소개하고 있다.34

여기에서 국가 이름으로 사용되는 경우 '호탄(리 Li)', '호탄국(리율 Li yul)'으로 명기하고 있으며, 도시, 성(城), 혹은 요새를 의미하는 경우에 『호탄국불교사』에서는 '우땐(于闐 'U ten)', 『호탄국수기』에서는 '우텐('U then)'35으로 쓰고 있음을 알 수 있다.

이후 비리야(Birya) 왕은 우땐성(于闐城)인 아르댄(dNgar ldan) 위의 동남쪽 모서리로 가서 〔밖을〕 보았다. 그때 성 외부에 머리카락이 금색과 은색으로 빛나는 사슴 한 마리가 보였고, 시자들을 데리고 있던 왕이 그 사슴을 추적하였다. 이후 현재 우두산(牛頭山, 기우떼싼 'Gi'u te shan) 아래에 있는 굼띠르('Gum tir)의 대탑이 있는 땅에 도착하고서 〔그 사슴을〕 발견하였다. 그때 사슴은 야차(뇌진 gNod sbyin, 夜叉, Yakṣa)의 왕인 뀐뚜갤와(Kun tu rgyal ba)로 변했다. 야차의 왕인 뀐뚜갤와가 왕에게 "오, 왕이시여! 당신은 이 땅에 탑을 세워야만 합니다."라고 말하자, 왕이 "누구를 위해서 세웁니까?"라고 물었다. 이후 〔야차의 왕인 뀐뚜갤와가 말했다.〕 "붓다의 메신저인 아라한 부따두따('Bu ta 'du ta)와 함께 쌍가따(Sang ga sta), 쌍가보(Sang ga bo), 쌍가따나(Sang ga sta na), 이 네 분이 당신의 선우로 오시기 때문에 그들을 위해 〔탑을〕 세우십시오."라고 하자마자 네 분의 아라한이 또한 거기에 현전하셨다. 이후 〔네 분의 아라한이 왕에게〕 법을 설하였기 때문에 왕에게 또한 큰 믿음의 기운이 일어났다. 〔이러한 연유로〕 탑을 축조하기

---

33 D4202.176b5-7.
34 PT 960.5와 D4202.177a1. PT에서는 'gtsug lag khang'으로 필사되고 있시만, 데르게 판본에서는 'gtsug lag khang chen po'로 판각되어 있다.
35 D4202.176b4. 『호탄국수기』에서 '우텐'은 172b3, 174a3 등에 총 12회 등장한다.

위한 말뚝도 거기에 박고, 그 후 굼띠르('Gum tir)의 사원에 큰 탑을 세웠다. 왕이 굼띠르[에 큰 탑]을 조성했을 때, 에스코트하는 시자로부터 동떨어진 아이(=왕자)의 발자취를 좇아 찾아 헤맸다. 그때 현재 우두산(게우떼싼 'Ge'u te shan) 위와 문수보살이 거주하는 처소 두 공간 사이 크지 않은 작은 고랑이 발견되었다. 이후 왕에 의해 아이가 발견된 터의 고랑에 사원 하나를 건립했다. <u>7불의 사리도 이후에 안치했다.</u> 삼세 동안 공양한 땅, 사원의 이름은 <u>아리야스따나(Āryastana)</u>라고 한다. 왕에 의해 그 아이도 [그 사원에] 보내졌다. 머지않아 [이 아이에게] 아라한의 과보가 성취되었다. [호탄 사람 중] 이 아이보다 이전에 [아라한의 과보를 성취한 자는] 출현하지 않았다. 그래서 '과실이 없는 길로 안내하는 자(Lam ma nor par ston pa)'라는 의미를 지니는 '모르구데씰(Mor gu bde shil)'로 명명하였다. 처음 '모르구데씰'이라는 이름도 그 아이로부터 기인하였다. 그 뒤에 '모르구데씰'은 또한 '힘을 가진 자 중에 최고인 자'와 '고행자 중에서 수승한 이'를 모아서 '모르구데씰'로 임명하였다.

de nas rgyal po bi rya 'u ten gyi mkhar dngar ldan³⁶ gyI steng/ shar lho mtshamsu (l.7) byung ste bltas na// mkhar gyI phyi rol na/ sha ba spu gser dang dngul³⁷ gyI kha dog ltar snang ba zhIg mthong nas// rgyal po 'khor dang bcas pas bsnyags pa dang/ da ltar 'gI'u te shan shod na// 'gum tir gyI mchod (l.8) rten chen po bzhugs pa'i sar slebs nas// bltas na/ sha ba ni gnod sbyin gyi rgyal po kun tu rgyal bar gyur te// gnod sbyin gyi rgyal po kun tu rgyal gyis/ rgyal po la smras pa// kye rgyal po chen po khyod kyIs// sa (l.9) 'dir mchod rten gcIg brtsig pa'i rigs so zhes bgyis pa dang/ rgyal pos smras pa/ su'i phyir brtsig ces bgyIs pa dang// sangs rgyas kyi pho nya dgra bcom ba/ 'bu ta 'du ta/

---

36 Apc ldan, Aac ldan du. 'du'에 '삭제(|)' 표시를 해서 교정.
37 em., dngul, 사본에서는 'rngul'로 읽고 있다.

dang/ sang³⁸ ga sta dang/ sang ga bo (l.10) yang dang/ sang ga sta na 'di bzhi/ khyod kyi dge ba'i bshes nyen du 'ong gis/ de dag gi phyir rtsig shig ces bgyIs pa dang// de ma thag tu dgra bcom pa bzhi yang der mngon du³⁹ gshegs nas// chos bshad bas/ rgyal po yang (l.11) dad pa'i shugs ched po sky[e]s ste// mchod rten brtsig pa'I phur bu yang der btab nas// de'I 'od tu 'gum tir gyI gtsug lag khang gi mchod rten chen po brtsIgs so// rgyal pos 'guṃ tIr brtsigs (l.12) pa'i tshe/ bu chu ngu zhig khrid khrid pa las// stord pa rjes bcad de btsal na// da ltar 'ge'u te shan gyI steng/ 'jam dpa' gnas pa dang gnyIs kyI bar ma/ lung bu myI che ba zhig gI nang rnyed nas// rgyal pos bu (l.13) rnyed pa'I sar/ lung bu'i nang du gtsug lag khang gcIg brtsig(s) ste// rabs bdun gyi sangs rgyas kyI sha ri ram yang de nas bzhugs ste// dus gsum gyI mchod pa'i sa/ gtsug lang khang gI mtshan a rgya sta na zhes (l.14) bgyI ba lags ste// rgyal pos bu chu ngu de yang thar par btang ste// mod la dgra bcom ba'I 'bras bu thob nas// dang por lI yul du dgra bcom ba'i 'bras bu thob pa⁴⁰ 'dI las snga ba ma byung/ bas/ 'di ni lam (l.15) ma nor par ston pa zhes mtshan mor gu bde shil du btags ste// thog ma mor gu bde shil zhes bgyI ba'i mying yang de las byung ste// slan cad mor gu bde shil yang thub ldan (l.16) gang che ba dang/ dka' thub kyi mchog las btus ste// mor gu bde shil du bskos pa las// /⁴¹

위 인용문의 '우두산(기우떼쌴 'Gi'u te shan)'을 『호탄국수기』에서는 '가우또쌴

---

38 Apc sang, Aac gsang. gsang의 前接字인 g-에 '삭제(│)' 표시를 해서 교정.
39 Apc der mngon du gshegs, Aac der gshegs. der와 gshegs 사이의 아랫부분에 mngon du를 삽입하고 있다.
40 Apc pa, Aac pa'I. 'pa'뒤의 속격조사에 '삭제(│)' 표시를 해서 교정.
41 PT 960.6-16.

(Gau to shan)'⁴², '게우또쌴(dGe'u to shan)'⁴³, '고오또샨('Go'o to shan)'⁴⁴으로 옮겨 적고 있다. 또한 왕의 눈앞에 현전한 네 명의 아라한에 대해『호탄국수기』에서는 인도에서 온 '붓다두따(Buddhaduta)', '카강따(Khagangta)', '카가로양(Khagaroyang)', '카가되(Khagadrod)' 네 명의 아라한이 우두산의 아리야스따나(Āryastana)에 주석하고 있었으며, 이 아라한들이 허공에 나타나서 법을 설하였다고 기술하고 있다.⁴⁵ 또한 위 인용문의 '비리야(Birya) 왕'을『호탄국수기』에서는 미륵보살의 화신인 '비자야비리야(Vijayavīrya) 왕'으로, 그리고 '아르댄(dNgar ldan)'을 '쏙카르(Srog mkhar)'라고 적고 있다.⁴⁶ 사슴으로 변했던 야차왕 '뀐뚜걀와(Kun tu rgyal ba)'가 '탑(mchod rten, stūpa)'을 세우도록 왕에게 권유한 위 인용문에 대해『호탄국수기』에서는 대야차 '양닥쎄(Yang dag shes)'가 '탑'이 아닌 '사원(gtsug lag khang, vihāra)' 건립을 권유하는 모습으로 묘사하고 있다.⁴⁷ 또한 위 인용문에서는 왕이 탑을 세웠을 때 왕자를 잃어버렸으며, 왕자를 발견한 곳에 7불의 사리를 안치하도록 했다고 기술하고 있다. 하지만『호탄국수기』에서는 가람 낙성식 때 왕자를 잃어버렸으며, 이미 현존하고 있던 가섭불의 사리가 봉안되어 있는 탑 앞에서 왕자를 발견하였다고 묘사하고 있다.⁴⁸ '모르구데씰(Mor gu bde shil)'을『호탄국수기』에서는 '모르구데씨(Mo rgu bde shi)'로 기술하고 있다.⁴⁹

이상의 몇 가지 실례를 통해서 지명과 인명, 그리고 서술 내용 등 문헌 간

---

42 D4202.177b7.
43 D4202.169a1.
44 D4202.183a2.
45 D4202.177b7-178a3. 테라모토는 3인의 아라한에 대한 이름을 다르게 기술하면서, 1인의 아라한의 이름이 판본에 결여되어 있다고 서술하고 있다. 이에 대해서는 寺本婉雅, 앞의 책, p.25를 참조.
46 D4202.177b7-178a1.
47 D4202.178a1-2.
48 D4202.178a4.
49 D4202.178b2.

에 상호 일치하지 않는 내용이 나타나고 있음을 알 수 있다.

4. 결론

본고는 티베트어로 쓰인 돈황 사본과 티베트 문헌에 나타난 호탄불교 관련 내용의 일부를 비교, 검토한 것이다. 이러한 고찰을 위해 본문에서는 가장 오래된 『바셰(dBa' bzhed)』 버전에 기술된 내용, 돈황 출토 티베트 사본인 『호탄국불교사(리율최끼로귀 Li yul chos kyi lo rgyus, Pelliot Tibétain 960)』에 기술된 내용, 그리고 『호탄국의 역사(리율기로귀 Li yul gyi lo rgyus, D4202.168b1-188a7)』에 기술된 내용의 일부 구문을 고찰함으로써 호탄불교 관련 내용의 상호 불일치에 대한 몇 가지 실례를 소개하였다.

본문에서 살펴본 것처럼 티베트어 자료 사이에 상호 일치하지 않는 내용들이 빈번하게 나타나고 있음을 알 수 있다. 호탄불교를 연구함에 있어서 호탄의 지명, 인명, 사원명 등과 관련한 티베트어 음가는 중요한 역할을 가진다고 할 수 있다. 왜냐하면 호탄 문자의 고음(古音) 관련 음운체계와 관련해서 인접 국가 혹은 벽지(僻地)에 남아 있는 음가를 찾아냄으로써 어느 정도 당시의 고음(古音)을 찾아낼 수 있기 때문이다. 그리고 티베트 문헌과 돈황 사본 간의 호탄 관련 공통적인 내용과 불일치하는 내용을 어느 정도 솎아낼 수 있다면, 원형적인 형태의 호탄 관련 기술을 일정 부분이나마 복원할 수 있지 않을까 싶다. 그러므로 이 논문은 티베트 문헌과 연관된 호탄불교 관련 연구의 또 다른 출발점이라고 할 수 있을 것이다.

간다라의 최신 고고학적 발견들: 파키스탄 탁실라 계곡의 바달푸르(Badalpur) 사원 사례 연구

아쉬라프 칸(Ashraf Khan)

서론

　탁실라(혹은 탁쉬-쉴라Taksh-shila)는 고대 불교 교육의 장으로, 쿠제랍(Khujerab)을 가로질러 실크로드까지 이어지는 지역의 연상선에 위치하고 있다. 또한 고대 인도에서는 이곳을 산스크리트 탁샤쉴라(Takshashila)로 부르기도 하였다(Marshall 1945:1). 탁실라 계곡은 북위 33° 42′30″와 33° 50′, 그리고 동경 72° 53′45″와 72° 59′에 위치해 있다(Khan et al 2007:39). 이 계곡의 평균 해면고도는 530m이고 약 375평방킬로미터에 걸쳐 있다(Dani 1986:2). 이 계곡의 명칭은 역사적인 도시인 탁샤실라/탁실라에서 유래되었다. 현재의 표기법인 'Taxila'는 그리스와 로마에서 사용된 축약 형태로, 예전부터 유럽의 저술가들이 흔히 차용한 표기법이었다(Khan et al 2007:39). 고대의 탁샤실라는 문화 전파에 있어 가장 중요한 지점 중 한 곳이었다. 이 지역 전역에서 발견된 수많은 고대의 유물들이 그 위대함을 증거하고 있다.

이제까지 알려진 탁실라 계곡의 거주지 중 가장 초기의 것은 사라이-콜라(Sarai-Khola)로, 후기 신석기시대부터 철기시대까지, 즉 신석기 시대(기원전 4000~2800), 초기 청동기문명(기원전 2800~2600), 그리고 후기 청동기와 초기 철기문명(기원전 1000)이라는 문명 발전 과정을 보여준다. 사라이-콜라 지역의 시대 규명에 따라 이 지역의 역사는 기원전 6세기에서 기원전 4천 년까지 내려갔다. 탁실라의 초기 역사시대는 페르시아의 아케메네스 왕조가 사이러스(Cyrus) 대왕 재위 시절(기원전 558~528)에 이 지역을 점령하면서 시작되었다. 그리스왕 마케도니아의 알렌산더(Alexander) 또한 약 기원전 326년에 이 지역을 차지하였으나, 고대 인도 마우리아왕조를 세운 짠드라굽타(Chandra Gupta)가 기원전 305년에 이 지역의 그리스인들을 축출하였다. 짠드라굽타 마우리아의 장남인 아쇼카(Ashoka, 기원전 272~232)는 불교로 개종하고 탁실라를 불교의 중심지로 만들었다.

탁실라 지역 역사시대 폐허에는 건물, 불탑, 도시의 터 등이 포함되어 있다. 그 중 세 개의 주요 도시는 아케메네스 시대(기원전 6세기)에 속하는 비르 마운드(Bhir mound), 인도-그리스 시대(기원전 2세기)에 속하는 시르캅(Sirkap), 그리고 쿠샨 시대(기원후 1세기)에 속하는 시르수크(Sirsukh)이다(Marshall1960:2-3).

구역의 위치

바달푸르 사원은 하리푸르 지역 북위 35° 46′ 56″ 과 동경 72° 52′ 09″ 사이, 그 지역에서 베라(Bhera)로 불리는 마을에 위치해 있으며 해발은 527.9136m이다. 이곳은 탁실라박물관에서 북동쪽으로 10km, 줄리안(Julian) 사원에서 북서쪽으로 2.5km 떨어진 곳으로, 하로(Haro) 강 왼쪽 둑 쪽에 있는 곳이다(Fig.1).

현재 상태

바달푸르 사원은 유물산포(遺物散布, archaeological site) 보호구역으로 KPK 주정부에 의해 관리되고 있다.

구역 평면도

이 구역은 평면도로 사각형 형태이며 2.9에이커의 영역에 걸쳐 있다(Khan et al 2007: 41). 이 구역 서쪽에는 도드라진 정사각형 모양의 대탑(大塔, main stupa)이 위치하고 있으며 크기는 남북으로 71m, 동서로 60m이다. 대탑의 돔은 없어졌으나 높이 6.09m의 원통형 몸체는 남아 있다. 두 개의 봉헌탑이 대탑 동쪽 앞면에 세워져 있고 서로 다른 크기의 수도실이 울타리처럼 탑 안뜰을 둘러싸고 있다(Ibid: 42). 여기에 큰 사원이 있는데, 승려들이 머물던 방이 38개, 입구는 서쪽과 남쪽에 하나씩 총 두 개이다. 크기는 남북으로 81m, 동서로 78m이다. 주방, 창고, 강당 또한 사원 남쪽편에 위치하고 있다. 추가적인 작은 사원은 강당지역 서편에 위치하고 있다. 이 불탑의 재질은 석회암이며 반-절석(semi-ashlar: 채석장에서 떼어낸 돌을 다듬은 건축석재)과 반-다이아퍼(semi-diaper: 쿠샨왕조의 건축 형태로 얇고 고른 편암 층에 큰 석재 블록을 배치한 축조법) 형태로 지어졌다. 진흙 모르타르로 마감되어 있고, 주물에 깐규르석(Kanjur stone)이 쓰였다.

이 구역에 대한 선행 조사들

바달푸르 구역을 처음으로 언급한 이는 당시 인도의 고고학 연구단장이던 알렉산더 커닝햄(Alexander Cunningham) 경으로 그의 1863~1864 보고서에 수록되어 있다. 그는 불탑의 전면 석판이 심각하게 훼손되었다고 보고하였다 (Cunningham 1864). 이후 이 지역을 방문한 이는 프론티어 서클(Frontier Circle)의 관리자 나티사 아이야르(Natisa Aiyar) 씨이다. 그는 이 불탑의 전모를 발굴하였으며, 또한 남쪽과 북쪽의 몇몇 수도실, 10개의 구리 주화, 43개의 문양 그리고 수많은 그릇 조각을 탑 안뜰에서 찾아내었다(Aiyar 1917). 그 이후 이 구역은 방치되었다. 연방 고고학/박물관부(Federal Department of Archaeology and Museums)는 이 구역의 발굴을 기획하여 조사발굴부(Exploration and Excavation branch)에 이 역할을 맡겼고, 고고학/박물관부의 M. 아쉬라프 칸(M. Ashraf Khan), M. 아리프(M. Arif) 그리고 샤키르 알리(Shakir Ali)가 이끄는 조사단이 2005년부터 2008년까지 5년간 이 지역의 발굴 작업을 수행하였다. 발굴과정에서 발견된 중요한 유물로는 금화와 동화(銅貨), 인장과 문양, 도자 장신구(terracotta beads), 토기, 적색 사암(砂巖)으로 만든 마투라(Mathura) 양식의 불상, 미륵보살의 조상(彫像) 그리고 흑편암(黑片巖)으로 만든 성물 보관함 류가 있다.

이슬라마바드(Islamabad)에 있는 콰이드-이-아잠(Quaid-i-Azam) 대학의 탁실라 아시아 문명협회(Taxila Institute of Asian Civilizations)가 또한 2011년부터 2014년까지 남아 있는 미조사지역에 대한 유물 발굴작업을 행하였다(Khan et al 2014).

금번 발굴 작업의 목적과 대상

이 지역의 건물 유적을 발견하기 위해, 고고학적 발굴을 통해 이 지역의 시대를 확정하기 위해, 문화나 종교 관광을 촉진시키기 위해, 주변에 거주하는 농부들이 더 이상 해당 지역을 침범하는 것을 막기 위해, 학생들에게 고고학 실용 분야를 교육시키기 위해, 우리의 새로운 박물관의 수준을 높이기 위한 유물들을 수집하기 위해, 미래 세대에게 전해줄 문화 유산을 보존하기 위해.

금번 발굴 작업

이 지역의 집중적인 연구와 조사는 주로 아래에 건물 유적의 흔적이 있는 중앙 사원(main monastery) 남쪽과 강당 서쪽에서 이루어졌다. 이 건물들, 그리고 이 건물들이 바달푸르 단지의 다른 요소들과 가지고 있는 관계를 밝혀내기 위해 평면 그리드(grid, 격자무늬)를 따라 5×5m의 격자 수 개를 그려 넣었다. 또한 발굴 과정에서 측량을 위해 현재 발굴 중인 이 구역 남동쪽 끝에 기준점을 두었다. 발굴이 진행되고 있는 지역의 격자들을 망라하면 BP-AA 13에서 16, BP-Z 13에서 16, BP-Y 14에서 16, BP-X 14에서 16, BP-W 15에서 16, BP V-15와 V-16에서 여덟 개의 방이 발견되었다. (이 중 다섯 방은 2013년도에 이미 제한된 깊이까지 파 내려갔다) 이 방들 중 임시적으로 서쪽에서 동쪽으로 뻗어있는 방들을 Cell #-1, Cell #0, Cell #1, Cell #2로, 북쪽에서 남쪽으로 뻗어 있는 방들을 Cell #3, Cell #4, Cell #5, Cell #6으로 명명하였다. 이 방들은 이 구역 전체가 드러나게 되면 다시 이름붙일 예정이다.

Cell #-1

이 방은 격자 BP-W 15에서 16과 BP-V 15-16 아래에서 발견되었다. 이것은 작은 추가적인 사원의 남서쪽 끝에 있는 방으로, 강당의 서쪽 대탑의 동쪽에 위치하고 있다. 내부의 크기는 동서로 512cm, 남북으로 250cm이다. 이 방 지반면에서부터 발굴면까지의 깊이는 일정하지 않은데, 이는 침식, 즉 동쪽에서 서쪽으로 세워진 벽과 지반면의 길이가 줄어들고 있기 때문이다. 방의 동쪽 벽은 100cm 높이까지 보존되어 있으며, 남쪽 벽은 동쪽 끝에서 85cm, 서쪽 끝에서부터는 25cm이다. 방의 서쪽 벽은 남쪽 끝에서 10cm, 북쪽 끝에서부터 57cm이고, 북쪽 벽은 발굴면에서 53cm이다. 서쪽 벽은 80cm까지 묻혀 있었으며 북쪽 벽은 60cm까지 묻혀 있었다. 이 방은 북쪽으로 난 155cm 너비의 입구, 동쪽에 인접한 Cell #0의 서쪽 벽 바깥쪽으로 242cm 너비에 13cm 두께를 가진 문을 위한 돌출부를 가지고 있다. 이 방의 독특한 특징은 입구와 인접한 북쪽 벽이 남쪽에서 북쪽 방향으로 돌아가 있는 것으로 보이며 벽의 돌아간 부분이 떨어져 발굴면으로부터 9cm 위에 남아 있다는 것이다. 이처럼 잘 보존된 불교시대의 건축물 옆, 방의 북쪽 벽 바깥에 규격화된 석재와 규격화되지 않은 석재를 혼용해 임시적으로 지은 후대의 축조물이 있었다. 지층에서부터 불교 건축물의 벽이 보존된 높이까지 드러난 이것은 기록한 후에 제거되었으며, 그리하여 끝 방의 선명한 형태가 드러나게 되었다. 이 방에서 찾은 중요한 발굴품으로는 철제 죔쇠와 못, 온전한 형태의 항아리, 지층(layer) 1의 동물유해, 구리 조각, 작은 형태의 그릇, 큰 철판 조각, 그리고 지층 2의 동물 유해이다. 이와 함께 서로 다른 지층에서 나온 상당량의 질그릇 조각, 숯, 재 등도 발견되었다.

Cell #0

이 방은 사원의 남쪽 끝, 강당의 서쪽, 대탑의 동쪽에 위치해 있다. 이 방의 크기는 내부가 동서로 245cm, 남북으로 340cm이며 75cm 높이까지 보존되어 있다. 이 방에는 너비 152cm의 입구가 북쪽을 향해 나 있으며, 98cm 높이까지 파 내려갔다. 동쪽 벽은 98cm 높이까지 보존되어 있으며 서쪽은 남쪽 끝에서부터 80cm, 서쪽 끝에서부터 57cm이다. 북쪽 벽은 53cm 높이까지 보존되어 있으며 남쪽 벽은 동쪽 끝에서부터 85cm, 서쪽 끝에서부터 25cm까지 보존되어 있다. 서쪽 벽은 80cm 높이까지, 북쪽 벽은 60cm 높이까지 묻혀 있다. 이 방의 중요한 발굴품은 지층 2에서 나온 구리 동전 한 개와 시대층(Phase) II의 지층 1에서 나온 화로인데, 이것은 일전에 킬린(Kilin)으로 진단되었으나 이

번 발굴에서 나온 재와 뼈를 근거로 이것이 화로용 도기였음을 확정하였다. 화로는 방의 정중앙에 위치해 있으며 크기는 지름 90cm, 둘레 300cm이다. 이와 함께 지층 3에서 나온 구리/동 조각, 적토 질그릇 조각, 동물의 유해, 각기 다른 지층에서 나온 숯, 상부 지층에서 나온 재가 발견되었다.

Cell #1

이 방은 Cell #0의 동쪽에 위치해 있으며, 내부의 크기는 동서로 240cm, 남북으로 233cm이다. 동쪽 벽은 남쪽 끝으로부터 70cm, 북쪽 끝으로부터 95cm 높이까지 보존되어 있다. 서쪽 벽은 높이 73cm까지, 북쪽 벽은 78cm까지, 그리고 남쪽 벽은 90cm까지 보존되어 있으며 북쪽으로는 너비 143cm의 입구가 나 있다. 주변 지층으로부터 102cm까지 파 내려갔다. 이 방에서 발견된 것에는 조개껍질 조각, 구리 조각, 지층 3에서 나온 각각 겹쳐져 있는 부서진 토기 수 점, 지층 1에서 나온 동물의 뼈, 그리고 특히 모든 지층에서 고르게 발견된 적토 질그릇 조각과 숯, 하부 지층에서 나온 불에 탄 진흙 회반죽 조각과 상부 지층에서 나온 재들이 있다. Cell #0과 비교할 때 Cell #1은 보다 잘 보존되어 있다.

Cell #2

이 방은 Cell #1의 동쪽 중앙 사원의 남쪽에 있으며 내부의 크기는 동서로 244cm, 남북으로 233cm이다. 동쪽 벽은 100cm 높이까지 보존되어 있으며, 서쪽 벽은 105cm, 북쪽 벽은 122cm, 남쪽 벽은 115cm까지 보존되어 있다. 북쪽으로 난 149cm 너비의 입구가 있고, 주변 지층으로부터 130cm 아래에 있다. 이 방은 116cm까지 발굴되었고, 이 방에서 회수된 중요한 유물로는 숫돌, 적토 그릇, 이 방의 각기 다른 지층에서 발견된 탄 진흙 회반죽 조각이 있다.

Cell #3

이 방은 추가적인 사원 유적의 남동쪽 끝 방으로 격자 BP-AA 15-16, BP-Z 16-15 아래에서 발견되었다. Cell #2의 동쪽, 중앙 사원의 남쪽에 위치해 있으며 현재까지 이 구역에서 발견된 가장 큰 방이다. 이 방의 내부 크기는 동서로 260cm, 남북으로 530cm이며 120cm 높이까지 보존되어 있다. 북쪽으로 154cm 너비의 입구가 나 있다. 이 방은 현재 지층에서 160cm 아래에 있다. 이곳에도 서쪽 벽 바깥에 후대의 임시적인 석조물이 세워져 있으며 방 내부에서 진흙 회반죽의 흔적이 발견되었다. 이 방의 중요한 발굴품으로는 목이 없는 붓다의 스투코(stucco: 건축 내부 장식), 도자 장신구, 도자 응축기, 적토 질그릇 조각, 구리/동 파편, 서로 다른 지층에서 나온 숯과 재들이 있다.

Cell #4

이 방은 Cell #3의 북쪽 중앙 사원의 남쪽에 있으며 격자 BP-AA 15, BP-Z 15 아래에서 발견되었다. 이 방의 내부 크기는 동서로 250cm, 남북으로 245cm이고, 방의 북쪽 벽은 동쪽 끝에서 184cm, 서쪽 끝에서 100cm 높이까지 보존되어 있다. 남쪽 벽은 90cm이고 110cm까지 묻혀 있었다. 북쪽으로 너비 160cm의 입구가 나 있다. 현재 지표 기준 182cm 밑까지 발굴하였는데, 주요 발굴품으로는 다섯 개의 구리 동전과 하나의 동/구리 판이 있다. 이와 함께 많은 수의 적토 질그릇 조각, 방의 여러 지층에서 나온 숯과 재가 발견되었다. 이 방의 또 다른 중요한 측면은 동쪽 벽의 진흙 회반죽이 잘 보존되어 있다는 것이다.

Cell #5

이 방은 격자 BP-AA 14와 BP-Z 14아래에서 발견되었고, 강당의 서쪽,

대탑의 동쪽 편에 위치해 있다. 내부 크기는 동서로 355cm, 남북으로 245cm 이다. 지층에서부터 발굴면까지의 깊이가 일정하지 않은데, 이것은 침식, 즉 동쪽에서 서쪽으로 남아 있는 벽과 지반의 길이가 점진적으로 줄어들기 때문 이다. 이 방의 동쪽 벽은 남쪽 끝에서 120cm, 북쪽 끝에서 75cm까지 보존되어 있으며, 남쪽 벽은 100cm까지, 입구와 인접한 서쪽 벽은 150cm, 그리고 북쪽 벽은 43cm이고 발굴층으로부터 북쪽 끝까지는 35cm이다. 이 방은 서쪽으로 난 165cm 너비의 입구를 가지고 있다. 이 잘 보존된 불교시대의 건축물 앞에는 규격화된 석재와 그렇지 않은 석재를 혼용한 투박한 형태의 구조물이 동쪽에서 서쪽으로 뻗어 북쪽 방향으로 휘어져 있다. 이 시기의 바닥은 현재의 지표 기준 100cm 아래에 있다. 또한 이 방의 북쪽 벽 아래에서 후대, 즉 시대 층 II의 화로의 흔적이 발견되었다. 이 방의 주요 발굴품으로는 지층 1에서 나온 온전한 형태의 뾰족바닥 항아리(pointed base), 철조각과 철못, 진흙 회반죽 조각와 풍부한 동물의 유해이다. 이와 더불어 많은 수의 질그릇 조각, 다양한 지층에서 숯과 재가 발견되었다.

Cell #6

이 방은 격자 BP-AA 13과 BP-Z 13 아래에서 발견되었다. 이 방은 Cell #5의 북쪽과 인접해 있으며, 강당의 서쪽이고 대탑의 동쪽이다. 이 방은 사실 북쪽 부분이 불안정하며 내부 크기는 동서로 255cm, 남북으로 190cm(동쪽 벽)이다. 지층에서부터 발굴면까지의 깊이가 일정하지 않은데, 이것은 침식, 즉 동쪽에서 서쪽으로 남아 있는 벽과 지층의 길이가 점진적으로 줄어들기 때문이다. 이 방의 동쪽 벽은 98cm의 높이까지 보존되어 있으며, 남쪽 벽은 무너져 남아 있지 않다. 입구와 인접한 서쪽 벽은 동쪽 면에서 83cm이고 서쪽 면에서 46cm이며, 북쪽 벽은 발굴층으로부터 남쪽 끝에서 43cm이고 북쪽 끝에서 35cm이다. 넓은 입구가 서쪽으로 나 있다. 입구와 인접한 서쪽 벽도 불안정한데, 이 서쪽 벽과 남쪽 벽 사이에 분명한 경계가 보이므로 이 벽들은 각각 따로 만들어진 것으로 추정할 수 있다. 이 잘 보존된 불교시기의 건축물 앞에는 규격화된 석재와 그렇지 않은 석재가 섞인 투박한 형태의 구조물이 Cell #5에서부터 이어져 있다. 이 방의 중요한 발굴품으로는 지층 1에서 발견된 원뿔 형태의 토기 – 자국이 있고, 이 지역의 흡연자들이 사용했을 법한 – 견본, 풍부한 동물의 유해, 상당량의 저장용 항아리, 질그릇 조각, 서로 다른 지층에서 발견된 숯과 재가 있다. Cell #6 전면 바로 옆에 위치한 시대층 II의 바닥에서는 많은 양의 잿더미가 포착되었다.

안뜰: 격자 BP-Y 15, BP-Y 16

이 안뜰은 바닥층 근처 130cm 깊이까지 발굴되었다. 안뜰의 북쪽에 위치한 후기의 건축물이 발견되었고, 적토 질그릇 조각, 철 죔쇠, 동물들의 유해들이 이 격자 구역에서 수거되었다.

베란다: 격자 BP-W 15, BP-X 15, BP-Y 15

본래 이것들은 Cell #-1, Cell #0, Cell #1, Cell #2, Cell #3, Cell #4의 일부분이며, 각 방들이 발견된 것과 같은 깊이의 발굴층에서 발견되었다.

격자 BP-Y 14

침식으로 인해 이 격자 부분을 균일한 수준으로 발굴할 수 있었으며 평균 깊이는 약 85cm이다. 이 격자 구역의 현재 발굴단계는 제2 지층까지이며, 질그릇 조각, 지층 1에서 나온 동물의 유해가 발견되었고 지층 2에서는 쇠못과 철조각, 구리/동의 파편, 토기 조각이 발견되었다. 다른 구역과 마찬가지로 격자의 첫 번째 지층에서는 풍부하게 숯과 재가 보고되었고 제2 지층에는 거의 보이지 않았다.

격자 BP-X 14

이 구역에서 시작된 발굴조사는 악천후로 인해 15cm까지만 작업되고 더 이상 진전이 없었다. 이 얕은 깊이에서 질그릇과 동물의 유해가 발견되었다. (Fig 43).

건축물

불교 시대의 건축물은 조밀하고 잘 보존되어 있으며 반-절석과 다이아퍼 기법으로 축조되었다. 이 건물들의 내부와 외부 양쪽 모두 도장(塗裝)되어 있다. 건축에 쓰인 석재는 근처의 하로강 북쪽의 언덕 부근에서 공급되었다. 바닥층은 하천의 자갈로 포장되어 있는 것으로 보이는데, 상당량의 자갈들이 발굴 작업을 통해 가장 저층에서 발견되었기 때문이다. 현재까지의 발굴 작업으로는 아직 그 지역의 다른 사원들의 경우와 같이 벽감(壁龕)이나 창문의 존재를 찾아내지 못하였다. 이 지구의 평면도는 직사각형 형태이며 아마도 남북에 각각 5개, 동서에 각각 3개씩 16개의 방이 있을 것으로 추정된다. 추가적인 사원의 북동쪽 끝에는 강당으로 이어지는 입구가 있었을 것이다. 혹은 서쪽에 있으면서 탑 마당으로 이어지는 것까지 두 개의 입구가 있었을 수도 있다.

후기의 건축물들은 조악하며, 어떤 부분은 조밀하나 어떤 부분은 작은 사원의 잔해에서 재활용한 돌들로 얼기설기 축조되어 있다. 이 발굴지역에서는 제대로 된 설계가 도출되지 않았다.

층위(層位, Stratigraphy)

바달푸르 지역의 층위를 고려할 때, 두 가지 시대층(phase)으로 구성된 세 개의 지층이 있다. 즉 보존 상태가 좋은 불교 건축물이 제작된 시대층 I, 시대층 I에서 가져온 규격화된 석재와 그렇지 않은 석재를 재활용해 임시로 쌓은 시대층 II이다. 시대층 I은 다시 지층(layer) 2와 3으로 나뉜다. 지층 2의 질감은 색으로 보면 약간 어두운 갈색 계통이고, 규격화된 바위와 그렇지 않은 바위, 돌조각, 돌무더기와 자갈로 이루어진 거친 입자와 고운 입자가 섞여 있다. 지층 1의 질감은 색으로 보면 밝은 갈색 계통이고 상당히 부드러운 입자로 되어 있으나, 이 구역 몇몇 장소에서도 가장 깊은 발굴층에서 바위들이 발견되었다. 시대층 II는 하나의 층, 즉 거무스름한 색에 대부분 부엽토와 거친 입자로 이루어진 층으로 구성되어 있다. 위에 언급한 것과 같이 이 구역은 동쪽에서 서쪽으로 침식을 받았고, 그것 때문에 방들의 지층이 동쪽에서 서쪽 방향으로 뒤섞이게 되었다. 지층 1에서 세 개의 화로가 발견되었는데 하나는 격자 BP-Z 13에, 하나는 BP-Y 15에, 그리고 나머지 하나는 BP-Z 16에 있었다. 지층 1에는 균일하게 재와 동물의 유해, 숯더미, 타버린 토기 - 대부분 식기(食器)이며 발굴된 전역에서 파편들로 남아 있는 - 들이 발견되었다. 이는 해당 발굴 지역이 분명 후대에 많은 인원을 위한 식당으로 쓰였던 것임을 증명한다. 지층 2와 3에서는 전 지역에서 고르게 땔감과 숯이 적색 토기, 쇠못, 좀쇠, 타버린 진흙 회반죽, 무너진 벽의 잔해와 함께 발견되었다. 이는 시대층 I이 예상치 못했던 화재를 겪었으며 그 이후 이 지역이 천천히, 그리고 점차적으로 침전되고 타버렸음을 보여준다. 이 지역에서 발견된 진흙 회반죽 조각들은 적갈색토(terracotta)로 변해 있는데, 이에 대한 면밀한 조사를 통해 돌연한 화재의 분명한 흔적인 거무스름한 핵을 발견하였다. 층위학적 측면에서 더 중요한 것 하나는, 여기에 침식 혹은 여타의 요소로 인한 지층의 혼합 가능성이 있다는 것이다. 동물들이 이 작은 사원의 서쪽 경계벽 근처로 내려감에 따라, 이 지층들에서 동물의 뼈 또한 보고되었기 때문이다.

발굴품

상기한 유물과 함께, 많은 수의 적색 토기와 못, 갈고리와 같은 녹슨 철물들이 이 지역에서 출토되었다. 해당 지구의 석조물들은 석회암으로 지어진 반-절석 형태이다. 각 지층의 하나의 통로를 공유하는 거의 대부분의 방에서 잿더미가 발견되었으며 이는 불을 피웠던 증거임이 분명하다. 타버린 목재의 발견은 목재가 지붕이나 문을 만드는 등의 중요한 건축적 요소로 사용되었음을 암시한다.

발굴을 통해 약간의 유물이 회수되었는데, 여기에는 여섯 개의 동화(銅貨), 명상(Dhyanamudra)에 든 목 없는 붓다 스투코 상, 못이나 클립과 같은 철물, 도자 장신구, 석기 막자, 숫돌, 응축기 1대를 포함한 토기, 유등(油燈), 동물 뼈, 노름용 원판, 작은 사이즈의 그릇, 조개껍질 조각, 구리/동으로 된 물건들과 몇몇 완성되지 않은 토기의 파편이 포함되어 있다. 이 토기는 물레로 만들어졌고, 주재료는 적토이며 매우 드물게 촘촘한 구조의 흑토가 사용되었다. 이 중에는 작은 사이즈의 양끝이 뾰족하고 바닥이 평평한 민무늬 적토 그릇, 도자 물 응축기와 투박한 형태의 적토 보울(bowl: 움푹 들어간 그릇) 등의 형태도 있다. 이 구역에서 발견된 토기 대부분의 유형과 형태는 전형적으로 불교시대의 것으로 의례적이라기보다는 실용적인 목적으로 쓰인 것들이며 그 수효가 탁실라 계곡의 많은 다른 구역에 필적하는 수준이다. 2005년에서 2008년에 이루어졌던 선행 발굴을 통해 이 사원에서 금화와 동화, 미륵보살 석조상, 적색 사암으로 만들어진 마투라 스타일의 성물 보관함과 불상, 의례용품과 같은 많은 양의 유물들이 발견되었다.

시대 규정(Chronology)

이 구역의 시대 규정은 이곳에서 발견된 화폐학적 근거에 기반한 것으로, 아쉬라프 칸(Ashraf Khan)과 굴 라힘 칸(Gul Rahim Khan)이 고안하였다. 화폐학적 근거로 보면 이 구역은 기원후 1세기, 즉 쿠샨왕조에 귀속되며, 반-절석이나 다이아퍼 기법과 같은 건축학적 근거로 보면 기원후 2세기로 추정된다. 토기에 대한 분석은 시르캅(Sirkap)의 레벨 II, III, IV에서 보고된 일반적인 형태와 유사성을 보여주며, 최근 그 지역에서 발굴된 가장 저층의 숯 샘플에 대한 절대연대 측정(C-14 연대측정)을 통해 이 지역이 존재하기 시작한 하한선을 기원전 300년까지 후퇴시켰다.

이러한 모든 설들은 이 지역에 대한 전면적인 조사를 통해 검토되어야 하며 몇몇 적합한 지역에 대한 종적인 연구가 강력하게 요청된다. 그렇게 해야 분명한 시대 체계가 제대로 도출될 수 있을 것이다.

Recent Archaeological Discoveries in Gandhara: A case Study of Badalpur Monastery, Taxila Valley (Pakistan)

Introduction:

Taxila (also known as Taksh-shila), was an ancient Buddhist seat of learning, connected across the Khujerab pass to the Silk Road. It was also called Takshashila in Sanskrit in ancient India (Marshall 1945:1). Taxila Valley lies north Latitude 33° 42' 30" and 33° 50' and east longitudes 72° 53' 45' and 72° 59'(Khan et al 2007:39). Average height of the valley from sea level is 530 m and spreads over an area of about 375 square km(Dani 1986:2). The valley derives its name from the historic city of Takshasila or Taxila. The present spelling Taxila was the abbreviated form used by Greeks and Romans and since then commonly adopted by European writers (Khan et al 2007:39). Ancient Takshasila is one of the most important points of cultural diffusion. The innumerable ancient remains scattered all over area testimony its greatness.

The earliest known settlement of the Taxila Valley is Sarai-Khola which yielded a cultural sequence from late Neolithic to Iron Age i.e. Neolithic period (4000 to 2800 BC), Early Bronze Age Culture (2800-2600 BC), and the Late Bronze Age and Early Iron Age Culture (1000 BC). This history pushed back the history of the region from 6th century BC to the 4th millennium BC. Early Historic period of the Taxila begins with the conquest of the region by the Achamenians of Persia during the reign of Cyrus the Great (558-528 BC). Greek

King, Alexander from Macedonia captured the region in c. 326 BC. In 305 BC; Greek were kicked out by Chandra Gupta, founder of Mauryan Dynasty of Ancient India. Ashoka, the grandson of Chander Gupta Maurya (272-232 BC) was converted to Buddhism and made Taxila the prominent center of Buddhism.

The historic period ruins of Taxila contains buildings, Buddhist Stupas, cities. Three major cities were Bhir mound, belong to Achaeminian age(6th century BCE), Sirkap belongs to Indo Greeks (2nd BCE) and Sirsukh belongs to Kushan period (1st century ACE)(Marshall 1960:2-3).

Location of the Site

The monastery of Badalpur is situated in a village locally called as Bhera, District Haripur, between 35° 46' 55.41" North and 72° 52' 06.15" East and elevation 527.9136m. It is located 10 km north-east of Taxila Museum and 2.5km north-west of Julian monastery, on the left bank of river Haro.(Fig.1).

Present Status

The monastery of Badalpuris a protected archaeological site and owned by the Government of KPK.

Plan of the Site

The site is rectangular in plan and covers an area of 2.9 acres (Khan et al 2007: 41). The site has an imposing rectangular main stupa on the west which measures 71 meters north-west and 60 m east-west. The dome of the stupa is missing but its drum is added to the base which is about 6.09 m high. Two votive stupas in front of the main stupa at its eastern side, enclosure around the stupa courtyard comprising of chapels of different sizes (Ibid: 42).There is a huge monastery with 38 monk cells with two openings, one at its western and other one at its southern side, which measures 81 m north-south by 78 m east-west, kitchen, store and assembly hall is situated on the southern side of the monastery. Additional small monastery is situated on the west of assembly hall area. The stupa is made up with lime stones and built up in semi-ashlar and semi-diaper style with mud mortar inside and Kanjur stone has been used in moldings.

Previous Investigations on the Site

The site of Badalpur was first time mentioned by Sir Alexander Cunningham, the then Director General of Archaeological Survey of India, in report of 1863-64. He reported that the facing stones of the stupa were badly damaged (Cunningham 1864). After him the site was visited by Mr. NatisaAiyar, superintendent of Frontier Circle. He exposed the stupa from all the sides and also exposed several chapels to the north and south and found 10 copper coins, 43 sealings and lot of potsherds from the stupa courtyard (Aiyar 1917). After this the site remained neglected. Federal Department of Archaeology and Museums planned to excavate the site and assign this task to Exploration and Excavation branch, which conducted excavations at the site for consecutive five periods i.e. from 2005 to 2008 which were led by M. Ashraf Khan, M. Arif and Shakir Ali of the Federal Department of Archaeology & Museums. The important antiquities recovered during the excavation are gold and copper coins, seals and sealings, terracotta beads, potteries, Buddha in red sand stone of Mathura style, sculpture of Bodhisattva Maitrya and relic casket type in black schist stone.

Taxila Institute of Asian Civilizations, Quaid-i-Azam University Islamabad conducted Archaeological excavation on the remaining un-exposed area of the site from 2011 to 2014(Khan et al 2014).

Aims and Objectives of the Present Excavation

To expose the structural remains of the site, to determine the chronology of the site through archaeological finds, to promote cultural and religious tourism, to protect the site from further encroachment by the surrounding farmers, to train the students inPractical Field Archaeology, to collect artifacts from the site for enriching our new museum and also to preserve the culture heritage for future generations.

Present Excavation

The intensive study and observation of the site area focused on south of the main monastery and west of assembly hall which showed the traces of structural remains beneath. In order to expose the structures and their association with other features of the Badalpur complex, several squares measuring 5x5m were marked, following the grid plan. To control the measurement during excavation, a reference point was fixed at south-eastern corner of the area, presently under excavation. The area under the process of excavation encompassing squares i.e. BP–AA 13 to16, BP–Z 13 to16, BP–Y 14 to 16, BP–X 14 to16, BP–W 15 to16 and BP V–15 and V–16 revealed the presence eight cells (five cells were exposed in the previous season 2013 up to limited depth). These cells have been named on temporary basis as Cell #−1, Cell #0, Cell #1, Cell #2 running west to eastwards and Cell #3, Cell #4, Cell #5 and Cell #6, running north to southwards. These cells will be renamed accordingly after the complete exposure of the plan of the area.

Cell #−1

This cell comes under the squares BP−W 15 to 16 and BP−V 15 to 16. This is the south-western corner cell of this small additional monastery, which is located on the west of assembly hall and east of main stupa. This cell measures 512cm east-west and 250cm north-south interiorly. Cell has varied range of depth from ground level to excavated level, due to erosion i.e. from east to west gradually size of the preserved walls and ground level decreased. Eastern wall of the cell is preserved to the height of 100cm, southern wall from eastern edge is 85cm, from western edge 25cm, western wall of the cell is 10cm at southern edge and 57cm at northern edge and northern wall is 53cm from excavated level. The western wall has been conserved up the height of 80cm and northern wall of the cell up to the height of 60cm. The cell has 155cm wide entrance opening towards the north and 242cm wide and 13cm thick projection for door at the exterior side of western wall of adjacent cell #0 at its eastern side. The unique feature of the cell is that its northern wall adjacent to the entrance seem turning from south to north direction and turned area of the wall is fallen and preserved up to height of 9cm from the excavated level. Beside this permanent Buddhist phase structure, a late phase temporary alignment of regular and irregular shaped stones in front of the exterior side of the northern wall of the were exposed down to preserved height of Buddhist wall from ground level, which was removed after being documented, so that clear picture of the corner cell may be traced out. The important findings of this cell include iron clamp/nail, one complete base and rim and faunal remains from layer 1 and copper fragments, miniature vessel, large flate piece of iron in fragments and faunal remains from layer 2. Beside these, a good number of potsherds, charcoal and ashes from different layers have been found.

Cell #0

This cell is located on the extreme south of monastery, west of assembly hall and east of main stupa. This cell measures 245cm east-west and 340cm north-south interiorly and preserved to the height of 75cm. The cell has 152cm wide entrance opening towards the north. This cell was dug up to depth of 98cm. The eastern wall is preserved to the height of 98cm, western at 80cm from southern edge and 57cm from western edge. The northern wall is preserved to the height of 53cm and southern wall is preserved to 85cm at eastern edge and 25m at western edge. The western wall has been conserved to height of 80cm and northern wall to the height of 60cm. The important findings of this cell include one copper coin from layer 2 and a hearth from layer 1, Phase II, which was previously diagnosed as Kiln, but this time ashes bones revealed the confirmed it as Hearth pottery. The hearth was present right in the center of cell, measuring 90cm in diameter and 300cm in circumference. Beside these, bronze/copper fragments from layer 3, red ware potsherds, and faunal remains, charcoal from different layers and ashes from upper layers have been found

Cell #1

This cell is located east of cell #0, which measures 240cm from east-west and 233cm north-south interiorly. Eastern wall is preserved to a height of 70cm at its southern edge and 95cm at its northern edge; western wall is preserved to height of 73cm, northern wall to height of 78cm and southern wall to the height of 90cm. This cell has 143cm wide opening towards north. This cell was dug up to 102cm from surrounding ground level. The findings of the cell include fragments of shell, fragments of copper, several pots inside of one another in broken form from layer 3, animal bones from layer 1 and specifically, red ware potsherds and charcoal in uniform manner from all layers, fragments of burnt mud plaster from the lower layer and ashes from upper layer.As compared to cell-0, cell-1 is in good state of preservation.

Cell #2

This cell is located east of cell # 1, south of main monastery which measures 244cm from east-west and 233cm north-south interiorly. Eastern wall is preserved to a height of 100cm; western wall is preserved to height of 105cm, northern wall to height of 122cm and southern wall to the height of 115cm. This cell was dug up to 130cm from surrounding ground level. This cell has 149cm wide opening toward north. This cell was dug up to 116cm. Important finds recovered from this cell is one grinding stone, red ware pottery, burnt fragments of mud plaster from different layers of the cell.

Cell #3

This cell south-eastern corner cell of this additional monastic remains, and comes under square BP-AA 15-16, BP-Z 16-15, located east of cell #2, south of the main monastery, the largest cell, exposed up till now in this area. This cell measures 260cm from east-west and 530cm north-south interiorly and preserved up to the height of 120cm. This cell has 154cm wide opening toward north. This cell was dug up to 160cm from present ground level. There also have been found later period temporary alignment of stones above the western wall and traces of mud plaster inside the cell. The important findings of this cell include a small headless Buddha in stucco, a terracotta bead, a terracotta condenser, red ware potsherds, copper/bronze sherds, charcoal and ashes from different layers.

Cell #4

This cell is located north of cell-3, south of main monastery and comes under the square BP- AA15, BP-Z 15. This cell measures 250cm from east-west and 245cm north-south interiorly and northern side wall of this cell is preserved up to the height of 184cm from eastern edge and 100cm from western edge, southern wall up to 90cm and conserved to height of 110. This cell has 160cm wide opening towards north. This cell was dug up to 182cm from present ground level. Important findings of this cell include five copper coins, one thin bronze/copper sheet. Along these, good number of red ware potsherds, charcoal and ashes from different layers of the cell has been un-earthed. The one more important aspect of the cell is presence of mud plaster at its eastern wall in well preserved condition.

Cell #5

This cell comes under the squares BP-AA 14 and BP-Z 14. This cell is located on the west of assembly hall and east of main stupa. This cell measures 355cm east-west and 245cm north-south interiorly. Cell has varied range of depth from ground level to excavated level, due to erosion i.e. from east to west gradually size of the preserved walls and ground level decreased. Eastern wall of the cell is preserved to the height of 120cm at southern edge and 75cm at northern edge, southern wall is at 110cm, western wall of the cell adjacent to entrance is 150cm and northern wall is 43cm and 35cm at northern edge from excavated level. The cell has 165cm wide entrance opening towards the west. Beside this permanent Buddhist phase structure, a late phase compact alignment of regular and irregular shaped stones in front of the cell have been exposed, continued from east to west and turned toward north direction. This phase has its foundation down to 110cm from present ground level. There also evidences of Hearth of later period i.e. phase II above he northern wall of the cell. The important findings of this cell include complete pointed base from layer 1, fragments of iron and iron nails, fragments of mud plaster and abundant faunal remains. Beside these, a good number of potsherds, charcoal and ashes from different layers have been found.

Cell #6

This cell comes under the squares BP-AA 13 and BP-Z 13.This cell is located on the north of Cell #5, adjacent to it, west of assembly hall and east of main stupa. This cell is actually disturbed from northern side and measures 255cm east-west and 190cm (eastern wall) north-south interiorly. Cell has varied range of depth from ground level to excavated level, due to erosion i.e. from east to west gradually size of the preserved walls and ground level decreased. Eastern wall of the cell is preserved to the height of 98cm, southern wall is disturbed and not survived, western wall of the cell adjacent to entrance is 83cm at eastern side and 46cm at western side and northern wall is 43cm at southern edge and 35cm at northern edge from excavated level. The wide entrance is opening towards the west. Western wall adjacent to entrance is also disturbed and it seems that western wall has been made separately as there is clear demarcation in between southern and western wall Beside this permanent Buddhist phase structure, a late phase compact alignment of regular and irregular shaped stones in front of the cell have been exposed, continued from the front of Cell #5. The important findings of this cell include a conical shaped pottery specimen from layer 1, shows burnt marks, might have been used for tobacco smokers of last occupation on the site, abundant faunal remains, a good number of storage jar rims, potsherds, charcoal and ashes from different layers have been found. At the floor level of phase II, in front of Cell #6, just beside it a bulk of ashes has been observed.

Courtyard: Square BP-Y 15, BP-Y 16

The courtyard has been excavated down to near of floor level, at the depth of 130cm. Later period structure on northern section of courtyard is exposed and red ware potsherds, iron clamp; faunal remains have been removed from these squares.

Verandas:Square BP-W 15, BP-X 15, BP-Y 15

Basically these are the components of Cell #-1, Cell #0, Cell #1, Cell #2, Cell #3 and Cell #4 and excavated to the same level as of the excavated level of the cells.

Square BP-Y 14

Due to erosion, this square could be excavated at uniform level and average depth comes out like 85cm. Present level of the square shows second layer and its findings include potsherds, and faunal remains from layer 1 and iron nails and fragments of iron, copper/bronze sherds, pot sherds from layer 2. Likewise other areas, charcoal and ashes also have been reported from first layer in abundance and rarely from second layer of the square.

Square BP-X 14

This was started to excavate but after its excavation up to 15cm, due continuous raining and bad weather, this square could not done more. This small depth of the excavation has provided potsherd and faunal remains.(Fig 43).

Architecture

The architecture of Buddhist phase is compact, permanent and has been constructed in semi-ashlar and diaper masonry style. These structures were plastered from both sides, interior and exterior. For these structures, stones have been acquired from the nearby hill ranges, north of the Haro River. The floor levels seem to be paved with river pebbles, as a number pebbles have been un-earthed from the deepest levels of the excavations. The present excavations have not yet revealed the presence of niches and windows, as in case of the monasteries of the area. The plan of this complex is seem to be rectangular and probably will give rise to exposure of sixteen cells, five cells on southern and northern side respectively and 3 cells on eastern and western cells respectively. There might be an entrance at its north-eastern corner of this additional monastery, leading to assembly hall or might have two entrances, one at west side, leading to stupa court as well.

The architecture of late period structure is crude and some where it is compact and some where it's temporarily aligned with stone, re-used from the debris of the small monastery. There is no proper planning been observed from the exposed area.

Stratigraphy

As for the stratigraphy of the Badalpur site is concerned, three layers, comprising two phases i.e. phase I which is the permanent Buddhist establishment and phase II which is the temporary alignment of the re-used of regular and irregular stones of phase I. Phase I is composed of two layer i.e. 2 and 3. The texture of the layer 2 is slightly dark brownish in color and is a combination of fine as well as coarse grains, consists of irregular and regular shaped boulder, chips, rubbles and gravels. The texture of the layer 1 is also light brownish in color and soft grained up to an extent, but boulders were also recovered from deepest excavated floor levels, on some of the areas of the site. Phase II is composed of one strata i.e. 1, blackish in color, mostly comprising humus and coarse grained. As it is mentioned earlier, the site has experienced erosion from east to west, so that why the layers have different position in the cells, moving up to downward from east to west direction. Layer 1 has revealed the presence of three hearths, one in square BP-Z 13, one in BP-Y 15 and one in BP-Z16. Layer 1 has revealed the uniform presence of ashes, faunal remains, charcoal and burnt pottery i.e. mostly cooking pots in fragments from all over the exposed area. This suggests that the area under excavation must have been used for kitchen purpose on large scale in later period. Layer 2 and 3 has revealed presence of charred wood pieces and charcoal along the normal red ware pottery, iron nails, clamps, burnt mud plaster and fallen wall debris uniformly from all the exposed area. This suggests that the phase I must have experienced an abrupt firing and after that slowly and gradually, the site has been deposited and buried. The pieces and preserved mud plaster on the site is turned in to terracotta and close observation of the mud plaster has revealed the blackish core, which clearly indicate an abrupt fire. One more important aspect of the stratigraphy is that, there is a probability of the intermingling of the layers because of erosion and other factors, as animal bones have also been reported from layers, where they have moved down towards western boundary wall of this small monastery.

Finds

Beside the above mentioned artifacts a good number of red ware pottery and various rusted iron objects i.e. nail and hooks have also been unearthed from this area. The masonry of the complex is semi-ashlar in lime stone. The presence of ashes almost from the entire cells uniform ally from different layers is evident which marked the evidences of firing activity. Charred wood recovered indicate use of wood as prominent architectural element i.e. for making roofs and doors.

A few number of antiquities were recovered during excavation, which include unearthing of six copper coins, one stucco headless Buddha in Dhayanamudra, iron object i.e. nails, clips, terracotta bead, stone pestles, grinding stones and pottery include one condenser, oil lamp, animal bones, a gambling disc, miniature vessels, shell fragments, copper/bronze objects and several incomplete pots in fragments. The pottery is wheel turned, red ware is prominent and black ware is quite rare fine fabric. Some of the forms included small sized plain red ware vessels with tapering sides and flat base, a terracotta water condenser and dull red were bowls. Almost all the types and forms of pottery recovered on the site were typically of Buddhist period of utilitarian rather than ceremonial types and were comparable to many other sites in the Taxila valley. From the previous excavation season 2005-2008 a good number of objects were revealed from the monastery which includes one gold and coper coins, stone sculpture of Boddhisattva Maitreya, a relic casket and Buddha in a red sand stone of Mathura style, ceilings and cult objects.

Chronology

The chronology of the site has been designed on the bases of numismatic evidence, which were previously reported from the site, by Ashraf Khan and Gul Rahim Khan. On numismatic basis, the site belongs to 1st century CE i.e. Kushana period and on the bases of masonry i.e. semi-ashlar and diaper, site dates to late second century CE. Pottery analysis have shown resembles to common types reported from Sirkap level-II, III and IV, and recently absolute dating i.e. C-14 dates of charcoal samples from the deepest levels of the site revealed its existence back to 300 BCE. All these need to testify through thorough examination of the site and it is strongly suggested to draw a vertical trench on some suitable area, so that it's clear chronological framework may be come out properly.

Bibliography

Arif, Muhammad, Khattak, M.H khan (2006) Fascinating Discoveries from Buddhist Sanctuary of Badapur, District Haripur, Taxila Valley, Ancient Paksitan, vol XVII:119-126

Arif, Muhammad et al (2011) Excavation at the Buddhist site of Badalpur, Taxila Valley (compaign 2005), Gandharan Studies, vol V: 27-42.

Aiyar, Naitisa.(1917) Frontier Circle for 1916-17: Annual Report of the Archaeological survey of India. Peshawar.

Cunningham, Alexander (1864) Annual Report of the Archaeological survey of

India. Peshawar.

Dani, A.H. (1986) The Historic City of Taxila. UNESCO : Japan.

Khan, M. Ashraf et al.(2013) Excavation at Badalpur Monastery, District Haripur (Khyber Pakhtunkhwa), Pakistan : A Preliminary Report of Season 2013, Journal of Asian CivilizationsVol. 36, No. 2 : 65-80.

Khan, M. Ashraf et al. (2007) A preliminary report of the third season (2007-08), Excavation on the Buddhist site of Badalpur, Taxila valley, Museum Journal, National Museum of Pakistan : 39-52.

Marshall, John. (1960) A Guide to Taxila.Karachi : Sai Corporation.

Marshall, John. (1945) [repr.,2006] Taxila : an illustrated Account of Archaeological Excavations, Vol I (Structural Remains), Karachi : Royal Book Company.

Plate I

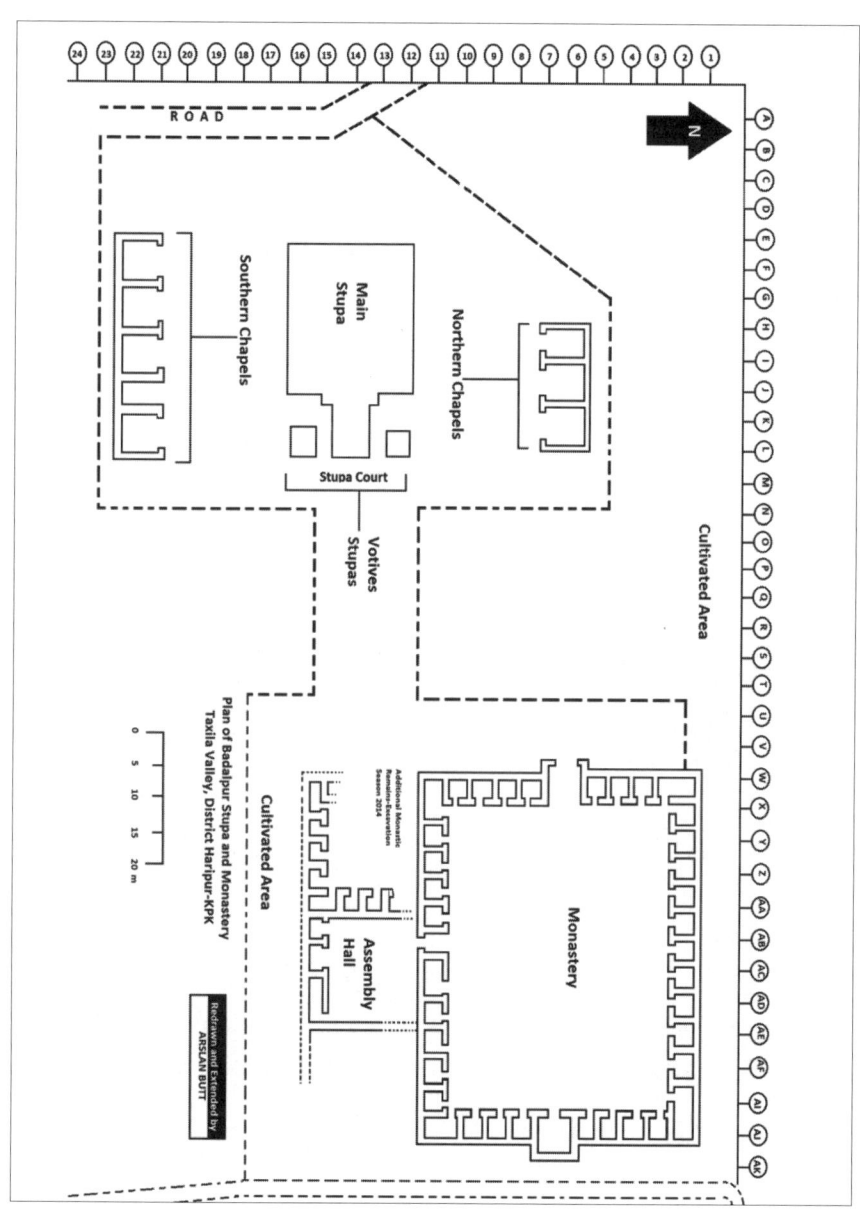

a. Extended Plan of Badalpur Site

Plate II

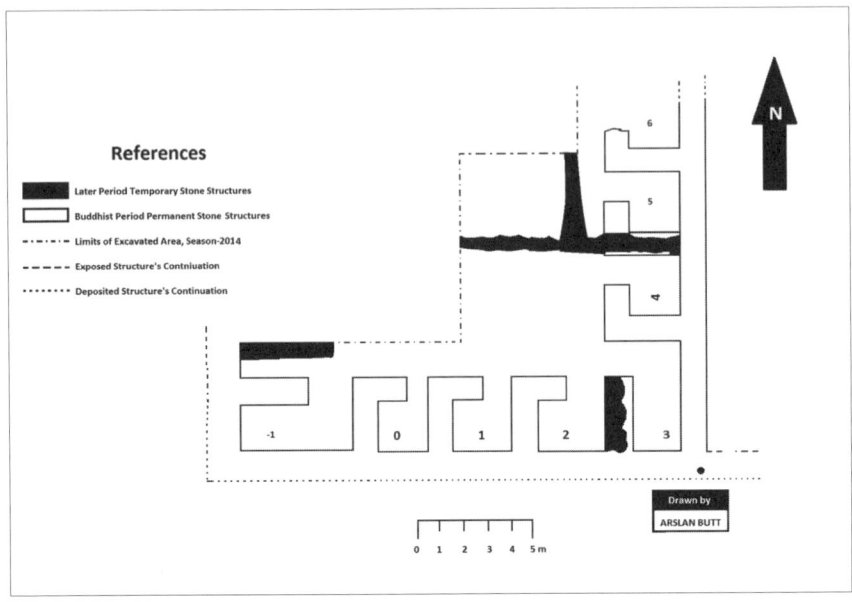

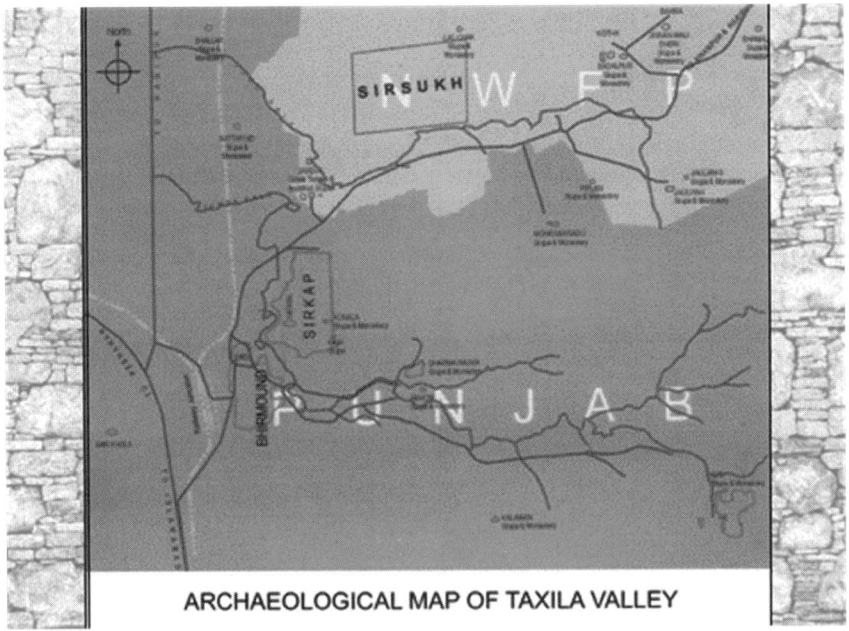

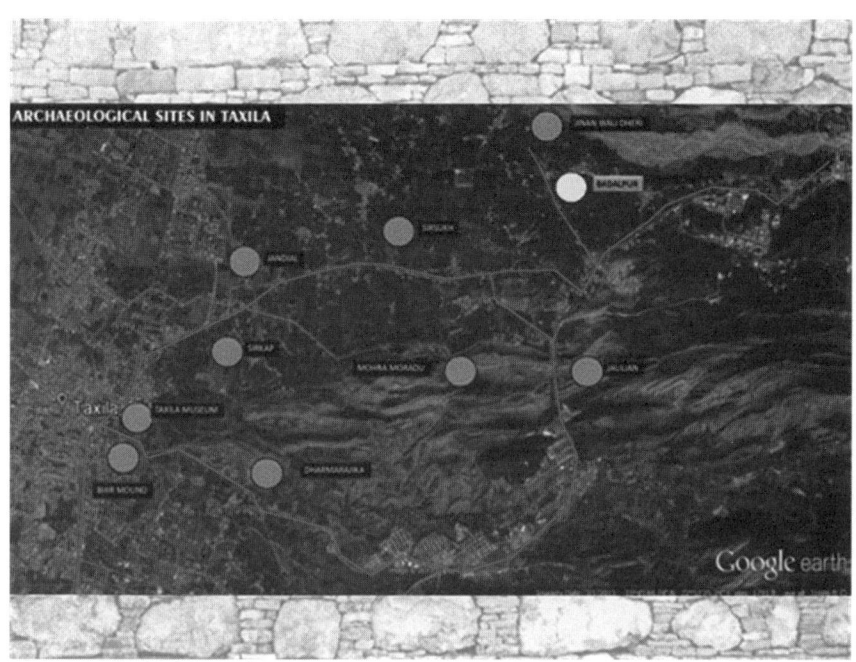

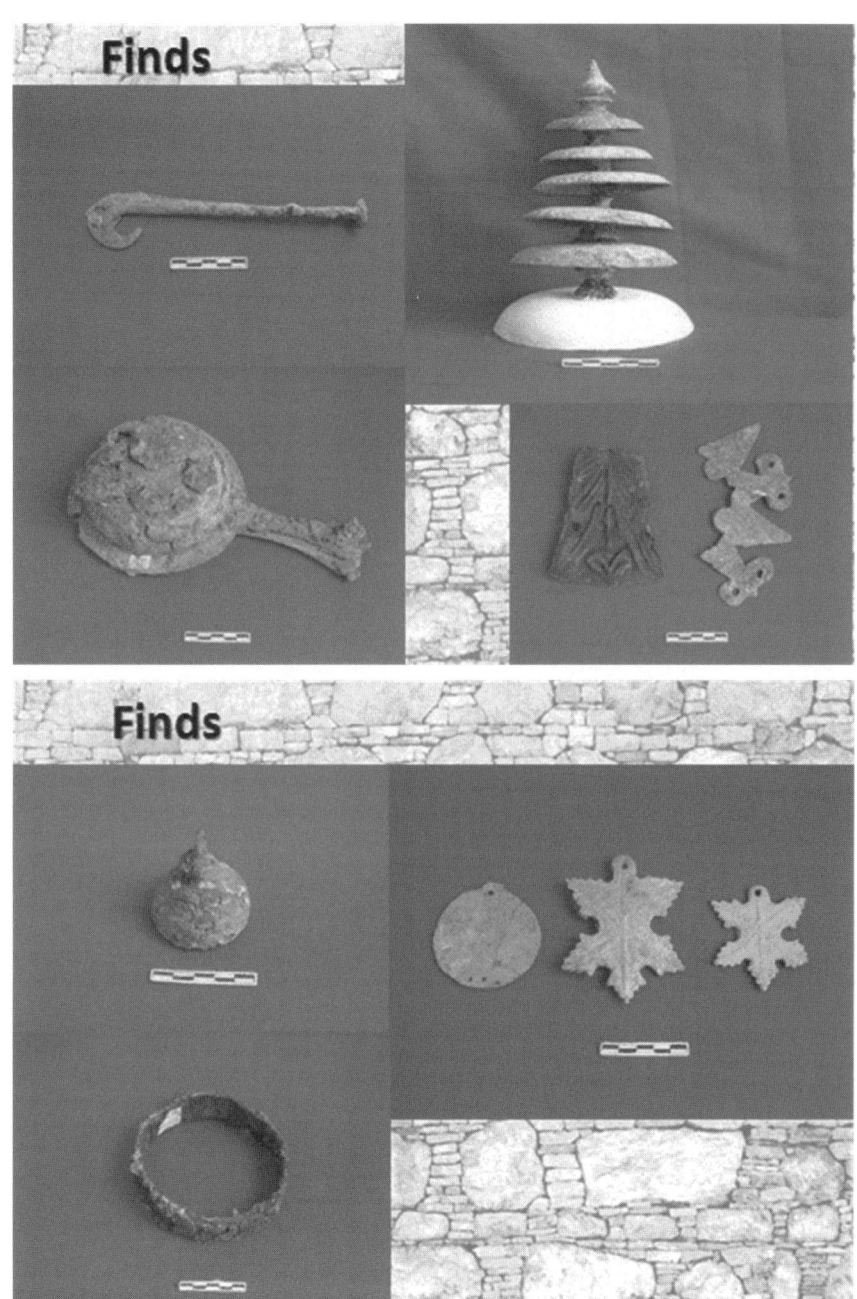

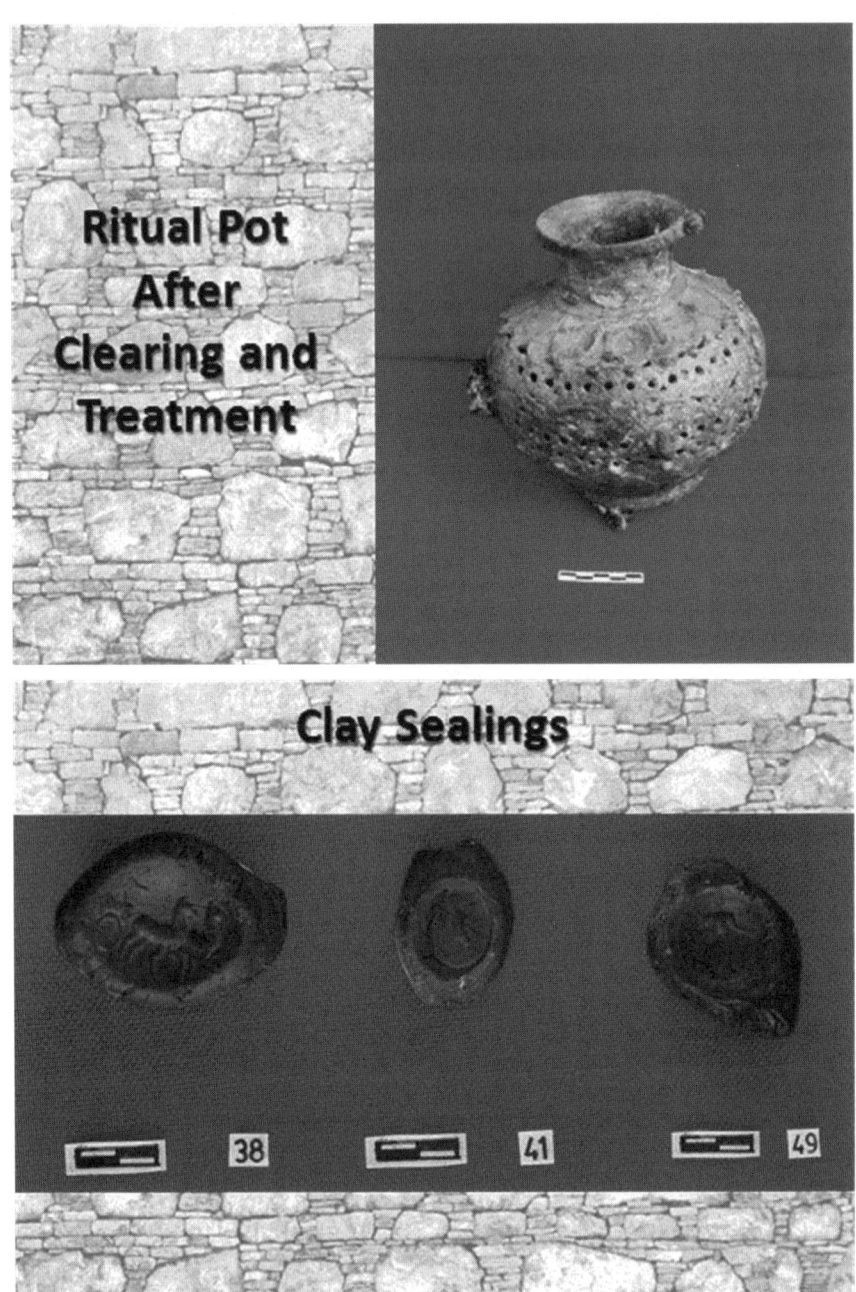

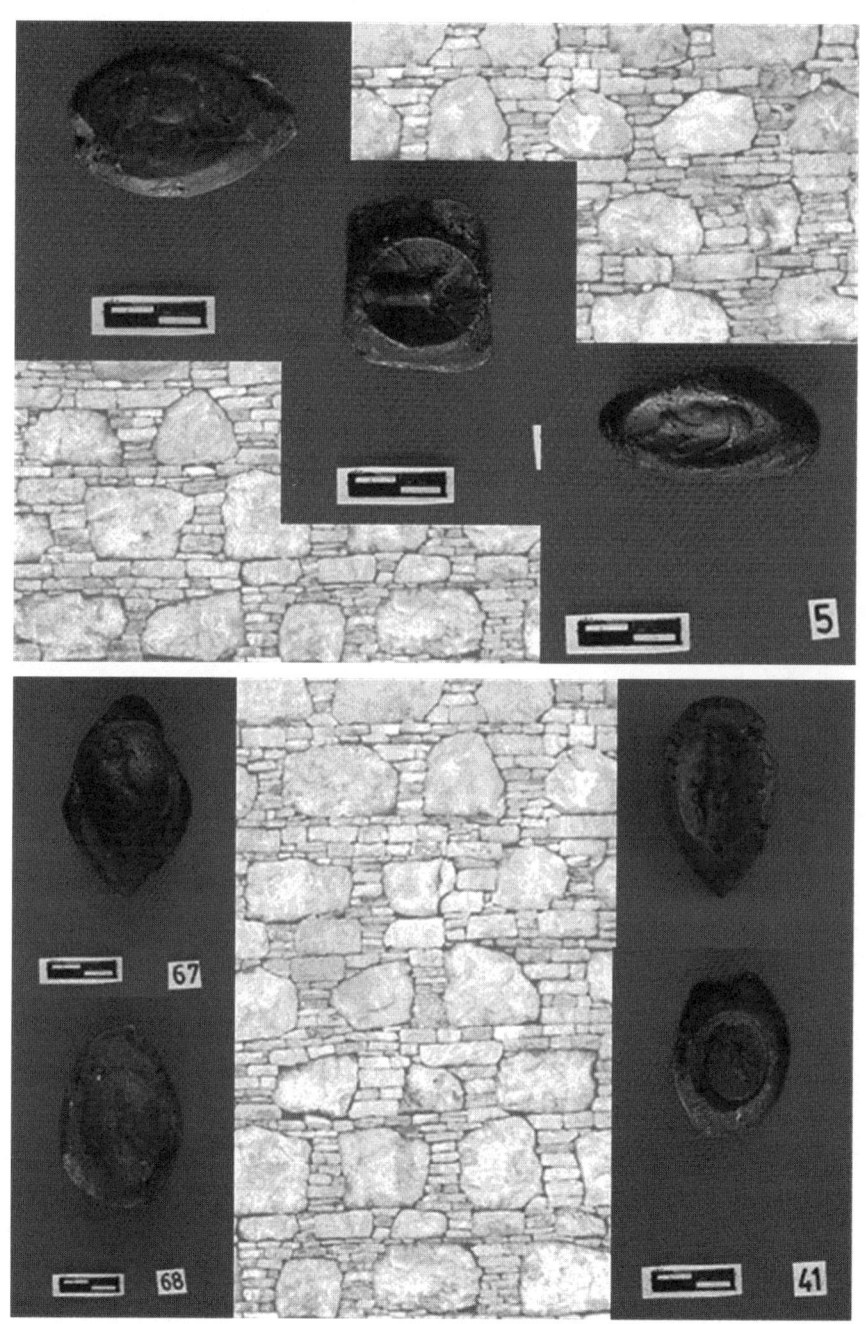

간다라의 최신 고고학적 발견들 : 파키스탄 탁실라 계곡의 바달푸르(Badalpur) 사원 사례 연구 _ 339

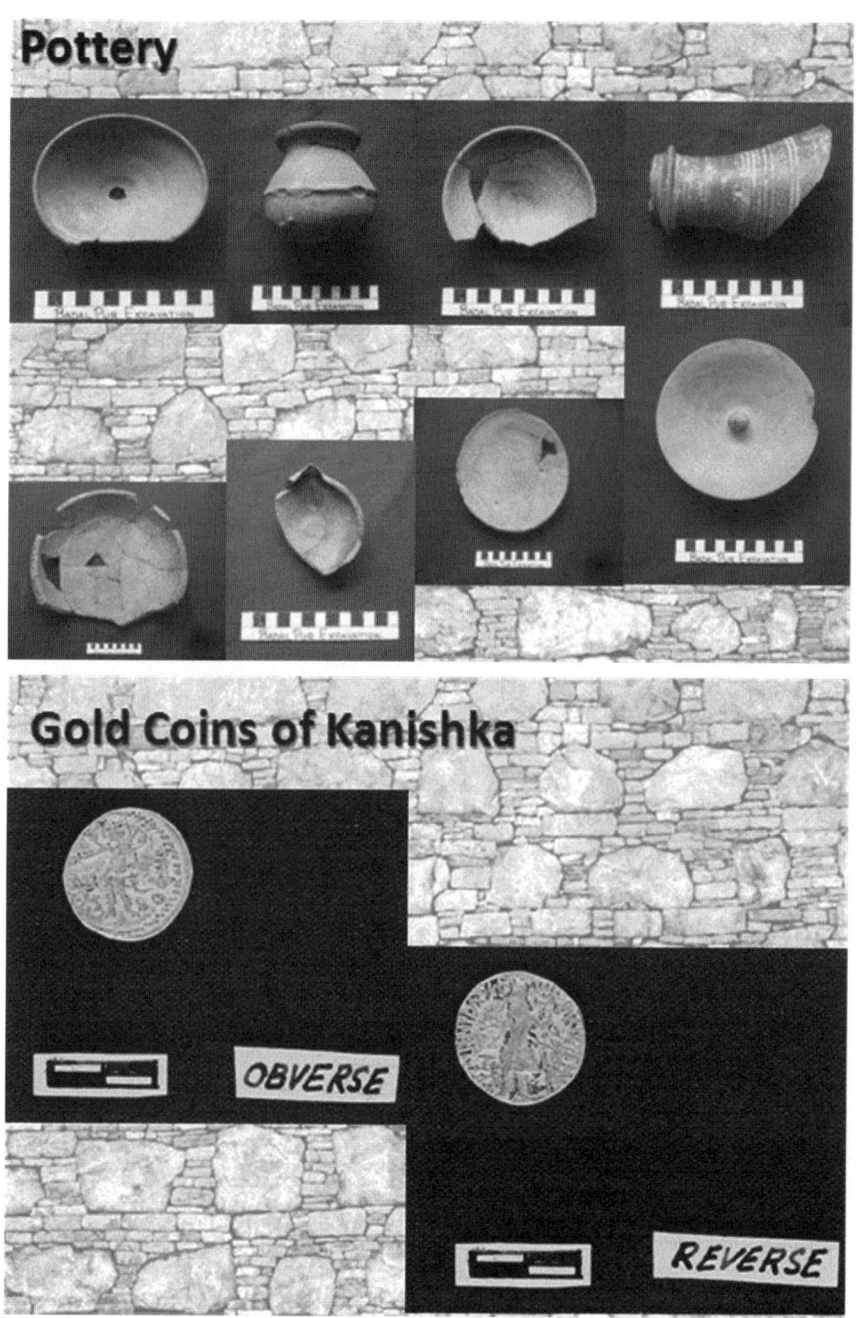

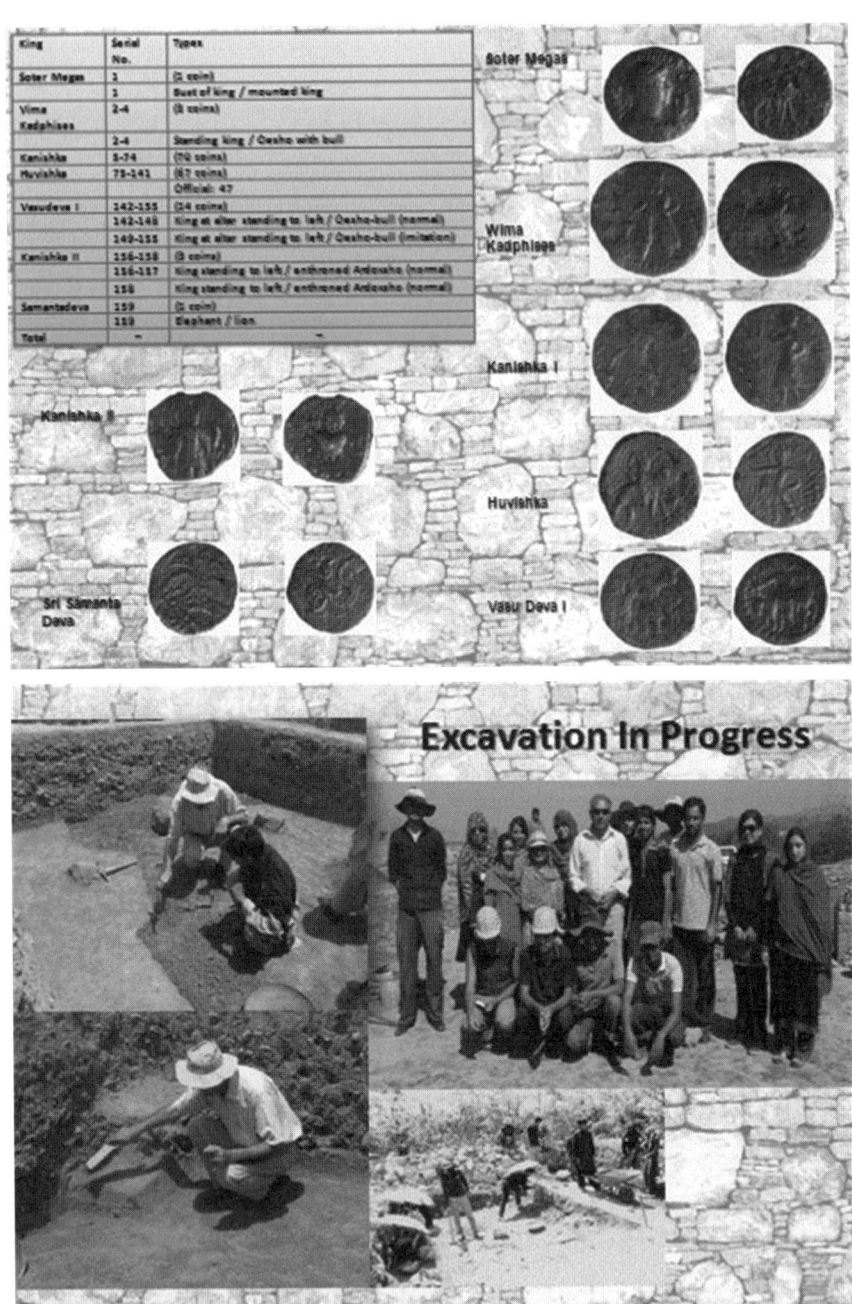

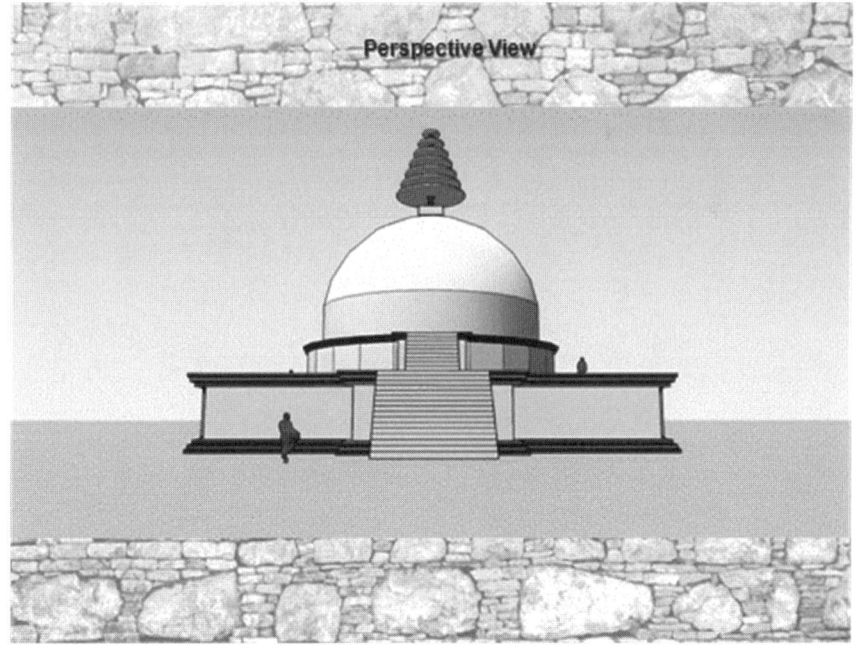

9세기 이전 간다라와 중국의 상호 문화교류: 새로운 고고학적 근거들

나심 칸(M. Nasim Khan)

인도-파키스탄 아대륙 극북서부 지역의 일부로서 간다라와 그 경계지역은(fig.1) 항상 전략적·정치적·문화적·종교적 중요성이라는 측면에서 주목받아 왔다. 이 지역이야말로 불교 유포와 지식의 전파 그리고 남아시아와 주변 지역의 역사를 이룩하거나 무너뜨리는 데 공헌해 온 곳이었다. 이 지역은 아대륙으로 나아가는 관문으로 활용되었으며 외부 침입자나 유목민족들도 일반적으로 이곳을 경유하였다. 이들의 기록과 유물들은 문학, 여행자들의 기록 그리고 고고학적 발견을 통해서 찾을 수 있으며, 이러한 증거들 덕분에 우리들은 이 지역의 새로운 역사적 측면들과 그들이 주변 국가의 사람들, 특히 본고의 주제인 중국인과 맺었던 관계를 어느 정도 선까지 이해할 수 있게 되었다.

간다라와 그 경계지역, 즉 파키스탄 북부 지역에서 최근 발견된 것들 중에서 북부 인더스 계곡에 위치한 석각(石刻) 군집 지역이 있는데, 이곳은 고대의 순례지이자 간다라, 중국, 중앙아시아 간의 교역로이기도 하였다. 이러한 석각들은 세계 곳곳에서 일찍부터 발견되어 왔으므로 이 지역만의 특징이라고 할 수는 없다. 그러나 파키스탄, 독일, 프랑스의 동료들이 인더스 계곡 북부에서 조사하고 실사한 석각의 개수는 세계 어느 곳보다 많다. 물론 인더스 상부 석각이 중요성은 개수가 아닌 그들의 다양성에 있다. 이것은 서로 다른 지역에서 온 여러 사람들이 이 지역에 존재했다는 증거이며, 석각의 형태로 선사시대에서부터 매우 최근 시기까지 그들의 자취를 전해주고 있기 때문이다.

북부 인더스 계곡에는 현재까지 50,000개 이상의 석각―중국식 탑(塔)의 그림이 포함된―이 발견되었다. 이 지역의 탐사는 현재 진행중이며 발견되는 석각의 수도 서서히 증가하고 있다. 이 석각들이 의미하는 것은 정확히 무엇인가? 우리는 이 모든 석각의 기원과 역할을 완전하게 이해할 수 없을지도 모르지만, 어쨌든 이것은 조각자들의 종교적·사회적·문화적 삶에서 중요한 역할을 했던 것으로 보인다. 이 석각들의 밀도와 다양함은 인더스 상부 지역의 중요성을 보여줄 뿐 아니라 남아시아에서 중국과 중앙아시아를 잇고 있었던 경로의 역사를 재구성하는 데 풍부한 자료를 제공한다. 인류 역사를 직조하는 작업은 이러한 중간지역의 연구라는 새로운 분야에 크게 기대고 있을지도 모른다.

이 석각들 중에서 12개의 다른 문자들로 쓰인 6천 개 이상의 명문(銘文)들이 포함되어 있다. 여기에는 한자(漢字)로 표기된 명문들도 포함되어 있는데, 이들은 서로 다른 시기에 쓰였음이 거의 확실하다. 모두 여덟 개의 한자로 쓰인 명문과 두 개의 탑 조각이 현재 파키스탄 북부 인더스 계곡에 위치한 칠라스(Chilas) 주변과 훈자(Hunza)에서 발견되었다(fig. 2). 가장 중요한 것은 탁다스(Thak Das)와 훈자-헬데이키시(Hunza-Heildekesh)에서 나온 것들이다. 지역 명칭을 언급하는 한 사례를 제외하고, 이들은 모두 개인의 이름을 담고 있는 짧은 명문들이다(Höllmann 1996, 432). 비록 북부 인더스 계곡에서 중국어로 된 석각들은 다른 석각들과 비교했을 때 적은 양이지만, 그 존재는 이 지역이 중국과 적어도 기원후 3세기 혹은 1세기부터 관계를 맺고 있었음을 보여주는 중요한 자료이자 증거로 여전히 유효하다.(Höllmann 1996, 428 and 433, Note 9). 다음의 명문들은 북부 인더스 계곡에서 발견된 것들이다.

Inscription No. 1: 이것은 훈자-헬데이키시 석각 지역에서 발견된 것으로, 벗겨진 표면에 엷게 음각(陰刻)되어 있으며 잘 보이지 않는다. 이 명문은 굽타시대 브라흐미 명문과 일부분이 겹쳐 있으며, 그 자체는 시바(Shiva)를 나타내는 힌두 아이콘인 링가(linga)와 중첩되어 있다(fig.3).

이 명문은 열두 개의 문자로 이루어져 있고 세로로 쓰여 있으며 마용(马雍)에 의해 다음과 같이 번역되었다. "대위(大魏)의 사신 구웨이룽(谷巍龙)은 지금 미미(迷密)로 파견(되었다). (大魏使谷巍龙今向迷密使去)"(Ma Yong 1989: 144) 마용은 이 '미미'가 마이마르그(Maimargh)에 해당하며, 아랍 전승에 따르면 사마리칸트(Samarkand) 남부에 위치해 있던 작은 국가라고 하였다. 위(魏) 제국과 관련해, Höllmann은 6세기 말 이전 '위'라는 명칭으로 알려진 여러 중국 왕조를 언급하고 있다. Höllmann에 따르면(Höllmann 1990, 427) 이 명문과 연관될 수 있는 국가는 다음과 같다.

  조위(曹魏) 기원후 220~264
  북위(北魏) 기원후 386~534
  동위(東魏) 기원후 534~550
  서위(西魏) 기원후 535~556

일반적으로 본 명문은 조위나 북위 시대에 만들어졌다고 여겨지며, 따라서 이 기록은 기원후 220~534년 사이에 위치시킬 수 있을 것이다.

Inscription No. 2: 이것은 탈판(Thalpan) 계곡과 탁날라(Thak Nala)를 잇는 인더스 강의 조교(弔橋) 근처 Thalpan I 구역에 위치하고 있는데, 이 경로는 탁실라(Taxila)와 길기트(Gilgit) 계곡 간 고대의 지름길이자 쿤자랍(Khunjerab) 패스까지 이어지는 길이었다. 명문은 세로로 세 글자가 새겨져 있다. 이에 대한 가능한 독법은 "장건기(張騫記, 장건이 새기다)"일 것이다(Höllmann 1996, 428).

Inscription No. 3: 이 명문은 세 글자로 구성되어 있으며, 세로로 조직되어 있고 칠라스 지역 안의 Thalpan II 구역에서 발견되었다. 이 명문에 대한 가능한 독법과 번역은 다음과 같다. "장부상(張夫喪, 장부가 죽었다)"(Höllmann 1996, 428).

Inscription No. 4: 매우 훼손된 이 명문은 Chilas I 구역에서 발견되었으며 세 글자를 제공하나(Höllmann 1996, 429, fig.4) 오직 장(張) 자만 읽을 수 있다. 비슷한 이름이 앞서 언급한 명문에도 보이는데, 인더스 강 양쪽의 서로 다른 장소에 몇몇 인도인의 이름들이 브라흐미 문자로 반복적으로 새겨진 사례처럼(Nasim Khan 2002) 이 이름들 또한 동일한 인물을 지칭하는 것일 수 있다.

Inscription No. 5: 이 명문도 동일하게 Chilas I 구역에서 발견되었으며 inscription No. 4와 같은 바위에 새겨져 있지만, '고(高)'로 읽히는 첫 번째 문자를 제외하면 나머지 두 글자는 알아볼 수 없다(Höllmann 1996, 429, fig.4).

Inscription No. 6: 탁다스 지역에서 발견된 것으로, 탑 문양 음각의 양쪽에 세 개의 한자가 새겨져 있다. 이 구조 오른편에 두 글자는 '장자(張子)'이다. Höllmann은 탑 왼편에 위치한 세 번째 문자를 '구(璆)'로 읽었다(Höllmann 1996, 429, fig.5).

2층 구조로 되어 있으면서 꼭대기에 리본이 달려 양쪽에 걸려 있는 탑의 형태는 이 지역 내에 발견된 두 번째 예이다. 다른 예도 동일한 지역에서 발견되었다.(fig.5).

Inscription No. 7: 이 명문은 유명한 사티얼(Shatial) (Shatial I) 지역에서 발견되었다. 이 명문 또한 세 문자로 쓰여 있고, '고재개(杲齋開, 혹은 관(關))'로 읽히며 의미는 "고재 지나가다"로 볼 수 있다.[1]

Inscription No. 8: 일련의 명문 중 마지막은 Shatial I에서 발견된 다섯 문자의 그룹이다. 큰 사이즈의 세 문자는 수평으로 조직되어 있으며 작은 것은 세로로 새겨져 있다. '황(黃)', '미(米)', '위(魏)', '혼(昏)', '제(齊)'로 읽히며, Höllmann에 따르면 이것은 여러 이름들을 나타낸 것일 수 있다(Höllmann 1996, 429, fig.47).

북부 인더스 계곡에서 발견된 한자 명문과 두 개의 탑 조각 외에도, 특히 카슈미르 스마츠(Kashmir Smast) (figs.1, 6) 구역에서 이곳에 중국인들이 머물렀다는 더 많은 증거들이 발견되었다. 1839년 이 구역을 처음으로 탐사한 이는 A. Court였으나(Court 1839) 이후 다른 유럽 탐사자들이 19세기 말엽까지 이 지역을 조사했으며 이에 대한 기초 단계의 주석 달린 스케치를 출판하기도 하였다. 1959년에는 일본인들이 이 구역을 조사하고 기록하여 세세한 보고서와 지

---

1 구체적인 내용은 Höllmann 1996, 430 참조.

도를 출판하였고 이 구역을 불교 시설로 간주하였다(Mizuno 1962). 논자는 1999년까지 해당 구역과 이곳의 주변 지역의 유물들을 연구하였는데, 여러 다른 전거에 기반하여 이곳이 이 지역에서 성립된 최초기의 샤이바(Shaiva) 수도원이었음을 주장하였다(Nasim Khan et al 2006, 2008). 수년간의 조사와 발굴을 통해 수백점의 골동품이 이 지역에서 발견되었다. 간다라 지역의 익히 알려진 주화에 비견할 때에도 꽤 많은 수의 다른 주화들이 또한 이 지역에 등록되었는데, 예를 들어 서부 크샤트라프(Kshatrap) 주화, 칼라츄리(Kalachuri) 주화, 로마 명패, 그리고 훈(Hun) 시대의 새로운 주화 종류가 그것이다(Nasim Khan 2006, Nasim Khan et al 2008). 이러한 유물 외에도 외국인의 이름이 언급되어 있는 한 명문과 두 개의 중국 주화도 카슈미르 스마츠 구역에서 발견되었다.

카슈미르 스마츠에서 나온 금석학적 증거들 중 특히 평판 등에 새겨진 것과 관련해서, 카슈미르 스마츠 계곡 입구에 위치한 동굴들의 거친 면에 붉은 색 혹은 검은 색으로 칠해진 명문이 70개가 넘게 발견되었다. 이들은 모두 굽타 브라흐미 문자로 쓰여져 있고 AD 4세기/5세기에 속한다(Nasim Khan 2009a). 이 명문들 중 하나는 misayotho라는 이름을 언급하고 있는데, "Misayotha"(Nasim Khan 2009a, 141)는 인도인이 아닌 것으로 보이지만 지역의 문자로 쓰여져 있다. — 이 이름의 어원은 확실하지 않다. — 이것은 카슈미르 스마츠에서만 나타난 유일한 사례는 아닌데, 우리는 또한 Horamysa 즉 이란의 신인 '아후라 마즈다(Ahura Mazda)'를 언급한 사례를 까만달루(Kamandalu)의 브라흐미 명문과 북부 인더스 계곡의 석각에서 찾을 수 있기 때문이다(Nasim Khan 1994; 1995, 2006: 102). 중국인 순례자인 현장(玄奘)에 따르면 카슈미르 스마츠 지역에는 다른 지역에서 다른 종교를 가진 사람들이 드나들고 있었다고 한다. 그들은 거기에서 여신에게 경배를 드려야 했다. 기원후 600년 언저리에 간다라를 방문했던 현장은 다음과 같이 서술한다.

우리는 발로사(跋虜沙) 성 동북쪽으로 오십여 리에 있는 높은 산에 이르렀는데, 여기에 Íśvara Dâva(대자재천)의 부인상(婦人像)이 녹색(푸르스름한) 돌로 조각되어 있었다. 이것이 Bhímá Dêvê(비마부인[毘摩天女])이다. 상위의 계급들 모두와 낮은 계급들까지 이 신상이 저절로 나타난 것이라 주장한다. 많은 기적을 행했다는 명성을 얻고 있었으므로 모두에게 공경(신앙)을 받았다. 그리하여 인도 모든 지역에서 온 사람들이 경배하고 번창을 빌었다. 멀거나 가깝거나 모든 지역에서 온 부자도 가난한 이들도 여기에 모인다.(Beal 1884, 112-114).

현장의 기록, 박트리아 문헌의 발견, 그리고 카슈미르 스마츠에서 찾은 중국을 위시한 각지, 각 시대의 주화들은 세계 사방에서 온 사람들이 이곳의 성소(聖所)를 방문하기 위해 모여들었을 가능성을 배제하지 않는다. 현존하는 명문에서 현지 문자로 쓰인 비-인도인의 이름은 동아시아 지역에서 온 이들의 것일 확률이 가장 높다. Misayotha는 그의 이름을 브라흐미로 읽고 쓸 수 있는 이였거나 혹은 누군가에게 부탁하여 이것을 새겼으리라. 혹 Misayotha는 4세기 한반도에 불교를 전파했다고 전해지는 인도 불교 승려 Maranantha의 오기(誤記)일 수도 있지 않을까? 이 명문이 비슷한 시기에 만들어진 것임을 주목할 필요가 있다.

상기한 명문 이외에도 서로 다른 시기에 제작된 두 개의 중국 주화도 카슈미르 스마츠에서 발견되었으며, 이것들은 간다라에서 가장 중요한 발견 중 하나이다. 이 주화들의 발견은 간다라와 중국 간의 접촉이 적어도 기원후 1세기부터 시작되었음을 확증해 주기 때문이다.

Coin No.1 (fig. 7)

왕망(王莽) 시대 (AD 7-23)

참조: Nasim Khan 2006: 198, No. 155; Nasim Khan et al 2008: 222, No. 745).

앞면: 한문 음각 貨泉.

뒷면: 민무늬

기원후 14년 이후 왕망 시기에 제작된 중국 화천(貨泉) 화폐

Æ, 2.61gr., 22.6mm

Coin No. 2 (fig. 8)

당(唐) 왕조 (기원후 618~)

참조: Nasim Khan 2006: 198, No. 156; Nasim Khan et al 2008: 222, No. 746).

앞면: 한문 음각 개원통보(開元通寶).

뒷면: 민무늬

기원후 621년 이후 제작

Æ, 23.8mm

개원(開元) (기원후 621~) 당(唐) (기원후 618~)

최근 간다라 지역에서 행해진 것 중 가장 중요한 두 가지 금석학적 발견은 카로슈티 불교 사본의 발굴과(Nasim Khan 2009b) 논자가 '코히(Kohi)'라고 명명한 몇몇 명문들이다(Nasim Khan 2007). 이 명문들은 기존에 알려지지 않은 문자로 쓰였으며, 간다라, 아프가니스탄 그리고 중앙아시아에서 발견되었다. 몇몇은 이미 학계에 보고되었으나 학자들은 이것들을 위조품이라고 믿고 무시하였

다. 이 명문들은 손질된 석판에 음각되어 있거나 거대한 바위에 새겨져 있거나 혹은 토기에 새겨져 있거나 심지어 금속에 찍혀 있기도 하다. 얼마 전까지 이러한 명문들이 위조품인지 진품인지에 대한 논란이 있었는데, 논자는 이 명문들이 진품이며 여기에 쓰인 문자가 간다라뿐 아니라 아프가니스탄, 중앙아시아 어쩌면 이 지역들의 경계를 넘어선 곳에서까지 사용되었던 문자라는 것을 입증하였다(Nasim Khan 2007). 이들 중 일부는 현장에서 발견되었고 몇몇은 과학적 발굴을 통해 복원되었는데, 현재 박물관에 보관되어 있거나 파키스탄이나 해외의 개인 수집가들이 소장하고 있다. 간다라에서 발견한 이러한 명문들만 본다면, 이들은 대부분 석판이나 토기, 혹은 금속 병에 새겨져 있는 것들이다. 석판은 사암(砂岩), 편암(片岩), 대리석 등 다양한 재질로 되어 있다.

아프가니스탄의 다슈티나와르(Dasht-i-Nawar)에서 발견된 명문 조각을 제외한다면 대조 가능한 언어로 되어 있는 명문이 없기에, 이 문자는 아직 판독되지 않았다. 논자는 최근 Kohi와 다른 고대 문자들, 특히 현지 문자 간의 관계성을 찾는 연구를 시도했다. 이 글에서 논자는 이것이 카로슈티나 인더스의 부호와 유사성이 있다고 주장하였으나 그 이후 연구에서 유의미한 진전을 보이지는 못하였다. 그러나 여기에 소개한 새로운 명문들의 발견으로 인해, 우리는 이 문자의 기원과 관련한 새로운 가설들을 제시할 수 있을 것이다. 본고는 간다라에서 발견되어 논자가 복원한 세 가지 석판(figs. 9, 11,12)과 하나의 토기(fig. 13)만을 주목하고자 한다.

이 명문들 중 하나는 카이베르 파크툰크와(Khyber Pakhtunkhwa) 주정부 고고학/박물관 부서의 SRO 컬렉션에 소장되어 있는 것이며(fig. 9), 나머지는 개인 소장품이다.[2] 이 새로운 명문들 중에 하나는 더욱 복잡한 형태를 보여주고 있으며(fig.10) 2007년에 발간된 대리석판 명문과 비교할 수 있다(Nasim Khan 2007, 92).

우리는 『대장엄경론(Lalitavistara)』이나 『전생담(Jataka)』, 『법원주림(法苑珠林)』 등과 같은 인도나 중국의 고대 문헌들을 통해 고대 인도에서 여러 가지 문자가 사용되었음을 안다(Tsung-I 1964). 또한 우리는 여러 자료를 통해, 간다라가 불교 유포와 지식의 전파라는 측면에서 매우 중요한 역할을 했음도 알고 있다. 바로 이곳이, 이 지역에 퍼져 있는 다양한 문자 체계, 그리고 베다(Veda)와 같은 다양한 성전들을 배우기 위해 학생들이 방문해야 하는 곳이었다. Kohi는 이러한 문헌에서 언급한 고대 문자들의 목록에 속한 것이며, 학생들이 배워야 하는 문자였을까? 만약 그렇다면 이러한 여러 목록에서 사용된 문자들의 명칭 중 무엇일 것인가? Lalitavistara에 나타난 Puṣkarasāri가[3] Kohi의 진짜 이름일까? 물론 그 중에서도 가장 의문스러운 것은 이 문자의 기원이다. 형태의 유사성에 기인해서, 우리는 이것은 중국 글자에서 찾아야 할 것인가, 아니면 본래부터 토착적인 것이라 할 것인가? 현재의 걸음마 단계의 연구로는 이러한 연관 질문들에 답할 수 없지도 모르지만, 적어도 이러한 노력은 분명 이 중요한 주제에 대한 향후 연구의 방향을 설정하는 데 아이디어를 줄 수 있을 것이다. Lalitavistara에는 64개의 문자가 언급되어 있는데, 이것은 보살이 학장(學匠) Viśvāmitra에게 가르침을 청하는 장면에서 다음과 같이 설명된다.

---

2 본고에 포함되어 있는 몇몇 사진들을 보내준 당시 대영박물관 주화/메달 부서 관리자 Joe Cribb 씨에게 깊은 감사를 드린다.

3 Pukhalavadi〈Pushkalavti가 간다라의 첫 번째 수도였던 Charsadda의 고대 이름이었다는 것은 Charsadda에서 발견된 주화에 의해 이미 증명되었다. (Gupta 1958) (fig. 14 참조)

스승이시여, 어떠한 문자를 가르쳐 주시겠습니까? [F.66.b] 그것은 Brāhmī, Kharoṣṭī 문자입니까, 혹은 Puṣkarasāri 문자입니까? 그것은 Aṅga 문자, Vaṅga 문자, Magadha 문자, Maṅgalya 문자, Aṅgulīya 문자, Śakāri 문자, Brahmavali 문자, Pāruṣya 문자, Drāviḍa 문자, Kirāta 문자, Dākṣiṇya 문자, Ugra 문자, Saṁkhyā 문자, Anuloma 문자, Avamūrdha 문자, [126] Darada 문자, Khāṣya 문자, Cīna 문자, Lūna 문자, Hūṇa 문자, Madhyākṣaravistara 문자, Puṣpa 문자, Deva 문자, Nāga 문자, Yakṣa 문자, Gandharva 문자, Kiṃnara 문자, Mahoraga 문자, Asura 문자, Garuḍa 문자, Mṛgacakra 문자, Vāyasaruta 문자, Bhaumadeva 문자, Antarīkṣadeva 문자, Uttarakurudvīpa 문자, Aparagoḍānī 문자, Pūrvavideha 문자, Utkṣepa 문자, Nikṣepa 문자, Vikṣepa 문자, Prakṣepa 문자, Sāgara 문자, Vajra 문자, Lekhapratilekha 문자, Anudruta 문자, Śāstrāvarta 문자, Gaṇanāvarta 문자, Utkṣepāvarta 문자, Nikṣepāvarta 문자, Pādalikhita 문자, Dviruttarapadasaṁdhi 문자, Yāvaddaśottarapadasaṁdhi 문자, Madhyāhāriṇī 문자, Sarvarutasaṁgrahaṇī 문자, Vidyānulomāvimiśrita 문자, Ṛṣitapastapta 문자, Rocamāna 문자, Dharaṇīprekṣiṇī 문자, [F.67.a] Gaganaprekṣiṇī 문자, Sarvauṣadhiniṣyanda 문자, Sarvasārasaṁgrahaṇī 문자, 혹은 Sarvabhūtarutagrahaṇī 문자입니까? 스승이시여, 저 예순네 가지 중 어느 것을 저에게 가르치려 하십니까?(The Play in Full: Lalitavistara, page 91)

지금껏 이 지역에서 발견된 Kohi 명문의 개수는 매우 인상적이며 그 양은 점차 늘어나고 있다. 여기에 제시된 모두 네 가지는 모두 논자가 문서화한 것이다.

Inscription 1 (fig.9): 이 명문은 석조 예술품의 각각 다른 면에 음각되어 있다. 이것은 편암으로 만들어진 건축물의 일부— 아마도 기둥머리나 난간이었을—로, 많은 조각으로 장식되어 있다. 이것은 현재 카이베르 파크툰크와 주 정부 고고학/박물관 부서의 SRO 컬렉션에 보관되어 있다. 명문은 없으나 이와 유사한 오브젝트가 같은 컬렉션에 보존되어 있다. 이러한 종류의 또 다른 오브젝트들이 탁실라 지역 발굴조사 과정에서 발견되어 현재 탁실라박물관의 리저브 컬렉션에 보관되어 있다.

신발과 비슷한 모양의 이 조각에는 여섯 군데에 Kohi 명문이 음각되어 있다. 하나는 신발의 혀 부분에, 하나는 코 부분, 나머지는 앞쪽 등가죽 부분과 외장 부분에 새겨져 있다. 글자들은 세련되게 조각되어 있으며 오른쪽 등가죽 부분의 몇몇 형태를 제외하면 명료하다.

Inscription 2 (fig. 11): 큰 사이즈의 편암 석판으로, 7행의 명문이 새겨져 있다. 글자들은 정교하게 새겨져 있고 명료하다. 이 명문을 이미 발표된 것들과 비교해보면 여기의 글자들이 좀 더 장식적이며(Table 2) 저 대리석판 명문과 비교될 수 있다(Nasim Khan 2007: 92). 또한 여기에서 새로운 기호도 볼 수 있다 (Table 1).

Inscription 3: 이것은 삼각형의 석판에 새겨져 있으며, 상단에 마주보고 있는 두 마리의 작은 새 문양과 함께 3행의 명문이 음각되어 있다. 석판의 하단 부분이 파손되어 있어 명문의 일정 부분이 사라진 것으로 보인다.

Inscription 4: 이것은 Kohi 명문이 나타나 있는 작은 토기로 페샤와르 (Peshawar) 시의 모할라 세시안(Mohallah Sethian) 지역 주택 건축 과정에 발견되었다. 이 병은 어깨 부분에 1행의 명문이 새겨져 있다.

명문 조각 한 사례를 제외하면 대조 가능한 이중 언어로 된 명문이 없기 때문에 이 문자는 아직 해독되지 않았고 이들 명문의 내용에 대해 설명하기는 어렵다. 우리가 가지고 있는 이중 언어로 된 명문은 아프가니스탄 다슈티나와르에서 발견된 파편적인 명문이 유일하다(Fussman 1974). 이 명문에 대한 진전된 연구가 향후 Kohi 문자의 해독 연구에 실마리가 될 것이다. 그러므로 이 기초적인 단계의 연구에서 우리는 그저 Kohi가 Lalitavistara에서 언급된 Pushkara에 상응하는 것일 수 있으며, 서사의 방향이 오른쪽에서 왼쪽이었다는 것만을 추측할 수 있다. 나아가 문자의 형태, 특히 inscription no. 2, table 4에 나타난 것이 중국 문자의 형태와 유사성을 가지고 있으며 이 지역의 두 문자 간 혹은 다른 문자들(Tables 2,3) 간의 연관성을 가지고 있을 가능성을 배제할 수 없었다. 시기를 보자면 이 문자는 적어도 기원전 3세기부터 최대 기원후 10세기까지 사용되었던 것이 거의 확실하다.

일반적으로 경제와 문화 교류의 경로는 종교의 전파로(傳播路)로 기능하였다고 한다. 문명의 교차지점에 위치한 간다라 지방은 이러한 특권을 누리는 지위에 있었다. 빨리 문헌, 특히 스리랑카의 가장 오래된 역사 기록으로 여겨지는 Dipavamasa 그리고 Mahavamsa를 고려한다면 인도와 중국 간의 직접적 혹은 간접적 접촉은 아마도 아쇼카왕의 재위 시절부터 시작되었을 것이다 (Geiger 1912, xvi, xviii). 두 문헌 모두 아쇼카 왕의 아들인 마힌다(Mahinda)를 보내 실론(Ceylon)에서 불교의 교리를 전파하게 하였다고 전하고 있는데(Geiger 1912, xviii) 거기에서 중국에 당도했을 가능성도 있다. 간다라 지방을 아울러 통치하였던 아쇼카 왕의 재위시절에 불교가 인도에서 중국으로 전파되었을 것이라고 추측한다. 불교는 이후, 특히 카니시카(Kanishka) 왕의 후원에 힘입어 간다라 지역에서 불교와 불교미술의 황금시대를 열었던 쿠샨(Kushan)왕조 시대에 점점 더 퍼져 나갔다. 간다라와 중국 간의 연결은 쿠샨왕조가 이 지역을 지배하고 있었던 이후에 더욱 현저해졌을 것이다(Liu 1988: 4). 비록 간다라 지방이 중국에 불교와 불교 미술을 전파하는 데 많은 역할을 하였으나 최근에 발굴된 유물들은 오히려 간다라 지역에 중국 문화가 침투했음을 보다 분명하게 보여준다.

여기에서 가장 중요한 것은 간다라와 그 경계지역에서 발견된 새로운 증거들이다. 이것들은 중국의 역사서 『위략(魏略)』에서 언급된 남로(南路)가 사용되기(Hill 2004) 이전에도 간다라가 북부 인더스 계곡을 통해 중국과 교류하고 있었음을 시사하고 있다. 당시에도 그 이후에도, 간다라의 탁실라는 가장 중요한 교육의 중심지였고 인도 및 외국에서 광범위한 명성을 얻고 있었다. 탁실라가 세계 각지에서 온 학자들과 학생들을 매료시켰던 것은 바로 그 학문적 탁월성이었던 것이다(Pancavudha-Jataka 참조). 불교도와 힌두교도[4] 모두에게 배움의 거대한 장이었기에 불교 문헌과 베다, 그리고 다양한 기술, 특히 서사의 기술[5]을 배우기 위해 먼 지역에서 온 학생들이 간다라를 방문하였음을 보여주는 많은 사례들이 있다. 이러한 상호작용은 분명히 연관 지역 간의 상호 문화교류를 야기시켰을 것이다. 북부 인더스 계곡에서 발견된 중국어 명문과 카슈미르 스마츠에서 나온 두 개의 중국 동전은 이러한 상호작용이 있었음을 지지하는 직접적인 고고학적 증거이다. 나아가 Kohi와 중국어 문자의 유사성, 그리고 그 판독은 이러한 문화적 연계의 토대가 얼마나 깊었는지를 보여주는 데

---

4 간다라의 힌두이즘에 대해서는 Nasim Khan(2006)을 함께 참조하라.
5 이러한 점에서, Jataka 중 하나인 Pancavudha-Jataka에는 Taxila로 아들을 보내 세계적으로 유명한 수승에게서 수학하게 했던 왕의 이야기를 전하고 있다(Francis and Thomas 1916, 60).

진전된 도움을 줄 수 있을 것이다[6]. 더욱이 간다라 불교 미술 도상들이 중국 문화에 영향을 받았다는 것도(figs. 17, 18 참조) 9세기 이전 간다라와 중국 간의 상호 문화적 교류를 입증하는 또 하나의 증거이다.

Table 1: 기발표된 명문의 Kohi 문자들

---

[6] 고대 중국 서사의 전문가들이 이러한 점에 대해 지적하고 도와줄 수 있을 것이다.

Table 2: Kohi와 비-고대인도 문자 (Nasim Khan 2007, fig. 6)

Table 3: Kohi와 고대인도 문자 (Nasim Khan 2007, fig. 7)

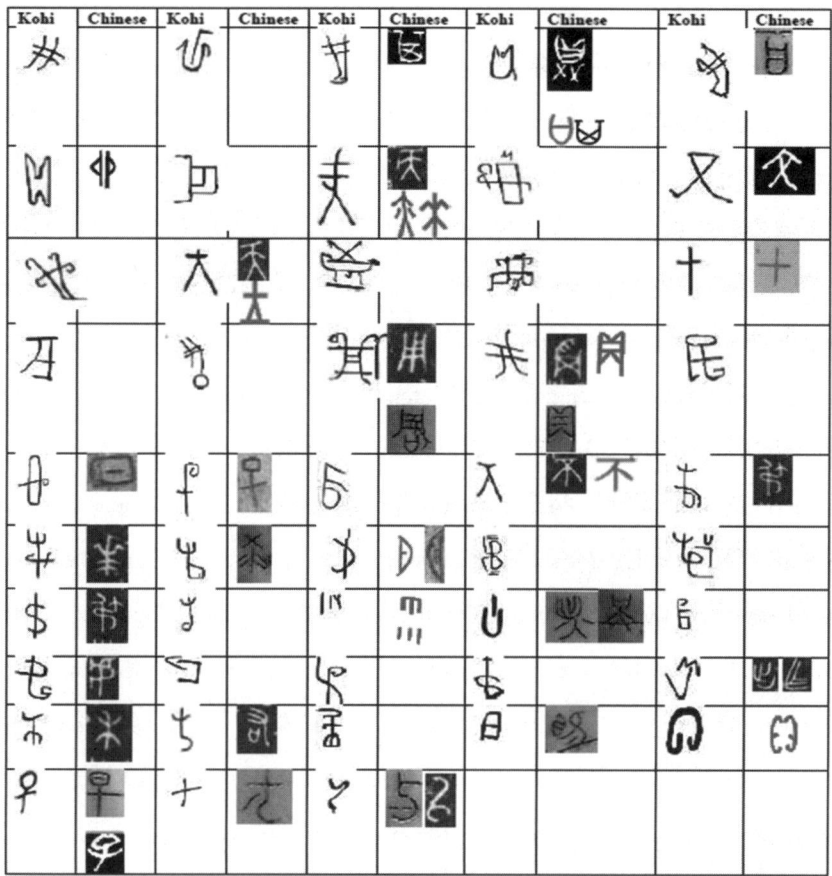

Table 4: Kohi와 한문 명문 선별 대조. 한자는 대부분 figs.15,16에서 추출.

Cross cultural Communication between Gandhara and China Before the 9th Century AD.
−New Archaeological Evidence

Being part of the extreme northwest of the Indo-Pak subcontinent, Gandhara and its borderlands (fig.1) has always been remained the focus of a strategic, political, cultural and religious importance. This is the area which had been contributing in the diffusion of Buddhism, in disseminating knowledge and in making and unmaking the history of South Asia and the surrounding regions. The area has served as a gateway to the subcontinent and has been often traversed by waves of foreign invaders and nomadic people references and remains of whose can be found in literatures, travellers' accounts and through archaeological discoveries. And thanks to these evidences that enable us to understand, up to some extent, the different aspects of the history of this region and the relation it had with the people of the neighbouring countries, particularly with China which is the subject of the present paper.

Among the recent discoveries made in Gandhara and its borderlands, Northern Areas of Pakistan, are the rich assemblage of rock carving sites in the Upper Indus Valley, an ancient pilgrimage and trade route between Gandhara, China and Central Asia. Rock-carvings are not the specificity of this region alone, as these have long before been attested elsewhere in other parts of the world. However the number of carvings registered and photographed in the Upper Indus Valley by the Pakistani, German and our French colleagues, so far, has not been surpassed anywhere else. In fact, the importance of the Upper Indus carvings is not their number but their multiplicity which are evidences of the presence of different people from different regions, which, since prehistoric time up to very recent period, have left us with their traces in the form of engravings.

More than 50,000 carvings, including Chinese pagoda drawings, have, till present, been recorded in the Upper Indus Valley. Explorations in the area still continue and the number of these carvings has been increasing gradually. What exactly are these carvings mean? We may never be able to understand fully the origin and the specific role of all of them; it seems however that they played an important role in the religious, social and cultural life of their engravers. The density and diversity of these carvings not only show the importance of the Upper Indus region but they also constitute a rich source of primary information for reconstructing history of the passages that linked South Asia to China and Central Asia. The building up of history of mankind would depend, however, largely on new research in these intermediary regions.

Among these carvings, more than six thousands inscriptions written in twelve ifferent scripts have been recorded. These also include some Chinese inscriptions, most probably belong to different periods. In total eight inscriptions written in Chinese characters and two pagoda carvings have, presently, been recorded around Chilas and at Hunza in the Upper Indus Valley, Northern Areas of Pakistan (fig. 2). The most important are those coming from Thak

Das and Hunza-Heildekesh. Except in one case, all these are short inscriptions representing personal or, may be in one example, place names (Höllmann 1996, 432). Although the number of Chinese carvings in the Upper Indus Valley is less compare to other carvings, its presence still shows that these are important evidence and are the testimony of the linkage that this region had with China, at least from the third century AD or first century AD (see below, page 4). (Höllmann 1996, 428 and 433, Note 9). The following inscriptions were discovered in the Upper Indus Valley.

Inscription No. 1: It was recorded at Hunza Heildekesh rock carving site and is slightly engraved into the undressed surface of the rock and is hardly visible. The inscription is partially overlapped by a Brahmi inscription of the Gupta eriod which itself is superimposed by the drawing of a linga, a Hindu icon representing Shiva (fig.3).

The inscription consists of twelve characters, arranged vertically, and is translated by the late Ma Yong (Ma Yong 1989: 144) as "Gu Wei-long, envoy of the Great Wei, (is) now dispatched to Mimi.". According to Ma Yong, Mi mi corresponds to Maimargh, a small country that, according to Arabic tradition, as situated to the south of Samarkand. Regarding the dynasty Wei, Hollmann refers to different Chinese dynasties known by the title Wei before the end of the sixth century AD. According to Hollmann (Höllmann 1990, 427), the dynasties to which the inscription may relate are:

Cao-Wei 220-264 AD

Northern Wei 386-534 AD

Eastern Wei 534-550 AD

Western Wei 535-556 AD

The generally accepted date for the inscription is either it was executed at the time of Cao-Wei or Northern Wei that would place the inscription between 220-534 AD.

Inscription No. 2: It was recorded at Thalpan I site located near to the hanging Bridge built on the river Indus and that connect Thalpan Valley to Thak Nala, an ancient short cut route between Taxila and the Gilgit valley and further to Khunjerab pass. The inscription is of three characters arranged vertically. The possible reading of the inscription would be Zhang Qian Ji (inscribed by Zhang Qian) (Höllmann 1996, 428).

Inscription No. 3: The inscription consists of three characters, arranged vertically, and was found at Thalpan II site in the Chilas region. The possible reading and translation of the inscription is: Zhang Fu sang "Zhang Fu died" (Höllmann 1996, 428).

Inscription No. 4: This inscription, which is very much defaced, was found in Chilas I site and bears three characters (Höllmann 1996, 429, fig.4) whereas only Zhang is readable. Similar name is attested in the previous inscription and it would be possible that both these names correspond to the same person as it is the case for several Indian names, written in Brahmi, which are repeatedly engraved at different places and on both sides of the River Indus (Nasim Khan 2002).

Inscription No. 5: This inscription is equally recorded at Chilas I site and on the same boulder as inscription No. 4 but except for the first character which is read Gao, the other two are not legible (Höllmann 1996, 429, fig.4).

Inscription No. 6: On both side of the pagoda carving, found at Thak Das site, three characters in Chinese have been engraved. The reading of two characters engraved on the right side of the structure is: Zhang zi. The third one, placed on the left side of the building, is read qui by Höllmann (Höllmann 1996, 429, fig.5).

The two storeys structures with ribbons attached to the top and hanging on both sides (fig. 4) is the second example of this kind in the region. The other one was found in the same area (fig.5).

Inscription No. 7: This inscription was recorded at the famous site of Shatial (Shatial I). Once again the inscription is composed of three characters whereas the reading is: guo zhai kai or guan and could means 'Guozhai pass'[7].

---

7 For details see Höllmann 1996, 430.

Inscription No.8: The last inscription of this series is a group of five characters found at Shatial I. The three large size characters are arranged horizontally while the small one is depicted vertically. The reading is Hunag Mi Wei Hun Qi that, according to Höllmann, may represent different names (Höllmann 1996, 429, fig.47).

Apart from the above Chinese inscriptions and the two pagoda carvings recorded in the Upper Indus Valley, some more evidence of the Chinese presence in the region have been recovered, particularly at the site of Kashmir Smast (figs.1, 6). The site was first explored by A. Court in 1839 (Court 1839) but later on visited by other European explorers till the end of the 19th century sometime publishing a preliminary sketch with notes of their visits to the site. The site was surveyed and documented by the Japanese in 1959 and published a detailed report and map of the site whereas the site was identified as a Buddhist establishment (Mizuno 1962). Since 1999, the author of this paper has been working on the site and the remains in the surrounding areas and on the basis of different evidence he declared the site as the earliest Shaiva monastic established in the region (Nasim Khan et al 2006, 2008). During several years of explorations and excavation, hundreds of antiquities have been recorded at the site. Beside those known coins of Gandhara region, a good number of other coins have also been recorded at the site such as Western Kshatrap coins, Kalachuri coins, a Roman plaque, and new varieties of coins of the Hun period (Nasim Khan 2006, Nasim Khan et al 2008). Apart from these antiquities, one inscription mentioning a foreign name and two Chinese coins have also been found at Kashmir Smast site.

As far the epigraphic evidence from Kashmir Smast are concerned, beside those engraved on slabs and other objects, more than 70 inscriptions painted in red or black colours were found depicted on the rough surfaces of rock shelters located in the entrance of the Kashmir Smast Valley. All these are written in Gupta Brahmi characters and belong to 4th/5th century AD. (Nasim Khan 2009a). One of these inscriptions mentions the name misayotho "Misayotha" (Nasim Khan 2009a, 141) which seems non-Indian but is written in a local script; the etymology of the name is uncertain. It is not the sole example at Kashmir Smast because we have also the name Horamysa "Ahura Mazda", an Iranian god, mentioned in one of the Kamandalu Brahmi inscriptions as well as in the rock carvings of the Upper Indus Valley (Nasim Khan 1994; 1995, 2006: 102). According to Chinese pilgrim Xuang Zang the site of Kashmir Smast had been visiting by peoples of different religions belong to different regions; they had to come and pay homage to the goddess over there. Xuang Zang, who visited Gandhara around 600 AD, narrates in the following words:

To the north-east of the city of Po-lu-sha 50 li or so we come to a high mountain, on which is a figure of the wife of Íśvara Dâva, carved out of green (bluish) stone. This is Bhímá Dêvê. All the people of the better class, and the lower orders too, declare that this figure was self wrought. It has the reputation of working numerous miracles, and therefore is venerated (worshiped) by all, so that from every part of India men come to pay their vows and seek prosperity thereby. Both poor and rich assemble here from every part, near and distant (Beal 1884, 112-114).

The narrative of Xuang Zang, the finding of the Bactrian manuscript and the Chinese and other coins of different peoples and periods found at Kashmir Smast do not exclude the possibility to suggest that the site was visited by peoples coming from different quarters of the world to pay homage to this sacred site. The present inscription which mentions a non-Indian name written in a local script might belong to a person most probably came from East Asian regions. Misayotha was either able to read and write his name in Brahmi or somebody else was asked to do it for him. Would it also be possible that Misayotha is misspelled for Maranantha, an Indian Buddhist monk who is generally believed to bring Buddhism in South Korea in the 4th century AD? It should be noted that our inscription also belong to the same date.

Apart from the above inscription, the following two Chinese coins that belong to two different periods have also been found at Kashmir Smast and are among the most significant discoveries made in Gandhara. The discovery of these coins confirms the beginning of Gandhara-China contact at least from the 1st century AD.

Coin No.1 (fig. 7)

Wang Mang (AD 7-23)

Ref.: Nasim Khan 2006: 198, No. 155; Nasim Khan et al 2008: 222, No. 745).

Obv: Chinese inscription huoquan.

Rev: Plain.

Chinese Huo quan coin issued by Wang Mang from AD 14.
Æ, 2.61gr., 22.6mm

Coin No. 2 (fig. 8)

Tang Dynasty (AD 618−)

Ref.: Nasim Khan 2006: 198, No. 156; Nasim Khan et al 2008: 222, No. 746).

Obv: Chinese inscription kai yuan tong bao.

Rev: Plain

Issued from AD 621

Æ, 23.8mm

Kai yuan (AD. 621−) Tang Dynasty (From AD. 618−)

In the field of epigraphy the two most important findings recently made in Gandhara are the discoveries of the Buddhist Kharoshthi Manuscripts (Nasim Khan 2009b) and of several inscriptions written in a previously unknown script termed by the author as "Kohi" (Nasim Khan 2007). These inscriptions were found in Gandhara, Afghanistan and Central Asia. Some of these have already been noticed but ignored by scholars believing them fake. They are engraved either into the dressed surface of stone slabs or carved into huge boulders or scratched into clay pots or even punched into metal objects. The controversy whether such inscriptions are fake or genuine went on for some time but it is now proved by the author (Nasim Khan 2007) that these inscriptions are genuine and are written in a script which was in use not only in Gandhara but also in Afghanistan, Central

Asia and may be beyond the frontiers of these regions. Some of them are found in situ while few were recovered through scientific excavations. They are either preserved in different museums or are lying in private collections in Pakistan or abroad. As far discoveries of such inscriptions in Gandhara are concerned, these are mostly engraved on stone slabs or clay and metal pots. The stone slabs are of various natures such as sandstone, schist and marble.

In the absence of any bilingual inscription, except for the fragmentary inscription from Dasht-i-Nawar in Afghanistan, the script has not yet been deciphered. An attempt has been previously made by the author to find any linkage, if there was any, between Kohi and other ancient scripts, particularly with the local scripts. In his paper the author has claimed a somewhat similarities of few of the symbols with those of the Kharoshthi or Indus symbols but since then no significant development has been occurred. With the discovery of some new inscriptions presented here we might be able to bring forth new suggestions regarding its origin. The present paper only focuses on the three stone slabs (figs. 9, 11,12) and a clay pot (fig. 13) that were found in Gandhara and are recently recorded by the author.

One of these inscriptions is preserved in the SRO collection of the Directorate of Archaeology and Museums, Government of Khyber Pakhtunkhwa (fig. 9), while the other are in private collections[8]. Among the new inscriptions, one

---

8 I am very thankful to Mr. Joe Cribb, then Keeper of the Coins and Medals Department, The British Museum, for sending me some of the photographs that I am including here in this paper.

of them shows more complex forms of the characters (fig.10) and could be compared with the marble slab inscription published in 2007 (Nasim Khan 2007, 92).

We know from both Indian and Chinese ancient literatures such as, Lalitavistara, Jatakas, Fa-Wan-Shu-Lin, etc. that different scripts were in use in ancient India (Tsung-I 1964). We also know from different sources the utmost role of Gandhara in the diffusion of Buddhist and in disseminating knowledge. It was here that the students have to come and learn the art of different writing systems, prevailed in this region, and the different sacred texts such as the three Vedas. Is Kohi part of the list of the ancient scripts mentioned in these literatures and the students had to learn? If yes, whatwould be the name of the script used in these different lists? Is Puṣkarasāri[9] of Lalitavistara is the actual name for Kohi? And the most obvious question comes to mind is of course about the origin of the script. Due to similarity of the characters, should we look it in the Chinese characters or it is indigenous in nature? With the present initial stage of research we may not be able to answer all these pertinent questions but the present endeavour would certainly give an idea how to direct our future research on this important subject. The sixty-four scripts mentioned in the Lalitavistara and that the Bodhisattva has asked the schoolmaster Viśvāmitra to learn are explained in the following words:

---

9 The name Pukhalavadi ⟨ Pushkalavti, ancient name for the present Charsadda, the first capital of Gandhara, has already been attested on a coins found in Charsadda (Gupta 1958) (see fig. 14).

"Which script, O master, will you be teaching me? [F.66.b] Will it be the Brāhmī script, the Kharoṣṭī script, or the Puṣkarasāri script? Will it be the Aṅga script, the Vaṅga script, the Magadha script, the Maṅgalya script, the Aṅgulīya script, the Śakāri script, the Brahmavali script, the Pāruṣya script, the Drāviḍa script, the Kirāta script, the Dākṣiṇya script, the Ugra script, the Saṁkhyā script, the Anuloma script, the Avamūrdha script, [126] the Darada script, the Khāṣya script, the Cīna script, the Lūna script, the Hūṇa script, the Madhyākṣaravistara script, the Puṣpa script, the Deva script, the Nāga script, the Yakṣa script, the Gandharva script, the Kiṃnara script, the Mahoraga script, the Asura script, the Garuḍa script, the Mṛgacakra script, the Vāyasaruta script, the Bhaumadeva script, the Antarīkṣadeva script, the Uttarakurudvīpa script, the Aparagodānī script, the Pūrvavideha script, the Utkṣepa script, the Nikṣepa script, the Vikṣepa script, the Prakṣepa script, the Sāgara script, the Vajra script, the Lekhapratilekha script, the Anudruta script, the Śāstrāvarta script, the Gaṇanāvarta script, the Utkṣepāvarta script, the Nikṣepāvarta script, the Pādalikhita script, the Dviruttarapadasaṁdhi script, the Yāvaddaśottarapadasaṁdhi script, the Madhyāhāriṇī script, the Sarvarutasaṁgrahaṇī script, the Vidyānulomāvimiśrita script, the Ṛṣitapastapta script, the Rocamāna script, the Dharaṇīprekṣiṇī script, [F.67.a] the Gaganaprekṣiṇī script, the Sarvauṣadhiniṣyanda script, the Sarvasārasaṁgrahaṇī script, or the Sarvabhūtarutagrahaṇī script? Master, which of those sixty-four scripts will you teach me?" (The Play in Full, Lalitavistara, page 91)

The number of Kohi inscriptions found, so far, in the region is quite impressive and the quantity is increasing gradually. Those included here are four in number and have been recently documented by the author.

Inscription 1 (fig.9): The inscription is engraved on different parts of a stone object which is in fact masterpiece of art. It is an architectural element made of schist, may be a capital or a bracket, and is richly decorated with carved designs. The object is presently preserved in the SRO collection of the Directorate of Archaeology and Museums, Government of Khyber Pakhtunkhwa. Another similar object, but uninscribed, is preserved in the same collection. Other such objects were found during excavation at Taxila and are presently lying in the reserve collection of the Taxila Museum.

This shoe like slab is engraved with Kohi inscriptions at six different places. One is engraved in the tongue area, one at the toe cap and the others are on the vamp and facing of the object. The letters are nicely engraved and are legible except few characters on the right vamp of the object.

Inscription 2 (fig. 11): It is a large size slab in schist engraved with a seven lines inscription. The letters are finely engraved and are legible. By comparing this inscription with those already published, the letter here seems more elaborate in style (Table 2) and can be compared with the Marble slab inscription (Nasim Khan 2007: 92). Some new signs can also be observed here (Table 1).

Inscription 3: It is about a triangular slab engraved with two small birds, face to face, at the top angle, and three lines inscriptions. It seems that some part of the inscription is missing with the damaged lower portion of the slab.

Inscription 4: It is a small clay pot bearing Kohi inscription and was found during construction of a house in the Mohallah Sethian area of the Peshawar city. The pot carries a single line inscription engraved on its shoulder.

In the absence of a bilingual inscription, except one fragmentary inscription, the script has not yet been deciphered and it would be difficult to comment on the contents of these inscriptions. The only bi-lingual inscription that we have is a fragmentary inscription found at Dasht-i-Nawar, in Afghanistan (Fussman 1974). Further study of that inscription would be a clue in our future research on to decode the Kohi script. Therefore, at this preliminary stage of our research we can only suggest that Kohi may correspond to Pushkara, the script mentioned in the Lalitavistara, and its direction of writing is from right to left. Moreover, the characters of the script, particularly our inscription no. 2, table 4, are having similarities with the Chinese characters and the possibility of any link between the two scripts or with other scripts of the region (Tables 2,3) could not be excluded. As far as the date is concerned, the script was most probably in use at least from the third century BC to the tenth century AD at the latest.

It is said that routes for economic and cultural exchange functioned as paths for the transmission of religions; the region of Gandhara, being situated at the cross route of civilizations, had the status of this privilege. The direct or indirect connection between India and China was probably started during the time of Ashoka if we take in to consideration the Pali literatures, particularly the Dipavamasa, which supposed to be the oldest historical record on Sri Lanka, and the Mahavamsa (Geiger 1912, xvi, xviii). Both these literatures mention that Ashoka' s son Mahinda was sent to Ceylon to spread the doctrine of Buddhism (Geiger 1912, xviii) and from there it may have reached to China. It is supposed that during Ashoka's time, who was equally controlling Gandhara,

Buddhism spread from India to China. Buddhism was flourishing more and more in succeeding periods, particularly under the Kushan which remained a golden age for the Buddhists and Buddhist art of Gandhara, chiefly under the royal patronage of Kanishka. Gandhara-China connection may had become more evident during and after the Kushan's control over this region (Liu 1988: 4). Although, Gandhara has contributed a lot in the diffusion of Buddhism and in the Buddhist Art in China, the recent finds show that the Chinese culture penetration in Gandhara region became more evident.

The most important among these are the new evidence from Gandhara and its borderlands which suggest that before the use of the southern route of Weilue, a Chinese historical text (Hill 2004), Gandhara was in contact with China through the Upper Indus Valley. At that time and onward, Taxila in Gandhara remained the most important educational Centre and was having widespread reputation in India and in foreign countries. It was this academic excellence (see Pancavudha-Jataka), that Taxila had been attracting scholars and students from different countries of the world. Remained a great seat of learning for both Buddhists and Hindus[10], there are many instances which shows that students from far flung area were visiting Gandhara in search of Buddhist scriptures and

---

10 For Hinduism in Gandhara see also Nasim Khan 2006.

to learn the Three Vedas and the different arts, particularly the art of writings[11]; this interaction might had certainly resulted in the cross cultural exchanges of the concerned regions. The presence of the Chinese inscriptions in the Upper Indus Valley and the two Chinese coins from Kashmir Smast are the first hand archaeological evidence to support the existence of this interaction. Moreover, similarity between Kohi and Chinese characters and its decipherment may further help to demonstrate how deep the foundation of this cultural link was[12]. Furthermore, inspiration from the Chinese culture in the iconography of the Buddhist art of Gandhara (see figs. 17, 18) is another establish fact of the cross cultural communication between Gandhara and China before nine century AD.

References

The Play in Full: Lalitavistara (2013). Translated by Dharmachakra Translation Committee.

Beal, Samuel (1884). Si-Yu-Ki. Buddhist Records of the Western World. Translated from the Chinese of (Hiuen Tsaing) (ad 629).In two volumes. London

Court, A. 1839. Alexander's exploits on the Western Banks of the Indus. JASB VIII: 312.

Cowell, e.b. (1895). The Játaka or Stories of the Buddha's former Births, vol. 1.

---

11 In this regard, one of the Jatakas, Pancavudha-Jataka, explain the story of a king who sent his son to Taxila to study with the world-famed teacher (Francis and Thomas 1916, 60).
12 Specialists in ancient Chinese writing may comment and help in this regard.

Cambridge

Francis, H.T. and Thomas, E.J. (1916). Játakas Tales. Cambridge University Press.

Fussman, G. (19974). Documents Epigraphiqes Kouchans I. BEFEO 61: 1-66.

Geiger, W. (1912). The Mahavamsa or The Great Chronicle of Ceylon. Translated into English by Wilhelm Geiger. Published by the Pali Text Society, London.

Höllmann, Thomas, O. (1996). Chinese Rock Inscriptions in the Upper Indus Valley (North Pakistan). Land Routes of the Silk Roads and the Cultural Exchanges between the East and West before the 10th Century. Desert Route Expedition International Seminar in Urumqi (August 19-21, 1990): 436.

Gupta, P.L. 1958. The City Goddess of Pushkalávatí. Journal of the Numismatic Society of India, Vol. XX, Part I: 68-70.

Hill, John, E. 2004. The Peoples of the West, from the Weilue 魏略 by Yu Huan 魚豢. A Third Century Chinese Account Composed between 239 and 265 CE, Quoted in zhuan 30 of the Sanguozhi Published in 429 CE.

Liu, Xinru (1988). Ancient India and Ancient China. Trade and Religious Exchanges, AD 1-600.Delhi

Mizuno, S. 1962. Haibak and Kashmir-Smast Buddhist Cave-Temples in Afghanistan and Pakistan surveyed in 1960. Kyoto University.

Ma Yong (1986). The Chinese Inscription of the Da-Wei Envoy on the 'Sacred Rock of Hunza'. Pakistan Archaeology 10-22: 203-221.

Ma Yong (1989). The Chinese Inscription of the 'Da-Wei' Envoy on the 'Sacred

Rock of Hunza'. Aniquities of Northern Pakistan 1: 139-157. Mainz

Nasim Khan, M (1994). Rock-carvings and Inscriptions at Helor Das. Antiquities of Northern Pakistan III: 201-211. Mainz, Germany.

Nasim Khan, M. (1995). Thor Nord, Helor Das Ouest, Helor Das Est. Publication de Trois Sites Archéologiques de la Haute Vallee de l'Indus. Ph.D. thesis submitted to the Sorbonne Nouvelle Paris III - France.

Nasim Khan, M (2002). Vasutara and his Family in the Epigraphical Records of the Upper Indus Valley. Ancient Pakistan 2002/2003. Vol. XV: 157-172.

Nasim Khan, M. (2006). Treasures from Kashmir Smast. The Earliest Shaiva Monastic Establishment. Peshawar.

Nasim Khan, M. (2007). Kohi Script: Discovery of another ancient Indian writing system. Gandhāran Studies 1: 89-118. Peshawar

Nasim Khan, M., Errington, E. and Cribb, J.(2008). Coins from Kashmir Smast - New Numismatic Evidence. Peshawar

Nasim Khan, M. (2009a). Painted Inscriptions from Kashmir Smast: Study and Analysis. Gandharan Studies 3: 127-157.

Nasim Khan, M. (2009b). Kharoshthi Manuscripts from Gandhara. (2nd edition). Peshawar

Tsung-I, Jao (1964). Chinese Sources on Brahmi and Kharoshthi. Annals of the Bhandarkar Oriental Research Institute, Vol. 45, No.1/4. 39-47.

Table 1: Kohi characters from the already published inscriptions.

Table 2: Kohi and non-ancient Indian scripts (Nasim Khan 2007, fig. 6)

Table 3: Kohi and ancient Indian scripts (Nasim Khan 2007, fig. 7)

Table 4: Selected characters from Kohi and Chinese inscriptions; Chinese characters mostly taken from figs.15,16)

일본의 서역연구: 불교에 관련된 최근의 동향을 중심으로

야마구치 히로에(山口弘江)

1. 서언

 불교의 영향을 다분히 받은 일본에서 자국의 문화배경을 알기 위해 그 연원을 불교의 성지(聖地)에서 구하려는 노력은 예로부터 이루어져 왔다. 근대 이전에 그 구체적인 행동은 외국 승려의 초청과 불전의 전래 또는 중국으로의 유학 등에 그쳤지만, 시대와 함께 구법의 범위가 넓어지게 되면서 그 방법도 다양화되어 온 것은 자연스러운 흐름이라 할 수 있다.

 본고에서 주제로 삼은 서역불교에 관한 연구도 그러한 현상 중 하나라 할 수 있다. 중국의 정사(正史)나 불전 등의 기술을 통해 서역에 대한 지식은 일본에서도 나름대로 학습되기는 했지만, 메이지(明治) 시대(1868~1912) 이후에 서구 각국의 발굴조사에 촉발되어 많은 학자가 관심을 가지게 되면서 새로운 서역연구를 구축했다. 그 결과 오늘날까지 축적된 연구 성과는 적지 않다 할 수 있다. 다만 뒤에서도 언급하는 바와 같이, 연구 대상 자체가 지니는 복잡한 요인으로 인해, 비전문가들이 보기에 그 내용이 학술적으로 매우 의미 있는 성과임을 미루어 알 수 있기는 하나, 왠지 들어가기 쉽지 않은 분위기로 가득 찬 것으로 비치곤 한다. 서역과 밀접한 관계에 있는 중국불교를 전문으로 하는 필자조차도 솔직히 그와 같은 인상을 아직도 떨쳐내지 못하고 있다.

다행히도 이와 같은 상황을 타개하기 위해 일본에서는 최근 관련분야 연구의 최신 성과를 전하기 위한 양서(良書)의 출간이 잇따르고 있다. 이와 같은 이유로 오늘날 일본에서 필자와 같은 문외한이라도 서역연구의 동향을 파악할 수 있는 환경이 갖추어지고 있는 것이다. 따라서 그러한 연구 성과를 참조하면서, 아래에서 일본의 서역연구, 특히 불교와 관련한 연구동향에 대해서 개관해 보도록 하겠다.[1]

2. 정의와 관련된 문제들

먼저 일본에서의 서역연구 동향에 들어가기에 앞서, 필자 자신이 당초 곤혹스러워했던 용어의 복잡함에 대해서 일본에서의 논의를 중심으로 정리하고자 한다. 아래에 열거하는 것들은 2010년 이후에 일본에서 간행된, 최근 이 분야에서 연구가 눈부시게 진전하고 있는 '소그드(Sogd)'와 관련된 간행물의 서명이다.

『유라시아의 교통·교역과 당 제국』(2010)

---

[1] 본문 중에 기술한 대로 필자는 중국불교학, 특히 천태학이라는 매우 동아시아의 토착적인 분야를 전문으로 하는데, 이번에 인연이 되어 연찬의 기회를 마련해 주신 금강대학교 불교문화연구소의 석길암, 한지연 두 HK교수에게 깊이 감사의 마음을 전하고 싶다.

『소그드인의 동방활동과 동유라시아 세계의 역사적 전개』(2010)
『신 아시아불교사 05, 중앙아시아: 문명·문화의 교차점』(2010)
『서역: 유사(流砂)에 울려퍼지는 불교의 선율』(2011)
『소그드에서 위구르로: 실크로드 동부(東部)의 민족과 문화의 교류』(2011)
『소그드와 동유라시아의 문화교섭』(2014)
『동서위구르와 중앙유라시아』(2015)[2]

위와 같이 '소그드'에 대해서는 '서역,' '중앙아시아,' '유라시아,' '동유라시아,' '중앙아시아,' '실크로드 동부'와 같은 다수의 지역명과 함께 논해지고 있음을 알 수 있다. 여기서는 굳이 한정하지 않고 '소그드'라고 했지만, 원래는 그것이 폭넓게 '소그드인'을 대상으로 하는 것인가, '소그드어'에 한정되는 것인가, '소그디아나(Sogdiana)'라는 지역에 관한 것인가, 또한 시대는 언제인가에 따라서 함의가 다르다는 것이 전제되고 있다. 그러므로 위에 열거한 여섯 권의 표제에서 들고 있는 지역의 표현이 서로 다른 것은 각각의 책들에서 주안(主眼)으로 삼는 바가 다르다는 것이 먼저 그 이유라고 생각된다.

다만, 그 이상으로 우리를 곤혹스럽게 하는 것은 각각의 호칭이 나타내는 지리적 범위도 '협의의' '광의의'라는 식으로 일정하지 않은 점이다. 시대에 따라서 그 범위도 변하고, 또한 민족의 성쇠흥망도 복잡하다. 따라서 어떤 단어를 취하더라도 그 정의를 구체적으로 논하는 것은 쉽지가 않다.

예를 들어 본고에서도 주제로 삼고 있는 '서역'은 주지하는 바와 같이 전한(前漢) 시대부터 사용된 전통적인 용어이지만, 그 정의가 분명하지 않다는 것도 줄곧 지적되어 왔다.『한서(漢書)』「서역전(西域傳)」등에 근거하여 중국의 서

---

2 아래에 열거한 책들의 저자는 순서대로 다음과 같다. 荒川(2010), 森部(2010), 奈良·石井 編(2010), 能仁 編(2011), 森安 編(2011), 森部 編(2014), 森安(2015)

쪽 관문이라 말해지는 옥문(玉門, 현재의 감숙성 돈황)·양관(陽關) 너머를 서쪽으로 보는 것은 예로부터 일치된 이해로 간주되지만, 서쪽의 끝을 어디로 볼 것인가는 시대에 따라서 이해가 다른 것 같다.

또한 연구자 개인이 그때마다 범위를 다르게 제시하는 경우도 있다. 그 현저한 예가 일본 서역연구의 금자탑이라고도 할 수 있는 하네다 도루(羽田亨, 1882~1955)의 『서역문명사 개관』(1931)과 『서역문화사』(1948)에서 들고 있는 '서역'이다. 두 책은 1992년 한 권으로 합본되어 헤이본샤(平凡社) 동양문고라는 시리즈에서 간행된 이후 오늘날까지 명저로서 널리 읽히고 있지만, 거기에 붙여진 해제를 보면 『서역문명사 개관』은 소위 동투르키스탄만을 다루고 있는 데 반해, 『서역문화사』는 동서투르키스탄 즉 중앙아시아 전체를 다루면서, 두 책에서 들고 있는 '서역'이 의미하는 범위가 다르다고 독자에게 주의를 환기시키고 있다.[3]

마찬가지로 '중앙아시아'도 그 범위가 유동적이다. 일본의 보도매체 등은 일반적으로 구 소비에트연방의 5개의 공화국, 즉 서투르키스탄이라고 부르는 지역을 가리키지만, 여기에 중국의 신강 위구르자치구나 아프가니스탄, 파키스탄의 일부, 나아가 티베트문화권을 더하는 경우도 있다고 한다.[4]

이와 같은 정의의 애매함은 일본에 국한된 것이 아닌 것으로 보이는데, 러시아어에서도 Inner Asia와 Central Asia에 해당하는 말이 혼용되었다고 한다.[5] 또한 '중앙유라시아'에 대해서도 그 주창자였던 D. Sinor는 Central Eurasia와

---

3 間野(1992) p.326 참조. 또한 여기에는 하네다가 서역을 'せいいき(세이이키)'가 아니라 불교식으로 'さいいき(사이이키)'로 읽고 있다는 에피소드가 전해지고 있다.
4 三谷(2011) pp.75-76 참조. 間野(2008) p.117은 "동서투르키스탄의 오아시스 지대와 그 북방으로 펼쳐지는 초원지대, 거기에 아프가니스탄 북부 및 파키스탄 북부를 포함한 지역"을 의미하고, "몽골이나 티베트까지도 포함하는 광의의 중앙아시아, 즉 내륙아시아를 의미하는 것은 아니다"라고 스스로 쓰고 있는 '중앙아시아'를 규정한다.
5 RTVELADZE(2011) 서문 참조.

Inner Asia를 자의적으로 썼다고 지적되고 있다.[6] 즉 일본만의 문제가 아니라, 국제적으로 보더라도 그 정의는 흔들리고 있는 것이다.

이와 같은 복잡하고 난해한 이미지를 불식하는 개념이 일본인에게도 널리 알려진 '실크로드'이다. 주지하는 바와 같이 실크로드란 아시아와 유럽 및 북아프리카를 연결하는 동서 교통로인데, 크게 나누어 스텝(steppe)로, 오아시스로, 해남로(海南路)의 세 가지가 있으며, 그것들을 연결하는 남북의 연결로도 있다. 또한 협의로는 중앙아시아를 동서로 횡단하는 오아시스로를 가리킨다고 설명된다.[7]

중국에서는 그 기점을 서안(西安)으로 할 것인가, 낙양(洛陽)으로 할 것인가에 관해서 논쟁이 있었다고도 하는데, 일본에서는 나라(奈良)의 정창원(正倉院)에 실크로드를 거쳐 멀리 페르시아에서 전해진 문물 등이 남아 있기 때문에, "실크로드의 종착점은 일본이다"라는 인식이 널리 침투해 있는 측면도 있다. 대부분의 일본인에게 '실크로드'란 위에 소개한 정의를 넘어 이국적인 정서가 넘치는 풍경과 더불어, 옅은 향수까지도 느끼게 하는 신기한 이미지로 인지되고 있는 것이다. 이러한 풍조는 NHK의 '실크로드'(1980~1981 방송), '신 실크로드'(2005년 방송)와 같은 인기 다큐멘터리 방송 등이 큰 영향을 끼쳤다고 할 수 있다.

한편, 일본 학회에서는 1970년 이후 전개된 이른바 '실크로드 사관(史觀) 논쟁'도 있었는데, 이후 학술적인 장에서 '실크로드'를 다룰 때에는 신중을 기해야 한다고 말해지고 있다.[8] 그 논쟁의 발단이 된 것이 마노 에이지(間野英二,

---

6 森安〔2011〕pp.6-7 참조.
7 長澤〔2002〕p.1 참조.
8 森安〔2004〕pp.ii-vii에는, 일찍이 연구프로젝트의 보고서로서 『실크로드와 세계사』를 출판했는데 제목에 '실크로드'라는 명칭을 포함시킨 것에 위화감이 있다는 의견이 제기되었다는 에피소드가 적혀 있다. 또한 그 때문에 森安는 '실크로드 史觀 논쟁'의 관련문헌 일람을 제시

1939~)가, 코단샤(講談社) 현대신서(現代新書)의 동양사 시리즈 중 한 권인 『중앙아시아의 역사』(1977)에서 개진한 실크로드 사관(史觀)에 대한 비판이다. 그 주장은 마노 자신에 의해서 2008년에 요약되었는데, 오해가 없도록 그대로 인용하면 다음과 같다.

(1) 중앙아시아사(史)는 한문 사료 등의 외국 사료뿐 아니라, 중앙아시아에서 중앙아시아 사람들에 의해 쓰인 중앙아시아의 현지어 사료를 중심에 놓고 구축되어야 한다.
(2) 중앙아시아사는 실크로드를 이용한 중앙아시아와 중국·유럽과의 교류(동서의 관계)보다도, 중앙아시아 내부에 존재했던 초원의 유목민과 오아시스 정주민의 상호관계(남북의 관계)를 주축으로 고찰해야 한다.
(3) 즉, 중앙아시아는 '실크로드의 세계'보다도 '초원과 오아시스 세계'로 파악해야 한다.[9]

이와 같은 주장에 대해서 일본의 학계에서는 모리 마사오(護雅夫, 1921~1996)나 나가자와 가즈토시(長澤和俊, 1928~) 등에 의해 반론이 전개되었다. 근래에도 모리야스 다카오(森安孝夫, 1948~)가 이를 계승하여 의식적으로 '실크로드'라는 말을 사용하고 있는 것에 대해, 마노가 다시 반론을 제기하는 식으로 논의는 평행선을 유지하고 있다.

이와 같은 상황에서 적극적으로 자신의 주장을 발언하는 모리야스는 '북아시아'를 분리시킨 '중앙아시아'라는 구분에 이의를 제기하고, 역시나 학계에서 정의가 애매했던 '중앙유라시아'와 '내륙아시아'의 재정의를 주장하며 다음과

하여 논의의 顚末을 개괄하면서 자신의 입장을 변명하고 있다.
9 間野(2008) p.118 참조.

같이 결론짓고 있다.

먼저 '중앙유라시아'란 "유라시아 중에서 초원과 사막과 오아시스가 우세한 건조지대로, 주민은 유목민과 오아시스 농경민·도시민이 주를 이루고, 산림초원지대의 반목축 반수렵민이나 반농경 반수렵민이 부수적으로 거주하는 지역세계이다. 거기에 만주와 동유럽의 많은 부분과 티베트고원 전체는 포함되지만, 서아시아의 대부분은 포함되지 않고, 또한 태령(泰嶺)·준하선(淮河線) 이북의 북중국이라도 관중(關中) 분지나 중원, 하북평원의 대농경지역은 포함되지 않는다."고 한다. 그리고 '내륙아시아'는 '중앙유라시아'에서 동유럽 부분을 제외한 지역의 명칭을 가리킨다고 제창한다.[10]

또한 모리야스는 이러한 정의를 바탕으로 "실크로드를 선이 아닌 면으로 파악하고, 실크로드를 '실크로드=네트워크'로 덮인 지역으로 간주하며, 그 위에 실크로드라는 술어에 전근대(근대 이전)라는 시대성을 부여한" '실크로드 세계'라는 개념을 내세우면서 이 '실크로드 세계'가 '전근대 중앙유라시아 세계'라는 주장을 전개하는데[11], 이와 같은 역설(力說)은 각종 용어를 둘러싼 논의가 여전히 종결되지 않았음을 여실하게 말해 주는 것이다.

이상으로 특히나 복잡하게 전개되는 논의의 한 면을 소개했지만, 이들 용어를 비롯하여 수많은 지명이나 지역명을 파악하는 일이 서역에 관해 공부를 시작하는 사람 앞에 첫 번째 장애물이 되어 가로막고 있는 상황임을 알 수 있다.[12] 또한 일본인에게 이 분야의 이해를 어렵게 하는 것은 그곳에 속하는 민

---

10 森安〔2011〕 pp.9-10 참조.
11 森安〔2015〕 p.732 참조.
12 山田〔2010〕 pp.40-42에서는 지명표기에 관한 다양한 문제를 지적하고 있는데, 지역의 범위를 어떻게 규정할 것인가라는 문제 외에, 일본어 고유의 문제로서 Khotan(일본어: 'ホータン' 또는 'コータン', 중국어 '和田')을 예로 들어 고유명사의 카타카나(カタカナ) 표기가 통일되지 않은 상황을 지적한다.

족·언어가 매우 유동적이라는 사실이다.

일본에서는 역사적으로 범위의 확대와 축소는 있었지만, "일본인이 거의 유일한 민족이고 그 언어는 일본어다"라고 단순명쾌하게 설명할 수 있으며, 또한 일본이라는 나라의 역사는 그대로 일본인의 역사가 된다. 한편, 서역에서는 역사상 다양한 민족이 왕래하고 수많은 나라가 흥망을 거듭하고 있어, 민족에 초점을 맞추다 보면 대상이 되는 지역도 시대에 따라 달라진다. 일본과 같은 상황은 세계 속에서 오히려 이례적이지만, 서역도 또한 그 대치점에 위치한다고 할 만큼 복잡하다. 그 때문에 연구도 자연스레 국제적이고 학제적(學際的)일 수밖에 없으며, 타지역의 연구 이상으로 관계 분야에 대한 의식을 높일 필요가 있는 점도 다른 분야의 사람들에게 문턱을 높여온 요인이라 할 수 있을 것이다.

3. 일본에서의 서역불교 연구의 흐름

일본에서의 서역연구는 유럽의 열강제국이 19세기 후반부터 탐험대를 파견한 것에 촉발되기라도 하듯이 단숨에 고조되는 양상을 보이게 된다.

우선 동양사의 분야에서는 도쿄대학교 교수와 동양문고 이사장을 역임했던 시라토리 구라키치(白鳥庫吉, 1865~1942)가 개척자라고 말해진다. 그는 1900년부터 서역관계의 논문을 발표하기 시작했는데, 그 일련의 성과는 나중에 『서역사연구』 상(1941)·하(1944)로 정리되었다. 한편, 교토대학교에는 나이토 고난(內藤湖南, 1866~1934)이나 구와바라 지츠조(桑原隲藏, 1871~1931) 등 당시 동양사를 대표하는 학자가 소속하여 도쿄대학교의 시라토리와 많은 논쟁을 전개했다.

다음으로 중요한 선구자로 하네다 도루(羽田亨, 1882~1955)가 있다. 하네다는 도쿄대에서 시라토리에게 배우고, 교토대에서는 나이토에게 사사하고서 함께 교토대의 동양사를 견인했다. 대표적인 저서『서역문명사 개론』(1931)과 『서역문화사』(1948)는 그 당시보다 연구가 많이 진척된 오늘날에도 계속하여 읽혀지고 있는 명저다. 또한 하네다라 하면, 근년에 한꺼번에 목록과 더불어 영인본(影印本)이 공개되면서 크게 주목을 받고 있는 교우쇼오쿠(杏雨書屋) 소장『돈황비급(敦煌秘笈)』에 대해서도 언급하지 않으면 안 된다. 오랫동안 그 존재에 대한 소문은 있었지만 베일에 감춰져 있던 돈황비급은 원래는 리승두(李盛鐸)가 소장했던 것이었으나, 하네다의 친구인 타케다(武田)제약 사장이자 교우쇼오쿠의 창설자였던 제5대 다케다 쵸베에(五代目武田長兵衞, 1870~1959)의 원조에 의해 수집된 귀중한 돈황고사경(敦煌古寫經)의 콜렉션이다.[13] 그것들이 수십 년의 세월을 지나 공개되어 서역연구에 새로운 생기를 불어넣고 있다.

한편, 위에서 기술한 동양사 연구의 흐름을 이어받으면서 불교학으로서의 서역연구 전문서로 선구가 된 것이 하타니 료타이(羽渓了諦, 1883~1974)의『서역의 불교』(1914)이다. 원래 인도철학이 전문이었던 하타니는, 전술한 하네다에게 많은 가르침을 받았다고 책 서문에 기술하고 있듯이 교토대 동양사학의 흐름 속에 자리매김되는 것이 주된 특징이지만, 불교를 주제로 삼았다는 점에서 그의 문제의식은 인도에서 중국으로 전해진 불교전파사의 어둠을 밝히는 것에 있었으며, 이는 나중에 언급할 오타니(大谷) 탐험대와 마찬가지다. 또한 흥미로운 것은 특별히 중국불교와 밀접한 관계를 지니는 곳으로 대월지(大月氏, 토카라)·안식(安息, 파르티아)·강가(康居, 소그디아나)·우전(于闐, 호탄)·구자(龜茲, 쿠차)·계빈(罽賓, 카시미르)을 들고 이를 인도불교와 중국불교의 매개적인 지

---

13 羽田가 李盛鐸 소장 사본을 입수한 경위에 대해서는 高田(2007), 공개 전의 상황에 대해서는 落合(2004)에 상세하다.

위를 지닌 것으로 중시하는 반면, 건타라(健馱羅, 간다라)·소륵(疏勒, 카슈가르)·고창(高昌, 투루판)은 중국불교와 그다지 직접적인 관계는 없지만 서역에서 중요한 불교국이기 때문에 개설하는 정도에 머물렀다고 결론에 언명하는 점이다.[14] 이와 같이 선을 그은 것은 일본인으로서의 관심이 전적으로 일본불교에서 주류가 된 대승불교로 향하게 되면서, 중국에서 인도로 그 직접적인 연원을 구하려는 의식이 다분히 작용한 것이라고 할 수 있을 것이다.

이상은 문헌학적인 연구의 초기 흐름인데, 이들 연구에 호응하여 일본인에 의해 행해진 가장 큰 프로젝트로서 후대까지 크나 큰 영향을 끼친 것은 1902년부터 3회에 걸쳐 파견된 오타니(大谷) 탐험대의 현지조사 및 문물 수집이다. 구미의 탐험대가 국책사업으로 파견되었던 것과 달리, 오타니 탐험대는 정토진종(浄土眞宗) 혼간지(本願寺)파 제22대 문주(門主)였던 오타니 고즈이(大谷光瑞, 1876~1948)가 종파의 자금을 투자한 사적인 파견이라는 점이 먼저 그 특징이라 할 수 있다. 불교동점(佛敎東漸)의 길을 밝힌다는 목적을 지닌 이른바 사명에 의한 파견이라고 지적되는 것처럼[15], 탐험조사 자체는 여러 나라에게 뒤쳐지긴 했지만 깊은 신앙심에 의거한 끈기 있는 조사를 통한 성과는 작지 않았으며 후세에 그 공덕이 칭송되고 있다.

한편, 그후 일본에서의 서역에 관한 불교학 연구는 더욱 크게 진전을 이룬다. 먼저 야부키 게이키(矢吹慶輝, 1879~1939)는 돈황 사본의 연구를 진행하여 현존 문헌에서는 확실하지 않았던 삼계교(三階敎)의 연구나 편저『명사여음 돈황출토미전고일불전개보(鳴沙余韻 燉煌出土未傳古逸佛典開寶)』(1930~1933) 등을 남겼는데, 이들 연구가 기초가 되어『대정신수대장경』85권(1932)에는 고일의 사부(古逸疑似部)가 마련되면서 많은 신출 자료나 이본이 수록되었다. 이는 일

---

14 羽溪(1914) pp.4-5 참조.
15 三谷(2011) pp.85-86 참조.

본 근대불교학의 성과로서 특필할 만한 업적이라 할 수 있다. 상당히 빠르게 편집 작업이 진행되었기 때문인지, 그 번각(翻刻)은 지금 보면 많은 문제를 남기고 있지만 나중에 등장하는 팡꽝창(方廣錩) 편『장외불교문헌(藏外佛敎文獻)』(1995~)이나 금강대학교 불교문화연구소『장외지론종문헌집성(藏外地論宗文獻集成)』(2012) ·『장외지론종문헌집성 속집』(2013) 등을 낳는 바탕이 되고 있어, 그 학술적 가치는 헤아리기 어렵다.

　이와 같이 진행된 돈황 문헌 연구는 삼계교나 지론종과 같이 역사 속에서 사라진 제학파의 실태를 떠오르게 했을 뿐 아니라, 현존하는 종파의 역사 또한 새롭게 바꾸었다. 가장 큰 영향을 미친 분야는 선종사일 것이다. 우이 하쿠쥬(宇井伯壽, 1882~1963)나 스즈키 다이세츠(鈴木大拙, 1870~1966)가 선편(先鞭)을 잡은 새로운 선종사 연구의 상세한 내용은 여기서 생략하지만, 근래에 이 분야를 견인한 다나카 료쇼(田中良昭, 1933~)는 제자 정정(程正, 1971~)과 함께 문헌마다 상세한 연구사를 정리하여 이를『돈황선종문헌분류목록(敦煌禪宗文獻分類目錄)』(2015)이라는 한 권의 책으로 정리하여 간행하였으니 이를 참조하기 바란다. 또한 돈황에서는 지금까지 목록이나 일문에 의해서만 그 존재가 알려지던 불전의 사본이 발견되고 수많은 신출 자료가 나타났는데, 이로 인해 천태학과 같은 동아시아의 지역성이 매우 강한 연구 분야에서 새로운 진전이 촉발된 예도 있다.[16]

　이와 같은 돈황 사본 연구에 대해서는 에노키 가즈오(榎一雄, 1913~1989)와 이케다 온(池田温, 1931~) 등이 편집한『강좌 돈황』전9권(1980~1992)이 일본에

16　일본 천태학연구의 대표적인 연구자인 関口眞大(1907~?)는 旅順박물관에 소장된 오타니 탐험대의 사본 중 하나인『最妙勝定經』이 천태지의(538~597)가 인용하는 산일문헌이라는 것에 일찍부터 주목하여, 関口(1950//1969)에서 그때까지 단편적으로밖에 알려지지 않았던 경전을 소개하고 그 내용을 밝혔다. 또한 이 경전은 方廣錩 編,『藏外佛敎文獻』제1집에도 번각이 수록되기에 이르렀다.

있어 하나의 도달점이라 할 수 있다. 그 중에는 티베트불교의 석학, 야마구치 즈이호(山口瑞鳳, 1926~)가 책임편집한 『돈황호어문헌(敦煌胡語文獻)』(1985) 한 권이 있는데, 거기에는 티베트어 외에 위구르어, 호탄어, 소그드어 문헌이 소개되어 있고, 담당자로는 오늘날의 연구를 견인하는 모리야스 다카오(森安孝夫, 1948~)나 요시다 유타카(吉田豊, 1954)의 이름도 보인다.

최근에는 돈황뿐 아니라 서역 각지에서 출토되어 각국에 산재해 있는 사본에 대한 연구가 진행되고 있는데, 특히 불교학 연구에 크나큰 충격을 안겨준 것이 1996년에 발표된 간다라어 사본의 존재이다. 사본은 대영박물관이 소장하고 있으며 연구 자체는 미국의 리차드 살로만(Richard Salomon)이 중심이 되어 진행되고 있는데, 그 사본이 주목을 받게 된 발단은 1990년경에 일본의 사진기사가 촬영한 사진이 인도불교 연구가인 사다카타 아키라(定方晟, 1936~)의 손에 넘어가면서 최초기의 법장부 자료로서 보고된 것이 계기가 되었다.[17] 그 사진에 관해서 일본에서는 마쓰다 가즈노부(松田和信, 1954~)가 다양한 국제적인 연구프로젝트에 참가하고 있으며, 많은 성과가 보고되고 있다.[18] 그 밖에 한역과 제언어를 대조하여 새로운 관점에서 지금까지의 불전 연구를 연이어 새롭게 쓰고 있는 가라시마 세이시(辛嶋静志, 1957~)를 비롯하여[19], 각지에서 출토된 사본 연구의 진전에 의해 불전 연구는 새로운 단계에 진입하게 되었다는 것도 국제적인 동향으로서 특필할 만한 점이다.

그 밖에도 언급해야 할 연구성과는 적지 않지만, 근래의 동향을 탐색하다

---

17 그 경위에 대해서는 栄[2012] pp.66-67에 상세하게 소개되었다.
18 松田[2010] 참조.
19 최근에는 創價大學 국제불교학고등연구서에서 辛嶋静志 등이 편집하는 Buddhist Manuscripts form Central Asia가 2006년부터 간행되어, 현재까지 대영도서관소장사본의 자료집이 3권, 러시아의 상트페테르부르크 동양사본연구소 소장 사본의 자료집이 1권, 총 4권이 발간되었고, 이는 연구소 홈페이지에서 다운로드 가능하다.

보면 '소그드'라는 키워드 주변이 가장 활발하다는 것은 앞에서 열거한 최근 5년간 잇달아 간행된 출판물의 숫자에서도 쉽게 수긍할 수 있을 것이다. 물론 그에 관한 연구가 활황을 보이는 것이 일본에 한정된 현상은 아니다. 서역이라는 땅이 그러하듯이, 다양한 나라와 분야를 넘어 국제적인 학술연구가 진행되고 있고, 일본에서의 활황은 일본의 연구자들도 그 일익(一翼)을 담당해 왔기 때문이라고 할 수 있다.[20]

다만 거기에는 일본의 독자적인 이유도 있다. 소그드 관련 자료는 소그드어보다도 한자로 남아 있는 것이 압도적으로 많다. 따라서 구미의 연구자보다도 한문 문헌에 근거한 연구의 축적이 예로부터 전해지고 있는 일본인이 유리했다. 이와 같은 장점을 배경으로 시라토리, 하네다, 구와하라 등이 1920년부터 연구에 착수해서 일본에 있어 기초를 구축한 것이다. 근래 일본에서의 소그드 붐은 직접적으로는 1980년대 이후 중국에서 계속해서 간행된 금석사료(金石史料)나 투루판 출토문서, 그리고 소그드인의 비석의 발견 등에 의한 것이다. 선학들이 놓은 초석에 의해 크게 발전한 중국에서의 연구 흐름에 뒤처지지 않고, 전술한 요시다를 비롯한 소그드어 연구가 진행되면서[21] 한층 진전을 보이고 있다. 그 최신 성과는 소후카와 히로시(曽布川寬, 1945~)·요시다 유타카(吉田豊) 공동편집하에 5명이 집필한 『소그드인의 미술과 언어』, 모리야스 카즈오에 의해 10명의 논고가 모인 『소그드에서 위구르로』(2011), 모리베 유타카(森部豊, 1967~)의 편집하에 14명이 기고한 『소그드인과 동유라시아 문화교

---

20 아래에 소개하는 소그드 연구의 흐름에 대해서는 森安(2011) pp.3-46와 森部(2014) pp.4-14에 정리되어 있다. 특히 전자에게는 '6~11세기 실크로드 동부에 있어 소그드어·위구르어 사료와 마니교·불교'라는 제목의 논고가 있는데, 吉田豊의 근년 연구를 중심으로 불교와 관련된 주요한 성과에 대해 평가를 덧붙이며 논하고 있다.
21 그 업적을 열거하기가 어려울 만큼 많은데, 특히 소그드어 불전에 관한 것으로는 吉田(2007), 同(2010)이 중요할 것이다.

섭』(2014) 등 관련 연구자가 한 곳에 모인 편저에 집약되어 있다.[22]

이와 관련하여 '위구르'에 관한 연구도 불교학과 관련하여 대단히 중요한 성과가 이어지고 있다. 대표적인 것으로는 구다라 고기(百濟康義, 1946~2004)나 쇼가이토 마사히로(庄垣内正弘, 1942~2014) 등에 의한 일련의 연구를 들 수 있다. 또한 전술한 모리야스는 자신의 연구를 총괄하기 위해 최근에 824쪽이나 되는『동서위구르와 중앙유라시아』(2015)를 간행했는데, 거기에는 국내외의 관련된 제연구를 망라한 문헌목록이 첨부되어 있어 유익하다.[23]

그렇다면 일본 불교학에서 이 지역에 대한 연구는 어떻게 자리 매김되어 왔던 것일까? 이 물음과 관련해서 여기서는 일본 불교학계에 있어 근래에 가장 큰 규모의 프로젝트 중 하나였던『신 아시아불교사』(2010~2011)의 구성에 주목하고자 한다. 이 시리즈에는 '중앙아시아'에 책 한 권이 배당되어 근래 서역불교 연구의 최전선의 성과를 그 안에 집약하고 있는 점이 특색인데, 그 서두에 있는 나라 야스아키(奈良康明, 1929~)와 이시이 고세이(石井公成, 1950~)의 공동서문에 술회되고 있는 아래의 문장은 단적으로 그 경위를 설명해 주고 있어 흥미롭다.

> 구판(舊版)의『아시아불교사』중에서 중앙아시아의 불교를 다룬 제10권이 중국편 중 한 권으로 간행된 것은 쇼와(昭和) 50년의 일이다. 그 책에는 돈황·티베트·몽골의 불교도 포함되어 있었다. 불교사라 하면 인도·중국·일본의 삼국 전래 역사를 가리키는 전통이 여전히 뿌리깊게 자리잡고 있던 당시에 불교사 시리즈 중에 그런 책을 기획한다는 것은 정말로 획기적인 시도였다.[24]

22　曾布川·吉田 編(2011), 森安 編(2011), 森部 編(2014).
23　森安(2015) pp.743-803 참조.
24　奈良·石井(2010) p.1 참조.

여기에 언급되는 인도·중국·일본이라는 삼국 편중의 불교사관에 대한 이의 제기와 서역불교 연구의 중요성은 하타니(羽溪)의 『서역의 불교』에 붙여진 마쓰모토 분자부로(松本文三郎)의 서문 중에서 이미 제기되었던 것이다.[25] 그후 쇼와(昭和) 50년, 즉 1975년에 간행된 『아시아불교사』에서는 책 한 권이 배당되었는데 그것만으로도 당시로서는 획기적인 것이었지만, 그것은 아직 중국불교에 부수된 이른바 변방의 불교라는 지위에 머무르는 것이었다. 이와 같은 상황을 고려했기 때문인지, 중앙아시아불교의 독자성을 주장한 구다라(百濟)는 1994년에 발표한 학계의 회고와 전망을 기술하는 논고에서 "중앙아시아는 중국불교의 한 변형으로서 간주되고, 현지 출토의 불교자료는 중국불교에 대한 '한문 자료의 보완'의 의미로 평가되어온 감이 강하게 든다."고 쓴소리를 내었다.[26] 2010년에 이르러 『신 아시아불교사』의 중앙아시아 권이 다른 지역의 일부분으로서가 아니라 단독으로 발간된 것은, 위와 같은 과도기를 거치면서 거의 100년이 걸려서 독립된 분야로서 불교학 연구 속에 자리매김하게 된 서역불교 연구사에 있어 상징적인 사항이라고 할 수 있을 것이다.

연구자의 동향으로서 주목되는 것은 근년에 일본인 연구자가 해외를 거점으로 연구 활동을 하고 있다는 점일 것이다.[27] 일본의 선행 연구가 특히 구미에서 제대로 이해되고 있지 않다는 탄식도 볼 수가 있는데[28], 해외에서 활약하

---

25 松本〔1919〕 p.2 참조.
26 百濟〔1994〕 p.25 참조. 그 밖에 이 논문은 1990년대까지의 국제적인 공동연구를 鳥瞰하여, 연구방법론, 중앙아시아 제언어의 유형 등에 언급하는 외에도, 주요한 연구성과 등이 간결하게 정리되어 있어 초학자에게는 배울 점이 많다.
27 예를 들어 2013년에 『漢唐于闐佛敎硏究』(新疆人民出版社)를 간행했던 廣中智之는 新疆사범대학 서역문사연구센터에, 또한 2011년에 Der alttürkische Kommentar zum Vimalakīrtinirdeśa-Sūtra. Berlin를 간행하며 위구르어 불전을 중심으로 연구를 전개하는 笠井幸代는 베를린=브란덴부르크 과학아카데미·투루판연구소에 재적하고 있다.
28 森安〔2007〕 pp.89-90, 동〔2011〕 pp.6-7 참조.

는 연구자들이 이러한 현황을 바꾸어 갈 것이라 기대된다.

4. 동아시아불교와의 관련에서 보는 서역불교 연구의 가능성

이상으로 본 서역연구의 동향에는 동아시아불교를 배운 필자에게도 유익한 바가 적지 않으며 매우 흥미로운 것이었다. 그래서 여기서는 지금 생각나는 것을 네 가지 들어 감상을 기술하고자 한다.

1) 서역 출신의 승려가 중국불교사상에 끼친 영향 : 길장과 안식

중국 삼론종의 길장(吉藏, 549~623)은 중국불교사에 있어 반드시 얘기되는 인물 중 한 명이다. 길장의 전기에 대해서는 종래에『속고승전』등의 기술에 근거하여 길장의 속성을 안(安)이라 하고, 그 선조는 안식국(安息國), 즉 파르티아 출신이라고 하는 것이 정설이었다.[29] 그에 대해서 근년에 안식국의 정의나 소그드인의 성에 대해 연구하는 사이토 다쓰야(斉藤達也)에 따르면, 수당(隋唐) 시대에는 과거 안식국(파르티아)이 사마르칸트와 더불어 소그디아나를 대표하는 도시국가 부하라를 부르던 안국(安國)과 혼동되었던 과정을 밝히고, 그 결과 길장의 조상도 정설대로 파르티아가 아니라 부하라계의 소그드인이라는 견해를 제시하고 있다.[30] 이것이 사실이라 하여 길장의 교학 연구에 커다란 변

---

29 삼론연구의 태두 平井俊榮를 비롯하여 근래 일본에서 간행된 삼론학 관련 학위논문도 그 설을 의심 없이 답습하고 있는 것 같다.
30 斉藤(1998) pp.133-136 참조.

화가 생기는 것은 아닐 것이다. 그러나 사이토도 부언하듯이 길장이 유소년기에 진제삼장(眞諦三藏, 499~569)과 만났다고 하는 배경에 새로이 판명된 길장의 출신이 관계된다고 한다면, 그 점은 결코 경시될 수 없을 것이다.

또한 길장과 동시대에는 필자가 연구하는 천태대사 지의(智顗, 538~597)가 있는데, 지의는 결코 호족(胡族)의 혈통이 아니다. 이른바 전형적인 한민족인 지의와 동서 교역의 상징이라고도 할 수 있는 소그드인의 피를 받은 길장이라는 대비에 의해서 남북조 말기부터 수·당 초기 중국불교사상사의 조류를 파악하려는 관점이나, 일찍이 알려진 화엄종의 법장(法藏, 643~712), 선종의 정중사(淨衆寺) 신회(神會, 720~794) 등 소그드계 승려의 공통항을 찾으려는 시도는 새로운 과제로서의 가능성을 간직하고 있다고 생각한다.[31]

2) 중국불교사상이 서역불교에 끼친 영향: 『법화현찬』의 유포

앞에서 언급한 대로 구라다 고기(百済康義)는 중앙아시아의 제언어로 기술된 사본 연구를 통해 이 지역불교의 독자성에 대해 주의를 환기시켰다. 그 한 예로서, 여기서는 자은대사 기(窺, 632~682)의 『법화경』에 대한 주석서 『묘법연화경현찬』(이하 『현찬』)의 위구르어역에 관한 연구에 주목하고자 한다.[32]

『현찬』과 서역에 대해서는 선행 연구로서 우에야마 다이슌(上山大峻, 1934~)이나 히라이 유케(平井宥慶, 1943~)에 의한 돈황에서의 『현찬』의 유행에 관한 고찰이 있다. 이를 바탕으로 구다라는, 현존하는 위구르어 『법화경』의 주석은 『현찬』뿐이며, 길장이나 지의의 주석에 비해 "비정통이라고도 할 수 있는 『현

---

31 법장과 신회에 대해서는 吉田(2010) pp.190-191에서도 주목하고 있다. 또한 중국불교에 있어 소그드인과의 연관을 종합적으로 논한 시도는 中田(2014)에 의해 이미 이루어졌다.
32 아래의 내용은 百済(1994) pp.201-203에 근거한다. 또한 최근에는 金(2013)에 의해 위구르어역 『현찬』에 관한 선행연구가 검토되고 있다.

찬』이 위구르어역" 된 배경에는 중원의 직접적인 영향보다도 돈황불교에 독자적으로 『현찬』이 유행했을 가능성을 상정해야 한다고 지적한다.

또한 이와 관련하여 흥미로운 것은 『현찬』이 주석서임에도 불구하고 위구르어 사본에서는 『법화경』이라고 부르고 있는 기록(奧書(오쿠가키): 사본의 끝에 사본의 명칭 및 유래, 필사시기 등에 관해 기술한 것)이 존재한다고 하는 점이다.[33] 이것은, 『현찬』에는 미완의 번역이기는 하지만 티베트역도 있다는 사실과 더불어[34] 중국불교사상이 서역에서 독자적인 형태로 수용된 예를 나타내는 것으로 주목된다.

3) 전기 사료의 이면을 읽어낼 필요성: 삼예의 종론과 서역 사본

티베트불교에 관해 말하자면 점오(漸悟)와 돈오(頓悟), 이른바 794년에 인도불교와 중국불교의 우열을 겨루었던 삼예의 종론이 유명하다. 티베트불교의 전통에서는 인도 승려 카말라실라가 중국 승려 마하연에게 승리했다고 하지만, 그 논쟁에는 다른 시나리오가 있었다는 것이 돈황 사본에 의해 밝혀졌다.

우에야마 다이슌은 마하연이 승리했다고 하는 돈황 사본 『돈오대승정리결(頓悟大乘正理決)』이나 그밖의 문헌의 기술로부터, 마하연이 카말라실라에게 패배하고서 중국으로 돌아갔다는 전승은 마하연의 후세에 티베트에서 인도 중관파가 주류가 된 것이 배경이 되어서 만들어진 것이라고 본다.[35]

---

33 그 사본의 奧書에 대해서는 森安(1985) pp.95-97에 상세하게 소개되고 있다.
34 2014년 8월에 개최된 日本印度學佛敎學会學術大会에서는 '내륙 아시아에 있어 법화경의 전개'라는 주제로 5명이 발표하는 패널 토의가 있었는데, 그 중에서 望月海慧가 '"법화현찬"의 티베트어역의 특징'이라는 주제로 발표하였고, 그 요지는 『印度學佛敎學硏究』, 63-2호, p.834에 게재되어 있다.
35 上山(1990) pp.247-338 참조. 그밖에 『頓悟大乘正理決』에 대한 최근까지의 연구동향에 대

역사는 때때로 나중의 추세에 의해 고쳐 써지는 가능성이 있지만, 그 중심지에서 떨어진 곳에서는 사실을 그대로 전한 문헌이 사라지지 않고 남아 있는 경우가 있다. 삼예 종론의 승패에 관한 기록은 그 좋은 예일 것이다.

또한 앞에서도 언급한 것처럼, 중원에서 일찍 사라진 삼계교나 지론종 문헌이 돈황에서 출토됨으로써 지금까지 그다지 알려지지 않았던 교리의 실태가 해명되고 있다는 것도 불교사상사의 감추어진 일면을 다시금 그려내는 예로서 중요하다. 특히 종파불교의 전통이 뿌리 깊은 일본에서는 어찌되었건 오늘날까지 신앙되고 있는 종파의 사상이, 도태된 것에 비해서 바른 것이고 가치가 있다고 하는 관념이 아마도 무의식중에 연구자에게도 작용하고 있는 경우가 많은 것처럼 느껴진다. 『속고승전』 등의 사료를 허심하게 읽으면 지의의 시대, 사상계를 주도하고 있던 이는 지론사(地論師)들이었다는 것은 명백하다. 그럼에도 불구하고 우리들은 일본에 전해지고 오늘날까지 법맥을 전하고 있는 천태교학이 형성된 당초부터 중국불교계 전체에 강한 영향력을 끼쳤으리라는 착각에 빠지기 쉽다.

사본자료는 그 대부분이 단간(斷簡)이고 그 때문에 가치가 등한시되는 경우가 있지만, 서역불교 연구는 얼마 안 되는 단편을 끈기 있게 세밀하게 조사하여 부분을 결합하고 분단된 정보를 엮어 가는 작업에 의해 서서히 성과를 올려왔다. 오늘날 컴퓨터 기술의 도입이나 국제적인 화상 데이터의 공유 기술이 발전함에 따라 그 작업은 현격하게 효율화되고 있다. 앞으로도 종래의 인식을 바꿀 만한 기술(記述)이 또다시 보고될 가능성을 염두에 두면서, 직접적으로 서역연구에 종사하지는 않는 연구자도 주의하여 연구를 하지 않으면 안 될 것이다.

해서는 田中·程(2014) pp.122-134에 상세하게 소개되고 있다.

4) 일본불교와 서역의 접점: 일본 고사경(古寫經)과 서역 출토 사본과의 공통점

일본과 서역은 거리적으로는 큰 차이가 있다. 그런데 그 두 곳을 연결하는 접점이 고사경 안에서 발견된다는 지적이 있다.

그 가장 유명한 예는 쇼토쿠태자(聖德太子)의 삼경의소(三經義疏) 중 하나인 『승만경의소(勝鬘經義疏)』와 중국 국가도서관에 소장된 북한 성립으로 불리는 돈황 사본의 유사성이다. 후지에다 아키라(藤枝晃, 1911~1998)에 의해 그것이 지적된 이후[36], 쇼토쿠태자의 존재와 삼경의소의 성립을 어떻게 생각할 것인가는 오늘날까지 논의가 해결되지 않고 있다.[37]

또한 돈황보다 더욱 먼 투루판과 일본의 접점에 대해서도 알려져 있다. 구다라 고기에 의하면, 『범계죄보경중경(犯戒罪報輕重經)』과 『시비시경(時非時經)』에는 간본 계통과 사본 계통 사이에 큰 차이가 있는데, 한문에서 번역된 것으로 보이는 투루판 출토의 소그드어 불전인 두 경전의 형식과 내용은 일본 정창원에 전해지는 8세기의 천평사경(天平寫經)이나 9세기 중엽에 번역되어 돈황에서 출토된 티베트역 사본과 가장 대응이 잘 이루어진다고 한다. 그리고 그 이유를 "당시 동아시아 세계의 문화적 중심지인 장안에서 유행한 불전이 한편으로는 동쪽으로 바다를 건너 일본의 나라에 전해지고, 다른 한편으로는 서쪽으로 사막을 넘어 돈황이나 투루판에 이입되어 티베트어나 소그드어로 번역되었다"고 분석한다.[38] 이와 같은 현상은 앞에서 든 『승만경의소』 문제에도 통하는 것이라고 생각된다.

---

36 藤枝〔1975〕 참조.
37 그 논의의 추이에 대해서는 여기서 언급하지는 않겠으나, 최근의 주된 연구로서 石井公成는 삼경의소의 곳곳에 보이는 變格漢文에 착목하여 일본 성립을 주장한다.
38 百済〔1994〕 pp.34-35.

근래에 일본에서 고사경 연구의 거점이 되고 있는 국제불교대학원대학(國際佛敎大學院大學)은 바로 구다라가 지적하는 관점에서 일본의 고사경을 자리매김하여 당나라 시대의 일체경의 모습을 복원하는 의도를 가지고 연구를 진행하고 있다.[39] 앞에서 든 삼예 종론의 예와 같은, 현존하는 문헌 안에는 표현되지 않았던 불교사의 다양한 측면이 앞으로 이들 고사경 연구의 진전에 의해 한층 더 해명될 것이라 기대된다.

5. 일본에 있어 서역연구의 향후와 과제

이상으로 두서없이 일본에서의 불교학을 중심으로 서역연구의 동향을 개관했는데, 일본에서의 서역연구의 향후라고 하는 시점에서 마지막으로 조금 언급하고자 한다.

필자에게 애초에 그에 대한 답을 제시할 능력은 없다. 다만 연구사를 되돌아보며 여러 연구를 읽어 나가는 과정에서 막연하게나마 느끼는 것은 거리상으로는 아득히 먼 지역의 일이지만, 자신의 뿌리를 찾는 듯한 심정으로 서역연구는 일본에 뿌리내렸고, 우리들에게 숨을 쉰다는 이러한 생각이 사라지지 않는 한 끝없는 탐구는 계속될 것이라는 낙관적인 예상이다.

이것은 일본 서역연구의 효시(嚆矢)라고 할 수 있는 오타니(大谷)탐험대가 아무리 작은 단간이라도 그것을 불사리(佛舍利) 못지 않은 법사리로서 소중하게 다루었다는 에피소드에 가장 현저하게 드러난다.[40] 또한 그 정신을 물려받

---

39 그 동향은 국제불교학대학원대학의 부속 일본어고사경연구회 홈페이지(http://www.icabs.ac.jp/koshakyo/index.html)에 상세하다.
40 三谷(2011) p.89 참조.

은 류코쿠(龍谷)대학은 1953년에 서역문화연구회를 발족한 이후 일본에 있어 서역 연구의 하나의 거점으로서 자리 잡아 근래에는 2004년에 국제돈황 프로젝트에서 일본의 대표기관이 되었고, 2011년에는 류코쿠박물관을 개관하는 등 멈추지 않고 그 행보를 이어가고 있다.

또한 오타니탐험대와 관련하여 서역연구의 현대적 의의에 대해서 중요하게 시사하는 바가 있다는 것도 여기서 꼭 언급하고 싶다. 탐험대를 파견한 오타니 고즈이(大谷光瑞)는 탐험대가 가지고 온 중앙아시아의 문물의 도판(圖版)을 수록한 『서역고고도보(西域考古圖譜)』(1915)에 서문을 적었는데, 거기서 중앙아시아가 불교에서 이슬람교로 전환된 이유를 찾는 것을 파견 목적 중 하나로 들고 있다.[41] 이와 같은 관점은 이슬람교와 거의 접촉한 적이 없던 당시보다도 이슬람교계 테러조직의 위협이 중동이나 주변의 여러 지역뿐 아니라 동아시아에까지 미치고 있는 오늘날에 있어 한층 무게감을 가지고 다가온다.

작금, 우상숭배를 금한다는 교리를 근거로 한 테러집단에 의해 귀중한 역사 유산이 연이어 파괴되고 있다는 뉴스는 연구자들에게 어찌할 수 없는 안타까움을 느끼게 한다. 나아가 경제 상황이 열악한 중앙아시아의 젊은이들이 좋은 급료에 끌려서 계속해서 테러집단의 병사가 되고 있다는 기사도 눈에 띈다. 앞으로도 테러의 위협은 확대될 것이다. 현지에 남은 불교유적은 제2, 제3의 바미얀이 될 위험에 노출되어 있다.

상황은 조금 다르지만, 인도불교의 쇠퇴에 관해서 이슬람 사료에서 그 원인을 찾고자 하는 시도가 이루어지고 있듯이[42], 이 지역에서도 불교에서 이슬

---

41 上山(2011) p.56 참조. 또한 언급되는 『西域考古図譜』의 서문은 오늘날 국립정보학연구소 '디지털 실크로드 프로젝트'에서 공개하는 화상데이터(http://dsr.nii.ac.jp/toyobunko/I-1-E-18/V-1/page/0011.html.ja)에 의해 쉽게 볼 수 있다.
42 1203년 이슬람교에 의한 비크라마쉴라 사원 공격에 의해 인도불교가 종언을 고했다고 하는 통설에 대해 中村元(1912~1999)은 자연쇠퇴설을 주장했는데, 이를 실제로 증명하는 형

람교로 이행한 역사적 사실을 진지하게 검토하지 않으면 안 될 시기가 이미 일각의 유예도 없을 정도로 임박해 있다. 물론 그것은 대립적인 의도에 의한 것이어서는 안 되며, 우열을 논하는 것이 되어서도 안 된다. 그와 같은 의식에 잠식되지 않고 역사를 탐구하는 일은 단지 과거를 밝히는 것일 뿐 아니라 우리들이 나가야 할 미래의 바람직한 모습을 발견하는 힌트가 될 수도 있다. 그 점에 있어서도 서역연구는 크나큰 가능성을 간직하고 있고 동시에 지극히 중요한 책무마저도 지니고 있다고 할 수 있어, 향후 더욱 큰 발전이 절실히 기대된다.

태로 保坂俊司(1956~)는 2003년에 간행한 『인도불교는 왜 없어졌는가: 이슬람 사료로부터의 고찰』(東京: 北樹出版)에서 8세기 무렵의 이슬람교 사료를 이용하여 불교도가 이슬람교도로 개종해 가는 경위를 밝히고 있다. 단, 森安(2011) p.6이 "일본인 소그드 연구자의 약점인 이슬람 측의 사료"라고 표현하듯이, 이 점은 앞으로의 가장 중요한 과제 중 하나일지도 모른다.

참고문헌 일람(각주에서 언급한 것에 한함)

荒川正晴 ARAKAWA Masaharu

〔2010〕『ユーラシアの交通・交易と唐帝国』(名古屋: 名古屋大學出版会)

藤枝晃 FUJIEDA Akira

〔1975〕「(勝鬘經義疏) 解説」(家永三郎・藤枝晃・早島鏡正・築島裕, 『日本思想大系二 聖德太子集』, 東京: 岩波書店)

羽渓了諦 HATANI Ryotai〔1914〕『西域之佛教』(京都: 法林舘)

百済康義 KUDARA Kogi

〔1983〕「妙法蓮華經玄賛のウイグル訳斷片」(護雅夫 編, 『内陸アジア・西アジアの社会と文化』, 東京: 山川出版社)

〔1994〕「東トルキスタンの佛教と文化: 中央アジア佛教研究の一道標」(『佛教學研究』50号, 京都: 龍谷大學)

金炳坤 KIM Byung-kon

〔2013〕「ウイグル語訳『妙法蓮華經玄賛』の研究状況と課題」(『身延山大學佛教學部紀要』14号, 山梨: 身延山大學)

間野英二 MANO Eiji

〔1992〕「解題」(羽田亨, 『西域文明史概論・西域文化史』, 東京: 平凡社)

〔2008〕「『シルクロード史觀』再考: 森安孝夫氏の批判に関連して」(『史林』91-2号, 京都: 史學研究会)

松田和信 MATSUDA Kazunobu

〔2010〕「中央アジアの佛教写本」(奈良・石井 編〔2010〕)

松本文三郎 MATSUMOTO Bunzaburo

[1914] 「序」(羽渓(1914))

三谷眞澄 MITANI Mazumi

[2011] 「大谷コレクションと敦煌資料」(能仁 編(2011))

森部豊 MORIBE Yutaka

[2010] 『ソグド人の東方活動と東ユーラシア世界の歴史的展開』(大阪: 関西大學出版部)

[2014] 「総論 ソグド人と東ユーラシアの文化交渉―ソグド人の東方活動史研究序説」(森部 編(2014))

森部豊編 MORIBE Yutaka ed.

[2014] 『アジア遊學175 ソグド人と東ユーラシアの文化交渉』(東京: 勉誠出版)

森安孝夫 MORIYASU Takao

[1985] 「Ⅰ ウイグル語文献」(山口瑞鳳 編, 『講座敦煌6 敦煌胡語文献』, 東京: 大東出版社)

[2004] 「序文: シルクロード史觀論爭の回顧と展望」(森安孝夫 責任編集, 『中央アジア出土文物論叢』, 京都: 朋友書店)

[2007] 『興亡の世界史05 シルクロードと唐帝国』(東京: 講談社)

[2011] 「日本におけるシルクロード上のソグド人研究の回顧と近年の動向(増補版)」(森安 編(2011))

[2015] 『東西ウイグルと中央ユーラシア』(名古屋: 名古屋大學出版会)

森安孝夫 編 MORIYASU Takao ed.

[2011] 『ソグドからウイグルへ: シルクロード東部の民族と文化の交流』(東京: 汲古書院)

中田美絵 NAKATA Mie

[2014] 「唐代中国におけるソグド人と佛教」(森部 編(2014))

長澤和俊 NAGASAWA Kazutoshi

〔2002〕『シルクロードを知る事典』(東京: 東京堂出版)

奈良康明·石井公成 NARA Yasuaki and ISHII Kosei

〔2010〕「序」(奈良·石井 編〔2010〕)

奈良康明·石井公成 編 NARA Yasuaki and ISHII Kosei ed.

〔2010〕『新アジア佛教史05中央アジア—文明·文化の交差点』(東京: 佼成出版社)

能仁正顕編 NONIN Masaaki ed.

〔2011〕『西域—流沙に響く佛教の調べ』(京都: 自照出版社)

落合俊典 OCHIAI Toshinori

〔2004〕「李盛鐸と敦煌秘笈」(『印度學佛教學研究』52-2号, 東京: 日本印度學佛教學会)

栄新江 RONG Xinjiang

〔2012〕高田時雄 監訳·西村陽子 訳,『敦煌の民族と東西交流』(東京: 東方書店)
　*原著『华戎交汇：敦煌民族与中西交通』(甘肃: 甘肃教育出版社)은 2008年刊.

ルトヴェラゼ, エドヴァルド RTVELADZE, Edvard

〔2011〕加藤九祚 訳,『考古學が語るシルクロード史—中央アジアの文明·国家·文化—』(東京: 平凡社) *原著(러시아어)는 2008年刊.

斉藤達也 SAITO Tatsuya

〔1998〕「魏晋南北朝時代の安息国と安息系佛教僧」(『国際佛教學大學院大學研究紀要』1号, 東京: 国際佛教學大學院大學)

関口眞大 SEKIGUCHI Shindai

〔1950//1969〕(関口慈光)「燉煌出土「最妙勝定經」考」(『浄土學』22-23輯, 東京: 大正大學//関口眞大,『天台止觀の研究』, 東京: 岩波書店)

曽布川寛·吉田豊 編 SOFUKAWA Hiroshi and YOSHIDA Yutaka ed.

〔2011〕『ソグド人の美術と言語』(京都: 臨川書店)

高田時雄 TAKADA Tokio

〔2007〕「李滂と白堅: 李盛鐸舊藏敦煌寫本日本流入の背景」(『敦煌寫本研究年報』創刊號, 京都: 京都大學人文科學研究所)

田中良昭・程正 TANAKA Ryosho and CHENG Zheng

〔2014〕『敦煌禪宗文獻分類目錄』(東京: 大東出版社)

上山大峻 UEYAMA Daishun

〔1990〕『敦煌佛教の研究』(京都: 法藏館)

〔2011〕「西域出土の佛教文献」(能仁 編〔2011〕)

山田明爾 YAMADA Meiji

〔2010〕「インダスを越えて: 佛教の中央アジア」(奈良・石井 編〔2010〕)

吉田豊 YOSHIDA Yutaka

〔2007〕「トルファン學研究所所藏のソグド語佛典と「菩薩」を意味するソグド語語彙の形式の来源について: 百済康義先生のソグド語佛典研究を偲んで」(『佛教學研究』62-63輯, 京都: 龍谷大學)

〔2010〕「出土資料が語る宗教文化: イラン語圏の佛教を中心に」(奈良・石井 編〔2010〕)

Japanese Research on the 'Western Regions': Recent Trends Relevant to Buddhism

This paper surveys matters of particular relevance to Buddhism within Japanese research on the 'Western Regions' (西域) in five sections.

Section 1 – 'Beginnings' – refers to the widening spread of interest in research on the Western Regions in Japan which greatly developed from the Meiji period (1868-1912) onward having been inspired by western expeditions and excavation surveys, followed again in recent years by a succession of related specialist works being published.

Section 2 – 'Problems Concerning Definitions' – addresses the issue that the definitions of terms used in various research for denoting regions remain unsettled. In particular this paper addresses how the varying broad and narrow meanings of 'Western Regions' and 'Central Asia' have been conflated. Moreover, with respect to the 'Silk Road', the debate concerning the 'historical view of the Silk Road', which started in Japan in the 1970s, continues to the present. The recent representative views related to this are introduced in this paper.

Section 3 – 'Currents of Japanese Research on Buddhism in the Western Regions' – surveys research on Buddhism in the Western Regions which has been well underway from the 20th century onward: 1. A survey of the Ōtani expeditions, which were dispatched three times from 1902 onward. 2. The stream of early period philological research by scholars. 3. Understanding schools which vanished from history such as the Sanjie-jiao and Dilun-zong through lost texts excavated at Dunhuang. 4. New information gained about the history of existing schools like Chan through Dunhuang texts. 5. The particularly active research related to Sogdia and Uighurs in recent years. 6. The importance of the position of Western Regions research in Japanese Buddhology shifting from being an ancillary subject of China to becoming an independent field.

Section 4 – 'The Potential for Research on Buddhism in the Western Regions Seen in Relation to East Asian Buddhism' – summarizes matters into four points of discussion which the author has taken a particular interest in from issues evident in Japan: The first point discusses the influence of monks on Chinese Buddhist thought who were regarded as having come from the Western Regions, with particular reference to Jizang 吉藏 (594-623) and Anxi 安息. Jizang's origins have conventionally been traced to Parthia. Recent research now identifies him as a Bukharan Sogdian, but this remains largely unknown to researchers of Jizang. The second point discusses the influence of Chinese Buddhist thought on the Buddhism of the Western Regions, with particular reference to the dissemination of the Fahua xuanzan 法華玄贊. Attention is paid to how this text of Ji 基 (632-682), which never became mainstream among commentaries on the Lotus Sūtra in East Asia, became popular in Dunhuang with cases of it being translated into languages such as Uighur. It is also noted how Chinese Buddhist thought was received in the Western Regions in a unique form. The third point discusses the need to read through the lines of biographies and historical materials, with particular reference to the Samye debate and manuscripts of the Western Regions. The outcome of the Samye debate in Tibet is taken up as a case where through the discovery of ancient manuscripts the history of the debate has been identified as having been rewritten as a result of later influences. It is furthermore foreseen that preconceptions and misconceptions based on Buddhist-sectarian traditions rooted firmly in Japan will probably be revised given manuscript research. The fourth point discusses the point of contact between Japanese Buddhism and the Western Regions, with particular reference to the common features between Japan's ancient manuscripts and those excavated in the Western Regions. There are examples where there is similar text between ancient Japanese manuscripts and those excavated in the Western Regions.

Finally, the fifth section - 'Themes and the Future of Japanese Research on the Western Regions' - touches on an episode where in the Ōtani expeditions some manuscript fragments were seriously treated like doctrinal relics even though they were not relics of the Buddha. It is observed that so long as such feelings like these remain, which seem to long for the roots of the Japanese people, then in the future such devoted searches will probably continue. Additionally, one of the goals of the Ōtani expeditions was to investigate the reason why Central Asia turned from Buddhism to Islam.

금강학술총서 26
종교와 민족, 실크로드

초판 1쇄 인쇄	2016년 6월 25일
초판 1쇄 발행	2016년 6월 30일
엮은이	금강대학교 불교문화연구소
펴낸이	윤재승
펴낸곳	민족사
출판등록	1980년 5월 9일 제1-149호
주소	서울 종로구 삼봉로 81 두산위브파빌리온 1131호
전화	02-732-2403, 2404
팩스	02-739-7565
홈페이지	www.minjoksa.org
페이스북	www.facebook.com/minjoksa
이메일	minjoksabook@naver.com

ISBN 978-89-98742-66-9 93220

- 이 책 내용의 전부 또는 일부를 재사용하려면 반드시 저자와 출판사의 서면 동의를 받아야 합니다.
- 책값은 뒤표지에 있습니다. 잘못된 책은 바꿔 드립니다.